政府会计准则制度解读与实施系列丛书

政府会计准则制度实施中的问题与对策研究

公立医院篇

ZHENGFU KUAIJI ZHUNZE ZHIDU
SHISHI ZHONG DE WENTI YU DUICE YANJIU
GONGLI YIYUAN PIAN

四川省财政厅政府会计准则制度新旧衔接与实施研究组
四川省卫生健康委员会政府会计准则制度新旧衔接与实施研究组 ◎ 编著

西南财经大学出版社
Southwestern University of Finance & Economics Press
中国 · 成都

图书在版编目(CIP)数据

政府会计准则制度实施中的问题与对策研究:公立医院篇/四川省财政厅政府会计准则制度新旧衔接与实施研究组,四川省卫生健康委员会政府会计准则制度新旧衔接与实施研究组编著.—成都:西南财经大学出版社,2020.10

ISBN 978-7-5504-4533-8

Ⅰ.①政… Ⅱ.①四…②四… Ⅲ.①预算会计—会计准则—中国②医院—单位预算会计—会计制度—中国 Ⅳ.①F812.3②R197.322

中国版本图书馆 CIP 数据核字(2020)第 169998 号

政府会计准则制度实施中的问题与对策研究:公立医院篇

四川省财政厅政府会计准则制度新旧衔接与实施研究组
四川省卫生健康委员会政府会计准则制度新旧衔接与实施研究组 编著

责任编辑:汪涌波
封面设计:何东琳设计工作室
责任印制:朱曼丽

出版发行	西南财经大学出版社(四川省成都市光华村街 55 号)
网　　址	http://www.bookcj.com
电子邮件	bookcj@foxmail.com
邮政编码	610074
电　　话	028-87353785
照　　排	四川胜翔数码印务设计有限公司
印　　刷	成都金龙印务有限责任公司
成品尺寸	185mm×260mm
印　　张	22.5
字　　数	547 千字
版　　次	2020 年 10 月第 1 版
印　　次	2020 年 10 月第 1 次印刷
书　　号	ISBN 978-7-5504-4533-8
定　　价	88.00 元

编委会

编委会主任： 徐　旭（省卫健委）　黎家远

编　　　委： 黄　勤　贾建勋　刘绣锋　熊开举　黄　晋　徐　旭（省财政厅）　冯　琳　吴　娜　向　真　张爱平　马　胜　张千友

总　　　撰： 贾建勋　陈建西　熊开举　冯　琳　赵晓恒

总　　　审： 顾　霞　谢　钢　褚　晨　甘陈芳　李俊忠

编　　　撰： 褚　晨　龙　芸　冯　斌　金　珊　任智荣　毛泽蕾　李战静　兰长安　王晶晶　沈柳菁　陈娅婷　陈金容　张　琼　张　惠　高　萍　谢　钢

助　　　理： 郑　喜　邓　浩　权　昊　杨嘉鑫　刘　容　冉桂芬　王若霓

前　　言

政府会计准则制度（以下简称“政府会计制度”）是贯彻落实党中央决策、推动财政经济可持续发展、实现国家治理体系和治理能力现代化的重要举措。2019 年 1 月 1 日，政府会计制度在全国各级各类行政事业单位正式实施。由于公立医院具有公益性强、资金流量大、业务活动复杂、社会关注度高等鲜明特点，在会计主体、会计对象、会计目标等方面，与企业、一般事业单位既有相似之处，又有其独立的特殊性，因此，公立医院在政府会计制度衔接转换时面临巨大的挑战。时至今日，公立医院政府会计制度实施已 1 年有余，已全面完成新旧制度顺利衔接、平稳过渡并实施了 2019 年年终决算。但在实际操作层面，如何确保制度执行不变形、不走样；如何通过制度实施，完善公立医院内部控制，规范公立医院经济管理；如何促进业财融合，实现公立医院高质量发展，是当前公立医院政府会计制度实施工作的重点和难点问题。

为帮助广大公立医院财务人员深入理解、准确掌握政府会计制度的各项具体规定，进一步提升公立医院政府会计制度实施质量，四川省卫生健康委员会、四川省财政厅成立课题组，对照《政府会计准则——基本准则》及其具体准则、应用指南，以及《政府会计制度——行政事业单位会计科目和报表》、《〈政府会计制度——行政事业单位会计科目和报表〉与行政、事业单位会计制度衔接规定》、《关于进一步做好政府会计准则制度新旧衔接和加强行政事业单位资产核算的通知》（财会〔2018〕34 号）、《政府会计准则制度解释第 1 号》、《政府会计准则制度解释第 2 号》、《财政部关于印发医院执行〈政府会计制度——行政事业单位会计科目和报表〉的补充规定和衔接规定的通知》（财会〔2018〕24 号）等文件，重点梳理政府会计制度及其新旧衔接的核心理论、关键概念、逻辑顺序，结合财政管理体制改革、国库集中支付改革、政府综合财报改革等工作的需要，广泛收集公立医院在政府会计贯彻实施中的常见问题、疑难问题和热点问题，深入分析这些问题的成因，并提出解决对策。

本书内容具有以下特点：

一是体系完备。本书对新制度的“权责发生制”“平行记账”“财务会计与预算会计的分离与协同”“本年盈余与预算结余的差异”“会计科目与辅助核算项目的设置”“政府会计制度新旧衔接的流程”“政府会计日常业务与期末业务”等关键理论知识、核心技术方法进行了全面梳理和总结，有助于公立医院广大会计人员建立一套完备的政府会计制度理论和方法体系。

二是问题聚焦。本书既注重呈现政府会计制度的完整体系，同时以“发现问题、分析问题、解决问题”为主线，突出公立医院在政府会计制度实施中的重点和难点问题，推进政府会计准则制度正确有效地得到贯彻执行，并努力实现与政府综合财报、全面预算绩效管理、事业单位成本核算等改革协同高效推进。

三是实现核算与管理融合。本书不仅对公立医院特有的业务和事项的会计处理进行了详细列举、分析，同时对与会计核算相关的财务管理政策、要点进行了引用和阐述，既促进了会计核算与财务管理的相互融合，也有利于促进会计核算人员的财务管理能力的提升。

本书由成都大学商学院陈建西教授牵头组织，设计全书框架结构，整理汇总全书内容。第一章由四川省妇幼保健院褚晨撰写；第二章由成都市第七人民医院龙芸撰写；第三章由成都市第一人民医院冯斌撰写；第四章由内江市妇幼保健中心金珊撰写；第五章由川北医学院附属医院任智荣撰写；第六章由绵阳四〇四医院李战静、泸州市妇幼保健院兰长安、凉山州第二人民医院毛泽蕾、成都市第二人民医院陈娅婷撰写；第七章由内江市第一人民医院王晶晶撰写；第八章由成都市第四人民医院沈柳菁撰写；第九章由成都市第二人民医院陈娅婷撰写；第十章由宜宾市第一人民医院陈金容、内江市妇幼保健计划生育服务中心张琼撰写；第十一章由南充市中心医院高萍、成都市第二人民医院张惠撰写；第十二章由宜宾市第一人民医院谢钢撰写。

在本课题研究以及书稿编写过程中，得到了内江、达州、成都、南充等卫健委及省内各级公立医院的大力支持，在此一并致谢！

本书虽力求完善，但由于公立医院业务的多样性及复杂性，而作者能力有限，书中难免存在不妥及疏漏之处，恳请各位读者批评指正！

编委会

2020 年 6 月

目　　录

第一篇　政府会计核算体系设置篇

第二篇　新旧衔接篇

第三篇　实务操作篇

第四篇 能力提升篇

第一篇

政府会计核算体系设置篇

第一章　会计科目与辅助核算项目设置问题及解决对策

概述

自2019年1月1日起，全国公立医院统一执行《政府会计制度——行政事业单位会计科目和报表》（财会〔2017〕25号）（以下简称《政府会计科目和报表》）和《医院执行〈政府会计制度——行政事业单位会计科目和报表〉的补充规定和衔接规定》（财会〔2018〕24号）（以下简称《政府会计医院补充规定》或《政府会计医院衔接规定》）。

政府会计制度构建了财务会计和预算会计“适度分离并相互衔接”的政府会计核算模式。“适度分离”是指适度分离政府预算会计和财务会计功能、决算报告和财务报告功能，全面反映政府会计主体的预算执行信息和财务信息。“相互衔接”是指在同一会计核算系统中，政府预算会计要素和相关财务会计要素相互协调，政府决算报告和财务报告相互补充，共同反映政府会计主体的预算执行信息和财务信息。

政府会计制度按照八大类会计要素设置了103个科目，其中财务会计科目77个、预算会计科目26个。财务会计中，资产类科目35个、负债类科目16个、净资产类科目7个、收入类科目11个、费用类科目8个。预算会计中，预算收入类科目9个、预算支出类科目8个、预算结余类科目9个。

在会计科目格式设置方面，在政府会计制度统一、科学、规范的会计核算标准体系下，贯彻落实有关医改、公立医院综合改革、建立现代医院管理制度、行业综合监管等改革精神，充分考虑医院特殊经济业务和事项的会计处理，对会计要素确认、计量、记录和披露进行操作性规范，提高医院对同一经济业务和事项会计处理的可比性，促进医院健全和完善预算管理、成本管理、财务资产管理，对外提供真实、准确、完整的预算收支执行情况、资产负债等财务状况，以及收入、费用等运行成果信息。

【问题1】如何设置政府会计科目体系及辅助核算项目?

【问题分析判断】

此次政府会计制度改革，构建了政府预算会计和财务会计“适度分离并相互衔接”的政府会计核算模式。规定政府会计由财务会计和预算会计构成，财务会计实行权责发生制，预算会计实行收付实现制。在同一个会计核算系统中适度分离政府财务会计和预算会计功能。通过资产、负债、净资产、收入、费用5个会计要素进行财务会计核算并形成财务报告，通过预算收入、预算支出和预算结余3个会计要素进行预算会计核算并形成决算报告，全面清晰地反映政府财务信息和预算执行信息，构建了“5+3”会计要素。建立会计科目时需满足财务报告、决算报告的填报要求（见表1.1）。

表1.1　构建“5+3”会计要素

政府会计	财务会计	预算会计
核算基础	权责发生制	收付实现制
会计要素	资产、负债、净资产、收入、费用	预算收入、预算支出和预算结余
会计功能	1. 反映政府会计主体某一特定日期的财务状况，以及某一会计期间的运行情况和现金流量等信息 2. 有助于财务报告使用者做出决策或者进行监督和管理	1. 反映政府会计主体年度预算收支执行结果 2. 有助于决算报告使用者进行监督和管理，并为编制后续年度预算提供参考和依据
编制报告	财务报告	决算报告

在综合核算体系中，会计科目与辅助账核算科目并不是简单的层级关系，而是互为表里，相互补充说明。从会计核算维度统计汇总会计信息时，可以以会计科目为主索引，以辅助账核算科目补充说明；从经济管理维度统计汇总信息时，可以以辅助账核算科目为主索引，以会计科目补充说明。

根据政府会计制度的规定，在不影响会计处理和编制报表的前提下，单位可以根据实际情况自行增设和减少某些会计科目包括明细核算科目，但核算科目一般是相对固化的。在被核算对象可以直接通过明细科目反映会计信息的时候，可以直接通过明细科目核算；如果会计明细科目不足以全面反映会计信息或者是核算对象是特定项目，一般需要再借助辅助核算全面反映其经济业务。

【政策制度依据】

1.《政府会计科目和报表》（财会〔2017〕25号）。

2.《医院执行〈政府会计制度——行政事业单位会计科目和报表〉的补充规定和衔接规定》（财会〔2018〕24号）。

3.《关于进一步做好政府会计准则制度新旧衔接和加强行政事业单位资产核算的通知》（财会〔2018〕34号）。

4.《财政厅、人社厅、卫计委、中医局关于明确公立医院专用基金计提等管理事项的通知》（川财规〔2018〕13号）。

【问题解决对策】

会计核算的最终目的是为使用者提供全面清晰的政府会计主体的财务信息和预算执行信息，而会计核算科目体系及辅助核算项目需要围绕会计核算的目的来建立。

根据相关制度核算要求，建议公立医院：

1. 应收、应付、预收、预付等往来类科目，按往来单位（或个人）进行明细核算；
2. 长期投资、投资收益科目按投资对象进行明细核算；

3. 固定资产科目按固定资产类别、资金性质进行明细核算；

4. 在建工程科目按建设项目、资金性质进行明细核算；

5. 无形资产科目按无形资产类别、资金性质进行明细核算；

6. 各类借款按借款类别、借款单位（或个人）、借款项目进行明细核算；

7. 收入类科目按收入项目（包括财政项目、科教项目、非同级财政拨款项目等）进行明细核算；财务会计还应按收入来源单位进行明细核算；预算会计科目还应按《政府收支分类科目》中的功能分类进行明细核算；

8. 支出类科目按项目（包括财政项目、科教项目、非同级财政拨款项目等）、《政府收支分类科目》中的部门预算支出经济分类等进行明细核算；财务会计科目业务活动费用、单位管理费用、经营费用下对商品和服务支出按支付单位进行明细核算，在业务活动费用及其他费用下（不含单位管理费用）对政府指令性任务进行明细核算，按成本核算单元进行明细核算；预算会计科目应对《政府收支分类科目》中的部门预算支出功能分类、政府采购等进行明细核算。

以上各类核算可以以科目或辅助的方式进行明细核算，业务量较小的情况可以采用备查账簿方式登记。部门预算支出功能分类、经济分类科目，需要每年根据财政部印发的《政府收支分类科目》进行调整。

《政府会计科目和报表》《政府会计医院补充规定》对会计一级科目、部分二级科目的设置有明确的规定，设置时需要符合规定。医院根据制度规定及自身管理需求，如实物管理要求、科研项目管理要求、成本管理要求、统计汇总要求等，并结合实际业务、事项和信息化建设程度，设置明细科目或多维度明细辅助方式，对经济业务进行明细核算。

表 1.2 是按《政府收支分类科目》中的部门预算支出经济分类设置为明细科目核算的方式来设置会计科目及辅助核算项目体系，供医院实际操作时参考。

表 1.2　医院会计科目设置参考表

科目编码	科目名称	备注
（一）资产类		
1001	库存现金	
100101	本单位	
100102	受托代理资产	
1002	银行存款	
100201	基本账户	
100202	一般账户	
100203	受托代理资产	
1011	零余额账户用款额度	
1021	其他货币资金	
1101	短期投资	按照投资种类进行明细核算
1201	财政应返还额度	
120101	财政直接支付	

表1.2(续)

科目编码	科目名称	备注
120102	财政授权支付	
1211	应收票据	披露方式参照应收账款
1212	应收账款	按照债务人类别披露，分为部门内部单位、部门外部单位和其他单位，可以设置部门、项目、个人、供应商等明细核算
121201	应收在院病人医疗款	
121202	应收医疗款	
12120201	应收医保款	
1212020101	应收门急诊医保款	
1212020102	应收住院医保款	
12120202	门急诊病人欠费	
12120203	出院病人欠费	
121203	其他应收款	
1214	预付账款	按照债务人类别披露，分为部门内部单位、部门外部单位和其他单位，可以设置部门、项目、个人、供应商等明细核算
121401	预付工程款	
121402	预付设备款	
121403	其他预付款	
1215	应收股利	按照被投资对象明细核算
1216	应收利息	按照被投资对象明细核算
1218	其他应收款	按照债务人类别披露，分为部门内部单位、部门外部单位和其他单位，可以设置部门、项目、个人、供应商等明细核算
1219	坏账准备	
121901	应收账款坏账准备	
121902	其他应收款坏账准备	
1301	在途物品	
1302	库存物品	
130201	药品	如果有需求，也可以按照药库、药房（门诊、住院）进行分类明细科目核算
13020101	西药	
13020201	中成药	
13020303	中药饮片	
130202	卫生材料	
13020201	血库材料	
13020202	医用气体	

表1.2(续)

科目编码	科目名称	备注
13020203	影像材料	
13020204	化验材料	
13020205	其他卫生材料	
130203	低值易耗品	
130204	其他材料	
130205	成本差异	主要用于医院按自主定价或备案价核算的自制制剂的相关会计处理（财会〔2018〕24 号文第五条）
1303	加工物品	
130301	自制物品	
130302	委托加工物品	
1401	待摊费用	按种类进行明细核算
1501	长期股权投资	按被投资单位进行明细核算
150101	权益法	按“成本”“损益调整”“其他权益变动”设置明细科目，进行明细核算
150102	成本法	
1502	长期债券投资	
150201	成本	
150202	应计利息	
1601	固定资产	按形成固定资产的经费性质（财政项目拨款经费、科教经费、其他经费）进行明细核算
160101	房屋及构筑物	
160102	专用设备	
160103	通用设备	
160104	家具、用具、装具	
160105	文物和陈列品	
160106	图书、档案	
1602	固定资产累计折旧	
160201	房屋及构筑物	
160202	专用设备	
160203	通用设备	
160204	家具、用具、装具	
160205	文物和陈列品	
1611	工程物资	
161101	库存材料	
161102	库存设备	

表1.2(续)

科目编码	科目名称	备注
1613	在建工程	1. 按形成在建工程的经费性质（财政项目拨款经费、科教经费、其他经费）进行明细核算 2. 若建设单位有两个以上的在建工程，按建设项目进行明细核算
161301	建筑安装工程投资	
16130101	建筑工程	
16130102	安装工程	
161302	设备投资	
161303	待摊投资	
161304	其他投资	
161305	待核销基建支出	
161306	基建转出投资	
1701	无形资产	按形成无形资产的经费性质（财政项目拨款经费、科教经费、其他经费）进行明细核算
170101	专利权	
170102	非专利技术	
170103	商标权	
170104	著作权	
170105	土地使用权	
170106	软件	
170199	其他无形资产	
1702	无形资产累计摊销	
170201	专利权	
170202	非专利技术	
170203	商标权	
170204	著作权	
170205	土地使用权	
170206	软件	
170299	其他无形资产	
1703	研发支出	按研发项目、研发支出的经费性质（财政项目拨款经费、科教经费、其他经费）进行明细核算
170301	研究支出	
170302	开发支出	
1891	受托代理资产	按照资产的种类、委托人、受赠人等进行明细核算
1901	长期待摊费用	
1902	待处理财产损溢	
190201	待处理财产价值	
190202	处理净收入	
（二）负债类		
2001	短期借款	按照债权人和借款种类、项目进行明细核算

表1.2(续)

科目编码	科目名称	备注
2101	应交增值税	
210101	应交税金	
21010101	进项税额	
21010102	已交税金	
21010103	转出未交增值税	
21010104	减免税款	
21010105	销项税额	
21010106	进项税额转出	
21010107	转出多交增值税	
210102	未交税金	
210103	预交税金	
210104	待抵扣进项税额	
210105	待认证进项税额	
210106	待转销项税额	
210107	简易计税	
210108	转让金融商品应交增值税	
210109	代扣代交增值税	
2102	其他应交税费	
210201	应交城市维护建设税	
210202	应交教育费附加	
210203	应交地方教育费附加	
210204	应交车船税	
210205	应交房产税	
210206	应交城镇土地使用税	
210207	应交个人所得税	
210208	印花税	
210209	环境保护税	
210210	企业所得税	
210299	应交其他税费	
2103	应缴财政款	按应缴财政款类别进行明细核算
2201	应付职工薪酬	
220101	基本工资（含离退休费）	
220102	国家统一规定的津贴补贴	
220103	规范津贴补贴（绩效工资）	
220104	改革性补贴	
220105	社会保险费	
22010501	基本养老保险费	

表1.2（续）

科目编码	科目名称	备注
22010502	医疗保险费	
22010503	失业保险费	
22010504	工伤保险费	
22010505	生育保险费	
22010506	职业年金	
22010599	其他社保缴费	
220106	住房公积金	
220107	其他个人收入	
2301	应付票据	按照债权人或项目进行明细核算
230101	银行承兑汇票	
230102	商业承兑汇票	
2302	应付账款	按照债权人进行明细核算
230201	应付库存物品款	
23020101	应付药品款	
23020102	应付卫生材料款	
23020103	应付其他物资款	
230202	应付固定资产款	
230203	应付维修费	
230204	应付建设项目款	按照债权人、具体项目进行明细核算
23020401	应付器材款	
23020402	应付工程款	
23020403	应付其他建设项目款	
230205	应付无形资产款	按照债权人进行明细核算
230206	其他应付账款	
2304	应付利息	按照债权人、项目等进行明细核算
2305	预收账款	按债权人明细核算
230501	预收医疗款	
23050101	预收医保款	
23050102	门急诊预收款	
23050103	住院预收款	
230502	其他预收账款	
2307	其他应付款	视医院具体情况设置，按照其他应付款的类别、债权人等进行明细核算
2401	预提费用	
240101	项目间接费用或管理费	按项目进行明细核算
240102	其他具体费用	

表1.2(续)

科目编码	科目名称	备注
2501	长期借款	按照贷款单位和贷款种类进行明细核算，对于建设项目借款还应按照具体项目进行明细核算
250101	本金	
250102	应计利息	
2502	长期应付款	按照长期应付款的类别和债权人进行明细核算
2601	预计负债	按照预计负债的项目进行明细核算
2901	受托代理负债	按照受托项目进行明细核算
3001	累计盈余	
300101	财政项目盈余	
300102	医疗盈余	
300103	科教盈余	
300104	新旧转换盈余	
3101	专用基金	
310101	职工福利基金	
310102	医疗风险基金	
310103	奖励基金	医院年终按业务收支结余待分配额的30%提取奖励基金，主要用于对医院人员的考核奖励。同级人力资源社会保障、财政部门结合单位公益目标完成情况、绩效考核结果、奖励基金计提情况等，合理调整公立医院绩效工资总量（按川财规〔2018〕13号文第五条第三款）
310104	其他专用基金	
3201	权益法调整	按照被投资单位进行明细核算
3301	本期盈余	
330101	财政项目盈余	
330102	医疗盈余	
330103	科教盈余	
3302	本年盈余分配	
330201	提取职工福利基金	
330202	提取奖励基金	按川财规〔2018〕13号文。具体说明见“310103奖励基金”
330203	转入累计盈余	
3401	无偿调拨净资产	
3501	以前年度盈余调整	
4001	财政拨款收入	本科目可按照一般公共预算财政拨款、政府性基金预算财政拨款等拨款种类进行明细核算
400101	财政基本拨款收入	
400102	财政项目拨款收入	

表1.2(续)

科目编码	科目名称	备注
4101	事业收入	按照收入来源进行明细核算
410101	医疗收入	
41010101	门急诊收入	
4101010101	挂号收入	
4101010102	诊察收入	
4101010103	检查收入	
4101010104	化验收入	
4101010105	治疗收入	
4101010106	手术收入	
4101010107	卫生材料收入	
4101010108	药品收入	
410101010801	西药收入	
410101010802	中成药收入	
410101010803	中药饮片收入	
4101010109	其他门急诊收入	
41010102	住院收入	
4101010201	床位收入	
4101010202	诊察收入	
4101010203	检查收入	
4101010204	化验收入	
4101010205	治疗收入	
4101010206	手术收入	
4101010207	护理收入	
4101010208	卫生材料收入	
4101010209	药品收入	
410101020901	西药收入	
410101020902	中成药收入	
410101020903	中药饮片收入	
4101010210	其他住院收入	
41010103	结算差额	
410102	科教收入	医院因开展科研教学活动从非同级政府财政部门取得的经费拨款，应当在“事业收入——科教收入——科研收入”和“事业收入——科教收入——教学收入”科目下单设“非同级财政拨款”明细科目进行核算（财会〔2018〕34 号第一条第十三款第 2 点）
41010201	科研收入	
4101020101	非同级财政拨款	
4101020102	其他科研收入	
41010202	教学收入	
4101020201	非同级财政拨款	
4101020202	其他科研收入	

表1.2(续)

科目编码	科目名称	备注
4201	上级补助收入	按照发放补助单位、补助项目等进行明细核算
4301	附属单位上缴收入	按照附属单位、缴款项目等进行明细核算
4401	经营收入	按照经营活动类别、项目和收入来源等进行明细核算
4601	非同级财政拨款收入	按照本级横向转拨财政款和非本级财政拨款进行明细核算，并按照收入来源进行明细核算
460101	本级横向转拨财政款	
460102	非本级财政拨款	
4602	投资收益	按照投资的种类等进行明细核算
4603	捐赠收入	按照捐赠资产的用途、捐赠单位等进行明细核算
4604	利息收入	
4605	租金收入	按照出租国有资产类别和收入来源等进行明细核算
4609	其他收入	按照其他收入的类别、来源等进行明细核算
460901	培训收入	
460902	进修收入	
460903	停车场收入	
460904	食堂收入	
460905	现金盘盈收入	
460906	无法偿付的应付及预收款项	
460999	其他	
5001	业务活动费用	1.“业务活动费用”科目下的《政府收支分类科目》中“支出经济分类”可设置明细科目核算或者辅助核算两种方式 本例仅在“财政基本拨款费用”科目下以明细科目核算方式进行举例说明，以下其他科目的明细核算可参照该科目设置，不再赘述 2. 根据核算需要，按项目（包括财政项目、科教项目、非同级财政拨款项目等）、服务或者业务类别、支付对象、成本核算单元等进行明细核算 3. 对政府指令性任务进行明细核算，业务量较小的情况可以备查账簿方式登记
500101	财政基本拨款费用	
50010101	工资福利费用	
5001010101	基本工资	
5001010102	津贴补贴	
5001010103	奖金	
5001010106	伙食补助费	
5001010107	绩效工资	
5001010108	机关事业单位基本养老保险缴费	
5001010109	职业年金缴费	
5001010110	职工基本医疗保险费	
5001010112	其他社会保障缴费	
5001010113	住房公积金	
5001010114	医疗费	
5001010199	其他工资福利费用	

表1.2(续)

科目编码	科目名称	备注
50010102	商品和服务费用	
5001010201	办公费	
5001010202	印刷费	
5001010203	咨询费	
5001010204	手续费	
5001010205	水费	
5001010206	电费	
5001010207	邮电费	
5001010208	取暖费	
5001010209	物业管理费	
5001010211	差旅费	
5001010212	因公出国（境）费用	
5001010213	维修（护）费	
5001010214	租赁费	
5001010215	会议费	
5001010216	培训费	
5001010217	公务接待费	
5001010218	专用材料费	
500101021801	药品费	
50010102180101	西药	
50010102180102	中成药	
50010102180103	中药饮片	
500101021802	卫生材料	
50010102180201	血库材料	
50010102180202	医用气体	
50010102180203	影像材料	
50010102180204	化验材料	
50010102180205	其他卫生材料	
500101021803	低值易耗品	
500101021804	其他材料	
5001010225	专用燃料费	
5001010226	劳务费	
5001010227	委托业务费	
5001010228	工会经费	
5001010229	福利费	
5001010231	公务用车运行维护费	

表1.2(续)

科目编码	科目名称	备注
5001010239	其他交通费用	
5001010240	税金及附加费用	
5001010299	其他商品和服务费用	
50010103	对个人和家庭的补助	
5001010301	抚恤金	
5001010302	生活补助	
5001010303	救济费	
5001010304	医疗费补助	
5001010305	助学金	
5001010306	奖励金	
5001010307	其他对个人和家庭的补助	
50010104	固定资产折旧费	
50010105	无形资产摊销费	
500102	财政项目拨款费用	
50010201	工资和福利费用	
50010202	商品和服务支出	
50010204	固定资产折旧费	
50010205	无形资产摊销费	
500103	科教项目费用	
50010301	科研项目费用	
5001030101	工资和福利费用	
5001030102	商品和服务支出	
5001030104	固定资产折旧费	
5001030105	无形资产摊销费	
50010302	教学项目费用	
5001030201	工资和福利费用	
5001030202	商品和服务支出	
5001030204	固定资产折旧费	
5001030205	无形资产摊销费	
500104	其他费用	
50010401	工资和福利费用	
50010402	商品和服务支出	
50010403	对个人和家庭的补助	
50010404	固定资产折旧费	
50010405	无形资产摊销费	

表1.2(续)

科目编码	科目名称	备注
5101	单位管理费用	1.“单位管理费用”科目下的《政府收支分类科目》中“支出经济分类”可设置明细科目核算或者辅助核算两种方式 2.根据核算需要，按项目（包括财政项目、科教项目、非同级财政拨款项目等）、服务或者业务类别、支付对象、成本核算单元等进行明细核算
510101	财政基本拨款费用	
51010101	工资和福利费用	
51010102	商品和服务支出	
51010103	对个人和家庭的补助	
51010104	固定资产折旧费	
51010105	无形资产摊销费	
510102	财政项目拨款费用	
51010201	工资和福利费用	
51010202	商品和服务支出	
51010204	固定资产折旧费	
51010205	无形资产摊销费	
510103	科教项目费用	
51010301	科研项目费用	
5101030101	工资和福利费用	
5101030102	商品和服务支出	
5101030104	固定资产折旧费	
5101030105	无形资产摊销费	
51010302	教学项目费用	
5101030201	工资和福利费用	
5101030202	商品和服务支出	
5101030204	固定资产折旧费	
5101030205	无形资产摊销费	
510104	其他费用	
51040101	工资和福利费用	
51040102	商品和服务支出	
51040103	对个人和家庭的补助	
51040104	固定资产折旧费	
51040105	无形资产摊销费	
5201	经营费用	
5301	资产处置费用	
5401	上缴上级费用	
5501	对附属单位补助费用	
5801	所得税费用	

表1.2(续)

科目编码	科目名称	备注
5901	其他费用	1. 根据核算需要，可选择按项目、服务或者业务类别、成本核算单元、《政府收支分类科目》中“支出经济分类”等进行明细核算 2. 按支付对象进行明细核算 3. 对政府指令性任务进行明细核算，业务量较小的情况可以备查账簿方式登记
590101	利息费用	
590102	坏账损失	
590103	罚没费用	
590104	现金资产捐赠	
590105	培训费用	
590106	食堂费用	
590107	出租固定资产折旧费	
590108	城市维护建设税	
590109	教育费附加	
590110	地方教育费附加	
590199	其他	
6001	财政拨款预算收入	1. 按照《政府收支分类科目》中“支出功能分类”进行明细核算 2. 按照具体项目进行明细核算
600101	基本拨款预算收入	
60010101	人员经费	
60010102	日常公用经费	
600102	项目拨款预算收入	
6101	事业预算收入	按照事业预算收入类别、项目（包括财政项目、科教项目、非同级财政拨款项目等）、来源、《政府收支分类科目》中“支出功能分类”等进行明细核算
610101	医疗预算收入	
610102	科教预算收入	
61010201	科研项目预算收入	
61010202	教学项目预算收入	
6201	上级补助预算收入	按照发放补助单位、补助项目、《政府收支分类科目》中“支出功能分类”进行明细核算
620101	非财政专项资金	
620102	其他资金	
6301	附属单位上缴预算收入	按照附属单位、缴款项目、《政府收支分类科目》中“支出功能分类”进行明细核算
630101	非财政专项资金	
630102	其他资金	
6401	经营预算收入	按照经营活动类别、项目、《政府收支分类科目》中“支出功能分类”进行明细核算
6501	债务预算收入	按照贷款单位、贷款种类、贷款项目、《政府收支分类科目》中“支出功能分类”进行明细核算
650101	非财政专项资金	
650102	其他资金	
6601	非同级财政拨款预算收入	按照非同级财政拨款预算收入的类别、来源、项目、《政府收支分类科目》中“支出功能分类”进行明细核算
660101	非财政专项资金	
660102	其他资金	

表1.2(续)

科目编码	科目名称	备注
6602	投资预算收益	按照《政府收支分类科目》中“支出功能分类”进行明细核算
6609	其他预算收入	1. 按照其他收入类别、《政府收支分类科目》中“支出功能分类”进行明细核算 2. 其他预算收入中如有专项资金收入，还应按照具体项目进行明细核算 3. 单位发生的捐赠预算收入、利息预算收入、租金预算收入金额较大或业务较多的，可单独设置“6603 捐赠预算收入”“6604 利息预算收入”“6605 租金预算收入”等科目
660901	捐赠预算收入	
660902	利息预算收入	
660903	租金预算收入	
660904	培训收入	
660905	现金盘盈收入	
660906	食堂收入	
660999	其他	
7201	事业支出	1. 核算时应区分“基本支出”和“项目支出” 2. 根据核算需要，按项目（包括财政项目、科教项目、非同级财政拨款项目等）、《政府收支分类科目》中“支出功能分类”“支出经济分类”明细核算 3. 按政府“支出经济分类”明细核算。具体核算可参考“业务活动费用——财政基本拨款费用”。因财务会计中资本性支出不是一次性列入成本费用，没有详细说明“资本性支出”科目，故在预算会计该科目下列举《政府收支分类科目》中“支出经济分类” 4. 对政府采购按服务、货物、工程进行明细核算，业务量较小的情况可以采用备查账簿方式登记
720101	财政基本拨款支出	
72010101	工资福利支出	
72010102	商品和服务支出	
72010103	对个人和家庭的补助	
72010109	资本性支出（基建）	
7201010901	房屋建筑物构建	
7201010902	办公设备购置	
7201010903	专用设备购置	
7201010907	信息网络及软件购置更新	
7201010922	无形资产购置	
7201010999	其他基本建设支出	
72010110	资本性支出（非基建）	
7201011001	房屋建筑物构建	
7201011002	办公设备购置	
7201011003	专用设备购置	
7201011006	大型修缮	
7201011007	信息网络及软件购置更新	
7201011013	公务用车购置	
7201011019	其他交通工具购置	
7201011022	无形资产购置	
7201011099	其他建设支出	
720102	财政项目拨款支出	
72010202	商品和服务支出	
72010209	资本性支出（基建）	
72010210	资本性支出（非基建）	
720103	科教资金支出	

表1.2(续)

科目编码	科目名称	备注
72010301	科研项目支出	
7201030101	工资福利支出	
7201030102	商品和服务支出	
7201030110	资本性支出（非基建）	
72010302	教学项目支出	
7201030201	工资福利支出	
7201030202	商品和服务支出	
7201030210	资本性支出（非基建）	
720104	其他资金支出	
72010401	工资福利支出	
72010402	商品和服务支出	
72010403	对个人和家庭的补助	
72010409	资本性支出（基建）	
72010410	资本性支出（非基建）	
720105	待处理	对于预付款项，可通过在本科目下设置“待处理”明细科目进行核算，待确认具体支出项目后再转入本科目下相关明细科目。年末结账前，应将本科目“待处理”明细科目余额全部转入本科目下相关明细科目（财会〔2017〕25 号“7201 事业支出”第三条）
7301	经营支出	
7401	上缴上级支出	
7501	对附属单位补助支出	
7601	投资支出	
7701	债务还本支出	
7901	其他支出	
790101	利息支出	
790102	对外捐赠现金支出	
790103	其他支出	
（三）预算结余类		
8001	资金结存	
800101	零余额账户用款额度	
800102	货币资金	
800103	财政应返还额度	
80010301	财政直接支付	
80010302	财政授权支付	

表1.2(续)

科目编码	科目名称	备注
8101	财政拨款结转	应该设置“基本支出结转”“项目支出结转”两个明细科目，并在“基本支出结转”明细科目下按照“人员经费”“日常公用经费”进行明细核算，在“项目支出结转”明细科目下按照具体项目进行明细核算；同时，本科目还应按照《政府收支分类科目》中“支出功能分类科目”的相关科目进行明细核算
810101	年初余额调整	
81010101	基本支出结转	
81010102	项目支出结转	
810102	归集调入	
81010201	基本支出结转	
81010202	项目支出结转	
810103	归集调出	
81010301	基本支出结转	
81010302	项目支出结转	
810104	归集上交	
81010401	基本支出结转	
81010402	项目支出结转	
810105	单位内部调剂	
81010501	基本支出结转	
81010502	项目支出结转	
810106	本年收支结余	
81010601	基本支出结转	
81010602	项目支出结转	
810107	累计结转	
81010701	基本支出结转	
81010702	项目支出结转	
8102	财政拨款结余	按照具体项目、《政府收支分类科目》中“支出功能分类科目”的相关科目进行明细核算
810201	年初余额调整	
810202	归集上缴	
810203	单位内部调剂	
810204	结转转入	
810205	累计结余	
8201	非财政拨款结转	按照具体项目、《政府收支分类科目》中“支出功能分类科目”的相关科目进行明细核算
820101	年初余额调整	
820102	缴回资金	
820103	项目间接费用或管理费	
820104	本年收支结转	
820105	累计结转	

表1.2(续)

科目编码	科目名称	备注
8202	非财政拨款结余	按照具体项目、《政府收支分类科目》中“支出功能分类科目”的相关科目进行明细核算
820201	年初余额调整	
820202	项目间接费用或管理费用	
820203	结转转入	
820204	累计结余	
8301	专用结余	
830101	职工福利基金	
830199	其他专用基金	
8401	经营结余	
8501	其他结余	
8701	非财政拨款结余分配	

注：“明细核算”可选择采用明细科目核算或明细辅助核算。

【问题2】预算会计下事业支出科目核算需要区分业务活动费用和单位管理费用吗?

【问题分析判断】

预算会计中事业支出不用区分业务活动费用及单位管理费用。

【政策制度依据】

1.《政府会计科目和报表》:

“7201 事业支出

一、本科目核算事业单位开展专业业务活动及其辅助活动实际发生的各项现金流出。

二、单位发生教育、科研、医疗、行政管理、后勤保障等活动的，可在本科目下设置相应的明细科目进行核算，或单设‘7201 教育支出’‘7202 科研支出’‘7203 医疗支出’‘7204 行政管理支出’‘7205 后勤保障支出’等一级会计科目进行核算。

三、本科目应当分别按照‘财政拨款支出’‘非财政专项资金支出’和‘其他资金支出’‘基本支出’和‘项目支出’等进行明细核算，并按照《政府收支分类科目》中‘支出功能分类科目’的项级科目进行明细核算；‘基本支出’和‘项目支出’明细科目下应当按照《政府收支分类科目》中‘部门预算支出经济分类科目’的款级科目进行明细核算，同时在‘项目支出’明细科目下按照具体项目进行明细核算。”

2.《政府会计医院补充规定》:

“二、关于报表及编制说明

(五) 关于预算收入支出表

医院应当在预算收入支出表的‘(二) 事业支出’项目下增加‘其中：财政基本拨款支出’‘财政项目拨款支出’‘科教资金支出’‘其他资金支出’项目。”

【问题解决对策】

根据《政府会计科目和报表》对事业支出所需核算内容的描述：医院在预算支出方面，仅需按支出功能分类科目、支出经济分类科目及具体预算项目进行明细核算；根据补充规定“预算收入支出表”填报要求，医院仅需按资金性质对医院事业支出进行核算，具体包括“财政基本拨款支出”“财政项目拨款支出”“科教资金支出”“其他资金支出”，不需要区分业务活动费用和单位管理费用。

根据《政府会计科目和报表》：“单位发生教育、科研、医疗、行政管理、后勤保障等活动的，可在本科目下设置相应的明细科目进行核算”的规定，单位可以根据管理需要按教育、科研、医疗、行政管理、后勤保障等活动进行明细核算。

【问题 3】预算会计是否有必要设置与财务会计一样详细的辅助核算?

财务会计辅助核算已经设置得比较详细了，预算会计有没有必要再设置相同的辅助核算?如果预算会计不设置辅助核算，对填报决算报表有没有影响?

【问题分析判断】

根据《政府会计准则——基本准则》，预算收入、支出是纳入预算管理的现金流入、流出，其确认基础是收付实现制；而财务会计所指的收入和费用是指经济资源的流入、流出，其确认基础是权责发生制。财务会计的收入、费用类科目与预算会计中的预算收入、预算支出类科目相互衔接，对纳入部门预算管理的现金收支业务需要“平行记账”。

由于财务会计与预算会计的功能、基础不同，两者报告反映的内容不同，财务会计辅助核算提供会计信息的角度与预算会计辅助核算提供会计信息的角度不完全一致，建议预算会计仍按《政府会计科目和报表》《政府会计医院补充规定》及医院自身管理要求设置相应的辅助核算，部分辅助核算与财务会计有所类似，部分辅助核算为其所特有。

比如，《政府会计医院补充规定》中要求，医院应当按月度和年度编制成本报表，所以财务会计中必须对医院按部门、科室等各成本核算单元设置明细的辅助核算项目，否则就无法编制成本报表。然而预算会计对成本归集没有要求，可以不设置成本核算单元辅助明细账。

再比如，财务会计对购买固定资产、无形资产等资本性支出不是一次性列入成本费用，而是按折旧期摊销到各个期间，在建工程的建设支出在转为固定资产后按折旧期摊销到各个期间。预算会计在固定资产、在建工程、无形资产等采购付款发生时就需要计入支出，且需要按资金性质、资金项目名称等进行归集，故预算会计方面在支出时应按资金性质、项目设置明细辅助核算。

财务会计以权责发生制为核算基础，预算会计以收付实现制为核算基础。预算会计根据核算要求，需对项目、支出功能分类进行辅助核算。如果预算会计方面不对项目、支出功能分类进行辅助核算，在填报相关报表时，如需填列财政拨款预算收入支出表中的项目支出时，各项目数据就无法取得。若依据财务会计的发生额进行填写，由于两者核算基础不同，应收应付等相关事项会使财务会计与预算会计的支出情况不一致，支出数据不一致，最终会导致填写的预算会计报表数据不真实。

【政策制度依据】

1.《政府会计科目和报表》；

2.《政府会计准则——基本准则》（财政部令第78号）。

【问题解决对策】

财务会计、预算会计均需要设置相应的辅助明细核算，但两者辅助核算的侧重点应有所不同。

预算会计的辅助核算设置，会直接影响年末决算报表的填报。从目前填报决算报表的实际情况来看，预算会计方面需要：

1. 区分“基本支出”和“项目支出”，预算收入应按照《政府收支分类科目》中“支出功能分类科目”的项级科目进行明细核算，预算支出应按照《政府收支分类科目》中“部门预算支出经济分类科目”的款级科目进行明细核算；

2. 区分预算项目，包括财政项目、科教项目、非同级财政拨款项目、补助项目、经营项目、按医院管理要求设立的各类项目等；

3. 区分预算收入、支出的类别、来源等。

【问题4】固定资产、在建工程、无形资产的经费性质应通过科目核算还是辅助核算？

【问题分析判断】

《政府会计科目和报表》要求固定资产要按类别和项目进行明细核算，未明确是明细科目核算还是明细辅助核算。《政府会计医院补充规定》对固定资产的核算要求仅描述需要按经费性质（财政项目拨款经费、科教经费、其他经费）进行明细核算，也未明确是明细科目核算还是明细辅助核算。故从实际操作的角度来说，两种方式均可。既要满足医疗行业特殊性的需要（反映医、教、研业务的各自运行情况），又要满足报表填制的需要。

【政策制度依据】

1.《政府会计科目和报表》相关规定：

“1601 固定资产

二、本科目应当按照固定资产类别和项目进行明细核算。

固定资产一般分为六类：房屋及构筑物；专用设备；通用设备；文物和陈列品；图书、档案；家具、用具、装具及动植物。”

2.《政府会计医院补充规定》：

“一、关于在新制度相关一级科目下设置明细科目

（四）医院应当在新制度规定的‘1601 固定资产’‘1602 固定资产累计折旧’科目下按照形成固定资产的经费性质（财政项目拨款经费、科教经费、其他经费）进行明细核算。”

【问题解决对策】

综上所述，固定资产、在建工程、无形资产的经费性质（财政项目拨款经费、科教经费、其他经费）既可以通过设置明细科目核算，也可以通过设置明细辅助核算，医院可以根据医院的管理方式、需求及核算习惯进行选择。

在实际工作中，如果医院按固定资产类别进行了明细科目核算，那么经费性质建议用明细辅助核算；如果按经费性质进行明细科目核算，那么固定资产类别建议用明细辅助核算。因为如果将固定资产类别和经费性质同时用明细科目核算的话，该资产类科目就会显得特别冗余，统计相关数据时加总也比较困难。

需要特别注意的是，固定资产总账与明细账需实时保持一致（账账相符），还需要与所使用的固定资产管理系统保持一致。如果单位固定资产体量较大、数量多、资金来源多样，在不能实现资产管理软件与核算软件无缝对接的情况下，一定要加强核对工作，减少各种错误，保证账账、账证、账卡相符。

【问题 5】财务会计的收支科目需按对方单位进行辅助核算的情况有哪些?

【问题分析判断】

按《政府会计科目和报表》及财务报表附注披露要求，财务会计的收入科目应按收入来源建立辅助核算，费用科目应按类别或支付对象建立辅助核算。上级单位需要根据各所属单位上报的报表及其附注，对内部收入、费用分项加总和抵销。

按《政府会计科目和报表》及财务报表附注披露要求，事业收入、经营收入、非同级财政拨款收入、其他收入均要按收入来源披露，披露的对象分为“来自财政专户管理资金”“本部门内部单位”“本部门以外同级政府单位”和“其他”科目。业务活动费用、单位管理费用、经营费用下的“商品和服务费用”要按支付对象披露，披露对象包括“本部门内部单位”“本部门以外的同级政府单位”“本部门以外的非同级政府单位”和“其他单位”等。

【政策制度依据】

1.《政府会计科目和报表》相关规定：

“4101 事业收入

二、本科目应当按照事业收入的类别、来源等进行明细核算。

4601 非同级财政拨款收入

二、本科目应当按照本级横向转拨财政款和非本级财政拨款进行明细核算，并按照收入来源进行明细核算。

4609 其他收入

二、本科目应当按照其他收入的类别、来源等进行明细核算。

5001 业务活动费用

二、本科目应当按照项目、服务或者业务类别、支付对象等进行明细核算。

5101 单位管理费用

二、本科目应当按照项目、费用类别、支付对象等进行明细核算。

5201 经营费用

二、本科目应当按照经营活动类别、项目、支付对象等进行明细核算。”

2.《政府部门财务报告编制操作指南（试行）》（财库〔2019〕57 号）：

“第三章政府部门财务报表编制

第十条第（二）款　编制抵销分录。

2. 抵销政府部门内部收入费用事项。

对经确认的内部收入费用事项，应编制抵销分录：

（1）‘上级补助收入’与‘对附属单位补助费用’之间存在抵销关系。

（2）‘附属单位上缴收入’与‘上缴上级费用’之间存在抵销关系。

（3）‘事业收入’‘非同级财政拨款收入’‘经营收入’‘其他收入’中属于来自本部门内部单位的部分与‘业务活动费用（商品和服务费用）’‘单位管理费用（商品和服务费用）’‘经营费用（商品和服务费用）’中属于支付给本部门内部单位的部分存在抵销关系。”

【问题解决对策】

各单位应对纳入政府预算管理的部门预算单位，包括各级政府、各部门、各单位（政府会计主体），按部门或单位对收入及费用建立明细辅助核算，填报相关报表，用于各级政府编制部门（单位）合并财务报表。

上级单位需要根据各所属单位上报的资产负债表、收入费用表先进行分项加总，得出汇总的会计报表，然后再进行各项事项的抵销。抵销内容包括抵销政府部门内部债权债务事项、内部收入费用等事项，抵销完成后生成合并资产负债表和收入费用表。

《政府部门财务报告编制操作指南（试行）》中要求，按照重要性原则，设定 10 万元抵销阈值。对于单位和单位之间的收入费用事项，本年累计发生额不超过 10 万元的，可以不进行抵销。具备条件的必须应抵尽抵，不受阈值限制。

综上所述，如果不对财务会计的收入科目按对方单位建立辅助核算，不对费用科目按支出单位建立辅助核算，则无法填报政府部门财务报告附注中的表格，上级单位也无法对各所属单位内部交易进行抵销。

【问题 6】应如何设置会计核算体系以适应政府财务报告抵消要求?

【问题分析判断】

为顺利应对政府财务报告编报中抵销所属单位之间发生的经济业务或事项的工作，单位财务核算时，除对以下科目进行常规核算，还应针对抵销事项的要求进行相关设置：

1. 应收应付票据、应收应付账款、应收应付利息、预收预付账款、其他应收应付款、长期借款、长期应收应付款、预计负债、坏账准备：按照债权人进行明细科目核算或辅助核算；

2. 事业收入、经营收入、非同级财政拨款收入、捐赠收入、租金收入、其他收入：按收入来源进行明细辅助核算；

3. 上级补助收入、上缴上级费用：按照补助发放或上缴的上级单位进行明细科目核算或辅助核算；

4. 附属单位上缴收入、对附属单位补助费用：按照支付的附属单位进行明细科目核算或辅助核算；

5. 业务活动费用、单位管理费用、经营费用、其他费用中的“商品和服务费用”：按支付对象进行明细辅助核算。

【政策制度依据】

《政府部门财务报告编制操作指南（试行）》相关规定如表1.3所示。

表1.3 抵销事项清单

序号	抵销事项	抵销分录
1-1	部门内部单位之间发生的债权债务事项，应予以抵销	借：应付账款、预收账款、其他应付款、长期应付款
		贷：应收账款、预付账款、其他应收款
1-2	部门内部单位之间发生的债权债务事项，债权方已计提坏账准备的，应予以抵销 其中，以前年度计提的贷记“累计盈余”、当期补提或冲减的贷记“其他费用”	借：坏账准备
		贷：其他费用 累计盈余
1-3	部门内部单位之间发生的债权债务事项，债权方本年计提或冲销坏账准备的，还应根据其对本年盈余的影响调整累计盈余（系统自动生成）	借：对本年盈余的影响
		贷：累计盈余
2	部门内部单位之间发生的上级补助收入与对附属单位补助费用，应予以抵销	借：上级补助收入
		贷：对附属单位补助费用
3	部门内部单位之间发生的上缴上级费用与附属单位上缴收入，应予以抵销	借：附属单位上缴收入
		贷：上缴上级费用
4	支付给部门内部单位的业务活动费用（商品和服务费用）、单位管理费用（商品和服务费用）、经营费用（商品和服务费用）和来自部门内部单位的事业收入、非同级财政拨款收入、经营收入、其他收入，应予以抵销。对涉及增值税的应税业务，按扣除增值税后的净额抵销	借：事业收入、非同级财政拨款收入、经营收入、其他收入
		贷：业务活动费用、单位管理费用、经营费用

注：上述清单中未涵盖的抵销事项，可根据实际情况自行增设抵销分录。

【问题解决对策】

医院需按制度针对抵销事项对相关科目设置往来单位进行辅助核算。在实际操作中，大部分科目的往来单位辅助核算项目可使用同一个，如应收预收账款、应付预付账款、其他应收应付款、长期应付款、事业收入、经营收入、非同级财政拨款收入、其他收入，业务活动费用、单位管理费用、经营费用等科目下的“商品和服务费用”。往来单位分为四类：本部门内部单位（主要包括各级卫健委下属医疗机构）、本部门以外的同级政府单位、其他本部门以外的非同级政府单位（其他执行政府会计制度并纳入部门预算管理的各单位）、其他应付单位（不纳入部门预算管理的各企业、团体组织及个人）。

其他往来单位中，如果与医院有应收应付事项关系，需要按对方明细核算。但如果仅在“商品和服务费用”中出现，可以简化处理，划入其他往来单位统一核算即可。

另外，由于《政府部门财务报告编制操作指南（试行）》中要求除具备条件的必须应抵尽抵，不受阈值限制，一般事项均在10万元以上的才予以抵销。

【问题7】如何对政府指令性任务进行核算？需要设置辅助核算吗？

【问题分析判断】

根据《政府会计医院补充规定》，医院应当在财务报表附注中披露所承担的政府指令性任务的相关费用信息，一般在“业务活动费用”“其他费用”两个科目下核算。

【政策制度依据】

《政府会计医院补充规定》：

一、关于在新制度相关一级科目下设置明细科目

（十四）医院应当在新制度规定的“5001 业务活动费用”科目下对政府指令性任务进行明细核算。

（十六）医院应当在新制度规定的“5901 其他费用”科目下对政府指令性任务进行明细核算。

二、关于报表及编制说明

（六）关于财务报表附注

医院应当在财务报表附注中披露所承担的政府指令性任务的相关费用信息，披露格式如表1.4所示。

表1.4　政府指令性任务披露格式

政府指令性任务	业务活动费用	其他费用	合计
任务1			
……			
其他			
合计			

【问题解决对策】

在“业务活动费用”“其他费用”等费用科目下对政府指令性任务可选择设置科目或辅助明细核算。

业务量较小的情况可以通过备查簿方式登记。

【问题 8】预算会计除进行功能分类、经济分类辅助核算外，还需进行其他辅助核算吗？

【问题分析判断】

《政府会计科目和报表》对预算会计的每个科目的核算要求不一样。医院在设置预算会计科目辅助核算的时候，一方面要按制度要求，满足年末填制相关报表的需要，另一方面要兼顾医院具体管理需求。

【政策制度依据】

《政府会计科目和报表》相关规定：

“6001 财政拨款预算收入

二、本科目应当设置‘基本支出’和‘项目支出’两个明细科目，并按照《政府收支分类科目》中‘支出功能分类科目’的项级科目进行明细核算。

6101 事业预算收入

二、本科目应当按照事业预算收入类别、项目、来源、《政府收支分类科目》中‘支出功能分类科目’的项级科目等进行明细核算。事业预算收入中如有专项资金收入，还应按照具体项目进行明细核算。

6609 其他预算收入

二、本科目应当按照其他收入类别、《政府收支分类科目》中‘支出功能分类科目’的项级科目等进行明细核算。其他预算收入中如有专项资金收入，还应按照具体项目进行明细核算。

7201 事业支出

三、本科目应当分别按照‘财政拨款支出’‘非财政专项资金支出’和‘其他资金支出’，‘基本支出’和‘项目支出’等进行明细核算，并按照《政府收支分类科目》中‘支出功能分类科目’的项级科目进行明细核算；‘基本支出’和‘项目支出’明细科目下应当按照《政府收支分类科目》中‘部门预算支出经济分类科目’的款级科目进行明细核算，同时在‘项目支出’明细科目下按照具体项目进行明细核算。

7901 其他支出

二、本科目应当按照其他支出的类别，‘财政拨款支出’‘非财政专项资金支出’和‘其他资金支出’，《政府收支分类科目》中‘支出功能分类科目’的项级科目和‘部门预算支出经济分类科目’的款级科目等进行明细核算。其他支出中如有专项资金支出，还应按照具体项目进行明细核算。”

【问题解决对策】

预算会计的收入类的辅助核算主要包括《政府收支分类科目》中“支出功能分类科目”的项级科目、收入类别、项目、来源等；支出类的辅助核算主要包括《政府收支分类科目》中“支出功能分类科目”的项级科目、“部门预算支出经济分类科目”的款级科目、项目等。

收入和支出的预算项目包括财政项目、科教项目、非同级财政拨款项目、补助项目、经营项目、按医院管理要求设立的各类项目。

按部门决算报告填报要求，单位也可对政府采购分类核算，包括政府采购服务、政府采购货物、政府采购工程等。

【问题 9】某医院按当地财政部门要求，采用行政单位会计科目，应如何进行会计核算?

【问题分析判断】

目前医院与行政单位均按国家统一要求执行《政府会计科目和报表》，故核算体系与核算基础都是一致的。会计制度核算软件即使是统一采购的，也可以在同一个体系框架下设置医院的明细科目以及相应的辅助核算，使医院核算的内容符合《政府会计科目和报表》《政府会计医院补充规定》，并满足医院的管理需要。

同时考虑到年末医院要按医院对应的口径编制政府部门财务报告及部门决算报告，所以在设置医院核算体系时，应当满足单位管理和报表填制的需要，否则年末难以填报相关报表。

【政策制度依据】

《政府会计科目和报表》相关规定：

“第一部分　总说明

二、本制度适用于各级各类行政单位和事业单位（以下统称单位，特别说明的除外）。

三、单位应当根据政府会计准则（包括基本准则和具体准则）规定的原则和本制度的要求，对其发生的各项经济业务或事项进行会计核算。

七、单位应当按照下列规定运用会计科目：

（一）单位应当按照本制度的规定设置和使用会计科目。

（二）单位应当执行本制度统一规定的会计科目编号，以便于填制会计凭证、登记账簿、查阅账目，实行会计信息化管理。

（四）单位设置明细科目或进行明细核算，除遵循本制度规定外，还应当满足权责发生制政府部门财务报告和政府综合财务报告编制的其他需要。”

【问题 10】期中发现期初会计核算体系设置不规范、不完善的问题，应如何解决？

某医院已按目前的科目及辅助核算设置完成了八个月的会计核算，但发现其会计体系核算设置存在编码及明细科目设置不规范、辅助核算不够充分的问题，应如何解决？

【问题解决对策】

如果实施科目及辅助项目编码问题及名称不规范，应进行调整。通过修改编码、调整账务等方式来完成。

辅助核算不够充分，应区分是不能满足单位内部管理需要或者是影响会计报表填报的需要，现行的会计核算软件均可支持增加和完善。

【问题 11】如何根据收入和费用披露需求设置会计科目？

【问题分析判断】

披露和科目设置有一定的关系，但不是必然关系。对部分重要项目的披露是可以通过辅助明细核算来减少统计工作量的。比如：在建工程按项目核算既可满足管理需要，又可满足披露的需要。

【政策制度依据】

《政府会计科目和报表》相关规定：

第五部分　报表编制说明

15. 事业收入按照收入来源的披露格式如表 1.5 所示。

表 1.5　事业收入按照收入来源的披露格式

收入来源	本期发生额	上期发生额
来自财政专户管理资金		
本部门内部单位		
单位 1		
……		
本部门以外同级政府单位		
单位 1		
……		
其他		
单位 1		
……		
合计		

16. 非同级财政拨款收入按收入来源的披露格式如表1.6所示。

表1.6　非同级财政拨款收入按收入来源的披露格式

收入来源	本期发生额	上期发生额
本部门以外同级政府单位		
单位1		
……		
本部门以外非同级政府单位		
单位1		
……		
合计		

17. 其他收入按照收入来源的披露格式如表1.7所示。

表1.7　其他收入按照收入来源的披露格式

收入来源	本期发生额	上期发生额
本部门内部单位		
单位1		
……		
本部门以外同级政府单位		
单位1		
……		
本部门以外非同级政府单位		
单位1		
……		
其他		
单位1		
……		
合计		

18. 业务活动费用

（1）按经济分类的披露格式如表1.8所示。

表1.8　按经济分类的披露格式

项目	本期发生额	上期发生额
工资福利费用		
商品和服务费用		

表1.8(续)

项目	本期发生额	上期发生额
对个人和家庭的补助费用		
对企业补助费用		
固定资产折旧费		
无形资产摊销费		
公共基础设施折旧（摊销）费		
保障性住房折旧费		
计提专用基金		
……		
合计		

注：有单位管理费用、经营费用的，可比照业务活动费用表进行披露。

（2）按支付对象的披露格式如表1.9所示。

表1.9　按支付对象的披露格式

支付对象	本期发生额	上期发生额
本部门内部单位		
单位1		
……		
本部门以外同级政府单位		
单位1		
……		
其他		
单位1		
……		
合计		

注：有单位管理费用、经营费用的，可比照业务活动费用表进行披露。

19. 其他费用按照类别披露的格式如表1.10所示。

表1.10　其他费用按照类别披露的格式

费用类别	本期发生额	上期发生额
利息费用		
坏账损失		
罚没支出		
……		
合计		

20. 本期费用按照经济分类的披露格式如表 1.11 所示。

表 1.11　本期费用按照经济分类的披露格式

项目	本年数	上年数
工资福利费用		
商品和服务费用		
对个人和家庭的补助费用		
对企业补助费用		
固定资产折旧费		
无形资产摊销费		
公共基础设施折旧（摊销）费		
保障性住房折旧费		
计提专用基金		
所得税费用		
资产处置费用		
上缴上级费用		
对附属单位补助费用		
其他费用		
本期费用合计		

注：单位在按照本制度规定编制收入费用表的基础上，可以根据需要按照此表披露的内容编制收入费用表。

【问题解决对策】

从政府会计制度下对收入和费用的披露要求来看，事业收入、非同级财政拨款收入、其他收入均需按收入来源进行披露，通常采用明细辅助核算方式进行披露。

对事业收入的医疗收入，按要求以来源进行披露，考虑医院医疗业务的特殊性，目前对每个患者带来的各项收入进行明细核算难以实现，可以归集为同一来源。由医保部门支付的医疗收入建议单独披露。

业务活动费用、单位管理费用、经营费用需要按经济分类、支出对象两种方式进行披露，通常经济分类采用明细科目核算，支出对象采用明细辅助核算。其他费用通常按照类别采用明细科目核算。

各单位可根据医院管理需要和报表填制及披露要求设置适合医院自身的收入及费用会计核算科目。

政府会计制度下采用双基础、双功能的核算模式，对公立医院的成本管理带来了一定的影响。但是，由于在原有医院会计制度下，费用类会计科目设置不够完善，导致医院成本核算基础不牢，给成本管理带来诸多问题。2019 年 1 月 1 日，《政府会计科目和报表》的正式实施，为医院会计核算提供了明确的指引。基于此，研究政府会计制度下公立医院的成本管理，要改变目前成本管理模式不完善、不规范的现实，在医院注重会计核算的同时，还要适应政府会计制度的改革需求，加强医院的成本核算、预算管理及成本管理控制，优化成本管理模式，为医院科学发展和有效决策提供服务，对医院成本管理模式创新等方面都具有重要的学术价值和实践意义。

第二篇

新旧衔接篇

第二章　资产清查盘点与新旧衔接问题及解决对策

第一节　固定资产折旧的新旧衔接

【问题12】新旧制度衔接时，若固定资产折旧年限有调整，应如何进行账务处理？

【问题分析判断】

在新旧制度衔接时，对新账的会计科目余额按制度规定的核算基础进行调整。固定资产除了分类有变化，折旧年限和折旧时点也较原制度发生了变化。在新旧制度衔接的时候，2018年12月31日之前医院购置的未提完折旧的固定资产应补提一个月折旧。同时，对补提固定资产折旧应区分新制度下固定资产折旧年限是否发生变化进行处理，折旧年限不变的，直接补提一个月折旧；折旧年限发生变化的，应根据2018年12月31日的固定资产净值，按新的折旧年限在剩余使用期限内计算一个月折旧，进行补提。

【政策制度依据】

《政府会计准则第3号——固定资产应用指南》（财会〔2017〕4号）相关规定：

“1. 关于固定资产折旧年限

通常情况下，政府会计主体应当按照下表规定来确定各类应计提折旧的固定资产的折旧年限。

医院固定资产折旧年限表如表2.1所示。

表2.1　医院固定资产折旧年限表

固定资产类别	内容		折旧年限/年
固定资产	业务及管理用房	钢结构	不低于50
		钢筋混凝土结构	不低于50
		砖混结构	不低于30
		砖木结构	不低于30
	简易房		不低于8
	房屋附属设施		不低于8
	构筑物		不低于8

表2.1(续)

固定资产类别	内容	折旧年限/年
通用设备	计算机设备	不低于6
	办公设备	不低于6
	电气设备	不低于5
	通信设备	不低于5
	机械设备	不低于10
	仪表仪器	不低于5
	交通工具	不低于10
专用设备	激光电子	5
	医用高频	5
	物理体疗	5
	中医仪器	5
	检验分析	5
	体外循环	5
	手术急救	5
	病区护理	5
	光学窥镜	6
	超声 X 线	6
	高压氧舱	6
	核磁共振	6
	医用核素	6
	消毒口腔	6
	高能射线	6
家具、用具及装具	家具	不低于15
	用具、装具	不低于5

2. 固定资产的折旧年限一经确定，不得随意变更

因改建、扩建等原因而延长固定资产使用年限的，应当重新确定固定资产的折旧年限。

3. 固定资产折旧计提时点

固定资产应当按月计提折旧，当月增加的固定资产，当月开始计提折旧；当月减少的固定资产，当月不再计提折旧。

固定资产提足折旧后，无论能否继续使用，均不再计提折旧；提前报废的固定资产，也不再补提折旧。已提足折旧的固定资产，可以继续使用的，应当继续使用，规范实物管理。

4. 具体确定固定资产的折旧年限时，应当考虑下列因素：

（1）固定资产预计实现服务潜力或提供经济利益的期限；

（2）固定资产预计有形损耗和无形损耗；

（3）法律或者类似规定对固定资产使用的限制。”

【问题解决对策】

例：某医院2018年1月用自有资金80 000元购置家具一批，纳入固定资产管理，按医院财务制度规定折旧年限为5年；根据政府会计制度对固定资产折旧年限的规定，年限为15年。新旧制度衔接时应如何进行账务处理？

1. 计算2018年12月31日该固定资产净值。

2018年2～12月共计提折旧为80 000÷5×11÷12＝14 666.67（元），2018年12月31日，固定资产净值为65 333元。

2. 补提一个月折旧。

2018年12月31日，医院应当对截至2018年12月31日前购置的未计提完折旧的固定资产，在新制度转换时，按固定资产应用指南中提供的折旧年限补提一个月折旧。本例中应补提的金额：

新制度下月折旧额＝2018年12月31日固定资产净值÷（新制度规定折旧月数－已折旧月数）＝（80 000－14 666.67）÷（15×12－11）＝386.59（元）

财务会计：

借：累计盈余——新旧转换盈余　386.59

　贷：固定资产累计折旧（其他经费）　386.59

预算会计不做账务处理。

【职业判断建议】

1. 固定资产折旧业务只需进行财务会计处理，不需要进行预算会计处理。

2. 设置会计明细科目、辅助账核算应注意的事项：固定资产折旧业务需按照业务系统中资产分类进行对应设置，即资产管理系统、财务系统两个系统中的资产分类相一致。该科目可按成本核算单元、资产经费来源等设置辅助账。

财务会计确认了计提折旧费用，而预算会计不做处理，因此折旧业务会产生本期盈余与预算结余的差异。

在新旧制度衔接时，对于财政项目经费、科研项目经费购置的尚未计提完折旧的固定资产所对应的待冲基金科目余额，新旧衔接时，医院应当将原账的“待冲基金——待冲财政基金”科目余额转入新账的“累计盈余——财政项目盈余”科目，将原账的“待冲基金——待冲科教项目基金”科目余额转入新账的“累计盈余——科教盈余”科目。

3. 衔接之前应根据资产清查盘点结果，对固定资产、无形资产进行如下处理：

（1）核查所有固定资产、无形资产明细的资金类型，并进行相应分类。

（2）按照医院补充规定，补提固定资产折旧应区分固定资产折旧年限是否发生变化并分别进行处理。固定资产年限不变的直接补提一个月折旧额。

固定资产年限发生变化的，应根据2018年12月31日的固定资产净值，按新折旧年限在剩余使用期限内计算一个月折旧额，进行补提。补提分录为：借记“累计盈余”科目，贷记“固定资产累计折旧”科目。

【问题 13】土地是固定资产吗？新旧衔接时应如何进行补提？未使用的固定资产是否计提折旧？

【问题分析判断】

1. 可单独计价的土地使用权作为无形资产。

外购土地及建筑物支付的价款应当在建筑物与土地使用权之间进行分配；难以合理分配的，应当全部作为固定资产。

经批准在境外购买具有所有权的土地，作为固定资产，通过“固定资产”科目核算；医院应当在“固定资产”科目下设置“境外土地”明细科目，进行相应的明细核算。

2. 作为无形资产管理的土地使用权，在新旧衔接时不需要补提无形资产摊销；作为与建筑物一同计价的固定资产在新旧制度衔接时需补提一个月折旧；作为固定资产管理的境外购买具有所有权的土地，不需要计提折旧。

3. 除了按固定资产有关规定的不计提折旧的固定资产外，未使用的固定资产需计提折旧，直到提足折旧。

【政策制度依据】

1.《政府会计科目和报表》相关规定：

“1601 固定资产

二、固定资产一般分为六类：房屋及构筑物；专用设备；通用设备；文物和陈列品；图书、档案；家具、用具、装具及动植物。

三、固定资产核算时，应当考虑以下情况：

（四）经批准在境外购买具有所有权的土地，作为固定资产，通过本科目核算；单位应当在本科目下设置“境外土地”明细科目，进行相应的明细核算。”

2.《政府会计准则第 3 号——固定资产》（财会〔2016〕12 号）相关规定：

“第十七条　下列各项固定资产不计提折旧：

①文物和陈列品；

②动植物；

③图书、档案；

④单独计价入账的土地；

⑤以名义金额计量的固定资产。”

3.《政府会计准则第 3 号——固定资产》应用指南（财会〔2017〕4 号）相关规定：

“二、关于固定资产折旧计提时点

固定资产应当按月计提折旧，当月增加的固定资产，当月开始计提折旧；当月减少的固定资产，当月不再计提折旧。

固定资产提足折旧后，无论能否继续使用，均不再计提折旧；提前报废的固定资产，也不再补提折旧；已提足折旧的固定资产，可以继续使用的，应当继续使用，规范实物管理。”

4.《政府会计准则第4号——无形资产》相关规定：

"第二条　本准则所称无形资产，是指政府会计主体控制的没有实物形态的可辨认非货币性资产，如专利权、商标权、著作权、土地使用权、非专利技术等。"

【问题解决对策】

我国土地所有权分为国家土地所有权和集体土地所有权。《中华人民共和国土地管理法》第八条规定："城市市区的土地属于国家所有。农村和城市郊区的土地，除法律规定属于国家所有的以外，属于集体所有。"

公立医院作为事业单位，在境内只能拥有土地使用权，不能拥有土地。若医院取得的土地使用权可单独计价，应作为无形资产管理，按月进行摊销。按原医院会计制度，当月购入的无形资产当月开始计提摊销，与现行政府会计制度下开始计提无形资产摊销的时点一致，故在新旧制度衔接时，不需要补提一个月摊销。

若医院土地使用权与建筑物的价值难以合理分配，统一作为固定资产管理的，则应参照固定资产新旧衔接办法，补提一个月折旧。

若医院土地使用权可单独计价，但原按固定资产进行管理，则应在新旧制度衔接时调整为无形资产，并补提一个月的摊销。

第二节　固定资产的清查及新旧制度衔接

【问题14】执行政府会计制度前，盘亏的固定资产应如何进行账务处理？

【问题分析判断】

盘亏的固定资产经上级主管部门批准后列支其他支出。

【政策制度依据】

《行政事业单位资产清查核实管理办法》（财资〔2016〕1号）：

"第四十四条　资产盘盈、资产损失和资金挂账批复前，行政事业单位应当按照本原则进行账务处理：财政部门批复（备案）前的资产盘盈（含账外资产）可以按照财务、会计制度的有关规定暂行入账。待财政部门批复（备案）后，进行账务调整和处理。"

【问题解决对策】

医院的固定资产应当定期进行清查盘点，每年至少盘点一次。对于盘盈、盘亏的固定资产，应当及时查明原因，根据规定的管理权限报经批准后及时进行账务处理。盘盈的固定资产，应当按照同类或类似资产市场价格确定的价值入账，并确认为当期收入；盘亏的固定资产，应先扣除可以收回的保险赔偿和过失人的赔偿等，将净损失确认为当期支出。

1. 盘盈的固定资产，按照同类或类似资产市场价格确定的价值，借记本科目，贷记“待处理财产损溢——待处理非流动资产损溢”科目。报经批准处理时，借记“待处理财产损溢——待处理非流动资产损溢”科目，贷记“其他收入”科目。

2. 盘亏的固定资产，按照固定资产账面价值减去该资产对应的尚未冲减完毕的待冲基金余额后的金额，借记“待处理财产损溢——待处理非流动资产损溢”，按已计提的折旧，借记“累计折旧”科目，按相关待冲基金余额，借记“待冲基金”科目，按固定资产的账面余额，贷记本科目。

报经批准处理时，按照相关待处理财产损溢金额扣除可以收回的保险赔偿和过失人的赔偿等后的金额，借记“其他支出”科目，按照已收回或应收回的保险赔偿和过失人赔偿等，借记“库存现金”“银行存款”“其他应收款”等科目，按照相关待处理财产损溢余额，贷记“待处理财产损溢——待处理非流动资产损溢”科目。

【职业判断建议】

对于新旧制度衔接之前盘亏、毁损或报废的固定资产，按医院会计制度规定进行处理。

对盘亏、毁损或报废资产，应根据资产的资金来源进行相应处理。由自有资金与财政拨款或自有资金与科教项目资金多种资金来源共同形成时，按照固定资产或无形资产的账面价值减去该资产对应的尚未冲减完毕的待冲基金余额后的金额，借记“待处理财产损溢——待处理非流动资产损溢”科目，按照已提取的折旧或摊销，借记“累计折旧”或“累计摊销”科目，按照相关待冲基金余额，借记“待冲基金”科目，按照固定资产或无形资产的账面余额，贷记“固定资产”或“无形资产”科目。报经批准处理时，按照相关待处理财产损溢金额扣除可以收回的保险赔偿和过失人赔偿等后的金额，借记“其他支出”科目，按照已收回或应收回的保险赔偿和过失人赔偿等，借记“库存现金”“银行存款”“其他应收款”等科目，按照相关待处理财产损溢余额，贷记“待处理财产损溢——待处理非流动资产损溢”科目。

例：2018 年 12 月，某医院在资产全面清查中盘亏电脑一台（由自有资金和财政补助资金共同购买），固定资产原值 6 500 元，累计已提折旧 4 000 元，尚未冲减完毕的待冲基金为 2 000 元，原因不明。报经批准后列支，该如何进行账务处理？

会计分录如下：

1. 盘亏时：

借：待处理财产损溢——待处理非流动资产损溢　　500
　　累计折旧　　4 000
　　待冲基金　　2 000
　贷：固定资产　　6 500

2. 报经批准列支其他支出：

借：其他支出　　500
　贷：待处理财产损溢——待处理非流动资产损溢　　500

【问题 15】执行政府会计制度前，盘盈的固定资产应如何进行账务处理？

【问题分析判断】

盘盈固定资产经上级主管部门批准后计入其他收入。

【政策制度依据】

《行政事业单位资产清查核实管理办法》（财资〔2016〕1 号）：

“第四十四条　资产盘盈、资产损失和资金挂账批复前，行政事业单位应当按照本原则进行账务处理：财政部门批复（备案）前的资产盘盈（含账外资产）可以按照财务、会计制度的有关规定暂行入账。待财政部门批复（备案）后，进行账务调整和处理。”

【问题解决对策】

对于清查出的固定资产盘盈，按医院会计制度相关规定，按比照同类或类似资产市场价格确定的价值，或由具有资质的社会第三方机构按照资产评估的价值，借记“固定资产”科目，贷记“待处理财产损溢——待处理非流动资产损益”科目。经报批准处理时，借记“待处理财产损溢——待处理非流动资产损益”科目，贷记“其他收入”科目。

例：2018 年 12 月，某医院在资产全面清查中盘盈一台全新电脑，该电脑市价为 10 000 元，报经批准处理。

相关会计处理如下：

1. 盘盈时：

借：固定资产　　10 000

　贷：待处理财产损溢——待处理非流动资产损益　　10 000

2. 报经批准处理时：

借：待处理财产损溢——待处理非流动资产损益　　10 000

　贷：其他收入　　10 000

【职业判断建议】

盘盈的固定资产，按比照同类或类似资产市场价格确定的价值，借记“固定资产”科目，贷记“待处理非流动资产损溢”。盘亏的固定资产，按照固定资产账面价值减去该资产对应的尚未冲减完毕的待冲基金余额后的金额，借记“待处理非流动资产损溢”科目，按已计提的折旧，借记“累计折旧”科目，按相关待冲基金余额，借记“待冲基金”科目，按固定资产账面余额，贷记“固定资产”科目。

上述财产物资的盘盈、盘亏、毁损在查明原因，报经批准处理时，做如下账务处理：盘盈的库存物资、固定资产等，借记本科目，贷记“其他收入”科目。盘亏、变质、毁损的库存物资以及盘亏的固定资产，按照相关待处理财产损溢金额扣除可以收回的保险赔偿和过失人的赔偿等后的金额，借记“其他支出”科目，按照已收回或应收回的保险赔偿和过失人赔偿等，借记“库存现金”“银行存款”“其他应收款”等科目，按照相关待处理财产损溢余额，贷记“待处理非流动资产损溢”科目。

新政府会计制度下设置了“待处理财产损溢”科目，其核算内容与原账中相应科目的核算内容基本相同，转账时，医院将原账余额直接转入新账中：

2019 年 1 月 1 日，结转“待处理财产损溢”科目的财务会计分录如下：

借：待处理财产损溢（新）

  贷：待处理财产损溢（旧）

设置会计明细科目、辅助账核算应注意的事项；资产处置费用需按部门支出经济分类；辅助账设置要考虑到成本核算单元、资产经费来源等。

对使用财政、科研、教育经费购入的固定资产在资产管理系统进行分类明细管理。

【问题 16】执行政府会计制度前，报废的固定资产应如何进行账务处理？

【政策制度依据】

1. 财政部修订《事业单位国有资产管理暂行办法》（中华人民共和国财政部令第 100 号）第四章资产处置相关规定：

“第二十四条　事业单位国有资产处置，是指事业单位对其占有、使用的国有资产进行产权转让或者注销产权的行为。处置方式包括出售、出让、转让、对外捐赠、报废、报损以及货币性资产损失核销等。

第二十五条　除本办法第五十六条另有规定外，事业单位处置国有资产，应当严格履行审批手续，未经批准不得自行处置。

第二十八条　事业单位国有资产处置应当遵循公开、公正、公平的原则。

第二十九条　除本办法第五十六条另有规定外，事业单位国有资产处置收入属于国家所有，应当按照政府非税收入管理的规定，实行‘收支两条线’管理。”

2.《关于进一步加强和改进行政事业单位国有资产管理工作的通知》（财资〔2018〕108 号）有关规定：

“1. 各部门和各单位要严格执行有关资产处置管理的规定。要根据实际及时处置长期积压的待报废资产，避免形成新的资产损失。资产处置事项要按照规定权限履行报批程序。资产处置要遵循公开、公平和竞争择优的原则。处置完毕的资产要及时进行账务核销，确保账实相符。

2. 加强资产收入管理。要加强资产处置收入、出租出借收入和对外投资收益管理，规范收支行为。行政事业单位国有资产处置收入和行政单位资产出租出借收入，要按照政府非税收入管理和国库集中收缴制度的有关规定，在扣除相关税费后及时上缴国库，实行‘收支两条线’管理。事业单位对外投资和出租出借收入，要纳入单位预算，统一核算、统一管理，严禁形成‘账外账’和小金库。”

【问题解决对策】

公立医院在新旧制度衔接时，应对 2018 年 12 月 31 日前购置的未完成折旧计提的固定资产进行补提 1 个月的折旧。折旧年限发生变化的，应根据 2018 年 12 月 31 日的固定资产净值，按新的折旧年限在剩余使用期限内计算 1 个月的折旧，进行补提。

例如，某设备按旧制度规定的使用年限为10年，已用4年，剩余可使用年限为6年，而新制度规定的使用年限为5年，在2018年12月31日应将该设备剩余净值按1年计算折旧并补提1个月。

例：2018年12月，某公立医院在资产全面清查中处置报废一项固定资产（自有资金购入）。该固定资产原值为200 000元，已计提折旧195 000元，以银行存款支付清理费用2 000元，残值收入6 000元。会计分录该如何处理？

1. 2018年12月固定资产转入清理：

借：待处理财产损溢　5 000
　　累计折旧　195 000
　贷：固定资产　200 000

2. 发生清理费用：

借：待处理财产损溢　2 000
　贷：银行存款　2 000

3. 收到残值收入：

借：银行存款　6 000
　贷：待处理财产损溢　6 000

4. 应上缴财政处置净收入：

借：待处理财产损溢　4 000
　贷：应缴财政款　4 000

5. 上缴财政处置净收入：

借：应缴财政款　4 000
　贷：银行存款　4 000

6. 2019年1月，结转固定资产处理净损益：

借：资产处置费用　5 000
　贷：待处理财产损溢　5 000

第三节　存货的清查及新旧制度衔接

【问题17】执行政府会计制度前，医院盘亏卫生材料应如何进行账务处理？

【问题分析判断】

卫生材料盘亏，若上级主管部门在2019年1月1日前批准，列支其他支出；若批准时间为2019年1月1日之后，则计入资产处置费用。

【政策制度依据】

《政府会计准则第1号——存货》（财会〔2016〕12号）相关规定：

“第二条　存货指政府会计主体在开展业务活动和其他活动中为耗用和出售而储存

的资产，如材料、产品、包装物、低值易耗品等，以及未达到固定资产标准的用具、装具、动植物等。

第十七条　对于发生的存货毁损，应当将存货账目余额转销计入当期费用，并将毁损存货处置收入扣除相关处置税费后的差额按规定做应缴款项处理（差额为净收益时）或计入当期费用（差额为净损失时）。

第十九条　存货盘亏造成的损失，按规定报经批准后应记入当期费用。”

【问题解决对策】

在执行政府会计制度之前，公立医院盘亏或者毁损、报废的存货的会计处理步骤如下：

1. 按盘点结果转入待处理财产损溢科目：

借：待处理财产损溢

　贷：存货

2. 报经批准予以处置时：

借：其他支出

　贷：待处理财产损溢

3. 处置存货过程中所取得的收入、发生的费用，处置收入扣除相关处置费用后的净收入的账务处理：

（1）收到残值变价收入、保险理赔和过失人赔偿等：

借：库存现金、银行存款等

　贷：待处理财产损溢——处置净收入

（2）处置毁损、报废存货过程中发生相关费用：

借：待处理财产损溢——处置净收入

　贷：库存现金、银行存款等

（3）处置完毕，按照处置收入扣除相关处置费用后的净收入：

借：待处理财产损溢——处置净收入

　贷：应缴国库款等

例：2018 年 12 月，某医院在资产全面清查中发现盘亏一批卫生材料，该批材料的原账面余额为 1 000 元，其中科教项目资金 600 元。

经批准后相关会计处理如下：

卫生材料盘亏时：

借：待处理财产损溢——待处理流动资产损溢　　400

　　待冲基金——待冲科教基金　　600

　贷：库存物品——卫生材料　　1 000

2019 年 1 月 1 日新旧制度衔接时将“待处理财产损溢”余额转入新制度的“待处理财产损溢”。

借：待处理财产损溢（新）

　贷：待处理财产损溢（旧）

1月末，报经批准处理时：

借：资产处置费用　400

　贷：待处理财产损溢——待处理流动资产损溢　400

【问题18】库存物资新旧衔接如何进行账务处理？

【问题解决对策】

由于《政府会计科目和报表》《政府会计医院补充规定》《政府会计医院衔接规定》对医院库存物品提出了明确的分类要求，故医院需对原“库存物资”进行分析，并按类别分别转入新制度对应科目中。

【政策制度依据】

1.《政府会计准则第1号——存货》（财会〔2016〕12号）相关规定：

“第四条　存货同时满足下列条件的，应当予以确认：

1. 与该存货相关的服务潜力很可能实现或者经济利益很可能流入政府会计主体；

2. 该存货的成本或者价值能够可靠地计量。

第十四条　政府会计主体应当根据实际情况采用先进先出法、加权平均法或者个别计价法确定发出存货的实际成本。”

2.《政府会计医院补充规定》相关规定：

“医院应当在新制度规定的‘1302库存物品’科目下设置‘130201药品’‘130202卫生材料’‘130203低值易耗品’‘130204其他材料’‘130205成本差异’明细科目。在‘130202卫生材料’科目下设置‘13020201血库材料’‘13020202医用气体’‘13020203影像材料’‘13020204化验材料’和‘13020205其他卫生材料’明细科目，分别核算相关物品的成本。”

【职业判断建议】

医院会计制度与政府会计制度下的存货科目，两者核算内容总体相同，但政府会计制度对工程物资、受托代理物资等不再纳入存货核算，同时对科目内的明细分类也进行了重分类调整。政府会计制度在衔接时要求对存货明细科目进行分拆后转入新账。

新旧制度衔接时，医院应当对原账的“库存物资”科目余额进行分析，将原账“库存物资”科目余额中属于医院受托存储保管的物资和受托转赠的物资金额，转入新账的“受托代理资产”科目；将原账“库存物资”科目余额中属于为在建工程购买和使用的材料物资金额，转入新账“工程物资”科目；剩余金额，按照医院库存物品的类别按《政府会计医院补充规定》的明细核算分类，分别转入新账的“库存物品”科目下设的明细科目中。

“存货”科目核算政府会计主体在开展业务活动及其他活动中为耗用或出售而储存的资产，包括材料、燃料、包装物和低值易耗品以及未达到固定资产标准的用具、装具、动植物等的实际成本。随买随用的零星办公用品等，可以在购进时直接列作支出，不做存货核算。所以能不做存货核算就不做，直接费用化。

例：2018 年 12 月 31 日，某医院“库存物资”科目借方余额为 3 980 000 元，其中，属于医院受托存储保管的物资和受托转赠的物资的金额为 50 000 元；属于为在建工程购买和使用的材料物资的金额为 100 000 元；剩余金额中药品 2 200 000 元、卫生材料 1 300 000 元、低值易耗品 200 000 元、其他材料 130 000 元。新旧制度衔接时应如何进行账务处理？2019 年 1 月 1 日，结转“库存物资”科目的财务会计分录如下：

借：库存物品——药品（新）	2 200 000	
库存物品——卫生材料（新）	1 300 000	
库存物品——低值易耗品（新）	200 000	
库存物品——其他材料（新）	130 000	
受托代理资产（新）	50 000	
工程物资（新）	100 000	
贷：库存物资（旧）		3 980 000

【问题 19】固定资产、存货等资产衔接前的准备工作有哪些？

【问题解决对策】

医院在进行新旧衔接前，应全面清理核实和归类统计固定资产、无形资产、库存物品、对外投资等资产数据，为准确计提折旧、摊销费用、确定权益等提供基础信息。

1. 固定资产清查。重点是类别和资金性质，以及使用年限。

2. 存货清查。根据新旧会计制度和科目核算范围进行清查，并对资金来源进行区分。

3. 对近三年所有合同（包括已执行完毕和正在执行的）进行清理，检查有无应收未收或应付未付款项，如尾款或质保金等，若有，应作为未入账事项补登。

4. 将 2018 年 12 月 31 日前未入账的受托代理资产、盘盈资产、预计负债按照新制度规定计入新账。

【政策制度依据】

《关于进一步做好政府会计准则制度新旧衔接和加强行政事业单位资产核算的通知》（财会〔2018〕34 号）相关规定：

“二、关于加强单位资产核算工作的要求

各单位应当以执行新政府会计准则制度、做好新旧制度衔接工作为契机，健全会计机构，充实会计人员，提升会计信息化水平，进一步规范和加强各类资产的会计核算，夯实资产核算的各项基础工作，强化资产账实相符，确保资产信息的全面性、完整性和准确性。

各单位应当在 2016 年资产清查核实的基础上，按照落实国务院向全国人大常委会报告国有资产管理制度和政府会计准则制度的要求，扎实开展以下工作：

一是进一步清理核实和归类统计固定资产、无形资产、库存物品、对外投资等资产数据，为准确计提折旧、摊销费用、确定权益等提供基础信息。

二是进一步规范和加强往来款项的管理，全面开展往来款项专项清理和账龄分析，及时报批处理往来挂账，做好坏账准备计提的相关工作。

三是进一步清理基本建设会计账务，及时将已交付使用的建设项目转为固定资产、无形资产等，按规定及时办理基本建设项目竣工财务决算手续，为将基本建设投资业务纳入单位统一账簿进行会计核算做好准备。

四是进一步明晰资产占有、使用和维护管理的责任主体，按规定将单位控制的公共基础设施、政府储备物资、保障性住房等资产以及单位受托管理的资产登记入账，确保国有资产信息全面完整。”

【职业判断建议】

医院在新旧制度转换时应充分理解资产要素在新旧制度的差异点，在资产清查基础上展开衔接与转换。

资产清查是资产要素做好衔接与转换的前提，也是政府会计制度对接的重点。公立医院在资产清查时，应对资产要素中各项资产类别，按资产属性和新旧制度调整，逐一核定对接数据，尤其是涉及非流动资产经费来源和性质、固定资产初始计量、固定资产累计折旧、固定资产折旧年限等政策调整重点领域，必须提前做好资产资金来源确认和补提固定资产折旧的准备工作，确保资产信息全面准确。同时，可以考虑招标遴选第三方会计师事务所进行资产清查，明确资产清查的目的性和侧重点，按政府会计制度的要求梳理资产信息，编制各项资产清查的工作底稿。

第三章 在建工程转固定资产与新旧会计制度衔接问题及解决对策

【问题 20】政府会计制度的在建工程核算范围有哪些变化？如何进行账务处理？

【问题分析判断】

事业单位会计制度的“在建工程”主要核算事业单位已经发生必要支出，但尚未完工交付使用的各种建筑（包括新建、改建、扩建、修缮等）和设备安装工程的实际成本。原医院会计制度的“在建工程”主要核算医院为建造、改建、扩建及修缮固定资产以及安装设备而进行的各项建筑、安装工程所发生的实际成本。政府会计制度的“在建工程”科目核算的是单位在建的建设项目工程的实际成本，其核算范围扩大，包括单位在建的信息系统项目工程、公共基础设施项目工程、保障性住房项目工程的实际成本等。

【政策制度依据】

《政府会计科目和报表》相关规定：

“‘在建工程’科目核算单位在建的建设项目工程的实际成本。

单位在建的信息系统项目工程、公共基础设施项目工程、保障性住房项目工程的实际成本，也通过本科目核算。”

【问题解决对策】

在建工程具体核算内容包括：

1. 医院建设、升级改造或安装软件信息系统，应当通过“在建工程”科目核算。

2. 为建造固定资产等借入的专门借款的利息，属于建设期间发生的，按期计提利息费用时，借记“在建工程”科目，贷记“应付利息”科目（分期付息、到期还本借款的利息）或“长期借款——应计利息”科目（到期一次还本付息借款的利息）。

3. 购入需要安装的固定资产，应当先通过“在建工程”科目核算，安装完毕交付使用时再转“固定资产”科目核算。按照确定的固定资产成本，借记“在建工程”科目；按照实际支付或应付的金额，贷记“财政拨款收入/零余额账户用款额度/银行存款/应付账款”。

4. 领用工程物资，按照物资成本，借记“在建工程”科目，贷记“工程物资”科目。工程完工后将领出的剩余物资退库时做相反的会计分录。

5. 通常情况下，将固定资产转入改建、扩建时，按照固定资产的账面价值，借记“在建工程”科目，按照固定资产已计提折旧，借记“固定资产累计折旧”科目，按照固定资产的账面余额，贷记“固定资产”科目。

发生改建、扩建等后续支出时，借记“在建工程”科目，贷记“财政拨款收入”“零余额账户用款额度”“银行存款”等科目。

固定资产改建、扩建等完成交付使用时，按照在建工程成本，借记“固定资产”科目，贷记“在建工程”科目。

【问题 21】新旧会计制度衔接时，在建工程应如何清理及衔接？

【问题分析判断】

政府会计制度的实施目标之一是全面核算政府会计主体的资产负债情况，包括基本建设的所有财务信息。行政事业单位执行政府会计制度的相关规定中，明确要求在 2018 年 12 月 31 日前必须将“基建账”并入“大账”，各种规定对“在建工程”科目的处理规则也均是建立在“基建账”已经并入“大账”的前提和基础之上。

在建工程的新旧衔接问题要分已纳入“大账”和未纳入“大账”两种情况进行讨论。

【政策制度依据】

1.《政府会计医院衔接规定》相关规定：

“新制度设置了‘在建工程’科目，该科目的核算内容与原账的‘在建工程’科目的核算内容基本相同。转账时，医院应当将原账的‘在建工程’科目余额（基建‘并账’后的金额，下同），转入新账的‘在建工程’科目。

医院在原账‘在建工程’科目中核算了按照新制度规定应当记入‘工程物资’科目内容的，应当将原账‘在建工程’科目余额中属于工程物资的金额，转入新账的‘工程物资’科目。”

2.《政府会计科目和报表》相关规定：

“‘预付账款’科目核算单位按照购货、服务合同或协议规定预付给供应单位（或个人）的款项，以及按照合同规定向承包工程的施工企业预付的备料款和工程款。”

【问题解决对策】

1. 医院会计制度下，基建工程已经纳入“大账”并通过“在建工程”科目核算的新旧衔接。

（1）医院在原账“在建工程”科目中核算了按照新制度规定应当记入“工程物资”科目内容的，应当将原账“在建工程”科目余额中属于工程物资的金额，分解转入新账的“工程物资”科目。

（2）医院在原账“在建工程”科目中核算了按照新制度规定中属于预付备料款、预付工程款的金额，应当将原账“在建工程”科目余额中属于预付备料款、预付工程款的金额，转入新账的“预付账款——预付备料款、预付工程款”科目。

（3）原账的“在建工程”科目余额减去工程物资和预付备料款、预付工程款金额后的差额，转入新账的“在建工程”科目。

2. 医院的基建工程一直未纳入大账统一核算的账务处理。

第一步：将基建账套相关数据并入 2018 年 12 月 31 日原账中的相关科目余额。

（1）按照基建账中“建筑安装工程投资”“设备投资”“待摊投资”“预付工程款”等科目余额，借记大账中“在建工程——基建工程”下明细科目或进行辅助核算。

（2）按照基建账中“交付使用资产”等科目余额，借记大账中“固定资产”等科目。

（3）按照基建账中“基建投资借款”科目余额，贷记大账中“长期借款”科目。

（4）按照基建账中“建筑安装工程投资”“设备投资”“待摊投资”“预付工程款”“交付使用资产”等科目余额，贷记大账中“事业基金”科目的相关明细科目。

（5）按照基建账中“基建拨款”科目余额中归属于财政补助结转的部分，贷记大账中“财政补助结转”科目；按照基建账中其他科目余额，分析调整记入大账中相应科目。

（6）将基建账中的“基建投资借款”“上级拨入投资借款”“其他借款”并入“大账”的“短期借款”或“长期借款”科目。

（7）将基建账中“应付器材款”“应付工程款”“应付工资”“应付福利费”“应付有偿调入器材及工程款”“其他应付款”“应付票据”“应交税金”“应交基建包干节余”“应交基建收入”“其他应交款”等科目并入大账的相应负债类科目。

第二步：按照《政府会计医院衔接规定》将 2018 年 12 月 31 日原账相关会计科目余额转入新账相应科目。

即参照上面的第一种情况，进行新旧衔接。即应首先分析原账的“在建工程”科目中是否包含新制度规定的应当记入“工程物资”科目、“预付账款”明细科目的内容，若有符合条件的，则将其金额转入新账科目中；其次再将清理后的“在建工程”科目余额转入新账的“在建工程”科目。

具体如表 3. 1 所示。

表 3. 1 政府会计“大账”和基建账会计科目对照表

“大账”科目		基建账科目	
编号	名称	编号	名称
	一、资产类		
1001	库存现金	233	现金
1002	银行存款	232	银行存款
1211	应收票据	253	应收票据
1212	应收账款	251	应收有偿调出器材及工程款
1214	预付账款	241	预付备料款
		242	预付工程款
1218	其他应收款	252	其他应收款
		261	拨付所属投资借款
		281	有价证券

表3.1(续)

<table>
<tr><th colspan="2">“大账”科目</th><th colspan="2">基建账科目</th></tr>
<tr><th>编号</th><th>名称</th><th>编号</th><th>名称</th></tr>
<tr><td>1601</td><td>固定资产</td><td rowspan="5">201</td><td rowspan="5">固定资产</td></tr>
<tr><td>1801</td><td>公共基础设施</td></tr>
<tr><td>1811</td><td>政府储备物资</td></tr>
<tr><td>1821</td><td>文物文化资产</td></tr>
<tr><td>1831</td><td>保障性住房</td></tr>
<tr><td>1602</td><td>固定资产累计折旧</td><td rowspan="3">202</td><td rowspan="3">累计折旧</td></tr>
<tr><td>1802</td><td>公共基础设施累计折旧（摊销）</td></tr>
<tr><td>1832</td><td>保障性住房累计折旧</td></tr>
<tr><td rowspan="6">1611</td><td rowspan="6">工程物资</td><td>211</td><td>器材采购</td></tr>
<tr><td>212</td><td>采购保管费</td></tr>
<tr><td>213</td><td>库存设备</td></tr>
<tr><td>214</td><td>库存材料</td></tr>
<tr><td>218</td><td>材料成本差异</td></tr>
<tr><td>219</td><td>委托加工器材</td></tr>
<tr><td rowspan="4">1613</td><td rowspan="4">在建工程</td><td>101</td><td>建筑安装工程投资</td></tr>
<tr><td>102</td><td>设备投资</td></tr>
<tr><td>103</td><td>待摊投资</td></tr>
<tr><td>104</td><td>其他投资</td></tr>
<tr><td rowspan="2">1902</td><td rowspan="2">待处理财产损溢</td><td>203</td><td>固定资产清理</td></tr>
<tr><td>271</td><td>待处理财产损失</td></tr>
<tr><td colspan="2">二、负债类</td><td></td><td></td></tr>
<tr><td>2101</td><td>应交增值税</td><td rowspan="2">361</td><td rowspan="2">应缴税金</td></tr>
<tr><td>2102</td><td>其他应交税费</td></tr>
<tr><td rowspan="2">2103</td><td rowspan="2">应缴财政款</td><td>363</td><td>应缴基建收入</td></tr>
<tr><td>364</td><td>其他应交款（应缴财政部分）</td></tr>
<tr><td rowspan="2">2201</td><td rowspan="2">应付职工薪酬</td><td>341</td><td>应付工资</td></tr>
<tr><td>342</td><td>应付福利费</td></tr>
<tr><td>2301</td><td>应付票据</td><td>353</td><td>应付票据</td></tr>
<tr><td rowspan="3">2302</td><td rowspan="3">应付账款</td><td>331</td><td>应付器材款</td></tr>
<tr><td>332</td><td>应付工程款（1年以内偿还的）</td></tr>
<tr><td>351</td><td>应付有偿调入器材及工程款</td></tr>
<tr><td rowspan="2">2307</td><td rowspan="2">其他应付款</td><td>352</td><td>其他应付款</td></tr>
<tr><td>364</td><td>其他应交款（非应交财政部分）</td></tr>
</table>

表3.1（续）

“大账”科目		基建账科目	
编号	名称	编号	名称
2501	长期借款	304	基建投资借款
2502	长期应付款	332	应付工程款（超过1年偿还的）
		305	上级拨入投资借款
		306	其他借款
三、净资产类			
3001	累计盈余	101	建筑安装工程投资
		102	设备投资
		103	待摊投资
		104	其他投资
		211	器材采购
		212	采购保管费
		213	库存设备
		214	库存材料
		218	材料成本差异
		219	委托加工器材
		241	预付备料款
		242	预付工程款
四、收入类			
4001	财政拨款收入	301	基建拨款（本期贷方发生额中属于同级财政拨款的部分）
4609	其他收入	301	基建拨款（本期贷方发生额中属于非同级财政拨款的部分）
4201	上级补助收入	321	上级拨入资金
五、费用类			
5001	业务活动费用		根据相关科目本期发生额分析计算
5101	单位管理费用		
5201	经营费用		
5301	资产处置费用		
5901	其他费用		
六、预算结余类			
8101	财政拨款结转	301	基建拨款（贷方余额中归属于同级财政拨款结转的资金）
		301	基建拨款（本期借方发生额中属于交回同级财政的结转资金）
		401	留成收入（属于同级财政拨款结转的部分）

表3.1(续)

“大账”科目		基建账科目	
编号	名称	编号	名称
8102	财政拨款结余	362	应交基建包干节余
		301	基建拨款（贷方余额中归属于同级财政拨款结余的资金）
		301	基建拨款（本期借方发生额中属于交回同级财政的结余资金）
		401	留成收入（属于同级财政拨款结余的部分）

由于我国对行政事业单位基建业务的会计处理规则几经调整，实务中除了依规做好各环节的有序衔接外，还必须保管好与基建业务相关的基础核算资料，为各项基建项目的竣工结算提供完整的基础资料支撑。

【会计账务处理】

此处仅列举已纳入“大账”的在建工程新旧衔接的账务处理

财务会计：

借：预付账款——预付备料款（新）

　　　　　　——预付工程款（新）

　　工程物资（新）

　　在建工程（新）

　贷：在建工程（旧）

预算会计不做账务处理。

【问题22】自建在建发包工程的业务如何进行账务处理？

【问题分析判断】

在实务中，我们经常会发生新建工程或对固定资产进行改建、扩建，或技术改造、设备更新和大修理工程等情况。对于行政事业单位来说，在建工程通常有“自建”和“出包”两种方式，自建在建工程指单位自行购买工程用料、自行施工并进行管理的工程；出包在建工程是指单位通过签订合同，由其他工程队或单位承包建造的工程。故我们据此对在建工程的业务进行分析。

【政策制度依据】

《政府会计科目和报表》相关规定：

“（一）1214 预付账款

本科目核算单位按照购货、服务合同或协议规定预付给供应单位（或个人）的款项，以及按照合同规定向承包工程的施工企业预付的备料款和工程款。

（二）1611 工程物资

本科目核算单位为在建工程准备的各种物资的成本，包括工程用材料、设备等。

（三）1613 在建工程

本科目核算单位在建的建设项目工程的实际成本。

单位在建的信息系统项目工程、公共基础设施项目工程、保障性住房项目工程的实际成本，也通过本科目核算。”

【问题解决对策】

（一）单位自建在建工程

1. 购入为工程准备的物资，按照确定的物资成本，借记“工程物资”科目，贷记“财政拨款收入”“零余额账户用款额度”“银行存款”等科目。

2. 领用工程物资，按照物资成本，借记“在建工程”科目，贷记“工程物资”科目。

3. 按照发生的各项支出金额，借记“在建工程”科目，贷记“零余额账户用款额度”“银行存款”等科目。

4. 工程竣工，办妥竣工验收交接手续交付使用时，按照建筑安装工程成本（含应分摊的待摊投资），借记“固定资产”等科目，贷记“在建工程”科目。

（二）单位出包在建工程

1. 单位对于发包建筑安装工程，根据建筑合同支付预付备料款或工程款的，借记“预付账款”科目，贷记“财政拨款收入”“零余额账户用款额度”“银行存款”等科目。

2. 根据工程进度结算工程价款及备料款时，按照结算金额，借记“在建工程”科目，贷记“预付账款”科目。

3. 根据建筑安装工程价款结算账单及工程进度结算工程价款时，按照应承付的工程价款，借记“在建工程”，贷记“财政拨款收入”“零余额账户用款额度”“银行存款”“应付账款”等科目。

4. 工程竣工，办妥竣工验收交接手续交付使用时，按照建筑安装工程成本（含应分摊的待摊投资），借记“固定资产”等科目，贷记“在建工程”科目。

【会计账务处理】

（一）单位自建在建工程

1. 购入为工程准备的物资：

财务会计：

借：工程物资

　贷：财政拨款收入/零余额账户用款额度/银行存款

预算会计：

借：事业支出/经营支出等

　贷：财政拨款预算收入/资金结存

2. 领用工程物资时：

财务会计：

借：在建工程

　贷：工程物资

预算会计不做账务处理。

3. 按照发生的各项支出金额：

财务会计：

借：在建工程

　贷：财政拨款收入/零余额账户用款额度/银行存款

预算会计：

借：事业支出/经营支出等

　贷：财政拨款预算收入/资金结存

4. 竣工决算时：

财务会计：

借：固定资产

　贷：在建工程

预算会计不做账务处理。

（二）单位出包在建工程

1. 预付备料款或工程款时：

财务会计：

借：预付账款

　贷：财政拨款收入/零余额账户用款额度/银行存款

预算会计：

借：事业支出/经营支出等

　贷：财政拨款预算收入/资金结存

2. 根据工程进度结算工程价款及备料款时：

财务会计：

借：在建工程

　贷：预付账款

预算会计不做账务处理。

3. 根据建筑安装工程价款结算账单及工程进度结算工程价款时：

财务会计：

借：在建工程

　贷：财政拨款收入/零余额账户用款额度/银行存款/应付账款

预算会计：

借：事业支出/经营支出等

　贷：财政拨款预算收入/资金结存

4. 工程竣工，办妥竣工验收交接手续交付使用时，按照建筑安装工程成本（含应分摊的待摊投资）：

财务会计：

借：固定资产

　贷：在建工程

预算会计不做账务处理。

【问题23】在建工程科目应如何进行明细核算？

【问题分析判断】

明细科目应根据业务的重要性和核算的繁简度进行合理设置，以满足会计核算和医院管理的需要。

【政策制度依据】

1.《政府会计科目和报表》相关规定：

"'在建工程'科目应当设置'建筑安装工程投资''设备投资''待摊投资''其他投资''待核销基建支出''基建转出投资'等明细科目，并按照具体项目进行明细核算。

1.'建筑安装工程投资'明细科目，核算单位发生的构成建设项目实际支出的建筑工程和安装工程的实际成本，不包括被安装设备本身的价值以及按照合同规定支付给施工单位的预付备料款和预付工程款。

2.'设备投资'明细科目，核算单位发生的构成建设项目实际支出的各种设备的实际成本。

3.'待摊投资'明细科目，核算单位发生的构成建设项目实际支出的、按照规定应当分摊计入有关工程成本和设备成本的各项间接费用和税费支出。

4.'其他投资'明细科目，核算单位发生的构成建设项目实际支出的房屋购置支出，基本畜禽、林木等购置、饲养、培育支出，办公生活用家具、器具购置支出，软件研发和不能计入设备投资的软件购置等支出。单位为进行可行性研究而购置的固定资产，以及取得土地使用权支付的土地出让金，也通过本明细科目核算。

5.'待核销基建支出'明细科目，核算建设项目发生的江河清障、航道清淤、飞播造林、补助群众造林、水土保持、城市绿化、取消项目的可行性研究费以及项目整体报废等不能形成资产部分的基建投资支出。

6.'基建转出投资'明细科目，核算为建设项目配套而建成的、产权不归属本单位的专用设施的实际成本。"

2.《政府会计医院补充规定》相关规定：

"医院应当根据核算需要，参照'1601固定资产''1701无形资产'等科目，在新制度规定的'1613在建工程''1703研发支出'等科目下按照经费性质（财政项目拨款经费、科教经费、其他经费）进行明细核算。"

【问题解决对策】

"在建工程"应当设置"建筑安装工程投资""设备投资""待摊投资""待核销基建支出""基建转出投资"等明细科目。为了满足核算需要，这些二级科目下又可按具体项目、支出类别等进行三级明细科目设置，例如在"待摊投资"科目下设"勘探费"和"设计费"等明细科目；在"其他投资"科目下设置"房屋购置"和"基本畜禽支出"等明细科目。

1. 建筑安装工程投资

本明细科目应当设置“建筑工程”和“安装工程”科目进行明细核算，对于将固定资产等转入改建、扩建时，可参照在建工程进行核算。

2. 设备投资

本明细科目核算单位发生的构成建设项目实际支出的各种设备的实际成本。

3. 待摊投资

本明细科目应当按照费用项目进行明细核算，包括：勘察费、设计费等项目前期费用；为取得土地使用权、租用权而发生的费用；按照规定缴纳的其他税费；项目建设管理费、代建管理费等管理性质的费用；项目建设期间发生的各类专门借款利息支出或融资费用；工程检测费、设备检验费等检测类的费用；固定资产损失、器材处理亏损等单位工程报废、毁损的净损失及其他损失；系统集成等信息工程的费用支出；以及其他待摊投资性质的费用。

其中项目建设管理费还应当按照更为具体的费用项目进行明细核算，如差旅交通费、劳动保护费、工具用具使用费、固定资产使用费、招募生产工人费、技术图书资料费（含软件）、业务招待费、施工现场津贴、竣工验收费等。

工程交付使用时，应按照合理的分配方法分配待摊投资。常见的待摊投资的分配方法有两种：一是按照实际分配率分配，二是按照概算分配率分配。

4. 其他投资

本明细科目应当设置“房屋购置”“基本畜禽支出”“林木支出”“办公生活用家具、器具购置”“可行性研究固定资产购置”“无形资产”等明细科目。

5. 待核销基建支出

本明细科目应按照待核销基建支出的类别进行明细核算，包括：取消的建设项目发生的可行性研究费；由于自然灾害等原因发生的建设项目整体报废所形成的净损失。建设项目发生的水土保持、城市绿化等不能形成资产的各类待核销基建支出等。

（1）发生取消的项目产生的可行性研究费时，应借记本科目，贷记“在建工程——待摊投资”科目；

（2）发生由于自然灾害等原因产生的项目整体报废所形成的净损失时，应借记本科目和“银行存款/其他应收款”等残料变价收入、保险赔款，贷记“在建工程——建筑安装工程投资”科目；

（3）发生经批准冲销待核销基建支出时，应借记“资产处置费用”科目，贷记本科目。

6. 基建转出投资

本明细科目应按照转出投资的类别进行明细核算。在建的产权不归属本单位的专用设施转出时，借记本科目，贷记“在建工程——建筑安装工程投资”科目；在冲销转出在建工程时，借记“无偿调拨净资产”科目，贷记本科目。

【会计账务处理】

1. 发包工程预付工程款时：

财务会计：

借：预付账款——预付工程款

贷：财政拨款收入/零余额账户用款额度/银行存款等

预算会计：

借：事业支出

贷：财政拨款预算收入/资金结存

2. 领用物资及发生建筑安装工程支出时：

财务会计：

借：在建工程——建筑安装工程投资

贷：工程物资/零余额账户用款额度/银行存款等

预算会计：

借：事业支出

贷：资金结存等

3. 按照进度结算工程款时：

财务会计：

借：在建工程——建筑安装工程投资

贷：预付账款——预付工程款

财政拨款收入/零余额账户用款额度/银行存款/应付账款等

预算会计：

借：事业支出（补付款项）

贷：财政拨款预算收入/资金结存

4. 在建工程购入设备时：

财务会计：

借：在建工程——设备投资

贷：财政拨款收入/零余额账户用款额度/应付账款/银行存款等

预算会计：

借：事业支出

贷：财政拨款预算收入/资金结存

购入设备需要安装，交付使用时，财务会计借记“固定资产”科目，贷记“在建工程——设备投资——建筑安装工程投资——安装工程”；预算会计不做账务处理。

5. 发生构成待摊投资的各类费用时：

财务会计：

借：在建工程——待摊投资

贷：财政拨款收入/零余额账户用款额度/银行存款/应付利息/长期借款/其他应交税费等

预算会计：

借：事业支出

贷：财政拨款预算收入/资金结存

6. 发生其他投资时：

财务会计：

借：在建工程——其他投资
　贷：财政拨款收入/零余额账户用款额度/银行存款等
预算会计：
借：事业支出
　贷：财政拨款预算收入/资金结存
7. 发生各类待核销基建支出时：
财务会计：
借：在建工程——待核销基建支出
　贷：财政拨款收入/零余额账户用款额度/银行存款等
预算会计：
借：事业支出
　贷：财政拨款预算收入/资金结存
8. 经批准冲销待核销基建支出：
财务会计：
借：资产处置费用
　贷：在建工程——待核销基建支出
预算会计不做账务处理。
9. 为建设项目配套而建成的、产权不归属本单位的专用设施转出时：
财务会计：
借：无偿调拨净资产
　贷：在建工程——基建转出投资
预算会计不做账务处理。

【问题 24】待摊投资如何在完工工程和在建工程间合理分摊？

【问题分析判断】

待摊投资核算医院发生的构成建设项目实际支出的、按照规定应当分摊计入有关工程成本和设备成本的各项间接费用和税费支出。其核算内容强调相关性，即计入工程项目成本的费用必须是与建设内容密切相关的，应杜绝将医院用于其他业务的管理费进入待摊投资。

【政策制度依据】

1.《政府会计科目和报表》相关规定：

“建设工程发生的构成建设项目实际支出的、按照规定应当分摊计入有关工程成本和设备成本的各项间接费用和税费支出，先在‘待摊投资’科目中归集；建设工程办妥竣工验收手续交付使用时，按照合理的分配方法，摊入相关工程成本、需安装设备的成本等。”

2.《基本建设财务规则》（财政部令第 81 号）：

“待摊投资支出是指项目建设单位按照批准的建设内容发生的，应当分摊计入相关资产价值的各项费用和税金支出。

在编制项目竣工财务决算时，项目建设单位应当按照规定将待摊投资支出按合理比例分摊计入交付使用资产价值、转出投资价值和待核销基建支出。”

【问题解决对策】

（一）待摊投资的摊销程序及方法

1. 将各项待摊投资逐项分摊至各个单项工程中。该分摊属于定向分摊，用于分摊可以直接归集至某单项工程的费用。所谓单项工程是指具有独立的设计文件，竣工后可以独立发挥生产能力或效益的建设工程，它是建设项目的重要组成部分。

对于可以直接归集至某单项工程的费用，即某单项工程所发生的，与其他单项工程没有关系的支出，如该单项工程的设计费、监理费、临时设施费、招投标费、单项验收费等，应直接计入该单项工程的成本，不再进行分摊。

2. 把已经分摊到各个工程项目的待摊投资，再次分摊至单项工程的建筑安装工程投资、设备投资中。首先，我们要正确地进行区分和界定的是：需要安装的设备才要分摊待摊投资，不需要安装的设备和不构成固定资产标准的用具不必分摊待摊投资。其次，对于需要安装的设备，在实际工作中为简化计算，可采用一次分摊法，即按照建筑工程投资、安装工程投资和设备投资中需安装设备价值总额，计算求出实际的分配率，直接在各个工程项目明细项目中进行分摊。但类似工程测量费、试验检测费、临时用地费用等，主要是为建造房屋建筑物所发生，一般不应摊销至需安装的机器设备中，应在受益范围内进行分摊，而不是在所有资产内进行分摊。

3. 将已分摊至设备投资中的待摊投资三次分摊至逐项设备中。在前两次分摊的基础上，基本上已经完成了对待摊投资分摊原则的一个界定和划分，对于剩余的待摊投资，一般是按照房屋建筑物、需安装设备的价值，一次性进行分摊。当然，对于设备管理精度要求较高的单位，也可以在分类摊销的基础上再进行逐项成本核算，根据设备价值作为权重分摊计算，形成单项设备的交付使用资产价值，以便于设备后续的折旧、变卖、更新、报废时的账务处理。

（二）分摊的方法

1. 按照实际分摊率分配。此方法的适用对象为建设工期较短、整个项目的所有单项工程一次竣工的建设项目，其计算公式为：

实际分摊率=待摊投资明细科目余额÷（建筑工程明细科目余额+安装工程明细科目余额+设备投资明细科目余额）×100%

2. 按照概算分摊率分配。此方法适用于建设工期长、单项工程分期分批建成投入使用的建设项目，其计算公式为：

概算分摊率=（概算中各待摊投资项目的合计数-其中可直接分配部分）÷（概算中建筑工程、安装工程和设备投资合计）×100%

但总的来说，不管使用何种方法进行分摊，都满足：

某项固定资产应分配的待摊投资=该项固定资产的建筑工程成本或该项固定资产（设备）的采购成本和安装成本合计×分摊率。

【职业判断建议】

在实际的日常工作中，常常会发现有费用超过标准，损失未按照规定报经批准，原本不应该计入待摊的项目却在待摊投资中进行财务核算等各种各样的问题。这些问题直接影响了建设成本，进而也影响了固定资产计价的准确性。

另外部分建设项目在进行分摊时，只笼统地分摊其总金额，这样是不合理的，因为待摊投资的性质不同，它的分摊基数、分摊原则均有所不同。

通常的分摊原则是：工程质量监理费、建设单位管理费等按建筑安装工程投资、在安装设备投资余额之和的比例进行分摊；土地征用费、勘察费等则按建筑工程投资余额的比例进行分摊；设备监理费等，则按需安装设备价值比例进行分摊；设备试运行、调试、生产工艺流程系统设计费等费用则按安装工程投资账户余额比例进行分摊等。

【问题25】待核销基建支出核销手续有哪些？如何进行账务处理？

【政策制度依据】

1.《基本建设财务规则》（财政部令第81号）相关规定：

“项目竣工验收合格后应当及时办理资产交付使用手续，并依据批复的项目竣工财务决算进行账务调整。”

2.《基本建设项目竣工财务决算管理暂行办法》（财建〔2016〕503号）相关规定：

“中央项目竣工财务决算，由财政部制定统一的审核批复管理制度和操作规程。中央项目主管部门本级以及不向财政部报送年度部门决算的中央单位的项目竣工财务决算，由财政部批复；其他中央项目竣工财务决算，由中央项目主管部门负责批复，报财政部备案。国家另有规定的，从其规定。

地方项目竣工财务决算审核批复管理职责和程序要求由同级财政部门确定。”

3.《中央基本建设项目竣工财务决算审核批复操作规程》（财办建〔2018〕2号）有关规定：

“主管部门二级及以下单位的项目决算和主管部门本级投资额在3 000万元及以下的项目决算，由主管部门批复；主管部门本级的投资额在3 000万元以上和不向财政部报送年度部门决算的中央单位项目决算，由财政部批复。”

【问题解决对策】

待核销基建支出应依据批复的项目竣工财务决算进行账务调整。

中央项目竣工财务决算，由财政部制定统一的审核批复管理制度和操作规程。

地方项目竣工财务决算审核批复管理职责和程序要求由同级财政部门确定。

而财政部和地方批复一般先委托财政投资评审机构或有资质的中介机构（以下统称

“评审机构”）进行评审，根据评审结论审核后批复项目决算。

建设项目竣工验收交付使用时，对发生的待核销基建支出进行冲销，借记“资产处置费用”科目，贷记“在建工程——待核销基建支出”科目。

【职业判断建议】

待核销基建支出是不能形成资产投资的特殊性支出，所以在核算时应区分能形成资产投资支出与不能形成资产投资支出的界限。特别应加以注意的是：特殊支出能形成资产的部分投资仍然要计入交付使用资产价值，在项目完工后移交有关单位。

【会计账务处理】

1. 发生各类待核销基建支出时：

财务会计：

借：在建工程——待核销基建支出

　贷：财政拨款收入/零余额账户用款额度/银行存款等

预算会计：

借：事业支出

　贷：财政拨款预算收入/资金结存

2. 取消的项目发生的可行性研究费：

财务会计：

借：在建工程——待核销基建支出

　贷：在建工程——待摊投资

预算会计不做账务处理。

3. 由于自然灾害等原因发生的项目整体报废所形成的净损失：

财务会计：

借：在建工程——待核销基建支出

　　其他应收款等

　贷：在建工程——建筑安装工程投资等

预算会计不做账务处理。

4. 经批准冲销待核销基建支出时：

财务会计：

借：资产处置费用

　贷：在建工程——待核销基建支出

预算会计不做账务处理。

【问题 26】基建转出投资何时转出？如何进行账务处理？

【问题分析判断】

在建工程下的“基建转出投资”明细科目，核算为建设项目配套而建成的、产权不归属本单位的专用设施的实际成本。基建转出投资应于建设项目竣工验收交付使用时转出，而转出又应根据两个情况来判断：一是按规定直接转入建设单位以外的会计主体的；二是按规定先转入建设单位，再无偿划拨其他会计主体的。

【政策制度依据】

《政府会计科目和报表》相关规定：

“基建转出投资核算为建设项目配套而建成的、产权不归属本单位的专用设施，在项目竣工验收交付使用时，按照转出的专用设施的成本，借记本科目（基建转出投资），贷记本科目（建筑安装工程投资）；同时，借记‘无偿调拨净资产’科目，贷记本科目（基建转出投资）。”

【问题解决对策】

建设项目竣工验收交付使用时，按规定直接转入建设单位以外的会计主体的，建设单位应当按照转出的建设项目的成本，借记“在建工程——基建转出投资”科目，贷记“在建工程——建筑安装工程投资、设备投资”科目；同时，借记“无偿调拨净资产”科目，贷记“在建工程——基建转出投资”科目。

建设项目竣工验收交付使用时，按规定先转入建设单位、再无偿划拨其他会计主体的，建设单位应当按照《政府会计科目和报表》相关规定，先将“在建工程”科目转入“固定资产”等科目，再按照无偿调拨资产相关规定进行账务处理。

建设单位与资产调入方应当按规定做好基建转出投资资产实体的移交和核算工作的衔接、相关会计资料的交接，确保交付使用资产不重复、不遗漏。

【会计账务处理】

1. 建造的产权不归属本单位的专用设施转出时：

财务会计：

借：在建工程——基建转出投资

　贷：在建工程——建筑安装工程投资

预算会计不做账务处理。

2. 冲销转出的在建工程时：

借：无偿调拨净资产

　贷：在建工程——基建转出投资

预算会计不做账务处理。

【问题27】政府会计制度对在建工程转固定资产的要求是什么？如何进行账务处理？

【政策制度依据】

1.《基本建设财务规则》（财政部第81号令）相关规定：

“项目竣工验收合格后应当及时办理资产交付使用手续，即基建项目并非竣工财务决算批复后才能进行在建工程转固，已交付使用但尚未办理竣工决算手续的固定资产，应当按照估计价值入账，待办理竣工决算后再按实际成本调整原来的暂估价值。

竣工价款结算一般应当在项目竣工验收后2个月内完成，大型项目一般不得超过3个月。项目主管部门应当指导和督促项目建设单位完成项目竣工验收、工程竣工价款结算，资产交付使用后，按规定及时办理在建工程转固手续。”

2.《基本建设项目竣工财务决算管理暂行办法》（财建〔2016〕503号）相关规定：

“项目建设单位经批准使用项目资金购买的车辆、办公设备等自用固定资产，项目完工时按下列情况进行财务处理：

资产直接交付使用单位的，按设备投资支出转入交付使用。其中，计提折旧的自用固定资产，按固定资产购置成本扣除累计折旧后的金额转入交付使用，项目建设期间计提的折旧费用作为待摊投资支出分摊到相关资产价值；不计提折旧的自用固定资产，按固定资产购置成本转入交付使用。

资产在交付使用单位前公开变价处置的，项目建设期间计提的折旧费用和固定资产清理净损益（即公开变价金额与扣除所提折旧后设备净值之间的差额）计入待摊投资，不计提自用固定资产折旧的项目，按公开变价金额与购置成本之间的差额作为待摊投资支出分摊到相关资产价值。”

【问题解决对策】

根据财政部《关于加快做好行政事业单位长期已使用在建工程转固工作的通知》对在建工程转固提出了以下要求：加快办理具备转固条件的竣工项目转固手续；主动做好竣工财务决算编制等转固基础工作；积极推动长期已使用在建工程转固；将长期已使用在建工程转固情况纳入中央基建项目竣工财务决算工作进度报告和年度资产报告。

在建工程转固的账务处理根据《基本建设财务规则》（财政部第81号令）、《基本建设项目竣工财务决算管理暂行办法》（财建〔2016〕503号）等有关规定进行。

【会计账务处理】

1. 一般情况下，发生费用时：

财务会计：

借：在建工程

　贷：财政拨款收入/零余额账户用款额度/银行存款

预算会计：

借：事业支出

　贷：财政拨款预算收入/资金结存

2. 完工交付使用时：

财务会计：

借：固定资产/无形资产

　贷：在建工程

预算会计不做账务处理。

【问题 28】医院代建制基建项目如何进行账务处理?

【问题分析判断】

因为专业技术等因素，医院对较大规模的基建投资，一般会选择专业化的项目管理单位（代建单位），负责项目的投资管理和建设组织实施工作，项目建成后交付使用。但由于医院工程比其他类工程复杂，且具有开发时间长、沉淀资金多、技术要求高的特点，所以医院作为委托方，应当重视监管。同时，在账务上也需要认真梳理，因为医院按照工程进度结算工程款或年终代建单位对账确认在建工程成本时，可能会出现办理工程结算不及时的现象，如果没有做好账务梳理工作，就不能清楚反映代建工程的真实情况。

【政策制度依据】

《政府会计准则制度解释第 2 号》（财会〔2019〕24 号）相关规定：

"关于代建制项目的会计处理：

建设项目实行代建制的，建设单位应当要求代建单位通过工程结算或年终对账确认在建工程成本的方式，提供项目明细支出、建设工程进度和项目建设成本等资料，归集'在建工程'成本，及时核算所形成的'在建工程'资产，全面核算项目建设成本等情况。"

【问题解决对策】

基本建设项目应当由负责编报基本建设项目预决算的单位（即建设单位）作为会计核算主体。建设单位应当按照《政府会计科目和报表》的规定在相关会计科目下分项目对基本建设项目进行明细核算。

基本建设项目管理涉及多个主体难以明确识别会计核算主体的，项目主管部门应当按照《基本建设财务规则》相关规定确定建设单位。

建设项目按照规定实行代建制的，代建单位应当配合建设单位做好项目会计核算和财务管理的基础工作。

【会计账务处理】

1. 拨付代建单位工程款时，按照拨付的款项金额：

财务会计：

借：预付账款——预付工程款

　　贷：财政拨款收入/零余额账户用款额度/银行存款

预算会计：

借：事业支出

　　贷：财政拨款预算收入/资金结存

2. 按照工程进度结算工程款或年终代建单位对账确认在建工程成本，按照确定的金额：

财务会计：

借：在建工程——建筑安装工程投资

　贷：预付账款——预付工程款

预算会计不做账务处理。

3. 确认代建管理费时，按照确定的金额：

财务会计：

借：在建工程——待摊投资

　贷：预付账款——预付工程款

预算会计不做账务处理。

4. 项目完工交付使用资产时，按照代建单位转来在建工程成本中尚未确认入账的金额：

财务会计：

借：在建工程——建筑安装工程投资

　贷：预付账款——预付工程款

预算会计不做账务处理。

5. 按照在建工程成本，确认为资产的：

财务会计：

借：固定资产

　贷：在建工程

预算会计不做账务处理。

工程结算、确认代建费或竣工决算时涉及补付资金的，应当在确认在建工程的同时，按照补付的金额，贷记“财政拨款收入”“零余额账户用款额度”“银行存款”等科目；同时在预算会计中进行相应的账务处理。

第四章　债权债务清理与新旧衔接问题及解决对策

【问题 29】什么是债权债务？

【问题分析判断】

1. 债权债务的概念。债权债务是特定当事人之间的民事法律关系，在当事人之间产生特定的权利和义务。在这种关系中，享有权利的人，即有权请求他方当事人为一定行为或不为一定行为的人，是债权人；负有义务的人，即为满足债权人的请求而为一定行为或不为一定行为的人，是债务人。债权人享有的权利称为债权，债务人承担的义务称为债务。

从政府会计角度来看，债权是指政府会计主体未来收取款项的权利，包括应收账款、应收票据、预付账款、其他应收款等。债务是指政府会计主体过去的经济业务或者事项形成的，预期会导致经济资源流出政府会计主体的现时义务，包括各种借款、应付及预收款项等。

2. 主要债权债务核算范围。自 2019 年 1 月 1 日起，公立医院不再执行医院会计制度，开始全面执行政府会计制度，表 4.1 中是政府会计制度下医院主要使用的债权债务会计科目。

表 4.1　主要债权债务会计科目

主要债权	核算范围
应收账款	医院因提供门诊、住院等医疗服务而应向患者、医疗保险机构等收取的款项，医院因开展科研、教学等以及因出租资产、出售物资等应收取的款项
预付账款	医院按照购货、服务合同或协议规定预付给供应单位（或个人）的款项，以及按照合同规定向承包工程的施工企业预付的备料款和工程款
其他应收款	医院除财政应返还额度、应收票据、应收账款、预付账款、应收股利、应收利息以外的其他各项应收及暂付款项
主要债务	核算范围
应付账款	医院因取得资产、接受劳务、开展工程建设等而形成的负债
预收账款	医院按照货物、服务合同或协议或者相关规定，向接受货物或服务的主体预先收款而形成的负债。主要指预收医疗款和提供科研教学等服务、按合同或协议约定预收的款项
其他应付款	医院除应交增值税、其他应交税费、应缴财政款、应付职工薪酬、应付票据、应付账款、应付政府补贴款、应付利息、预收账款以外，其他各项偿还期限在 1 年以内（含 1 年）的应付及暂收款项

3. 医院债权债务形成原因。随着医院规模逐渐扩大，医院业务量也逐渐提升，医院和外界的经济业务往来日益频繁，形成了大量往来账务。这些往来款项如果未得到及时的清理和结算，很可能会导致医院财务风险增加。

其中，医院与个人往来账的形成主要来源于医院与服务对象、医院与内部职工之间的资金往来，例如医患纠纷、社会救助等原因形成的医疗欠款，职工预借差旅费等其他应收款；医院与单位的往来账主要包括两种：一种是医院与供应商等的往来，另一种是医院与医保部门之间的结算款。

【政策制度依据】

《政府会计科目和报表》相关规定：

“1212 应收账款

本科目核算事业单位提供服务、销售产品等应收取的款项，以及单位因出租资产、出售物资等应收取的款项，按照债务单位（或个人）进行明细核算。

1214 预付账款

本科目核算单位按照购货、服务合同或协议规定预付给供应单位（或个人）的款项，以及按照合同规定向承包工程的施工企业预付的备料款和工程款，按照供应单位（或个人）及具体项目进行明细核算。对于基本建设项目发生的预付账款，还应当在本科目所属基建项目明细科目下设置‘预付备料款’‘预付工程款’‘其他预付款’等明细科目，进行明细核算。

1218 其他应收款

本科目核算单位除财政应返还额度、应收票据、应收账款、预付账款、应收股利、应收利息以外的其他各项应收及暂付款项，如职工预借的差旅费、已经偿还银行尚未报销的本单位公务卡欠款、拨付给内部有关部门的备用金、应向职工收取的各种垫付款项、支付的可以收回的订金或押金、应收的上级补助和附属单位上缴款项等，按照其他应收款的类别以及债务单位（或个人）进行明细核算。

2302 应付账款

本科目核算单位因购买物资、接受服务、开展工程建设等而应付的偿还期限在 1 年以内（含 1 年）的款项，按照债权人进行明细核算。对于建设项目，还应设置‘应付器材款’‘应付工程款’等明细科目，并按照具体项目进行明细核算。

2305 预收账款

本科目核算事业单位预先收取但尚未结算的款项，应当按照债权人进行明细核算。

2307 其他应付款

本科目核算单位除应交增值税、其他应交税费、应缴财政款、应付职工薪酬、应付票据、应付账款、应付政府补贴款、应付利息、预收账款以外，其他各项偿还期限在 1 年以内（含 1 年）的应付及暂收款项，如收取的押金、存入保证金、已经报销但尚未偿还银行的本单位公务卡欠款等。同级政府财政部门预拨的下期预算款和没有纳入预算的暂付款项，以及采用实拨资金方式通过本单位转拨给下属单位的财政拨款，也通过本科目核算，按照其他应付款的类别以及债权人等进行明细核算。”

【问题解决对策】

基于医院债权债务的形成原因，医院应建立健全债权债务的内部控制体系，明确岗位责任，做到不相容职务相互分离，做好授权审批控制及风险控制。

在债权方面，医院应严格管理各种应收、预付款项额度，合理确定应收及预付款项规模，保障医院资产质量和资产营运能力，制订工作计划，按期足额回收，防止意外和损失发生，同时日常做到定期分析、及时清理，最大限度地避免坏账的发生。

在债务方面，医院的资金流动性与偿债能力对医院的职工、政府、医疗保险管理机构、供货单位等利益相关者都非常重要，医院应该按照自身的运营状况和医院的偿债能力，确定合理的举债规模，正确合理地使用资金，对不同性质的债务分别管理，严格按规定办理结算，规避财务风险，保证医院可持续发展。

【问题30】新旧制度衔接时如何进行债权债务清理？

【问题分析判断】

（一）债权债务主要清理方式

自2019年1月1日起，公立医院不再执行医院会计制度，开始全面执行政府会计制度，对医院债权债务的全面清查是确保新旧会计制度衔接工作顺利开展的重要保障（见表4.2）。

表4.2　原制度主要债权债务会计科目

主要债权		主要债务	
科目编号	科目名称	科目编号	科目名称
1211	应收在院病人医疗款	2001	短期借款
1212	应收医疗款	2101	应缴款项
1215	其他应收款	2201	应付票据
1221	坏账准备	2202	应付账款
1231	预付账款	2203	预收医疗款
		2204	应付职工薪酬
		2205	应付福利费
		2206	应付社会保障费
		2207	应交税费
		2209	其他应付款
		2301	预提费用
		2401	长期借款
		2402	长期应付款

针对表4.2中的主要债权债务会计科目，我们可通过以下几种方式进行清理：

1. 双方对账

采取这种方式主要由债权方向债务方发起对账，大致可分为余额核对、单据核对、明细核对等。医院要按照提供劳务、有偿服务的合同协议，指定专人做好结算和催收工作，对各种应收、预付款项，应督促有关部门和经办人员及时办理结账和报账手续，具体经办人可通过发送书面对账函、发送电子邮件或电话核对等方式进行对账。必要时，可请第三方出具相关对账函。

2. 双方调账

通过对账，发现双方存在挂账差异，例如：会计科目不一致，一方挂账“应收账款”科目，另一方挂账“其他应付款”科目；或者双方挂账金额不相等，这时则需要双方根据真实情况进行相应调整。

3. 单方销账

这种方式往往是由于一方破产清算或注销，没有及时告知对方，导致对方挂账成为“死账”。医院的应收账款，如有确凿证据表明其不符合应收账款性质，或者因供货单位破产、撤销等原因已无法再收回款项的，应按规定的管理权限及严格的流程，报经批准后作为坏账损失处理。

（二）医院债权债务具体清理流程

1. 成立医院债权债务清理小组

医院应该由财务部门和相关业务部门共同进行清理工作。新旧衔接以 2018 年年末会计报表中债权债务数据为基础，对其分析并逐项甄别核实，理清往来款项的来龙去脉，保证往来款的准确性和真实性。

2. 重要债权债务分类整理

对各种应收及应付账款，应按政府会计主体与非政府会计主体、部门内部与部门外部单位分别反映，逐一列明起始时间、具体内容、具体金额、经办人、审批领导以及备注未及时收回或支付的原因，对具备核销条件的应收款项应积极收集核销证据，分类别提出具体处理意见，并填写单位债权债务清查表。

（1）债权清理注意点：

①制订催收计划，按会计科目和经济业务事项分类进行相应的清理和催收。

②“应收在院病人医疗款”和“应收医疗款”科目，根据 HIS 系统中的明细，核实报表数、总账数和明细账等的合计数是否相符。针对异常变化，分析相关原因。例如分析是否与医院床位使用情况相符；是否存在病人已出院但账务尚未结算的情况；对病人欠费部分清查欠费项目、金额及病人姓名、住址，以及发生欠费的时间等，符合坏账确认条件的应当按办理国有资产相关手续后予以核销。

③“其他应收款”科目，按照部门内部单位、部门外部单位和其他三大类进行分别清理。例如内部的职工差旅费、员工借款应限期收回；外部关联单位的应收明细，应及时核对，查明原因并进行催收。

④“预付账款”科目，可采取函证、对账等形式与债务人核对，可结合应付账款明细账，核查是否存在重复付款或同时挂账的情形；分析年末预付账款的形成及未转销的原因，结合相关合同文件，做好相关记录；不符合预付性质或因供货单位破产、撤销等原因无法再收到所购货物的，按规定转入其他应收款进行核算。

（2）债务清理注意点：

①分类别清查，通过对总账与明细账的核对，明确未付款的原因，重点关注应付账

款、预收账款、其他应付款科目。

②“应付账款”科目，通过明细表，复核其报表数、总账数和明细账等的合计数是否相符；结合预付账款明细，查明原因后做必要调整。获取相关经办部门与供应商的对账单，根据发票、入库单等，清理是否有未入账的应付款项。

③“预收医疗款”科目，对于病人预交的住院医药费与实际发生的住院医药费进行核对，如有差异，应敦促做到病人出院时及时结算；可结合应收医疗款的明细账，检查有无同一单位或个人多处挂账；分析长期挂账的原因，核查相关的收款凭证、住院手续，检查预收医疗款是否及时并足额入账；核查病人办理出院手续、结算医疗费时是否及时转销。

④“其他应付款”科目，分析有借方余额的原因，查明情况，必要时做分类调整；可以结合应付账款、其他应收款等项目的明细表，检查有无误计、异常金额或与本科目无关的其他款项；涉及金额较大的重要明细户，了解具体事项并明确未付款原因；确定是否有未及时入账的其他应付款项，对于长期未结的应付款，应做出妥善的处理（具体见表4.3、表4.4、表4.5）。

表4.3　账龄分析表（以应收款项为例）

对方名称	期末余额	账龄							
		1年以内		1~2年		2~3年		3年以上	
		金额	比例	金额	比例	金额	比例	金额	比例

表4.4　医院往来款核销申请表

序号	款项名称	入账日期	金额	形成原因	核销理由
医院意见		财政局主管科室意见		财政局意见	政府意见

表4.5　医院债权（债务）清查样表

类别	具体应收款项	入账日期	金额	已清理情况		未清理情况		
				金额	日期	金额	原因	处理意见
政府会计主体								
非政府会计主体								
单位内部								
单位外部								

说明：本表填报2018年12月31日前已入账的应收（应付）款项，未清理事项需说明原因及医院处理意见。

3. 清理中的具体问题举例

设备款在清理时，应核查医院物资信息系统与财务信息系统明细表，是否存在医疗设备在后勤物资管理处已入库，但物资管理部门未将发票及入库单等原始凭据交予财务部门进行账务处理的情况；是否有未处理的供应商发票；是否相关负债进行了正确的会计处理。同时可结合预付设备款，核查有无重复挂账的现象，是否计入了与采购设备无关的事项；及时与供货单位对账，调节差异事项。重点关注预付款挂账时间，设备已使用但未及时办理验收入库等情况。

药品耗材款应结合相关部门的明细账、领用汇总表、盘点清册等，查找是否有误计的现象，例如：在供应商较多的情况下，是否将 A 供应商的应付款项计入 B 供应商的账户；核查是否药品已到药库，不进行入库处理就直接出库发放的现象等（见表 4.6）。

表 4.6　医院设备及药品耗材清查样表

供货单位	物资名称	购买金额	尚欠金额	欠款比例	欠款原因

在应付款项管理上，医院应规范采购流程，制订合理的采购计划，并设置专职岗位，负责审核发票与入库单等的合法性、准确性及一致性，及时催收原始票据，每月核对入库单及对应发票，同时将其与信息系统生成的报表核对，对于未到票据单独记录。采用定期或不定期抽查等方式，对物资进行盘点，及时查找盘盈盘亏的原因，及时核对应付款项的准确性；强化对账管理，建议每季度与供应单位账务核对，以便及时发现差异，做出调整。

4. 汇总处理阶段

汇总相关清理结果，形成完整的往来梳理表，对长期挂账需核销的业务，应根据财政部门资产处置流程办理核销审批手续，并进行账务处理。无法核销的，依照新制度的要求按照资金性质、往来类型进行分类，为转入新账提供基础数据。

【政策制度依据】

1. 关于进一步做好政府会计准则制度新旧衔接和加强行政事业单位资产核算的通知（财会〔2018〕34 号）相关规定：

“为做好新旧制度衔接工作，各单位应该进一步规范和加强往来款项管理，全面开展往来款项专项清理和账龄分析，及时报批处理往来挂账，做好坏账准备计提相关工作，强化资产账实相符，确保信息全面性、完整性和准确性。”

2.《事业单位国有资产管理暂行办法》（中华人民共和国财政部令 2006 年第 36 号）相关规定：

“事业单位处置货币性资产损失的核销，以及单位价值或者批量价值在规定限额以上的资产的处置，经主管部门审核后报同级财政部门审批；规定限额以下的资产的处置报主管部门审批，主管部门将审批结果定期报同级财政部门备案。法律、行政法规另有规定的，依照其规定。

财政部门或者主管部门对事业单位国有资产处置事项的批复是财政部门重新安排事业单位有关资产配置预算项目的参考依据，是事业单位调整相关会计账目的凭证。”

【问题解决对策】

此次对医院债权债务的全面清查，重点是为新旧制度的衔接做好基础工作，针对清查中暴露的问题，医院应对照问题，彻底整改，明确措施及责任，并在制度建设、外部监管、内部管理等方面进一步完善财务管理。

【会计账务处理】

例1：2018年年末，医院清查债权，发现一笔其他应收款，经调查确认无法收回，报经批准后，予以转销。

借：坏账准备

　贷：其他应收款

例2：2018年年末，医院收回上一年度已转销的出院病人医疗欠款。

借：应收账款

　贷：坏账准备

借：库存现金/银行存款

　贷：应收账款

例3：2018年年末，医院清查债务确定一笔应付账款为无法支付的款项，应予以转销。

借：应付账款

　贷：其他收入

【问题31】债权债务科目如何进行新旧衔接？

【问题分析判断】

（一）政府会计新旧衔接整体概念

政府会计制度有机整合了现行各行业会计制度，提高了会计信息的可比性，构建了“财务会计和预算会计适度分离并相互衔接”的会计核算模式，体现了“双功能”“双基础”“双报告”的特点。

按照政府会计制度的特点及模式，医院在对债权债务进行衔接时，应根据新旧制度衔接的总要求，登记新账的财务会计科目余额，将未入账事项登记新账科目，并对新账科目余额进项调整。可采用以下步骤：

1. 直接转入：根据原账财务会计科目余额直接转入新账财务会计同名总账和明细账科目余额。

2. 分析转入：根据原账财务会计科目余额分析转入新账财务会计中不同名总账和明细账科目余额。

3. 未入账的补登：根据原来未入账的事项补充登记新账财务会计科目余额。

4. 调整余额：根据新旧制度核算的基础差异，对新账有关科目余额进行调整，按调整后的余额登记新账会计科目年初余额。

（二）债权科目的衔接（见表 4.7）

表 4.7 新旧债权科目对比

<table>
<tr><th colspan="2">旧制度债权科目</th><th colspan="2">新制度债权科目</th></tr>
<tr><th>科目编号</th><th>科目名称</th><th>科目编号</th><th>科目名称</th></tr>
<tr><td></td><td></td><td>1211</td><td>应收票据</td></tr>
<tr><td>1211</td><td>应收在院病人医疗款</td><td rowspan="2">1212</td><td rowspan="2">应收账款</td></tr>
<tr><td>1212</td><td>应收医疗款</td></tr>
<tr><td rowspan="5">1215</td><td rowspan="5">其他应收款</td><td>1218</td><td>其他应收款</td></tr>
<tr><td>1215</td><td>应收股利</td></tr>
<tr><td>1216</td><td>应收利息</td></tr>
<tr><td>1212</td><td>应收账款</td></tr>
<tr><td>1301</td><td>在途物品</td></tr>
<tr><td>1221</td><td>坏账准备</td><td>1219</td><td>坏账准备</td></tr>
<tr><td rowspan="2">1231</td><td rowspan="2">预付账款</td><td>1214</td><td>预付账款</td></tr>
<tr><td>1301</td><td>在途物品</td></tr>
</table>

如表 4.7 所示，新制度下部分债权科目进行了拆分或合并，大部分科目可按照直接转入和分析转入的方式进行衔接，同时需要对部分科目按照新制度规定的会计核算基础进行调整，具体内容如下：

1. 新制度规定设置了“应收账款”科目，转账时，医院应该将原账的“应收在院病人医疗款”和“应收医疗款”科目余额转入新账的“应收账款”科目下“应收在院病人医疗款”和“应收医疗款”明细科目。

2. 新制度设置了“其他应收款”科目。转账时，医院应当将原账的科目余额进行分析。将原账“其他应收款”科目中核算的应收长期股权投资的股利，转入新账的“应收股利”科目；将原账“其他应收款”科目中核算的应收长期债权投资的利息，转入新账的“应收利息”科目；将原账“其他应收款”科目中核算出租资产等应收取的款项，转入新账的“应收账款”科目；将原账“其他应收款”科目中核算的已经付款或开出商业汇票、尚未收到物资的金额，转入新账的“在途物品”科目。除上述四种情形外，将剩余余额转入新账的“其他应收款”科目。原账“其他应收款”科目中，如核算了属于新制度规定中受托代理资产的内容，应当将这部分余额转入新账的“受托代理资产”科目（见图 4.1）。

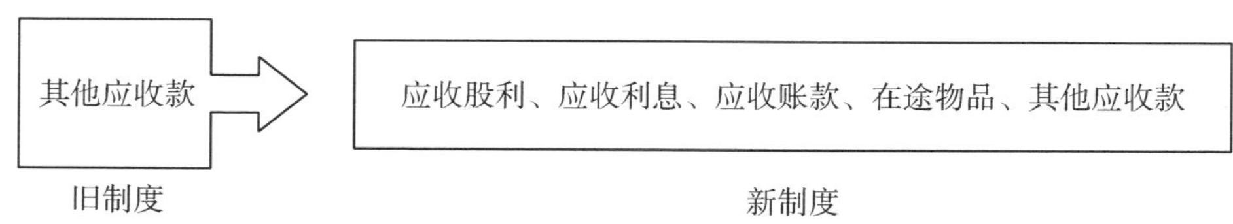

图 4.1 其他应收款新旧关系

3. 新制度设置了“在途物品”和“预付账款”科目，转账时，医院应当将原账“预付账款”科目中核算的已经付款或开出商业汇票，尚未收到物资的金额，转入新账的“在途物品”科目，将剩余余额，转入新账的“预付账款”科目。

4. 新制度设置的“坏账准备”科目，下设的明细科目包括医院对收回后不需上缴财政的除应收在院病人医疗款以外的应收账款和其他应收款，因而该科目下设置了“应收账款坏账准备”和“其他应收款坏账准备”两个明细科目（见图 4.2）。

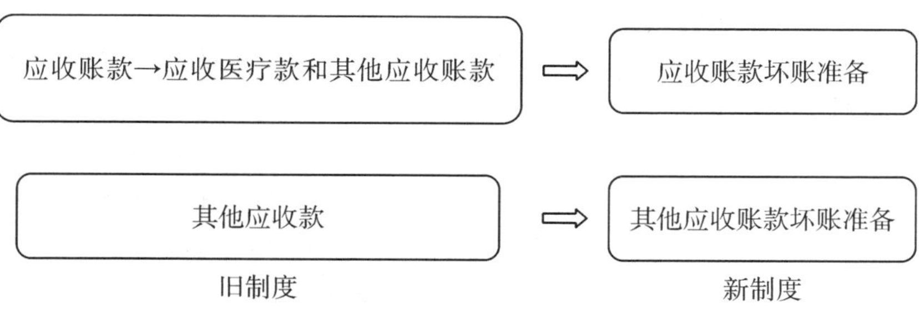

图 4.2　坏账准备的计提

（三）债务科目的衔接

医院债务在新旧衔接时与债权的衔接步骤大致相同，具体包含可直接转入、分析转入、补登未入账事项等内容，债务的新旧对比参照表 4.8 的内容。

表 4.8　新旧债务科目对比

旧制度主要债务科目		新制度主要债务科目	
科目编号		科目编号	
2001	短期借款	2001	短期借款
2101	应缴款项	2103	应缴财政款
		2307	其他应付款
2201	应付票据	2301	应付票据
2202	应付账款	2302	应付账款
		2001	短期借款
2203	预收医疗款	2305	预收账款
2204	应付职工薪酬	2201	应付职工薪酬
2205	应付福利费	3001	累计盈余
2206	应付社会保障费	2201	应付职工薪酬
2207	应交税费	2101	应交增值税
		2102	其他应交税费
2209	其他应付款	2307	其他应付款
		2901	受托代理负债
2301	预提费用	2401	预提费用
		2304	应付利息
2401	长期借款	2501	长期借款
		2304	应付利息
2402	长期应付款	2502	长期应付款

根据表 4. 8 中新旧债务科目的对应关系，以下具体阐述债务科目的新旧转账。

1. 新制度设置了“短期借款”“应付票据”“长期应付款”科目，其核算内容与原账的对应科目核算内容基本相同，转账时，医院可将上述科目余额直接转入新账的对应科目。

2. 新制度设置了“应缴财政款”科目。转账时，医院应当将原账“应缴款项”科目中属于应缴财政的金额转入新账的“应缴财政款”科目，但需注意分离应缴国库款项和应交财政专户款项。“应缴款项”中除去应缴财政资金后剩余的金额转入新账“其他应付款”科目（见图 4. 3）。

图 4. 3　应缴款项新旧关系

3. 新制度中设置了“应付账款”科目。转账时，医院应当将原账的“应付账款”科目余额，转入新账的该科目。需注意其中核算了无力支付银行承兑汇票而转入“应付账款”科目余额的，应当将该部分余额转入新账的“短期借款”科目。

4. 新制度设置了“预收账款”科目。转账时，医院应将原账的“预收医疗款”科目并入新账的“预收账款”科目进行核算。

5. 新制度设置了“应付职工薪酬”科目。转账时，应将原账的“应付职工薪酬”“应付社会保障费”两个科目余额转入新账“应付职工薪酬”科目（见图 4. 4）。

图 4. 4　应付职工薪酬新旧关系

6. 新制度未设置“应付福利费”会计科目。转账时，医院应当将原账的“应付福利费”科目余额转入新账的“累计盈余——新旧转换盈余”科目。

7. 新制度设置了“应交增值税”和“其他应交税费”科目。转账时，医院应将原账“应交税费”科目下的应交增值税余额转入新账“应交增值税”科目，同时将剩余的金额转入新账的“其他应交税费”科目，两个科目下都应分设明细科目进行对应的衔接。

8. 新制度设置了“其他应付款”科目。转账时，医院应当将原账的“其他应付款”科目余额，转入新账“其他应付款”科目。其中，医院在原账的“其他应付款”科目中核算了属于新制度规定的受托代理负债的，应当将原账的“其他应付款”科目余额中属于受托代理负债的余额，转入新账的“受托代理负债”科目（见图 4. 5）。

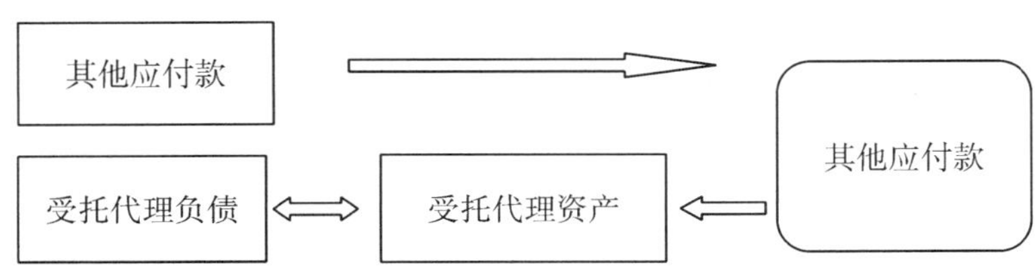

图 4. 5　其他应付款新旧衔接

9. 新制度设置了“预提费用”科目，应注意原账“预提费用”中核算的属于短期借款应付而未付利息的，转账时，医院应将其转入新账的“应付利息”科目，将剩余金额转入新账“预提费用”科目。

10. 新制度设置了“长期借款”科目。转账时，医院应当将原账的“长期借款”科目余额转入新账的该科目。需注意在原账“长期借款”科目中核算了分期付息、到期还本的长期借款应付利息，应将原账科目余额中的该金额转入新账的“应付利息”科目。

11. 新制度设置了“预计负债”科目，主要与或有事项相关，通常包括未决诉讼、环境污染整治、自然灾害或公共事件的救助等。医院应将与或有事项相关且满足政府会计对负债规定条件的现时义务确认为预计负债。重点关注初始计量，确定最佳估计数，综合考虑风险和不确定性、未来事项等因素。

【政策制度依据】

1.《政府会计医院补充规定》相关规定：

“一、关于在新制度相关一级科目下设置明细科目

（一）医院应当在新制度规定的‘1212 应收账款’科目下设置如下明细科目：

1.‘121201 应收在院病人医疗款’科目，核算医院因提供医疗服务而应向在院病人收取的医疗款。

2.‘121202 应收医疗款’科目，核算医院因提供医疗服务而应向医疗保险机构、门急诊病人、出院病人等收取的医疗款，应当按照医疗保险机构、门急诊病人、出院病人等进行明细核算。医院应当在本科目下设置如下明细科目：

（1）‘12120201 应收医保款’科目，核算医院因提供医疗服务而应向医疗保险机构收取的医疗款。

（2）‘12120202 门急诊病人欠费’科目，核算门急诊病人应付未付医疗款。

（3）‘12120203 出院病人欠费’科目，核算出院病人应付未付医疗款。

3.‘121203 其他应收账款’科目核算医院除应收在院病人医疗款、应收医疗款以外的其他应收账款，如医院因提供科研教学等服务、按合同或协议约定应向接受服务单位收取的款项。

（二）医院应当在新制度规定的‘1219 坏账准备’科目下设置如下明细科目：

1.‘121901 应收账款坏账准备’科目，核算医院按规定对‘应收账款——应收医疗款’‘应收账款——其他应收账款’提取的坏账准备。

2.‘121902 其他应收款坏账准备’科目，核算医院按规定对其他应收款提取的坏账准备。

（三）医院应当在新制度规定的‘2305 预收账款’科目下设置如下明细科目：

1.‘230501 预收医疗款’科目，核算医院预收医疗保险机构预拨的医疗保险金和预收病人的预交金。医院应当在本科目下设置如下明细科目：

（1）‘23050101 预收医保款’科目，核算医院预收医疗保险机构预拨的医疗保险金。

（2）‘23050102 门急诊预收款’科目，核算医院预收门急诊病人的预交金。

（3）‘23050103 住院预收款’科目，核算医院预收住院病人的预交金。

2.‘230502 其他预收账款’科目，核算医院除预收医疗款以外的其他预收账款，如医院因提供科研教学等服务、按合同或协议约定预收接受服务单位的款项。

二、关于坏账准备的计提范围

医院应当对除应收在院病人医疗款以外的应收账款和其他应收款按规定提取坏账准备。”

2.《政府会计医院衔接规定》相关规定：

“一、新旧制度衔接总要求

（一）自 2019 年 1 月 1 日起，医院应当严格按照新制度及补充规定进行会计核算、编制财务报表和预算会计报表。

（二）医院应当按照本规定做好新旧制度衔接的相关工作，主要包括以下几个方面：

1. 根据原账编制 2018 年 12 月 31 日的科目余额表，并按照本规定要求，编制原账的部分科目余额明细表。

2. 按照新制度及补充规定设立 2019 年 1 月 1 日的新账。

3. 按照本规定要求，登记新账的财务会计科目余额和预算结余科目余额，包括将原账科目余额转入新账财务会计科目、按照原账科目余额登记新账预算结余科目，将未入账事项登记新账科目，并对相关新账科目余额进行调整。

4. 按照登记及调整后新账的各会计科目余额，编制 2019 年 1 月 1 日的科目余额表，作为新账各会计科目的期初余额。

二、财务会计科目的新旧衔接

（一）将 2018 年 12 月 31 日原账会计科目余额转入新账财务会计科目。

（二）对新账的相关财务会计科目余额按照新制度规定的会计核算基础进行调整。

新制度要求对医院收回后无须上缴财政的应收账款和其他应收款提取坏账准备。在新旧制度转换时，医院应当按照 2018 年 12 月 31 日无须上缴财政的‘应收账款’科目扣除应收在院病人医疗款后的余额，以及‘其他应收款’科目余额，计算应计提的坏账准备金额，对比原账‘坏账准备’科目余额进行调整。”

【问题解决对策】

医院在进一步规范和做好债权债务专项清理，做好坏账准备计提的相关前提下，基于政府会计制度的要求，对于医院债权债务在财务会计方面的衔接要严格根据政府会计制度中对医院的相关制度要求做好新旧衔接转换及调整，确保新旧制度有序衔接、平稳过渡。

【会计账务处理】

某医院 2018 年年末主要债权债务科目余额表和科目余额明细表如表 4.9、表 4.10 所示。

表 4.9　原账 2018 年 12 月 31 日科目余额表　　单位：万元

科目编号	科目名称	期末余额	科目编号	科目名称	期末余额
1211	应收在院病人医疗款	1 235.2	2001	短期借款	200
1212	应收医疗款	8 982	2101	应缴款项	50
1215	其他应收款	713	2201	应付票据	30
1221	坏账准备（贷方）	387.8	2202	应付账款	2 663
1231	预付账款	2 880	2203	预收医疗款	4 535
			2204	应付职工薪酬	18.8
			2205	应付福利费	14.5
			2206	应付社会保障费	70
			2207	应交税费	5.1
			2209	其他应付款	899
			2301	预提费用	6.5
			2401	长期借款	300
			2402	长期应付款	350

表 4.10　原账 2018 年 12 月 31 日科目余额明细表　　单位：万元

总账科目	明细分类	金额
其他应收款	应收股利	150
	应收利息	
	应收账款	
	在途物品	124.5
	其他	438.5
预付账款	在途物品	100
	其他	2 780
应缴款项	应缴财政款	40
	其他	10
应交税费	应交增值税	4.2
	其他应交税费	0.9
其他应付款	其他	679
	受托代理负债	220
预提费用	短期借款利息	2.2
	其他	4.3
长期借款	本金	285
	利息	15

根据表 4.9 和表 4.10，债权债务新旧衔接的会计处理如下：

（一）将短期借款、应付票据、应付账款等科目余额直接转入新账（单位：万元）

借：短期借款（旧） 200
　贷：短期借款（新） 200

借：应付票据（旧） 30
　贷：应付票据（新） 30

借：应付账款（旧） 2 663
　贷：应付账款（新） 2 663

借：预收医疗款（旧） 4 535
　贷：预收账款——预收医疗款（新） 4 535

借：长期应付款（旧） 350
　贷：长期应付款（新） 350

（二）对“应收在院病人医疗款”和“应收医疗款”合并转入“应收账款”科目，“其他应收款”“预付账款”等科目根据核算内容分析转入新账的相应科目（单位：万元）

1. 原账“应收在院病人医疗款”和“应收医疗款”科目：

借：应收账款——应收在院病人医疗款（新） 1 235.2
　　应收账款——应收医疗款（新） 8 982
　贷：应收在院病人医疗款（旧） 1 235.2
　　　应收医疗款（旧） 8 982

2. 原账“其他应收款”科目：

借：其他应收款（新） 438.5
　　应收股利（新） 150
　　在途物品（新） 124.5
　贷：其他应收款（旧） 713

3. 原账“坏账准备”科目：

借：坏账准备（旧） 387.8
　贷：坏账准备——应收账款坏账准备（新） 359.28
　　　坏账准备——其他应收款坏账准备（新） 28.52

4. 原账“预付账款”科目：

借：预付账款（新） 2 780
　　在途物品（新） 100
　贷：预付账款（旧） 2 880

5. 原账“应缴款项”科目：

借：应缴款项（旧） 50
　贷：应缴财政款（新） 40
　　　其他应付款（新） 10

6. 原账“其他应付款”科目：

借：其他应付款（旧） 899
　贷：受托代理负债（新） 220

其他应付款（新）　679

7. 原账“应付职工薪酬”和“应付社会保障费”科目：

借：应付职工薪酬（旧）　18.8

应付社会保障费（旧）　70

贷：应付职工薪酬（新）　88.8

8. 取消原账“应付福利费”科目：

借：应付福利费（旧）　14.5

贷：累计盈余——新旧转换盈余（新）　14.5

9. 原账“应交税费”科目：

借：应交税费（旧）　5.1

贷：应交增值税（新）　4.2

其他应交税费（新）　0.9

10. 原账“预提费用”科目：

借：预提费用（旧）　6.5

贷：应付利息（新）　2.2

预提费用（新）　4.3

11. 原账“长期借款”科目：

借：长期借款（旧）　300

贷：应付利息（新）　15

长期借款（新）　285

（三）补登未入账事项

医院 2018 年 12 月 31 日，将一笔满足确认条件的赔偿金 30 000 元计入预计负债。

借：累计盈余——新旧转换盈余（新）　30 000

贷：预计负债（新）　30 000

按新制度要求对坏账准备科目余额调整：

假定医院采用余额百分比法计提坏账准备，比例为 4%，按结转后的科目和口径计算应计提的坏账准备：

其中：应收账款坏账准备：8 982×4%＝359.28（万元）

其他应收款坏账准备：438.5×4%＝17.54（万元）

应计提坏账准备合计：359.28+17.54＝376.82（万元）

冲减其他应收款坏账准备：28.52−17.54＝10.98（万元）

借：坏账准备——其他应收款坏账准备（新）　109 800

贷：累计盈余——新旧转换盈余（新）　109 800

根据以上会计分录，可编制债权债务的新账期初余额表（见表 4.11）。

表 4.11　2019 年 1 月 1 日债权债务期初余额表　单位：万元

科目编号	科目名称	期初余额	科目编号	科目名称	期初余额
1211	应收票据		2001	短期借款	200
1212	应收账款	10 217. 2	2101	应交增值税	4. 2
1214	预付账款	2 780	2102	其他应交税费	0. 9
1215	应收股利	150	2103	应缴财政款	40
1216	应收利息		2201	应付职工薪酬	88. 8
1218	其他应收款	438. 5	2301	应付票据	30
1219	坏账准备（贷方）	376. 82	2302	应付账款	2 663
121901	应收账款坏账准备	359. 28	2304	应付利息	17. 2
121902	其他应收款坏账准备	17. 54	2305	预收账款	4 535
			2307	其他应付款	689
			2401	预提费用	4. 3
			2501	长期借款	285
			2502	长期应付款	350
			2601	预计负债	3
			2901	受托代理负债	220

第五章　净资产、资金结存清理与新旧衔接问题及解决对策

【问题32】净资产类科目新旧衔接应重点关注什么问题?

【问题解决对策】

在进行净资产类科目的新旧对接前，首先应按照新旧制度衔接的要求和规定，编制科目余额表，对财务会计的净资产类会计科目及预算结余类会计科目进行设置，登记新账后再按规定进行调整和补录，最后形成新账科目的期初余额。在衔接的过程中，应重点关注新旧对比新设置的和核算范围变化较大的科目。

【政策制度依据】

1.《政府会计医院衔接规定》相关规定：

“一、新旧制度衔接总要求

（一）自2019年1月1日起，医院应当严格按照新制度及补充规定进行会计结算、编制财务报表和预算会计报表。

（二）医院应当按照本规定做好新旧衔接的相关工作，主要包括以下几个方面：

1. 根据原账编制2018年12月31日的科目余额表，并按照本规定要求，编制原账的部分科目余额明细表。

2. 按照新制度及补充规定设立2019年1月1日的新账。

3. 按照本规定要求，登记新账的财务会计科目余额和预算结余科目余额，包括将原账科目余额转入新账财务会计科目、按照原账科目余额登记新账预算结余科目，将未入账事项登记新账科目，并对相关新账科目余额进行调整。原账科目是指按照原制度规定设置的会计科目。

4. 按照登记及调整后新账的各会计科目余额，编制2019年1月1日的科目余额表，作为新账各会计科目的期初余额。

5. 根据新账各会计科目期初余额，按照新制度及补充规定编制2019年1月1日资产负债表。”

【职业判断建议】

净资产是指医院资产扣除负债后的余额。医院资产的增加或者负债的减少会导致医院净资产的增加，相反医院资产的减少或负债的增加会导致医院净资产的减少。而经济

资源的流入和流出医院会导致医院资产负债的变动，同时影响净资产的变动。

进行净资产类科目的新旧对接应重点关注以下内容：

（一）开展净资产分类清理工作

在进行净资产类科目的新旧对接前，首先应按照新制度以及衔接的要求和规定，根据医院原会计科目，编制医院原会计科目余额明细表，再梳理净资产新旧会计科目分类变化、分清资金来源，对财务会计的净资产类会计科目进行设置。医院新旧会计制度净资产类科目转账、登记新账科目对照表如表 5.1 所示。

表 5.1　医院新旧会计制度净资产类科目转账、登记新账科目对照表

原制度科目		新制度科目	
编号	名称	编号	名称
3001	事业基金	3001	累计盈余
3201	待冲基金		
3301	财政补助结转（余）		
3302	科教项目结转（余）		
3101	专用基金	3101	专用基金

从表 5.1 可以看出，新制度设置了“累计盈余”和“专用基金”科目，其中“累计盈余”科目的核算内容包含了原制度的“事业基金”“待冲基金”“财政补助结转（余）”和“科教项目结转（余）”科目的核算内容，“专用基金”科目的核算内容与原账该科目的核算内容基本相同。

（二）进行预算会计结转结余科目的设置

在进行净资产类科目的新旧对接前，同时应对预算结余类会计科目进行设置。医院新旧会计制度预算结余类科目转账、登记新账科目对照表如表 5.2 所示。

表 5.2　医院新旧会计制度预算结余类科目转账、登记新账科目对照表

原制度科目		新制度科目	
编号	名称	编号	名称
3301	财政补助结转（余）	8101	财政拨款结转
		8102	财政拨款结余
3302	科教项目结转（余）	8201	非财政拨款结转
3001	事业基金	8202	非财政拨款结余
3101	专用基金	8301	专用结余
3301	财政补助结转（余）	8001	资金结存（借方）
3302	科教项目结转（余）		
3001	事业基金		
3101	专用基金		

从表 5.2 可以看出，新制度在原制度科目对应基础上，设置了“财政拨款结转”“财政拨款结余”“非财政拨款结转”“非财政拨款结余”“专用结余”以及与“专用基金”相对应的“资金结存”科目。

（三）进行衔接工作

医院按照《政府会计医院衔接规定》，在新旧制度净资产类科目对接时，应将原账的“事业基金”及“专用基金”科目余额分别转入新账的“累计盈余——新旧转换盈余”和“专用基金”科目。医院无须对原制度中“待冲基金”对应内容进行核算，应直接将原账中的“待冲基金——待冲财政基金”和“待冲基金——待冲科教项目基金”科目余额分别转入新账的“累计盈余——财政项目盈余”和“累计盈余——科教盈余”科目。而原账“财政补助结转（余）”科目中项目支出结转和项目支出结余部分的余额应转入新账的“累计盈余——财政项目盈余”科目，“财政补助结转（余）”科目中基本支出结转部分的余额应转入新账的“累计盈余——医疗盈余”科目。

【会计账务处理】

例：××医院“待冲基金”科目贷方余额 27 500 000. 00 元，其中：待冲财政基金 24 000 000. 00 元，待冲科教项目基金 3 500 000. 00 元。“财政补助结转（余）”科目贷方余额 11 000 000. 00 元，其中项目支出结转（余）9 300 000. 00 元，基本支出结转（余）1 700 000. 00 元；“科教项目结转（余）”贷方余额 13 220 000. 00 元。

1. 结转“待冲基金”科目：

科目	借方	贷方
借：待冲基金——待冲财政基金（旧）	24 000 000	
待冲基金——待冲科教项目基金（旧）	3 500 000	
贷：累计盈余——财政项目盈余（新）		24 000 000
累计盈余——科教盈余（新）		3 500 000

2. 结转“财政补助结转（余）”科目：

科目	借方	贷方
借：财政补助结转（余）——项目支出结转（余）（旧）	9 300 000	
财政补助结转（余）——基本支出结转（余）（旧）	1 700 000	
贷：累计盈余——财政项目盈余（新）		9 300 000
累计盈余——医疗盈余（新）		1 700 000

3. 结转“科教项目结转（余）”科目：

科目	借方	贷方
借：科教项目结转（余）（旧）	13 220 000	
贷：累计盈余——科教盈余（新）		13 220 000

在进行预算会计科目新旧衔接时，医院应严格按照《政府会计医院衔接规定》操作，在年初编制的科目余额表基础上，按照其规定进行相应的调整和补录，再登记新账的预算结余类会计科目及对应的“资金结存”科目余额。

【问题 33】预算会计结转结余科目应如何进行新旧衔接?

【问题解决对策】

预算会计结转结余科目对医院来说是新增的科目体系，并且它与财务会计科目没有必然的一一对应关系。医院在进行预算会计结转结余科目的衔接时，首先按《政府会计医院衔接规定》对财务会计科目进行对接调整完成以后，再根据净资产科目余额和明细构成，进行分析转入预算结转结余科目。

【政策制度依据】

《政府会计医院衔接规定》相关规定：

“三、预算会计科目的新旧衔接

（一）‘财政拨款结转’和‘财政拨款结余’科目及对应的‘资金结存’科目余额

新制度设置了‘财政拨款结转’‘财政拨款结余’科目及对应的‘资金结存’科目。在新旧制度转换时，医院应当对原账的‘财政补助结转（余）’科目余额中结转资金的金额进行逐项分析，加上各项结转转入的支出中已经计入支出尚未支付财政资金（如发生时列支的应付账款）的金额，减去已经支付财政资金尚未计入支出（如预付账款等）的金额，按照增减后的金额登记新账的‘财政拨款结转’科目及其明细科目贷方，按照原账的‘财政补助结转（余）’科目余额中结余资金的金额登记新账的‘财政拨款结余’科目及其明细科目贷方。

医院应当按照原账‘财政应返还额度’科目余额登记新账‘资金结存——财政应返还额度’科目的借方；按照新账‘财政拨款结转’和‘财政拨款结余’科目贷方余额合计数，减去新账‘资金结存——财政应返还额度’科目借方余额后的差额，登记新账‘资金结存——货币资金’科目的借方。

（二）‘非财政拨款结转’科目及对应的‘资金结存’科目余额

新制度设置了‘非财政拨款结转’科目及对应的‘资金结存’科目。在新旧制度转换时，医院应当对原账的‘科教项目结转（余）’科目余额进行逐项分析，加上各项结转（余）转入的支出中已经计入支出尚未支付非财政补助专项资金（如发生时列支的应付账款）的金额，减去已经支付非财政补助专项资金尚未计入支出（如预付账款等）的金额，按照增减后的金额登记新账的‘非财政拨款结转’科目及其明细科目贷方；同时，按照相同的金额登记新账‘资金结存——货币资金’科目的借方。

（三）‘专用结余’科目及对应的‘资金结存’科目余额

新制度设置了‘专用结余’科目及对应的‘资金结存’科目。在新旧制度转换时，医院应当按照原账‘专用基金’科目余额中通过非财政补助结余分配形成的金额，借记新账的‘资金结存——货币资金’科目，贷记新账的‘专用结余’科目。

（四）‘非财政拨款结余’科目及对应的‘资金结存’科目余额

新制度设置了‘非财政拨款结余’科目及对应的‘资金结存’科目。在新旧制度转换时，医院应当在新账的‘库存现金’‘银行存款’‘其他货币资金’‘财政应返还额度’科目借方余额合计数基础上，对不纳入单位预算管理的资金进行调整（如减去新账中货币资金形式的受托代理资产、应缴财政款、已收取将来需要退回资金的其他应付款，加上已支付将来需要收回资金的其他应收款），按照调整后的金额减去新账的‘财政拨款结转’‘财政拨款结余’‘非财政拨款结转’‘专用结余’科目贷方余额合计数的金额，登记新账的‘非财政拨款结余’科目贷方；同时，按照相同的金额登记新账的‘资金结存——货币资金’科目借方。

（五）‘其他结余’‘非财政拨款结余分配’科目

新制度设置了‘其他结余’和‘非财政拨款结余分配’科目。由于这两个科目年初无余额，在新旧制度转换时，医院无须对‘其他结余’和‘非财政拨款结余分配’

科目进行新账年初余额登记。

（六）预算收入类、预算支出类会计科目

由于预算收入类、预算支出类会计科目年初无余额，在新旧制度转换时，医院无须对预算收入类、预算支出类会计科目进行新账年初余额登记。

医院应当自2019年1月1日起，按照新制度设置预算收入类、预算支出类科目并进行账务处理。

医院存在2018年12月31日需要按照新制度预算会计核算基础调整预算会计科目期初余额的其他事项的，应当比照本规定调整新账的相应预算会计科目期初余额。

医院对预算会计科目的期初余额登记和调整，应当编制记账凭证，并将期初余额登记和调整的依据作为原始凭证。”

【会计账务处理】

“其他结余”“非财政拨款结余分配”科目年初无余额。根据医院衔接规定，对预算会计结转结余科目有余额的科目的新旧衔接进行分析对接：

（一）“财政拨款结转”和“财政拨款结余”科目及对应的“资金结存”科目余额

根据《政府会计医院衔接规定》，该部分科目的对应关系如表5.3所示。

表5.3　财政拨款结转（余）与资金结存对应关系表

<table>
<tr><td rowspan="3">（原账）
财政补助结转（余）</td><td rowspan="2">结转资金</td><td>加：已计入支出尚未支付财政资金</td><td rowspan="4">等于</td><td rowspan="2">（新账）
财政拨款结转</td></tr>
<tr><td>减：已支付财政资金尚未计入支出</td></tr>
<tr><td>结余资金</td><td></td><td>（新账）
财政拨款结余</td></tr>
<tr><td>（原账）
财政应返还额度</td><td></td><td></td><td>（新账）
资金结存——财政应返还额度</td></tr>
</table>

根据以上对应关系调整登记新账科目余额后，编制如下分录：

借：资金结存——财政应返还额度

　　资金结存——货币资金

　贷：财政拨款结转

　　　财政拨款结余

例1：某医院2018年期末“财政补助结转”科目贷方余额9 000 000.00元，“财政补助结余”科目贷方余额50 000.00元，“财政应返还额度”科目借方余额300 000.00元。对原账进行逐项分析后，发现以下事项：

（1）甲财政项目2018年发生应付药品费80 000元；

（2）乙财政项目2018年购买入库并付款但尚未领用的材料2 000 000.00元。

某医院通过以上内容可算出：

“财政拨款结转”科目贷方余额=9 000 000+80 000−2 000 000=7 080 000（元）

“财政拨款结余”科目贷方余额：50 000（元）

"资金结存——财政应返还额度"科目借方余额：300 000（元）

"资金结存——货币资金"科目借方余额=

7 080 000+50 000-300 000=6 830 000（元）

根据以上调整应做如下分录：

借：资金结存——财政应返还额度　300 000

　资金结存——货币资金　6 830 000

　贷：财政拨款结转　7 080 000

　　财政拨款结余　50 000

（二）"非财政拨款结转"科目及对应的"资金结存"科目余额

根据《政府会计医院衔接规定》，该部分科目的对应关系如表 5.4 所示。

表 5.4　非财政拨款结转与资金结存对应关系表

（原账） 科教项目结转（余）	加：已计入支出尚未支付非财政补助专项资金	等于	（新账） 非财政拨款结转
	减：已支付非财政补助专项资金尚未计入支出		

根据以上对应关系调整登记新账科目余额后，编制如下分录：

借：资金结存——货币资金

　贷：非财政拨款结转

例 2：某医院 2018 年期末"科教项目结转（余）"科目贷方余额 6 500 000.00 元，对原账进行逐项分析后，发现以下事项：

（1）丙科研项目按照课题计划书，利用拨付的课题经费，购买专用设备一台，尚余尾款 30 000.00 元未支付；

（2）丁科研项目按照课题计划书，利用拨付的课题经费预付药品费 50 000.00 元。

某医院通过以上内容可算出：

"非财政拨款结转"科目贷方余额=6 500 000+30 000-50 000=6 480 000（元）

根据以上调整应做如下分录：

借：资金结存——货币资金　6 480 000

　贷：非财政拨款结转　6 480 000

（三）"专用结余"科目及对应的"资金结存"科目余额

在新旧制度转换时，医院应按照原账"专用基金"科目余额中通过非财政补助结余分配形成的金额及原账"应付福利费"科目余额中属于职工福利基金的金额，做如下分录：

借：资金结存——货币资金

　贷：专用结余

例 3：某医院 2018 年年末"专用基金——职工福利基金"科目贷方余额 123 000 000.00 元，"专用基金——医疗风险基金"科目贷方余额 40 000 000.00 元。

根据以上内容应做如下分录：

借：资金结存——货币资金　　123 000 000

　贷：专用结余　　123 000 000

（四）“非财政拨款”科目及对应的“资金结存”科目余额

根据《政府会计医院衔接规定》，该部分科目的对应关系如表 5.5 所示。

表 5.5　非财政拨款与资金结存对应关系表

<table>
<tr><td>库存现金</td><td rowspan="4">减：货币资金形式的受托代理资产、应缴财政款、已收取将来需要退回资金的其他应付款
加：已支付将来需要收回资金的其他应收款</td><td rowspan="4">减</td><td>财政拨款结转</td><td rowspan="4">等于</td><td rowspan="4">非财政拨款结余</td></tr>
<tr><td>银行存款</td><td>财政拨款结余</td></tr>
<tr><td>其他货币资金</td><td>非财政拨款结转</td></tr>
<tr><td>财政应返还额度</td><td>专用结余</td></tr>
</table>

根据以上对应关系调整登记新账科目余额后，编制如下分录：

借：资金结存——货币资金

　贷：非财政拨款结余

例 4：某医院 2019 年年初新账“库存现金”科目借方余额 5 000. 00 元，“银行存款”科目借方余额 300 000 000. 00 元，“其他货币资金”科目借方余额 60 000. 00 元，“财政应返还额度”科目借方余额 300 000. 00 元。“财政拨款结转”科目贷方余额 7 080 000. 00 元，“财政拨款结余”科目贷方余额 50 000. 00 元，“非财政拨款结转”科目贷方余额 6 480 000. 00 元，“专用结余”科目贷方余额 123 000 000. 00 元。对原账进行逐项分析后，发现以下事项：

（1）受托代理银行存款 50 000. 00 元；

（2）2018 年、2019 年收到需退回的设备质量保证金 20 000. 00 元；

（3）职工借款 3 000. 00 元。

通过以上内容可算出：

“非财政拨款结余”贷方余额＝5 000+300 000 000+60 000+300 000−50 000−20 000+3 000−7 080 000−50 000−6 480 000−123 000 000＝163 688 000（元）

根据以上调整应做如下分录：

借：资金结存——货币资金　　163 688 000

　贷：非财政拨款结余　　163 688 000

【问题 34】如何判定净资产期初余额是否正确？

【问题解决对策】

医院在新旧会计制度对接时，应严格按照《政府会计医院衔接规定》的要求进行对照和清理。应比较新旧净资产科目核算的内容是否有变化。对核算内容基本相同的科目，将原账的净资产科目余额直接转入对应的新账的净资产科目，作为新账的净资产科目期初数；对净资产科目核算内容有差异的，应当调整后计入相关科目期初数。具体如表 5.6 所示。

表 5.6　新旧净资产科目对接表

原账的净资产科目	新账的净资产科目	新旧对接
事业基金	累计盈余——新旧转换盈余	直接转入
专用基金	专用基金	直接转入
待冲基金	累计盈余——财政项目盈余、累计盈余——科教盈余	1. “待冲基金——待冲财政基金”科目余额转入“累计盈余—财政项目盈余”科目 2. “待冲基金——待冲科教项目基金”科目余额转入“累计盈余——科教盈余”科目
财政补助结转（余）	累计盈余——财政项目盈余、累计盈余——医疗盈余	1. “财政补助结转（余）”科目中项目支出结转结余部分的余额转入“累计盈余——财政项目盈余”科目 2. “财政补助结转（余）”科目中基本支出结转部分的余额转入“累计盈余——医疗盈余”科目
科教项目结转（余）	累计盈余——科教盈余	“科教项目结转（余）”科目余额转入“累计盈余——科教盈余”科目
本期结余	本期盈余	年末转入累计盈余，无余额

一般情况下，由于公立医院执行财政拨款资金时使用的是直接支付或授权支付方式，每年财政拨款未使用的额度也是通过年末注销额度，次年通过财政应返还额度的方式下达，故原账的“财政补助结转（余）”科目一般期末无余额，新账的“累计盈余——医疗盈余”科目无期初数。

【政策制度依据】

1.《政府会计医院衔接规定》相关规定：

“二、财务会计科目的新旧衔接

3. 净资产类

(1)‘事业基金’科目

新制度设置了‘累计盈余’科目。该科目的核算内容包含了原账的‘事业基金’科目的核算内容。转账时，医院应当将原账的‘事业基金’科目余额转入新账的‘累计盈余——新旧转换盈余’科目。

(2)‘专用基金’科目

新制度设置了‘专用基金’科目，该科目的核算内容与原账的‘专用基金’科目的核算内容基本相同。转账时，医院应当将原账的‘专用基金’科目余额转入新账的‘专用基金’科目。

(3)‘待冲基金’科目

依据新制度，无须对原制度中‘待冲基金’科目对应内容进行核算。转账时，医院应当将原账的‘待冲基金——待冲财政基金’科目余额转入新账的‘累计盈余——财政项目盈余’科目，将原账的‘待冲基金——待冲科教项目基金’科目余额转入新账的‘累计盈余——科教盈余’科目。

(4)‘财政补助结转（余）’‘科教项目结转（余）’科目

新制度设置了‘累计盈余’科目，该科目的余额包含了原账的‘财政补助结转（余）’和‘科教项目结转（余）’科目余额内容。转账时，医院应当将原账的‘财政补助结转（余）’科目中项目支出结转和项目支出结余部分的余额转入新账的‘累计盈余——财政项目盈余’科目，将原账的‘财政补助结转（余）’科目中基本支出结转部分的余额转入新账的‘累计盈余——医疗盈余’科目；将原账的‘科教项目结转（余）’科目余额转入新账的‘累计盈余——科教盈余’科目。

(5)‘结余分配’科目

新制度设置了‘本年盈余分配’科目，该科目的核算内容与原账的‘结余分配’科目的核算内容基本相同。新制度规定‘本年盈余分配’科目余额年末应当转入‘累计盈余’科目。原账‘结余分配’科目有借方余额的，转账时，医院应当将原账的‘结余分配’科目借方余额转入新账的‘累计盈余——新旧转换盈余’科目借方。

(6)‘本期结余’科目

由于原账的‘本期结余’科目年末无余额，该科目无须进行转账处理。”

2.《政府会计医院补充规定》相关规定：

“一、关于在新制度相关一级科目下设置明细科目

（八）医院应当在新制度规定的‘3001 累计盈余’科目下设置如下明细科目：

1.‘300101 财政项目盈余’科目，核算医院财政项目拨款收入减去使用财政项目经费发生的费用后的累计盈余。

2.‘300102 医疗盈余’科目，核算医院开展医疗活动形成的、财政项目盈余以外的累计盈余。

3.‘300103 科教盈余’科目，核算医院开展科研教学活动形成的、财政项目盈余以外的累计盈余。

4.‘300104 新旧转换盈余’科目，核算医院新旧制度衔接时转入新制度下累计盈余中除财政项目盈余、医疗盈余和科教盈余以外的累计盈余。

（九）医院应当在新制度规定的‘3101 专用基金’科目下设置如下明细科目：

1.‘310101 职工福利基金’科目，核算医院根据有关规定、依据财务会计下医疗盈余（不含财政基本拨款形成的盈余）计算提取的职工福利基金。

2.‘310102 医疗风险基金’科目，核算医院根据有关规定、按照财务会计下相关数据计算提取并列入费用的医疗风险基金。

（十）医院应当在新制度规定的‘3301 本期盈余’科目下设置如下明细科目：

1.‘330101 财政项目盈余’科目，核算医院本期财政项目拨款相关收入、费用相抵后的余额。

2.‘330102 医疗盈余’科目，核算医院本期医疗活动产生的、除财政项目拨款以外的各项收入、费用相抵后的余额。

3.‘330103 科教盈余’科目，核算医院本期科研教学活动产生的、除财政项目拨款以外的各项收入、费用相抵后的余额。

（十一）医院应当在新制度规定的‘3302 本年盈余分配’科目下设置‘330201 提取职工福利基金’‘330202 转入累计盈余’明细科目。”

【会计账务处理】

在进行新旧制度衔接时，可以根据《医院新旧会计制度净资产类科目转账、登记新账科目对照表》，将原账中净资产类科目的余额分别转入对应的新账中净资产类科目，然后对部分项目根据新制度的要求进行追溯调整。调整事项主要有：

一、将原未入账事项登记新账净资产类科目

（一）盘盈资产

医院应当将 2018 年 12 月 31 日前未入账的盘盈资产按照新制度的规定记入新账，按照确定的盘盈资产及其成本，分别借记有关资产科目，按照盘盈资产成本的合计金额做以下分录，贷记“累计盈余——新旧转换盈余”科目。会计分录如下：

借：固定资产、无形资产、存货等

　贷：累计盈余——新旧转换盈余

（二）预计负债

医院应当将 2018 年 12 月 31 日按照新制度规定确认的预计负债记入新账，按照确定的预计负债金额，借记“累计盈余——新旧转换盈余”科目，贷记“预计负债”科目。会计分录如下：

借：累计盈余——新旧转换盈余

　贷：预计负债

医院存在 2018 年 12 月 31 日前未入账的其他事项的，应当比照该方法登记新账的相应科目，同时，对新账的财务会计科目补记未入账事项时，应当编制记账凭证，并将补充登记事项的确认依据作为原始凭证。

二、对新账的净资产相关财务会计科目余额按照新制度规定的会计核算基础进行调整的

（一）调整坏账准备

新制度要求对医院收回后无须上缴财政的应收账款和其他应收款提取坏账准备。医院应当按照 2018 年 12 月 31 日无须上缴财政的“应收账款”科目扣除应收在院病人医疗款后的余额，以及“其他应收款”科目余额，计算应计提的坏账准备金额，对比原账“坏账准备”科目余额进行调整。会计分录如下：

补提坏账准备：

借：累计盈余——新旧转换盈余

　贷：坏账准备

冲回多提坏账准备：

借：坏账准备

　贷：累计盈余——新旧转换盈余

（二）按照权益法调整长期股权投资账面余额

按照新制度规定应当采用权益法核算的长期股权投资，医院应当在“长期股权投资”科目下设置“新旧制度转换调整”明细科目，依据被投资单位 2018 年 12 月 31 日财务报表的所有者权益账面余额，以及医院持有被投资单位的股权比例，计算应享有或应分担的被投资单位所有者权益的份额，调整长期股权投资的账面余额，借记或贷记

“长期股权投资——新旧制度转换调整”科目，贷记或借记“累计盈余——新旧转换盈余”科目。

（三）补提折旧

医院应当将2018年12月31日前购置的未计提完折旧的固定资产，按照医院补充规定提供的折旧年限计算补提一个月折旧。

1. 由财政项目拨款经费形成的固定资产应补提的金额，会计分录如下：

借：累计盈余——财政项目盈余

　贷：固定资产累计折旧

2. 由科教经费形成的固定资产应补提的金额，会计分录如下：

借：累计盈余——科教盈余

　贷：固定资产累计折旧

3. 其他固定资产应补提的金额，会计分录如下：

借：累计盈余——新旧转换盈余

　贷：固定资产累计折旧

同时，医院对新账的财务会计科目期初余额进行调整时，应当编制记账凭证，并将调整事项的确认依据作为原始凭证。

（四）调整应付福利费账面余额

新制度未设置“应付福利费”科目，医院按规定发生福利费开支时，应当在计提标准内据实计入费用。在新旧对接时，应当对原账的“应付福利费”科目余额进行分析，将其中属于职工福利基金的金额转入新账的“专用基金——职工福利基金”科目，将其他余额转入新账的“累计盈余”科目。会计分录如下：

属于职工福利基金：

借：应付福利费

　贷：专用基金——职工福利基金

其他余额：

借：应付福利费

　贷：累计盈余——新旧转换盈余

完成上述步骤后，按照确定的新账净资产科目期初余额，编制净资产变动表和资产负债表。

【问题35】预算会计资金结存科目与财务会计货币资金科目期初余额是否相等？

【问题解决对策】

财务会计的货币资金类科目包含库存现金、银行存款、零余额账户用款额度和其他货币资金，预算会计的资金结存科目其实质是医院纳入预算管理的货币资金，包括它所对应的库存现金、银行存款、其他货币资金、零余额账户用款额度和财政应返还额度，不包括：

1. 收到的货币资金形式的受托代理资金，其所有权、控制权不归属本单位，不属于医院预算收入；

2. 应缴财政款，应按规定及时上缴，不得截留或挪作他用，不属于医院预算收入；

3. 已收取将来需要退回资金的其他应付款，属暂收款项不纳入医院预算收入；

4. 已支付将来需要收回资金的其他应收款，属暂付款项不纳入医院预算支出。

以上四类资金不纳入预算管理，财务会计的货币资金类科目期初余额不等于资金结存科目的余额。

【政策制度依据】

《政府会计科目和报表》相关规定：

"'货币资金'项目，反映单位期末库存现金、银行存款、零余额账户用款额度、其他货币资金的合计数。本项目应当根据'库存现金''银行存款''零余额账户用款额度''其他货币资金'科目的期末余额的合计数填列；若单位存在通过'库存现金''银行存款'科目核算的受托代理资产还应当按照前述合计数扣减'库存现金''银行存款'科目下'受托代理资产'明细科目的期末余额后的金额填列。

'资金结存'科目核算单位纳入部门预算管理的资金的流入、流出、调整和滚存等情况。

本科目应当设置下列明细科目：

'零余额账户用款额度'：本明细科目核算实行国库集中支付的单位根据财政部门批复的用款计划收到和支用的零余额账户用款额度。

年末结账后，本明细科目应无余额。

'货币资金'：本明细科目核算单位以库存现金、银行存款、其他货币资金形态存在的资金。

本科目明细年末借方余额，反映单位尚未使用的货币资金。

'财政应返还额度'：本明细科目核算实行国库集中支付的单位可以使用以前年度财政直接支付资金额度和财政应返还的财政授权支付资金额度。本明细科目下可设置'财政直接支付''财政授权支付'两个明细科目进行明细核算。

本科目年末借方余额，反映单位应收财政返还的资金额度。

'资金结存'科目年末借方余额，反映单位预算资金的累计滚存情况。"

【会计账务处理】

预算会计的"资金结存"科目核算医院纳入部门预算管理的资金的流入、流出、调整和滚存情况。该科目属于预算结余类科目，与财务会计下的"零余额账户用款额度""财政应返还额度"和"货币资金"有一定的对应关系。该科目中"货币资金"是指医院以库存现金、银行存款、其他货币资金形态存在的资金，本科目年末借方余额，反映医院尚未使用的货币资金。资金结存期末余额与其余结转结余科目余额相等。

例：××医院2019年年初新账"库存现金"科目借方余额8 000. 00元，"银行存款"科目借方余额350 000 000. 00元，"其他货币资金"科目借方余额30 000. 00元，"财政应返还额度"科目借方余额100 000. 00元。对原账进行逐项分析后，发现以下事项：

1. 受托代理银行存款50 000. 00元；

2. 报废处理旧医疗设备所得的应上缴财政款200 000. 00元；

3. 2018 年收到、2019 年需退回的设备质量保证金 10 000. 00 元；

4. 支付的押金 300 000. 00 元。

根据以上内容，可以得出：

财务会计货币资金科目借方余额=8 000+350 000 000+30 000+100 000=350 138 000（元）

按照《政府会计医院衔接规定》要求，事项 1~4 属于不纳入预算管理的资金，其中事项 1~3 分别属于货币资金形式的受托代理资产、应缴财政款、已收取将来需要退回资金的其他应付款，应予调减；事项 4 属于已支付将来需要收回资金的其他应收款，应予调增。

调整后的预算会计“资金结存”科目余额=350 138 000−50 000−200 000−10 000+300 000=350 178 000（元）

通过以上事例可以得出结论，将不纳入预算管理的四类资金剔除，财务会计的货币资金类科目期初余额进行相应调整后，才等于资金结存科目的余额。

第三篇

实务操作篇

第六章　资产核算问题及解决对策

第一节　流动资产核算问题及解决对策

【问题36】应如何对第三方平台账户资金进行账务处理？

在患者通过微信或支付宝交费的情况下，对于存放在微信或支付宝平台账户的资金，医院可以通过往来科目核算吗？预算会计应如何处理？

【问题分析判断】

电子商务和第三方支付平台的兴起为医院提供了更加便捷的支付方式。公立医院开通移动支付、启用财政电子票据，改善了广大群众的就医体验，医院出现了更多的便利性支付方式，如支付宝、微信以及其他平台渠道。从第三方平台转入收款单位银行账户存在时间差，而且第三方平台并不是传统意义上的银行，所以不能通过“库存现金”和“银行存款”科目进行核算。因此，第三方平台和托管单位只是结算关系，而非债权债务关系，第三方平台应及时转至委托方指定银行账户。在尚未划拨期间，需通过“其他货币资金”科目进行核算，以便完整反映财务信息。

【政策制度依据】

1.《政府会计科目和报表》相关规定：

“医院其他货币资金指医院除库存现金、银行存款之外的外埠存款、银行本票存款、银行汇票存款、信用卡存款等货币资金。

其他应收款是指单位除财政应返还额度、应收票据、应收账款、预付账款、应收股利、应收利息以外的其他各项应收及暂付款项，如职工预借的差旅费、已经偿还银行尚未报销的本单位公务卡欠款、拨付给内部有关部门的备用金、应向职工收取的各种垫付款项、支付的可以收回的订金或押金、应收的上级补助和附属单位上缴款项等。”

2.《政府会计准则制度解释第1号》（财会〔2019〕3号）相关规定：

“第八条——关于第三方支付平台账户资金的会计科目适用问题中规定：

单位通过支付宝、微信等方式取得相关收入的，对于尚未转入银行存款的支付宝、微信收付款等第三方支付平台账户的余额，应当通过‘其他货币资金’科目核算。”

【问题解决对策】

根据《政府会计准则制度解释第 1 号》，应当在“其他货币资金”下设置“微信平台”“支付宝平台”等二级科目进行明细核算。预算会计以收付实现制为基础，单位开展专业业务活动及其他活动取得现金流入，并且流入的资金纳入部门预算管理时，需要进行预算会计账务处理。

【会计账务处理】

1. 通过第三方平台取得医疗收入时：

财务会计：

借：其他货币资金——微信或支付宝平台

　贷：事业收入——医疗收入

预算会计：

借：资金结存——货币资金

　贷：事业预算收入——医疗预算收入

2. 微信、支付宝等第三方平台定期将款项转入银行账户时：

借：银行存款

　贷：其他货币资金——微信或支付宝平台

此时货币资金内部的变动不影响医院的预算收支，预算会计不做处理。

例：20×9 年 10 月 21 日，某医院门诊收费处交来“门诊收入汇总日报表”，收入总额 265 300 元。同时收现金 100 000 元，POS 划卡 100 000 元，微信平台收款 30 000 元，支付宝平台收款 35 300 元。10 月 22 日，收到开户行推送来的 10 月 21 日银行账户入账凭单，确认进账 65 300 元，其中微信平台转入 30 000 元，支付宝平台转入 35 300 元。财务部门根据相关凭证，编制如下会计分录：

(1) 10 月 21 日，门诊收费处交来“门诊收入汇总日报表”

财务会计：

	借方	贷方
借：库存现金	100 000	
银行存款	100 000	
其他货币资金——微信平台	30 000	
——支付宝平台	35 300	
贷：事业收入——医疗收入		265 300

预算会计：

	借方	贷方
借：资金结存——货币资金	265 300	
贷：事业预算收入——医疗预算收入		265 300

(2) 10 月 22 日，收到开户行推送来的银行账户入账凭单

财务会计：

	借方	贷方
借：银行存款	65 300	
贷：其他货币资金——微信平台		30 000
——支付宝平台		35 300

预算会计不做账务处理。

【问题 37】国库集中支付方式下相关的账务应如何处理？

【问题分析判断】

国库集中支付是以国库单一账户体系为基础，以健全的财政支付信息系统和银行间实时清算系统为依托，支付款项时，由医院提出申请，经规定审核机构审核后，将资金通过单一账户体系支付给收款人的制度。财政性资金的支付实行财政直接支付和财政授权支付两种方式。“零余额账户用款额度”科目核算财政授权支付方式下，财政部门批复的用款计划收到的零余额账户用款额度。

【政策制度依据】

《关于进一步推进地方国库集中收付制度改革的指导意见》财政部财库〔2011〕167 号有关规定：

“完善国库集中支付运行机制。加强用款计划管理，建立年度用款计划编制制度，实现用款计划对部门预算执行的控制。建立预算单位用款计划考核机制，进一步提高用款计划编制的科学性和准确性。完善资金支付方式划分标准和程序，提高财政直接支付审核效率。在保证财政资金安全的前提下，积极推进国库集中支付电子化管理。严格规范支付程序，凡国库执行机构设置实有资金账户的，2011 年年底前要变更为财政零余额账户，通过财政零余额账户办理财政直接支付业务；除涉密资金等特殊资金和国家另有规定外，不得将资金支付到预算单位实有资金账户。加强报账制管理，严格规范预算管理流程，明确界定财政部门、主管部门和用款单位的职责，资金支付执行财政国库管理有关规定。”

【问题解决对策】

在国库集中支付制度下，财政资金的拨付包括财政直接支付和财政授权支付两种方式：

1. 财政直接支付

在财政直接支付方式下，医院需要使用财政资金时，按照批复的部门预算和资金使用计划，向财政部门提出使用申请。医院应于收到财政部门转来的“财政直接支付入账通知书”时，按入账通知书中标明的金额确认财政补助收入，同时记入相关支出或增记入相关资产。

年度终了，医院根据本年度财政直接支付预算指标数与当年财政直接支付实际数的差额，确认财政补助收入并增记财政应返还额度；下年度恢复财政直接支付额度后，医院在实际发生支出时，做冲减财政应返还额度的会计处理。

2. 财政授权支付

在财政授权支付方式下，医院按照批复的部门预算和资金使用计划，向财政部门提出申请。医院应于实际收到财政支付中心开具“财政资金授权支付额度通知书”时，按照通知书标明的金额确认财政补助收入，并增记零余额账户用款额度，支付额度时做冲减零余额账户用款额度的会计处理。

年度终了，医院根据代理银行提供的对账单注销额度时，增记财政应返还额度，并冲减零余额账户用款额度；如果医院本年度财政授权支付预算指标数大于零余额账户用款额度下达数，根据两者的差额，确认财政补助收入并增记财政应返还额度，下年初恢复额度或下年度收到财政部门批复的上年末下达零余额账户用款额度时，做冲减财政应返还额度的会计处理。

【会计账务处理】

对于财政直接支付或财政授权支付，按照不同的方式进行会计核算处理。

1. 财政直接支付的账务处理

（1）医院收到“财政直接支付入账通知书”时，根据通知书所列金额：

财务会计：

借：库存物品/固定资产/应付职工薪酬/业务活动费用

　贷：财政拨款收入

预算会计：

借：事业支出

　贷：财政拨款预算收入

（2）年末，根据财政支付中心提供的本年度财政直接支付预算指标数与当年财政直接支付实际支出数的差额：

财务会计：

借：财政应返还额度

　贷：财政拨款收入

预算会计：

借：资金结存——财政应返还额度

　贷：财政拨款预算收入

（3）下年度恢复财政直接支付额度后，医院以财政直接支付方式发生实际支出时：

财务会计：

借：库存物品/固定资产/应付职工薪酬/业务活动费用

　贷：财政应返还额度

预算会计：

借：事业支出

　贷：资金结存——财政应返还额度

2. 财政授权支付账务处理

（1）医院收到“财政资金授权支付额度通知书”时，根据通知书所列金额：

财务会计：

借：零余额账户用款额度

　贷：财政拨款收入

预算会计：

借：资金结存——零余额账户用款额度

　贷：财政拨款预算收入

（2）医院按规定支出相应额度时：

财务会计：

借：库存物品/固定资产/应付职工薪酬/业务活动费用

　贷：零余额账户用款额度

预算会计：

借：事业支出

　贷：资金结存——零余额账户用款额度

（3）年末，依据财政支付中心提供的对账单注销额度时：

财务会计：

借：财政应返还额度

　贷：零余额账户用款额度

预算会计：

借：资金结存——财政应返还额度

　贷：资金结存——零余额账户用款额度

例：2×19 年度，甲医院发生的与财政授权支付有关经济业务或事项如下：

（1）2×19 年 3 月 15 日，甲医院根据经过批准的部门预算和用款计划，向同级财政部门申请财政授权支付用款额度 1 000 万元。4 月 8 日，财政部门经审核后，以财政授权支付方式下达了 800 万元用款额度。4 月 10 日，甲医院收到“财政资金授权支付额度通知书”。

（2）2×19 年 8 月 15 日，甲医院用零余额账户用款额度购买专用设备 150 万元（属于项目支出）。

（3）2×19 年度，甲医院用零余额账户用款额度为开展医疗活动及其辅助活动的在职人员发放工资 600 万元。

（4）2×19 年 12 月 31 日，甲医院经与财政部门对账单核对无误后，将 50 万元零余额账户用款额度予以注销。另外，2×18 年度财政授权支付预算指标数大于零余额账户用款额度下达数，未下达的用款额度为 200 万元。

2×20 年年初，甲医院收到额度恢复到账通知书 50 万元及财政部门批复的上年年末未下达零余额账户用款额度 200 万元。

财务部门根据有关凭证，编制会计分录如下：

资料（1）甲医院收到“财政资金授权支付额度通知书”时：

财务会计：

	借方	贷方
借：零余额账户用款额度	8 000 000	
贷：财政拨款收入		8 000 000

预算会计：

	借方	贷方
借：资金结存——零余额账户用款额度	8 000 000	
贷：财政拨款预算收入		8 000 000

资料（2）甲医院用零余额账户用款额度购买专用设备

财务会计：

借：固定资产——专用设备（财政项目拨款经费） 1 500 000

贷：应付账款——应付设备款 1 500 000

借：应付账款——应付设备款 1 500 000

贷：零余额账户用款额度 1 500 000

预算会计：

借：事业支出——财政拨款支出——项目支出——专用设备 1 500 000

贷：资金结存——零余额账户用款额度 1 500 000

资料（3）医院用零余额账户用款额度为在职人员发放工资：

财务会计：

借：应付职工薪酬 6 000 000

贷：零余额账户用款额度 6 000 000

预算会计：

借：事业支出——财政拨款支出 6 000 000

贷：资金结存——零余额账户用款额度 6 000 000

资料（4）注销零余额账户用款额度：

财务会计：

借：财政应返还额度 500 000

贷：零余额账户用款额度 500 000

预算会计：

借：资金结存——财政应返还额度 500 000

贷：资金结存——零余额账户用款额度 500 000

确认财政未下达的零余额账户用款额度

财务会计：

借：财政应返还额度 2 000 000

贷：财政拨款收入 2 000 000

预算会计：

借：资金结存——财政应返还额度 2 000 000

贷：财政拨款预算收入 2 000 000

次年甲医院收到额度恢复到账通知书及财政部门批复的上年末未下达零余额账户用款额度：

财务会计：

借：零余额账户用款额度 2 500 000

贷：财政应返还额度 2 500 000

预算会计：

借：资金结存——零余额账户用款额度 2 500 000

贷：资金结存——财政应返还额度 2 500 000

【问题 38】自制制剂应如何进行会计核算?

【问题分析判断】

医院自制制剂、自制药品是医院自产的产品，应通过一定的方法进行成本核算并遵从政府会计制度相关规定。根据新制度规定，医院自制制剂应在“加工物品——自制物品”科目进行会计核算。

【问题解决对策】

医院在“加工物品——自制物品”一级明细科目下设置“直接材料”“直接人工”“其他直接费用”等二级明细科目归集自制制剂发生的直接材料、直接人工（专门从事药品制造人员的人工费）等直接费用；对于自制制剂发生的间接费用，应当在“加工物品——自制物品”一级明细科目下单独设置“间接费用”二级明细科目予以归集，期末，再按照一定的分配标准和方法，分配计入相关药品的成本。

【会计账务处理】

1. 为生产制剂领用原材料和辅助材料时，按照材料取得成本：

财务会计：

借：加工物品——自制物品——直接材料

　贷：库存物品

预算会计不做账务处理。

2. 为生产制剂而计提的工人薪酬，按照实际发生的金额：

财务会计：

借：加工物品——自制物品——直接人工

　贷：应付职工薪酬

预算会计不做账务处理。

3. 为自制制剂发生的其他直接费用，按照实际发生的金额：

财务会计：

借：加工物品——自制物品——其他直接费用

　贷：财政拨款收入/零余额账户用款额度/银行存款

预算会计：

借：事业支出

　贷：财政拨款预算收入/资金结存——零余额账户用款额度/资金结存——货币资金

4. 为自制制剂发生的间接费用（制剂室发生的水电费、固定资产折旧、无形资产摊销、管理人员的职工薪酬），按照实际发生的金额：

财务会计：

借：加工物品——自制物品——间接费用

　贷：财政拨款收入/零余额账户用款额度/银行存款/应付职工薪酬/固定资产累计折旧/无形资产累计摊销

预算会计：

借：事业支出

贷：财政拨款预算收入/资金结存——零余额账户用款额度/资金结存——货币资金

间接费用一般按照生产人员工资、生产人员工时、机器工时、耗用材料的数量或成本、直接费用或产品产量等进行分配。医院可根据具体情况自行选择间接费用的分配方法。分配方法一经确定，不得随意变更。

5. 对于按自主定价或备案价核算的自制制剂，在已经制造完成并验收入库时，按自主定价或备案价，计入药品成本；按照所发生的实际成本（直接材料、直接人工、其他直接费用和分配的间接费用），转出自制药品成本；按照自主定价或备案价与实际成本之间的差额，作为成本差异。

财务会计：

借：库存物品——药品

贷：加工物品——自制物品

库存物品——成本差异（或者借方）

预算会计不做账务处理。

6. 医院开展业务活动等领用或发出自制制剂，按照其实际发生的成本列支；按照自主定价或备案价，减少库存物品，将以上两者的差额增加或者减少成本差异：

财务会计：

借：业务活动费用/单位管理费用——财政项目经费/科教经费/其他经费

库存物品——成本差异（或者贷方）

贷：库存物品——药品

预算会计不做账务处理。

注意事项：

医院在对自制制剂进行会计核算时，应采用合理的成本核算的方法，清晰准确地反映制剂品种的成本，建议：

1. 如果医院自制多个品种的制剂，可以按照制剂品种进行辅助核算。

2. 如果医院月末既有完工入库药品，又有正在加工的药品，则需采用合理的方法将归集直接费用和间接费用在完工药品和未完工药品之间进行分配。

本月完工药品成本=月初未完工药品成本+本月发生的生产费用-月末未完工药品成本

3. 制剂生产中，涉及多种资金来源的（如领用的原材料由财政项目经费、科教经费和其他经费支付；固定资产折旧费等间接费用的资金来源由财政项目经费、科教经费和其他经费构成），按资金来源进行明细核算。

例1：20×9年10月初，某医院制剂室从中药库领用了两批中草药，账面价值分别为90 000元和60 000元，分别用于加工A制剂和B制剂。2019年10月20日，制剂室从设备库领用A制剂包装材料400元，领用B制剂包装材料200元。加工过程中，A制剂耗用直接人工90工时，B制剂耗用直接人工60工时，每工时职工薪酬为30元。2019年10月，共发生间接费用7 200元（其中固定资产折旧费——其他经费5 000元，固定资产折旧费——财政项目经费 1 000 元，水电费 1 200 元，已用银行存款支付）。间接费用分配标准为加工制剂所耗用的直接人工工时。财务部门根据有关凭证，做会计分录如下：

（1）20×9 年 10 月初，从中药库领用中草药

财务会计：

借：加工物品——自制物品——直接费用——直接材料——A 制剂 90 000

——B 制剂 60 000

　贷：库存物品——药品——药库药品——中草药　150 000

预算会计不做账务处理。

（2）20×9 年 10 月 20 日，制剂室从设备库领用包装材料

财务会计：

借：加工物品——自制物品——直接费用——直接材料——A 制剂　400

——B 制剂　200

　贷：库存物品——低值易耗品　600

预算会计不做账务处理。

（3）20×9 年 10 月，加工过程中发生直接人工费用

A 制剂直接人工费用＝90×30＝2 700（元）

B 制剂直接人工费用＝60×30＝1 800（元）

财务会计：

借：加工物品——自制物品——直接费用——直接人工——A 制剂　2 700

——B 制剂　1 800

　贷：应付职工薪酬　4 500

预算会计不做账务处理。

（4）20×9 年 10 月，加工过程中发生间接费用

财务会计：

借：加工物品——自制物品——间接费用　7 200

　贷：固定资产累计折旧——专用设备（财政项目补助经费）　1 000

（其他经费）　5 000

　　银行存款　1 200

预算会计：

借：事业支出　1 200

　贷：资金结存——货币资金　1 200

（5）20×9 年 10 月末，分配加工过程中发生的间接费用

按耗用的直接人工工时分摊间接费用

A 制剂分配间接费用＝90÷（90+60）×7 200＝4 320（元）

其中财政项目补助间接费用＝90÷（90+60）×1 000＝600（元）

B 制剂分配间接费用＝60÷（90+60）×7 200＝2 880（元）

其中财政项目补助间接费用＝60÷（90+60）×1 000＝400（元）

财务会计：

借：加工物品——自制物品——分配间接费用——A 制剂　　4 320

　　　　　　　　　　　　　　　　　　——B 制剂　　2 880

　贷：加工物品——自制物品——间接费用　　7 200

预算会计不做账务处理。

例 2：接上例，20×9 年 10 月末，该批中成药加工完成，检验合格之后验收入库，其中 A 制剂入库 3 890 袋，B 制剂入库 3 240 袋。A 制剂的备案价为 23 元/袋，B 制剂的备案价为 18 元/袋。20×9 年 11 月初，中药房从中药库领用 A 制剂 500 袋，领用 B 制剂 400 袋。2019 年 11 月，中药房共发出 A 制剂 400 袋，发出 B 制剂 350 袋。

根据例 1：

A 制剂共发生费用＝90 000+400+2 700+4 320＝97 420（元）

B 制剂共发生费用＝60 000+200+1 800+2 880＝64 880（元）

自制 A 制剂单位成本＝97 420÷3 890＝25.04（元/袋）

自制 B 制剂单位成本＝64 880÷3 240＝20.02（元/袋）

按备案价计算的 A 制剂入库金额＝23×3 890＝89 470（元）

按备案价计算的 B 制剂入库金额＝18×3 240＝58 320（元）

本月入库的 A 制剂成本差异＝97 420−89 470＝7 950（元）

本月入库的 B 制剂成本差异＝64 880−58 320＝6 560（元）

20×9 年 10 月末，加工完成的 A 制剂验收入库

财务会计：

借：库存物品——药品——药库药品——中成药——A 制剂　　89 470

　　　　　——成本差异　　7 950

　贷：加工物品——自制物品——直接费用——直接材料——A 制剂　　90 400

　　　　　　　　　　　　　　　　　——直接人工——A 制剂　　2 700

　　　　　　　　　　　　　　　　　——分配间接费用——A 制剂

　　　　　　　　　　　　　　　　　　　　　　　　　　　　4 320

借：库存物品——药品——药库药品——中成药——B 制剂　　58 320

　　　　　——成本差异　　6 560

　贷：加工物品——自制物品——直接费用——直接材料——B 制剂　　60 200

　　　　　　　　　　　　　　　　　——直接人工——B 制剂　　1 800

　　　　　　　　　　　　　　　　　——分配间接费用——B 制剂

　　　　　　　　　　　　　　　　　　　　　　　　　　　　2 880

预算会计不做账务处理。

20×9 年 11 月初，中药房从中药库领用自制制剂：

按备案价计算的 A 制剂领用金额＝23×500＝11 500（元）

按备案价计算的 B 制剂领用金额＝18×400＝7 200（元）

财务会计：

借：库存物品——药品——药库药品——中成药——A 制剂　　11 500

　　　　　　　　　　　　　　　　　　　——B 制剂　　7 200

贷：库存物品——药品——药库药品——中成药——A 制剂　11 500
——B 制剂　7 200

预算会计不做账务处理。

20×9 年 11 月，中药房发出自制制剂：

中药房发出 A 制剂合计成本 = 400×25.04 = 10 016（元）

其中 A 制剂财政项目资金成本 = 10 016÷97 420×600 = 62（元）

A 制剂其他资金成本 = 10 016−62 = 9 954（元）

中药房发出 B 制剂合计成本 = 350×20.02 = 7 007（元）

其中 B 制剂财政项目资金成本 = 7 007÷64 880×400 = 43（元）

B 制剂其他资金成本 = 7 007−43 = 6 964（元）

发出 A 制剂对应的成本差异 =（25.04−23）×400 = 816（元）

发出 B 制剂对应的成本差异 =（20.02−18）×350 = 707（元）

按备案价计算的 A 制剂发出金额 = 23×400 = 9 200（元）

按备案价计算的 B 制剂发出金额 = 18×350 = 6 300（元）

财务会计：

借：业务活动费用——药品费——中成药费（财政项目经费）　62
——药品费——中成药费（其他经费）　9 954
　贷：库存物品——药品——药库药品——中成药——A 制剂　9 200
——成本差异　816

借：业务活动费用——药品费——中成药费（财政项目经费）　43
——药品费——中成药费（其他经费）　6 964
　贷：库存物品——药品——药房药品——中成药——B 制剂　6 300
——成本差异　707

预算会计不做账务处理。

【问题 39】流动资产盘盈按重置价值计量是否正确？如何进行账务处理？

【问题分析判断】

资产盘盈通常是指医院在盘点清查过程中发现未曾入账或超过账面数量的资产。对盘盈的资产要查明原因，并按规定审批后再进行账务处理。盘盈的资产应分不同的情况进行入账处理。有相关凭据的，其成本按照有关凭据注明的金额确定；没有相关凭据、但按照规定经过资产评估的，其成本按照评估价值确定；没有相关凭据、也未经过评估的，其成本按照重置成本确定。如无法采用上述方法确定盘盈的库存物品成本的，按照名义金额（人民币 1 元）入账。

【问题解决对策】

对于资产盘点结果的账务处理主要通过“待处理财产损溢”科目进行核算，将“待处理财产损溢”科目按照资产项目设置“库存现金”“库存物品”等明细科目。根据不同的原因，对盘亏或盘盈的资产按照审批意见分别进行账务处理。对于在资产处理过程中取得收入或发生费用的项目，还应当设置“待处理财产价值”“处理净收入”明细科目，进行明细核算。

【会计账务处理】

（一）库存现金盘点相关账务处理

医院应当设置“库存现金日记账”，每日终了，核对现金结余数与实际库存数，做到账款相符。每日账款核对中发现有待查明原因的现金短缺或溢余，应当通过“待处理财产损溢”科目核算。

库存现金的盘点包括对收费员备用金的盘点，每月末医院应当对收费员备用金进行盘点（见表 6.1）。

表 6.1　备用金盘点表

年　月　日

<table>
<tr><td rowspan="13">库存现金及周转备用金</td><td>面值</td><td>数量</td><td>金额</td><td>盘点异常事项</td></tr>
<tr><td>分币</td><td></td><td></td><td></td></tr>
<tr><td>一角</td><td></td><td></td><td></td></tr>
<tr><td>贰角</td><td></td><td></td><td></td></tr>
<tr><td>伍角</td><td></td><td></td><td></td></tr>
<tr><td>壹元</td><td></td><td></td><td></td></tr>
<tr><td>贰元</td><td></td><td></td><td></td></tr>
<tr><td>伍元</td><td></td><td></td><td></td></tr>
<tr><td>壹拾元</td><td></td><td></td><td></td></tr>
<tr><td>贰拾元</td><td></td><td></td><td>盘点结果及要点报告</td></tr>
<tr><td>伍拾元</td><td></td><td></td><td>1. 住院预交</td></tr>
<tr><td>壹佰元</td><td></td><td></td><td></td></tr>
<tr><td>小计</td><td></td><td></td><td>2. 住院结算</td></tr>
<tr><td rowspan="3">其他项目</td><td rowspan="2">未登账费用</td><td>未冲账</td><td></td><td></td></tr>
<tr><td>备用金</td><td></td><td></td></tr>
<tr><td>员工临时借支</td><td></td><td></td><td>3. 门诊发票</td></tr>
<tr><td colspan="2">总计</td><td></td><td></td><td></td></tr>
<tr><td colspan="2">账面数</td><td></td><td></td><td>4. 手工发票</td></tr>
<tr><td colspan="2">盘盈或盈亏</td><td></td><td></td><td></td></tr>
</table>

以上款项及票据于　　年　月　日　时盘点时本人在场，盘点内容属实。

保管人：

盘点人：

例 1：20×9 年 10 月 21 日，某医院盘点现金时发现溢余 60 元，因无法查明原因，经批准做其他收入处理。财务部门根据有关凭证，做会计分录如下：

发现现金溢余时：

财务会计：

借：库存现金　60

　贷：待处理财产损溢——库存现金　60

预算会计：

借：资金结存——货币资金　60

　贷：其他预算收入　60

经批准做其他收入处理时：

财务会计：

借：待处理财产损溢——库存现金　60

　贷：其他收入　60

预算会计不做账务处理。

例 2：20×9 年 10 月 23 日，某医院盘点现金时发现短缺 80 元。无法查明原因，经批准由出纳赵某个人承担。出纳赵某于当日交赔偿款 80 元。财务部门根据有关凭证，做会计分录如下：

发现现金短缺时：

财务会计：

借：待处理财产损溢——库存现金　80

　贷：库存现金　80

预算会计：

借：其他支出——现金盘亏损失　80

　贷：资金结存——货币资金　80

经批准由出纳个人承担

财务会计：

借：其他应收款——应收个人款——赵某　80

　贷：待处理财产损溢——库存现金　80

预算会计不做账务处理。

出纳赵某交赔偿款：

财务会计：

借：库存现金　80

　贷：其他应收款——应收个人款——赵某　80

预算会计：

借：资金结存——货币资金　80

　贷：其他支出——现金盘亏损失　80

例 3：20×9 年 10 月 28 日，某医院对收费员备用金进行月度盘点时发现收费员钱某溢余现金 100 元。现金已经交出纳，无法查明原因，经批准做其他收入处理。财务部门根据有关凭证，做会计分录如下：

出纳收到现金溢余时：

财务会计：

借：库存现金　　100

　贷：待处理财产损溢——库存现金　　100

预算会计：

借：资金结存——货币资金　　100

　贷：其他预算收入　　100

经批准做其他收入处理时：

财务会计：

借：待处理财产损溢——库存现金　　100

　贷：其他收入　　100

预算会计不做账务处理。

（二）库存物品盘点相关账务处理

医院的各种库存物品，应当定期进行清查盘点，每年至少盘点一次。对于发生的盘盈、盘亏以及变质、毁损等物资，应当先记入“待处理财产损溢”科目，并及时查明原因，根据管理权限报经批准后及时进行账务处理。年度终了结账前应当处理完毕，“待处理财产损溢”科目年末无余额。

1. 盘盈的库存物品转入待处理资产时，按照确定的成本：

财务会计：

借：库存物品

　贷：待处理财产损溢——库存物品——待处理财产价值

预算会计不做账务处理。

按规定报经批准后处理时：

财务会计：

借：待处理财产损溢——库存物品——待处理财产价值

　贷：单位管理费用

预算会计不做账务处理。

2. 盘亏或者毁损、报废的库存物品转入待处理资产时：

财务会计：

借：待处理财产损溢——库存物品——待处理财产价值

　贷：库存物品

预算会计不做账务处理。

3. 报经批准处理时：

财务会计：

借：资产处置费用

　贷：待处理财产损溢——库存物品——待处理财产价值

预算会计不做账务处理。

4. 处理毁损、报废实物资产过程中取得的残值或变价收入、保险理赔或过失人赔偿等：

财务会计：

借：库存现金/银行存款/其他应收款

　贷：待处理财产损溢——库存物品——处理净收入

预算会计不做账务处理。

5. 处理毁损、报废实物资产过程中发生的相关费用：

财务会计：

借：待处理财产损溢——库存物品——处理净收入

  贷：库存现金/银行存款

预算会计不做账务处理。

6. 处理收支结清，处理收入大于相关费用：

财务会计：

借：待处理财产损溢——库存物品——处理净收入

  贷：应缴财政款

预算会计不做账务处理。

7. 处理收支结清，处理收入小于相关费用：

财务会计：

借：资产处置费用

  贷：待处理财产损溢——库存物品——处理净收入

预算会计：

借：其他支出

  贷：资金结存

在执行《政府会计科目和报表》的会计核算过程中，需要注意以下几点：

①库存物品数量大，收发频率高，医院尽量实现每月盘点一次或者每季度盘点一次。对于盘点中出现的盘盈或盘亏，查明原因，及时按规定处理，“待处理财产损溢”科目一般年末无余额。

②可以参考ABC存货管理法对库存物品进行分类盘点：按照存货品种数量占库存存货总品种数量的百分比和该类存货金额占库存总金额的百分比的大小，将存货划分为A、B、C三类。把品种占全部品种的比例为5%~15%，出库金额占总出库金额的比例为70%~80%的药品材料划为A类，该类物品临床需求量大、资金占用率高，应当作为特别重要的物资加强管理与控制，此类药品材料对其进行每月盘点登记；把品种占比为20%~30%，出库金额占比为15%~25%的药品材料划分为B类，此类存货对医疗服务的重要性一般，可按常规办法进行管理，每季盘点一次；而品种占比为60%~70%，出库金额占比为5%~10%的药品可划分为C类，采用简单的方法对其控制，每半年盘点一次。

例4：20×9年8月，某医院总务库房报来印刷品毁损情况表（因一夜暴雨，房屋漏水，致使一批印刷品毁损），价值3 280元。报经批准后，对该批印刷品按程序进行处理，处理过程中发生处置费用500元，取得残缺纸张变价收入300元。财务部门根据有关凭证，编制会计分录如下：

收到印刷品毁损情况表：

财务会计：

借：待处理财产损溢——库存物品——待处理财产价值 3 280

  贷：库存物品——其他材料 3 280

预算会计不做账务处理。

发生处置费用：

财务会计：

借：待处理财产损溢——库存物品——处理净收入 500

　贷：库存现金 500

预算会计不做账务处理。

取得残缺纸张变价收入：

财务会计：

借：库存现金 300

　贷：待处理财产损溢——库存物品——处理净收入 300

预算会计不做账务处理。

结清现金处置收支：

财务会计：

借：资产处置费用 200

　贷：待处理财产损溢——库存物品——处理净收入 200

预算会计：

借：其他支出 200

　贷：资金结存——货币资金 200

报经批准核销后：

财务会计：

借：资产处置费用 3 280

　贷：待处理财产损溢——库存物品——待处理财产价值 3 280

预算会计不做账务处理。

【问题 40】应收在院病人医疗款是否需要按病人进行明细核算？

【问题分析判断】

建立应收在院病人医疗款的明细账目，是加强对应收在院病人医疗款管理的必然要求。随着医院收治住院病人数量的增加，以及 HIS 系统中在院病人费用数据在持续变动，很难对应收在院病人医疗款建立明细核算，为此，也常常困扰医院的财务人员，影响对应收在院病人医疗款的管理。

【政策制度依据】

《政府会计医院衔接规定》相关规定：

“新制度及补充规定设置了‘应收账款’科目，并在该科目下设置了‘应收在院病人医疗款’‘应收医疗款’和‘其他应收账款’明细科目。‘应收在院病人医疗款’和‘应收医疗款’明细科目的核算内容与原账的‘应收在院病人医疗款’和‘应收医疗款’科目的核算内容基本相同。”

【问题解决对策】

为了如实反映“应收账款——应收在院病人医疗款”的真实情况和结果，医院应当加强对应收在院病人医疗款的管理，探索出简单可行的办法。建议采用信息化同步的方式，将每一位在院病人的费用明细及合计金额自动备份。并由专岗人员负责每月末用在院病人费用明细数据与总账“应收账款——应收在院病人医疗款”科目余额进行核对。

核对公式如下：

月初应收在院病人医疗款+本月实际发生的应收在院病人医疗款-本月结算出院的病人医疗款=月末应收在院病人医疗款

第二节　投资核算问题及解决对策

【问题41】医院允许对外投资吗？对外投资时应注意什么问题？

【问题分析判断】

公立医院以货币资金、实物资产、无形资产等方式形成对外投资，按拥有权益不同分类，分为股权投资和债权投资，按投资时间长短分为长期投资和短期投资。由于公立医院属于政府举办的公益事业单位，对外投资必须遵循相应的管理规定。

【政策制度依据】

《事业单位国有资产管理暂行办法》（财政部令第100号）（2019年3月29日修订）相关规定：

“第十九条　事业单位国有资产的使用包括单位自用和对外投资、出租、出借、担保等方式。

第二十一条　事业单位利用国有资产对外投资、出租、出借和担保等应当进行必要的可行性论证，并提出申请，经主管部门审核同意后，报同级财政部门审批。法律、行政法规另有规定和本办法第五十六条另有规定的，依照其规定。

事业单位应当对本单位用于对外投资、出租和出借的资产实行专项管理，并在单位财务会计报告中对相关信息进行充分披露。

第二十三条　除本办法第五十六条及国家另有规定外，事业单位对外投资收益以及利用国有资产出租、出借和担保等取得的收入应当纳入单位预算，统一核算，统一管理。”

【问题解决对策】

在政策允许、程序合规的情况下医院可以对外投资。医院对外投资应履行单位申请、主管部门审核，财政部门审批程序，并进行专项管理，投资取得的收入应当纳入单位预算，统一核算，统一管理，并在单位财务会计报告中对相关信息进行充分披露。对外投资涉及的主要财务类会计科目为“短期投资”“长期债券投资”“长期股权投资”

“应收股利”“应收利息”“投资收益”“权益法调整”，预算类会计科目为“投资预算收益”“投资支出”。

【问题 42】定期存款是短期投资吗?

【问题分析判断】

定期存款专指存款凭证标有期限并不得提前支取的存款，定期存款利息高于活期存款利息，是银行存款的一种。

短期投资，是指政府会计主体取得的持有时间不超过 1 年（含 1 年）的投资。短期投资变现能力非常强，医院可以随时在证券市场上出售，如股票、债券、国库券。

因此，定期存款不是债权也不是股权，只是利息高于活期存款的货币资金存储形式。发生时，在银行存款日记账中单独设置账页登记即可。

【政策制度依据】

《政府会计准则第 2 号——投资》（财会〔2016〕12 号）相关规定：

“第二条　本准则所称投资，是指政府会计主体按规定以货币资金、实物资产、无形资产等方式形成的债权或股权投资。”

【问题解决对策】

医院定期存款不是短期投资，而是存款的一种形式，在“银行存款”科目中进行核算。医院应该按照《政府会计科目和报表》和《人民币银行结算账户管理办法》的要求，需要健全银行存款管理的内控制度，加强对银行存款的监督和控制，确保银行存款的安全和完整。

【问题 43】短期投资取得时的应收未收利息和交易费用如何进行账务处理?

【问题分析判断】

取得的短期投资如果包含已到付息期但尚未支付的利息，实际上在购入时已预付给出售方，并不是医院持有期间产生的真实投资收益。因此，应将这部分利息视同医院取得短期投资的成本计入“短期投资”，待真实取得这部分利息时冲减短期投资取得成本。

取得短期投资时产生的交易费用直接计入投资成本。

短期投资具有能随时变现、持有时间不超过一年的特点，而且一般是短期国债，收益准时且固定，所以在持有期的利息，在实际收到时确认为投资收益。

【政策制度依据】

《政府会计准则第 2 号——投资》（财会〔2016〕12 号）相关规定：

“第五条　短期投资在取得时，应当按照实际成本（包括购买价款和相关税费，下同）作为初始投资成本。实际支付价款中包含的已到付息期但尚未领取的利息，应当于收到时冲减短期投资成本。

第六条　短期投资持有期间的利息，应当于实际收到时确认为投资收益。”

【问题解决对策】

《政府会计科目和报表》要求，取得短期投资时，按照确定的投资成本，计入“短期投资”借方科目，收到预付给出售方的到期未付利息时和产生的交易费用时，在“短期投资”贷方科目反映，“短期投资”期末借方余额，反映医院持有短期投资的成本。

短期投资持有期间的利息，应当于实际收到时确认为投资收益。

【会计账务处理】

1. 购入含已到付息期但尚未支付的利息和交易费用的短期投资时：

财务会计：

借：短期投资——×债券（实际支付的全部价款）

　贷：银行存款

预算会计：

借：投资支出

　贷：资金结存——货币资金

2. 收到购入时已到付息期但尚未支付利息时：

财务会计：

借：银行存款（已到付息期但尚未支付的利息）

　贷：短期投资——×债券

预算会计：

借：资金结存——货币资金

　贷：投资支出

3. 医院持有短期投资期间获取的利息：

财务会计：

借：银行存款

　贷：投资收益

预算会计：

借：资金结存——货币资金

　贷：投资预算收益

【问题44】长期债券应如何进行账务处理？

【问题分析判断】

长期债券的投资持有期一般大于1年。根据《政府会计科目和报表》相关规定，公立医院取得长期债券时，按照实际成本（含交易费用）作为初始投资成本，按照权责发生制原则应当按期以票面金额与票面利率计算确认利息收入。“应收利息”一级科目核算分期付息、到期一次还本的长期债券利息。

对于一次性还本付息的长期债券，在“长期债券投资”科目下设置“成本”和“应计利息”明细科目，“应计利息”核算利息收入。

【政策制度依据】

《政府会计准则第 2 号——投资》（财会〔2016〕12 号）相关规定：

“第十条　长期债券投资在取得时，应当按照实际成本作为初始投资成本。”

【问题解决对策】

长期债券投资在购入时，按照实际成本（含交易费用）作为初始投资成本。与短期投资不同，如果实际支付价款中包含已到付息期但尚未领取的债券利息，应当单独在“应收利息”科目反映，不计入长期债券投资初始投资成本。

“长期债券投资”的持有期间的账务核算，分情况处理：

分期付息的长期债券，利息计入“应收利息”一级科目，不在“长期债券投资”反映。

一次性还本付息的长期债券，利息在“长期债券投资——应计利息”科目反映。

【会计账务处理】

1. 购入含已到付息期但尚未支付的利息和交易费用的长期债券时：

财务会计：

借：长期债券投资——成本（含交易费用）

　　应收利息（已到付息期但尚未支付的利息）

　贷：银行存款

预算会计：

借：投资支出（实际支付的价款）

　贷：资金结存——货币资金

2. 收到取得投资时实际支付价款中所包含的已到付息期但尚未领取的利息时：

财务会计：

借：银行存款

　贷：应收利息（实际收到的金额）

预算会计：

借：资金结存——货币资金

　贷：投资支出

3. 若是持有“分期计息、到期还本”的长期债券按期计算利息：

财务会计：

借：应收利息

　贷：投资收益

预算会计不做账务处理。

实际收到分期派发利息时：

财务会计：

借：银行存款

　贷：应收利息

预算会计：

借：资金结存——货币资金

　贷：投资预算收益

4. 若是持有“一次性还本付息”的长期债券计算利息：

财务会计：

借：长期债券投资——应计利息

　贷：投资收益

预算会计不做账务处理。

【问题 45】出售短期投资和长期债券投资应如何进行账务处理？

【问题分析判断】

医院出售短期投资和长期债券投资的账务处理，预算会计要根据出售的短期投资或长期债券投资是否为当期取得来进行处理。

在预算会计的核算中，“投资支出”是预算支出类科目，期末会将“投资支出”本期发生额转入“其他结余”。所以，若是处置当年投资，直接冲销“投资支出”；若是处置以前年度取得的投资，则在“其他结余”科目核算。

【政策制度依据】

《政府会计准则第 2 号——投资》（财会〔2016〕12 号）相关规定：

“第八条　政府会计主体按规定出售或到期收回短期投资，应当将收到的价款扣除短期投资账面余额和相关税费后的差额计入投资损益。

第十二条　政府会计主体按规定出售或到期收回长期债券投资，应当将实际收到的价款扣除长期债券投资账面余额和相关税费后的差额计入投资损益。”

【问题解决对策】

按照《政府会计科目和报表》的规定，医院若出售或到期收回本年度取得的短期、长期债券，按照实际取得成本核销“投资支出”；若出售或到期收回以前年度取得的短期、长期债券，按照实际取得成本核销“其他结余”。

【会计账务处理】

1. 出售或到期收回短期投资时：

财务会计：

借：银行存款

　　投资收益（借差，反映亏损）

　贷：短期投资（账面余额）——×债券

　　　投资收益（贷差，反映盈利）

预算会计：

借：资金结存——货币资金（实际收到金额）

　　投资预算收益（借差，反映亏损）

　贷：投资支出（出售或到期收回本年度取得的短期投资，以取得投资时的发生额填列）

　　　其他结余（出售或到期收回跨会计年度取得的短期投资，以取得投资时的发生额填列）

　　　投资预算收益（贷差，反映盈利）

2. 出售或到期收回长期债券投资时：

财务会计：

借：银行存款（实际收到的价款）

　　投资收益（借差，反映亏损）

　贷：长期债券投资——成本（账面余额）

　　　长期债券投资——应计利息（账面余额）

　　　应收利息

　　　投资收益（贷差，反映盈利）

预算会计：

同“出售或到期收回短期投资时”预算会计账务处理。

【问题 46】溢价或折价购入的短期和长期投资应如何进行账务处理？

【问题分析判断】

短期投资或长期债券投资均有票面价值，其取得实际成本根据市场利率情况会发生折价或溢价。因此，应分折价或溢价两种不同的情况进行账务处理。

【政策制度依据】

《政府会计准则第 2 号——投资》（财会〔2016〕12 号）相关规定：

“第五条　短期投资在取得时，应当按照实际成本（包括购买价款和相关税费，下同）作为初始投资成本。

第十条　长期债券投资在取得时，应当按照实际成本作为初始投资成本。”

【问题解决对策】

购买的短期投资不管发生折价还是溢价，均按取得的实际成本计入“短期投资”科目。

按《政府会计准则第 2 号——投资》要求，短期投资和长期债券投资在取得时，应当按照实际成本作为初始投资成本，发生折价或溢价购入的短期投资或长期债券投资取得的利息与票面金额的差价暂不需要在持有期间进行摊销。

【会计账务处理】

例1：某医院以10.6万元购入面值10万元、期限5年、票面利率10%的债券，分期付息，到期一次还本。

1. 购入债券时：

财务会计：

借：长期债券投资　　106 000

　贷：银行存款　　106 000

预算会计：

借：投资支出　　106 000

　贷：资金结存——货币资金　　106 000

2. 每年计提利息时：

财务会计：

借：应收利息　　10 000

　贷：投资收益　　10 000

预算会计不做账务处理。

3. 每年支付利息时：

财务会计：

借：银行存款　　10 000

　贷：应收利息　　10 000

预算会计：

借：资金结存——货币资金　　10 000

　贷：投资预算收益　　10 000

4. 到期还本时：

财务会计：

借：银行存款　　100 000

　　投资收益　　6 000

　贷：长期债券投资　　106 000

预算会计：

借：资金结存——货币资金　　100 000

　　投资预算收益　　6 000

　贷：其他结余　　106 000

例2：某医院以9.5万元购入面值10万元、期限5年、票面利率10%的债券，分期付息，到期还本。

1. 购入债券时：

财务会计：

借：长期债券投资　　95 000

　贷：银行存款　　95 000

预算会计：

借：投资支出 95 000

　贷：资金结存——货币资金 95 000

2. 每年计提利息时：

财务会计：

借：应收利息 10 000

　贷：投资收益 10 000

预算会计不做账务处理。

3. 每年支付利息时：

财务会计：

借：银行存款 10 000

　贷：应收利息 10 000

预算会计：

借：资金结存——货币资金 10 000

　贷：投资预算收益 10 000

4. 到期还本时：

财务会计：

借：银行存款 100 000

　贷：长期债券投资 95 000

　　投资收益 5 000

预算会计：

借：资金结存——货币资金 100 000

　贷：其他结余 95 000

　　投资预算收益 5 000

例 3：某医院 2017 年 12 月 31 日以 11 万元购入面值 10 万元，期限 5 年，票面利率 10%并于 2016 年 1 月 1 日发行的债券，到期一次还本付息。

1. 购入债券时：

财务会计：

借：长期债券投资——成本 100 000

　　应收利息 10 000

　贷：银行存款 110 000

预算会计：

借：投资支出 110 000

　贷：资金结存——货币资金 110 000

2. 每年计提利息：

财务会计：

借：长期债券投资——应计利息 10 000

　贷：投资收益 10 000

预算会计不做账务处理。

3. 到期还本付息时：

财务会计：

借：银行存款	150 000	
贷：长期债券投资——成本		100 000
长期债券投资——应计利息		40 000
应收利息		10 000

预算会计：

借：资金结存——货币资金	150 000	
贷：其他结余		100 000
投资预算收益		50 000

【问题 47】不足一年（含一年）到期的长期债券如何进行账务处理?

【问题分析判断】

对不足 1 年（含 1 年）时间就到期的长期债券因其投资目的未改变，所以仍在“长期债券投资”科目核算。

“长期债券投资”项目，反映事业单位期末持有的长期债券投资的账面余额。本项目应当根据“长期债券投资”科目的期末余额减去其中将于 1 年内（含 1 年）到期的长期债券投资余额后的金额填列。

根据调整后的“资产负债表”，还有不足 1 年（含 1 年）时间就到期的长期债券计入“流动资产”中的“一年内到期的非流动资产”合计栏，可以使管理层更清晰地了解当期医院的“流动资产”和“非流动资产”。

【政策制度依据】

《政府会计科目和报表》相关规定：

“第五部分报表编制说明：

一、资产负债表编制说明（四）本表‘期末余额’栏各项目的内容和填列方法 1. 资产类项目（12）‘一年内到期的非流动资产’项目，反映单位期末非流动资产项目中将在 1 年内（含 1 年）到期的金额，如事业单位将在 1 年内（含 1 年）到期的长期债券投资金额。本项目应当根据‘长期债券投资’等科目的明细科目的期末余额分析填列。”

【问题解决对策】

对于不足 1 年（含 1 年）时间就到期的长期债券不需进行账务处理，但在编制“资产负债表”时，需将这部分债权填入“一年内到期的非流动资产”，视同流动资产进行管理。

【问题 48】公立医院能否进行长期股权投资，取得长期股权投资时应如何进行账务处理？

【问题分析判断】

公立医院是政府举办的纳入预算管理的公益性医院，所有对外投资行为均需进行严格审批。长期股权投资，因股权具有不还本，只能转让的特性，因此在进行投资时要做好可行性论证，按程序报经批准后方可进行。其账务处理应符合《政府会计准则》关于投资的相关规定。

【政策制度依据】

《政府会计准则第 2 号——投资》（财会〔2016〕12 号）相关规定：

“第十四条　长期股权投资在取得时，应当按照实际成本作为初始投资成本。”

【问题解决对策】

公立医院经过审批同意后，可以通过货币资金、实物资产（含设备、建筑物、房屋）、知识产权（专利权、商标权、著作权），无偿取得（含捐赠、无偿调入）、科技成果转化等方式取得股权投资。

【会计账务处理】

1. 以支付现金取得的长期股权投资，按照实际支付的全部价款（包括购买价款和相关税费）作为初始投资成本，如果支付的价款中含有已宣告但尚未发放的现金股利，借记“应收股利”科目。

财务会计：

借：长期股权投资

　　应收股利（支付的价款中包含的已宣告但尚未发放的现金股利）

　贷：银行存款（按照实际支付的全部价款）

预算会计：

借：投资支出（取得投资支付的全部价款）

　贷：资金结存——货币资金

实际支付价款中包含的已宣告但尚未发放的现金股利，应当单独确认为应收股利，不计入长期股权投资初始投资成本。

财务会计：

借：银行存款

　贷：应收股利

预算会计：

借：资金结存——货币资金

　贷：投资支出

2. 以现金以外的其他资产置换取得的长期股权投资，其成本按照换出资产的评估价值加上支付的补价或减去收到的补价，加上换入长期股权投资发生的其他相关支出确定。

（1）支付补价：

财务会计：

借：长期股权投资

固定资产累计折旧

无形资产累计摊销

资产处置费用（借差）

贷：固定资产（账面余额）

无形资产（账面余额）

库存物品（账面余额）

银行存款

其他收入（贷差）

预算会计：

借：其他支出（实际支付的补价和相关税费支出）

贷：资金结存——货币资金

（2）收到补价：

财务会计：

借：长期股权投资

银行存款（补价）

固定资产累计折旧

无形资产累计摊销

资产处置费用（借差）

贷：固定资产（账面余额）

无形资产（账面余额）

库存物品（账面余额）

银行存款等（其他相关支出）

应缴财政款（补价扣减其他相关支出）

其他收入（贷差）

预算会计：

借：其他支出（其他相关支出大于收到的补价的差额）

贷：资金结存——货币资金

3. 以未入账的无形资产取得的长期股权投资，按照评估价值加相关税费作为投资成本。

财务会计：

借：长期股权投资

贷：银行存款

其他应交税费（实际发生时计入）

其他收入

预算会计：

借：其他支出（支付的相关税费）

贷：资金结存——货币资金

4. 接受捐赠的长期股权投资，其成本按照有关凭据注明的金额加上相关税费确定；没有相关凭据可供取得，但按规定经过资产评估的，其成本按照评估价值加上相关税费确定；没有相关凭据可供取得、也未经资产评估的，其成本比照同类或类似资产的市场价格加上相关税费确定。

财务会计：

借：长期股权投资

　贷：银行存款（相关税费）

　　　捐赠收入

预算会计：

借：其他支出（支付的相关税费）

　贷：资金结存——货币资金

5. 无偿调入的长期股权投资，其成本按照调出方账面价值加上相关税费确定。

财务会计：

借：长期股权投资

　贷：无偿调拨净资产

　　　银行存款（相关税费）

预算会计：

借：其他支出（支付的相关税费）

　贷：资金结存——货币资金

6. 公立医院以其持有的科技成果取得的长期股权投资，应当按照评估价值加相关税费作为投资成本。公立医院按规定通过协议定价、在技术交易市场挂牌交易、拍卖等方式确定价格的，应当按照以上方式确定的价格加相关税费作为投资成本。

财务会计：

借：长期股权投资

　贷：银行存款

　　　其他应交税费

　　　其他收入

预算会计：

借：其他支出（支付的相关税费）

　贷：资金结存——货币资金

【问题 49】持有长期股权投资期间应如何进行账务处理？

【问题分析判断】

公立医院在持有长期股权投资时，应根据是否有权决定被投资单位的财务和经营政策或有权参与被投资单位的财务和经营政策决策，若有权决定或参与，通常应当采用权益法进行核算；无权决定或无权参与，则应当采用成本法进行核算。

【政策制度依据】

《政府会计准则第2号——投资》（财会〔2016〕12号）相关规定：

“第十五条　长期股权投资在持有期间，通常应当采用权益法进行核算。政府会计主体无权决定被投资单位的财务和经营政策或无权参与被投资单位的财务和经营政策决策的，应当采用成本法进行核算。

成本法，是指投资按照投资成本计量的方法。

权益法，是指投资最初以投资成本计量，以后根据政府会计主体在被投资单位所享有的所有者权益份额的变动对投资的账面余额进行调整的方法。”

【问题解决对策】

长期股权投资在持有期间，应根据不同的情况分别选用成本法和权益法进行账务处理。

（1）采用成本法核算的，只设置“长期股权投资”科目；采用权益法核算的，“长期股权投资”还应当按照“成本”“损益调整”“其他权益变动”设置明细科目，进行明细核算。

（2）成本法注重的是初始投资成本，被投资单位的其他变动，投资方一般不做调整；权益法注重被投资单位的所有者权益，只要被投资单位的所有者权益变动了，投资方也随之进行调整。

（3）成本法下，在收到现金股利时按应享有份额确认投资收益；权益法下，在被投资单位宣告发放现金股利时按应分得部分冲减投资账面价值。

（4）成本法下，长期股权投资账面价值一般保持不变（除了追加投资和处置投资的情况）；权益法下，长期股权投资的账面价值随被投资单位的所有者权益的变动而变动。

【会计账务处理】

（一）长期股权投资持有期间采用成本法核算的账务处理

1. 被投资单位宣告发放现金股利或利润时，按应收的金额：

财务会计：

借：应收股利

　贷：投资收益

预算会计不做账务处理。

2. 收到现金股利或利润时，按实际收到的金额：

财务会计：

借：银行存款

　贷：应收股利

预算会计：

借：资金结存——货币资金

　贷：投资预算收益

（二）长期股权投资持有期间采用权益法核算的账务处理

1. 被投资单位实现净利润的，按应享有的份额：

财务会计：

借：长期股权投资——损益调整

贷：投资收益

预算会计不做账务处理。

2. 被投资单位发生净亏损的，按应分担的份额：

财务会计：

借：投资收益

贷：长期股权投资——损益调整（以本科目的账面余额减记至零为限）

或：发生亏损的被投资单位以后年度又实现净利润的，按收益分享额弥补未确认的亏损分担额后的金额

借：长期股权投资——损益调整

贷：投资收益

预算会计不做账务处理。

3. 被投资单位宣告分派现金股利或利润的，按应享有的份额：

财务会计：

借：应收股利

贷：长期股权投资——损益调整

预算会计不做账务处理。

4. 年末，被投资单位发生除净损益和利润分配以外的所有者权益变动的，按应享有或应分担的份额：

财务会计：

借：权益法调整

贷：长期股权投资——其他权益变动

或做相反分录

预算会计不做账务处理。

5. 权益法下收到被投资单位发放的现金股利：

财务会计：

借：银行存款

贷：应收股利

预算会计：

借：资金结存——货币资金

贷：投资预算收益

【问题50】长期股权投资持股比例发生变动，是否需要调整核算方法？如何进行账务处理？

【问题分析判断】

长期股权投资核算方法一经选定，除了追加投资或处置投资等原因引起投资单位对被投资单位的控制权发生变动的，一般不得调整。因此，如长期股权投资在持有期间发生增减变动，应判断控制权是否发生变化，以此作为依据调整核算方法并进行相应的账务处理。

【政策制度依据】

《政府会计准则第2号——投资》（财会〔2016〕12号）相关规定：

"第十八条　政府会计主体因处置部分长期股权投资等原因无权再决定被投资单位的财务和经营政策或者参与被投资单位的财务和经营政策决策的，应当对处置后的剩余股权投资改按成本法核算，并以该剩余股权投资在权益法下的账面余额作为按成本法核算的初始投资成本。其后，被投资单位宣告分派现金股利或利润时，属于已计入投资账面余额的部分，作为成本法下长期股权投资成本的收回，冲减长期股权投资的账面余额。政府会计主体因追加投资等原因对长期股权投资的核算从成本法改为权益法的，应当自有权决定被投资单位的财务和经营政策或者参与被投资单位的财务和经营政策决策时，按成本法下长期股权投资的账面余额加上追加投资的成本作为按权益法核算的初始投资成本。"

【问题解决对策】

公立医院不再有权决定或参与被投资单位的财务和经营政策，对长期股权投资由权益法改按成本法计量，应将处置后剩余股权在权益法下的账面余额作为按成本法核算的初始投资成本。其后被投资单位宣告分派现金股利或利润时，属于已计入投资账面余额的部分，作为成本法下长期股权投资成本的收回，冲减长期股权投资的账面余额。公立医院因追加投资具备了控制权，对长期股权投资由成本法改按权益法计量的，应当按成本法下长期股权投资的账面余额加上投资的成本作为按权益法核算的初始投资成本。

【会计账务处理】

（一）单位因处置部分长期股权投资等原因而对剩余股权投资由权益法改按成本法核算

1. 先处理被投资单位宣告分派现金股利或利润，如属于单位已计入投资账面余额的部分按应分得的现金股利或利润份额进行核算。

财务会计：

借：应收股利

　　贷：长期股权投资——损益调整

预算会计不做账务处理。

2. 再按权益法下本科目账面余额作为成本法下本科目账面成本。

财务会计：

借：长期股权投资

　贷：长期股权投资——成本

　　　长期股权投资—损益调整

　　　长期股权投资——其他权益变动

预算会计不做账务处理。

（二）单位因追加投资等原因对长期股权投资的核算从成本法改为权益法的，应当按成本法下“长期股权投资”本科目账面余额与追加投资成本的合计金额

财务会计：

借：长期股权投资——成本

　贷：长期股权投资（成本法下账面余额）

银行存款（追加投资的成本）

预算会计：

借：投资支出（实际支付的金额）

　贷：资金结存——货币资金

【问题 51】持有长期股权期间收益是否应该上缴财政，应如何进行账务处理？

【问题分析判断】

持有长期股权投资期间的投资收益应按规定上缴财政。公立医院按规定应将持有长期股权投资期间取得的投资净收益，以及以现金取得的长期股权投资处置时取得的净收入（处置价款扣除投资本金和相关税费后的净额）上缴本级财政，并通过“应缴财政款”科目进行核算。

【政策制度依据】

1.《政府会计准则制度解释第 2 号》（财会〔2019〕24 号）相关规定：

“七、关于事业单位持有长期股权投资期间取得的投资收益按规定上缴财政的账务处理。”

2.《政府会计准则制度解释第 1 号》（财会〔2019〕13 号）相关规定：

“第二条　关于事业单位长期股权投资的会计处理

（五）事业单位按规定应将持有长期股权投资期间取得的投资净收益，以及以现金取得的长期股权投资处置时取得的净收入（处置价款扣除投资本金和相关税费后的净额）上缴本级财政并纳入一般公共预算管理的，在应收或收到上述有关款项时不确认投资收益，应通过‘应缴财政款’科目核算。”

3.《事业单位国有资产管理暂行办法》（财政部令第 100 号）（2019 年 3 月 29 日修订）相关规定：

“第五十六条　国家设立的研究开发机构、高等院校对其持有的科技成果，可以自

主决定转让、许可或者作价投资，不需报主管部门、财政部门审批或者备案，并通过协议定价、在技术交易市场挂牌交易、拍卖等方式确定价格。通过协议定价的，应当在本单位公示科技成果名称和拟交易价格。

国家设立的研究开发机构、高等院校转化科技成果所获得的收入全部留归本单位。”

【问题解决对策】

医院按规定需将长期股权投资持有期间取得的投资收益上缴本级财政的，不论长期股权投资是采用成本法还是权益法核算，在被投资单位宣告发放现金股利或利润时，确认投资收益。在实际收到现金股利或利润时，冲减相应的投资收益，按收到的金额列“应缴财政款”。

公立医院按规定将长期股权投资持有期间取得的投资净收益，上缴本级财政并纳入一般公共预算管理的，应收或收到投资收益时不确认投资收益，直接通过“应缴财政款”科目核算。

根据《事业单位国有资产管理暂行办法》规定，国家设立的研究开发机构、高等院校转化科技成果所获得的收入全部留归本单位，投资收益和处置收入都不用上缴财政。

【会计账务处理】

长期股权投资收益按规定需要上缴本级财政的账务处理。

1. 采用成本法核算：

财务会计：

（1）被投资单位宣告发放现金股利或利润时，医院按应收的金额：

借：应收股利

　贷：投资收益

（2）收到现金股利或利润时：

借：银行存款

　贷：应缴财政款

（3）同时按此前确定的应收股利金额：

借：投资收益

　　累计盈余（此前确认的投资收益已经结转的部分）

　贷：应收股利

（4）将取得的现金股利或利润上缴财政时：

借：应缴财政款

　贷：银行存款

预算会计不做账务处理。

2. 采用权益法核算：

财务会计：

（1）被投资单位实现净利润的，按应享有的份额：

借：长期股权投资——损益调整

　贷：投资收益

（2）被投资单位宣告发放现金股利或利润时，单位按应享有的份额：

借：应收股利

贷：长期股权投资——损益调整

（3）收到现金股利或利润时：

借：银行存款

贷：应缴财政款

（4）同时按此前确定的应收股利金额：

借：投资收益

累计盈余（此前确认的投资收益已经结转的部分）

贷：应收股利

（5）将取得的现金股利或利润上缴财政时：

借：应缴财政款

贷：银行存款

预算会计不做账务处理。

【问题 52】处置长期股权投资的程序是什么？应如何进行账务处理？

【问题分析判断】

公立医院和要出售或转让长期股权投资，首先应报经相关部门批准，其次应按长期股权投资取得方式分别进行处理。因被投资单位破产清算等原因，有确凿证据表明长期股权投资发生损失，应按照规定报经批准后予以核销。

【政策制度依据】

1.《政府会计准则第 2 号——投资》（财会〔2016〕12 号）相关规定：

“第十九条　政府会计主体按规定报经批准处置长期股权投资，应当冲减长期股权投资的账面余额，并按规定将处置价款扣除相关税费后的余额作应缴款项处理，或者按规定将处置价款扣除相关税费后的余额与长期股权投资账面余额的差额计入当期投资损益。采用权益法核算的长期股权投资，因被投资单位除净损益和利润分配以外的所有者权益变动而将应享有的份额计入净资产的，处置该项投资时，还应当将原计入净资产的相应部分转入当期投资损益。”

2.《事业单位国有资产管理暂行办法》（财政部令第 100 号）（2019 年 3 月 29 日修订）相关规定：

“第二十九条　除本办法第五十六条另有规定外，事业单位国有资产处置收入属于国家所有，应当按照政府非税收入管理的规定，实行‘收支两条线’管理。”

3.《政府会计准则制度解释第 1 号》（财会〔2019〕13 号）相关规定：

“第二条　关于事业单位长期股权投资的会计处理

（三）事业单位处置以科技成果转化形成的长期股权投资，按规定所取得的收入全部留归本单位。

（四）权益法下，事业单位处置以现金以外的其他资产取得的（不含科技成果转化形成的）长期股权投资时。”

【问题解决对策】

公立医院报经批准同意处置长期股权投资后，根据不同的出资方式分为正常处置（按长期股权投资取得方式）和其他方式处置（置换和被投资单位破产）。按处置收入归属分为纳入单位预算管理（“投资收益”“其他收入”）或上缴财政（“应缴财政款”）进行账务处理。

采用权益法核算的长期股权投资，如果有因被投资单位除净损益和利润分配以外的所有者权益变动而将应享有（或应分担）的份额计入单位净资产的情况，处置该项投资时，应在处置当期将原计入净资产的相应部分金额调整至“投资收益”科目。

【会计账务处理】

以权益法为例：

1. 处置以现金取得的长期股权投资：

财务会计：

借：银行存款（实际取得价款）

　　投资收益（借差）（纳入单位预算管理时）

　贷：长期股权投资

　　　应收股利（尚未领取的现金股利或利润）

　　　银行存款等（支付的相关税费）

　　　投资收益（贷差）（纳入单位预算管理时）

　　　应缴财政款（上缴财政）

预算会计：

借：资金结存——货币资金（取得价款扣减支付的相关税费后的金额）

　　投资预算收益（借差）

　贷：投资支出（当年处置或到期收回本年度取得的长期投资）

　　　其他结余（处置或到期收回跨会计年度取得的长期投资）

　　　投资预算收益（贷差）

2. 事业单位处置以现金以外的其他资产取得的（不含科技成果转化形成的）长期股权投资时，按规定将取得的投资收益（长期股权投资处置价款扣除长期股权投资成本和相关税费后的差额）纳入本单位预算管理或上缴财政的，分别按以下两种情况处理：

（1）长期股权投资的账面余额大于其投资成本的：

财务会计：

借：资产处置费用（被处置长期股权投资的成本）

　贷：长期股权投资——成本

预算会计不做账务处理。

财务会计：

借：银行存款（实际取得价款）

　贷：应收股利（如有尚未领取的现金股利或利润）

长期股权投资——损益调整、其他权益变动（也可能在借方）

银行存款（相关税费）

投资收益（取得价款与投资账面余额、应收股利账面余额和相关税费支出合计数的差额）（如允许纳入本单位预算管理）

应缴财政款（贷差）（如要求上缴财政）

预算会计：

借：资金结存——货币资金

贷：投资预算收益（取得价款减去投资成本和相关税费后的金额）

（2）长期股权投资的账面余额小于或等于其投资成本的：

财务会计：

借：资产处置费用

长期股权投资——损益调整、其他权益变动（部分明细科目余额也可能在贷方）

贷：长期股权投资——成本

长期股权投资——损益调整、其他权益变动（部分明细科目余额也可能在借方）

预算会计不做账务处理。

财务会计：

借：银行存款（实际取得的价款）

贷：应收股利（如有尚未领取的现金股利或利润）

银行存款（相关税费）

投资收益（取得价款大于投资成本、应收股利账面余额和相关税费支出合计数的差额）（纳入本单位预算管理）

应缴财政款（贷差）（按要求上缴财政）

预算会计：

借：资金结存——货币资金

贷：投资预算收益（取得价款减去投资成本和相关税费后的金额）

3. 处置以科技成果转化形成的长期股权投资，按规定所取得的收入全部留归本单位的：

财务会计：

借：银行存款（实际取得的价款）

投资收益（借差）

贷：长期股权投资（被处置长期股权投资的账面余额）

应收股利（尚未领取的现金股利或利润）

银行存款（发生的相关税费等支出）

投资收益（贷差）

预算会计：

借：资金结存——货币资金（实际取得的价款）

贷：投资预算收益（处置时确认的投资收益金额）

其他预算收入（贷差）

4. 报经批准以货币资金以外的其他资产置换转出长期股权投资：

（1）支付补价：

财务会计：

借：固定资产（换入资产评估价值+相关税费支出）
　　无形资产（换入资产评估价值+相关税费支出）
　　库存物品（换入资产评估价值+相关税费支出）
　　资产处置费用（借差）
　　长期股权投资——损益调整、其他权益变动（部分明细科目余额也可能在贷方）
　贷：长期股权投资——成本
　　　长期股权投资——损益调整、其他权益变动（部分明细科目余额也可能在借方）
　　　银行存款（其他相关支出+补价）
　　　其他收入（贷差）

预算会计：

借：其他支出（实际支付的补价和相关税费支出）
　贷：资金结存——货币资金

（2）收到补价：

财务会计：

借：固定资产（换入资产评估价值+相关税费支出）
　　无形资产（换入资产评估价值+相关税费支出）
　　库存物品（换入资产评估价值+相关税费支出）
　　银行存款（补价）
　　资产处置费用（借差）
　贷：长期股权投资——成本
　　　长期股权投资——损益调整、其他权益变动（也可能在借方）
　　　银行存款等（其他相关支出）
　　　应缴财政款（补价扣减其他相关支出）（上缴财政）
　　　其他收入（补价扣减其他相关支出）（纳入本单位预算）

预算会计：

借：其他支出（其他相关支出大于收到的补价的差额）
　贷：资金结存——货币资金
借：资金结存——货币资金
　贷：其他预算收入（取得的其他收入）

5. 因被投资单位破产清算等原因，有确凿证据表明长期股权投资发生损失，报经批准后予以核销时，按照予以核销的长期股权投资的账面余额：

财务会计：

借：资产处置费用
　贷：长期股权投资

预算会计不做账务处理。

注意：采用权益法核算的长期股权投资的处置纳入本单位预算管理的，除进行上述账务处理外，还应结转原直接计入净资产的相关金额：

财务会计：

借：权益法调整

　贷：投资收益

或做相反分录。

预算会计不做账务处理。

例： 股权投资综合案例。2×20 年 5 月 11 日，经批准将医院洗衣设备投资用于筹建单独的被服洗涤中心，经评估设备价值为 90 万元，医院占被服洗涤中心 70% 股权。该设备 2×19 年 5 月办理入库手续，购入价值 100 万元，预计使用年限为 5 年。同时该机器运至被服洗涤中心的运费 2 万元由医院承担，用银行存款支付。

（一）取得长期投资股权

财务会计：

	借方	贷方
借：长期股权投资——权益法——成本	920 000	
固定资产累计折旧	200 000	
贷：固定资产		1 000 000
银行存款		20 000
其他收入		100 000

预算会计：

	借方	贷方
借：其他支出	20 000	
贷：资金结存——货币资金		20 000

（二）反映持有股权期间经营成果

被服洗涤中心成立后，第一年发生亏损 10 万元，医院按所占股权比例应承担亏损：10×0. 7=7（万元）

财务会计：

	借方	贷方
借：投资收益	70 000	
贷：长期股权投资——权益法——损益调整		70 000

预算会计不做账务处理。

第二年扭亏为盈，实现利润 30 万元，除净损益和利润分配以外的所有者权益变动金额为 6 万元

（1）按照对被服洗涤中心实现净利润享有的份额：30×0. 7=21（万元）

财务会计：

	借方	贷方
借：长期股权投资——权益法——损益调整	210 000	
贷：投资收益		210 000

预算会计不做账务处理。

（2）按被服洗涤中心除净损益和利润分配以外的所有者权益变动享有的份额：6×0. 7=4. 2（万元）

财务会计：

借：长期股权投资——权益法——其他权益变动　42 000

　贷：权益法调整　42 000

预算会计不做账务处理。

（三）被投资单位宣布分红

因被服洗涤中心盈利 10 万元，医院按应享有的份额 10×0. 7 = 7（万元）

财务会计：

借：长期股权投资——权益法——损益调整　70 000

　贷：投资收益　70 000

预算会计不做账务处理。

被投资单位宣布发放现金股利：

财务会计：

借：应收股利　70 000

　贷：长期股权投资——权益法——损益调整　70 000

（四）处置股权

医院决定对外出售被服洗涤中心 35%的股权，获得收入 72 万元，其中包括被服洗涤中心已宣告未发放的上年度现金股利 7 万元（实际转让收入为 65 万元），医院不再参与被服洗涤中心管理。按照规定该投资收益纳入本单位预算管理，不考虑相关税费。

权益法下处置长期股权投资账面余额为 110. 2 万元大于投资成本 92 万元，所以处置时：

财务会计：

借：资产处置费用　460 000

　贷：长期股权投资——权益法——成本　460 000

同时：

借：权益法调整　42 000

　贷：投资收益　42 000

预算会计不做账务处理。

（五）收到处置价款

财务会计：

借：银行存款　720 000

　贷：应收股利　70 000

　　　投资收益　559 000

　　　长期股权投资——权益法——损益调整　70 000

　　　长期股权投资——权益法——其他权益变动　21 000

预算会计：

借：资金结存——货币资金　720 000

　贷：投资预算收益　720 000

（六）当年处置部分股权后，剩余部分长期股权投资转为按成本法核算

出售的被服洗涤中心 35%的股权占购入股权 70%的一半，那么：

被处置“长期股权投资——成本账面”余额＝920 000÷2＝460 000（元）

被处置“长期股权投资——损益调整”余额＝［210 000（盈利）－70 000（亏损）＋70 000（盈利）－70 000（收到应收股利）］÷2＝70 000（元）

被处置“长期股权投资——其他权益变动”余额＝42 000÷2＝21 000（元）

财务会计：

借：长期股权投资——成本法　　551 000

　贷：长期股权投资——权益法——成本　　460 000

　　　长期股权投资——权益法——损益调整　　70 000

　　　长期股权投资——权益法——其他权益变动　　21 000

预算会计不做账务处理。

年底，被服洗涤中心又宣布分派 10 万元现金股利，医院按应享有的份额（100 000×0. 35＝35 000 元）进行成本法核算。

财务会计：

借：应收股利　　35 000

　贷：投资收益　　35 000

预算会计不做账务处理。

（七）次年，医院收到上级部门下发文件，明确要求医院不得对外投资。医院继续出售被服洗涤中心剩余 35%的股权，获得收入 72 万元，其中包括被服洗涤中心已宣告未发放的上年度现金股利 3. 5 万元（实际转让收入为 68. 5 万元），按照规定该投资收益纳入本单位预算管理，不考虑相关税费

财务会计：

借：资产处置费用　　551 000

　贷：长期股权投资——成本法　　551 000

预算会计不做账务处理。

（八）收到处置价款：

财务会计：

借：银行存款　　720 000

　贷：应收股利　　35 000

　　　投资收益　　685 000

预算会计：

借：资金结存——货币资金　　720 000

　贷：投资预算收益　　720 000

第三节　固定资产及在建工程核算问题及解决对策

【问题53】固定资产的后续支出应如何进行账务处理?

固定资产及其附属物的后续维修、扩建支出是否增加固定资产价值?若原固定资产已达到使用年限并提足折旧,应如何进行账务处理?调整入账价值后的固定资产应如何确认使用年限和提取折旧?

【问题分析判断】

医院的固定资产投入使用后,为了维护或者提高固定资产的使用效能或延长使用寿命,医院需要对固定资产进行维护、维修、改建或者扩建,会相应发生后续支出。后续支出分为资本化支出与费用化支出。因为维修、改扩建很可能增加固定资产服务潜力或者经济利益很可能增加流入而发生的支出一般应当资本化,如延长固定资产的使用寿命,提高效能等支出。相反,由于固定资产故障,损坏等原因,为了固定资产能够正常运转和使用,发挥其正常的效能,达到正常的使用寿命而对固定资产进行维修维保等的支出,一般作为费用化支出,不计入固定资产账面价值。

【政策制度依据】

1.《财政厅、人社厅、省卫生计生委、省中医药管理局关于明确公立医院专用基金计提等管理事项的通知》(川财规〔2018〕13号)相关规定:

"三、固定资产大型修缮确认标准。公立医院固定资产大型修缮的确认标准为:单项达到50万元(含50万元)或达到固定资产原值的20%(含20%)。达到大型修缮确认标准的固定资产维修、维护支出,其中能明确使固定资产相关的服务潜力可能实现或经济利益很可能流入医院的,应记入固定资产成本,此外记入'待摊费用'或'长期待摊费用'在受益期内平均摊销。"

2.《政府会计科目和报表》相关规定:

"1601 固定资产

四、固定资产的主要账务处理如下:

(二)与固定资产有关的后续支出。

1. 符合固定资产确认条件的后续支出

通常情况下,将固定资产转入改建、扩建时,按照固定资产的账面价值,借记'在建工程'科目,按照固定资产已计提折旧,借记'固定资产累计折旧'科目,按照固定资产的账面余额,贷记本科目。

为增加固定资产使用效能或延长其使用年限而发生的改建、扩建等后续支出,借记'在建工程'科目,贷记'财政拨款收入''零余额账户用款额度''银行存款'等科目。

固定资产改建、扩建等完成交付使用时,按照在建工程成本,借记本科目,贷记

'在建工程'科目。

2. 不符合固定资产确认条件的后续支出

为保证固定资产正常使用发生的日常维修等支出，借记'业务活动费用''单位管理费用'等科目，贷记'财政拨款收入''零余额账户用款额度''银行存款'等科目。"

3.《〈政府会计准则第3号——固定资产〉应用指南》（财会〔2017〕4号）相关规定：

"具体确定固定资产的折旧年限时，应当考虑下列因素：

1. 固定资产预计实现服务潜力或提供经济利益的期限；

2. 固定资产预计有形损耗和无形损耗；

3. 法律或者类似规定对固定资产使用的限制。

（四）固定资产的折旧年限一经确定，不得随意变更。

因改建、扩建等原因而延长固定资产使用年限的，应当重新确定固定资产的折旧年限。"

【问题解决对策】

固定资产分为：房屋及构筑物、通用设备、专用设备、文物和陈列品、图书和档案、家具、用具、装具及动植物。

对固定资产后续支出进行财务会计核算时，需要区分资本化支出和费用化支出。根据四川省目前出台的文件中明确固定资产大型修缮确认标准，即单项支出达到50万元（含50万元）或达到固定资产原值的20%（含20%）。达到大型修缮确认标准的，其中能明确使固定资产相关的服务潜力可能实现或经济利益很可能流入医院的支出，属于资本性支出，应计入固定资产账面价值。

对于因改建、扩建而增加固定资产使用寿命的，单位应重新确定其折旧年限，考虑相关固定资产改扩建后实现服务潜力或提供经济利益的期限，固定资产的损耗以及制度规定对固定资产使用寿命的限制。固定资产改建、扩建等竣工并交付使用后，在其重新确定的折旧年限内，从固定资产交付使用（在建工程转固定资产）的首月起，按月重新计算折旧费用。

相反，对于不能达到大型修缮标准的支出，或者不能明确使固定资产相关的服务潜力可能实现或经济利益很可能流入医院的，例如医院的日常维修、维护费用，该支出则应费用化，根据该费用的受益期限计入当期费用或者计入待摊费用（长期待摊费用），并在受益期内平均摊销。

针对固定资产的后续维修、扩建等支出的核算，《政府会计科目和报表》中未对已提足折旧的固定资产与未提足折旧的固定资产进行区别，因此无论原固定资产是否提足折旧，对于扩建支出是否确认为大型修缮的确认标准及与账务处理一致。如果该费用满足资本化条件，则计入固定资产账面价值，相反则计入费用。

预算内现金收支业务的固定资产后续支出，预算会计做相应处理。

【会计账务处理】

1. 后续支出符合资本化标准时，

固定资产转入改建、扩建时：

财务会计：

借：在建工程

　　固定资产累计折旧

　贷：固定资产

预算会计不做账务处理。

固定资产发生改建、扩建等后续支出时：

财务会计：

借：在建工程

　贷：零余额账户用款额度/银行存款等

预算会计：

借：事业支出

　贷：资金结存

固定资产改建、扩建等完成交付使用时：

财务会计：

借：固定资产

　贷：在建工程

预算会计不做账务处理。

2. 后续支出应费用化时，

财务会计：

借：业务活动费用/单位管理费用/待摊费用（或长期待摊费用）

　贷：零余额账户用款额度/银行存款

预算会计：

借：事业支出

　贷：资金结存

【问题 54】固定资产的报废收入应如何进行账务处理？

【问题分析判断】

医院固定资产报废收入属于国有资产处置收入，处置所得净收入通过“应缴财政款”科目进行明细核算。

【政策制度依据】

1. 中华人民共和国财政部令第 100 号——财政部关于修改《事业单位国有资产管理暂行办法》相关规定：

“第四章

事业单位国有资产处置收入属于国家所有，应当按照政府非税收入管理的规定，实行‘收支两条线’管理。”

2.《政府会计科目和报表》相关规定：

“第三部分　会计科目使用说明

一、财务会计科目

（五）费用类

5301 资产处置费用

三、资产处置费用的主要账务处理：（一）不通过‘待处理财产损溢’科目核算的资产处置的相关规定。”

3.《政府会计科目和报表》相关规定：

“第三部分第二点负债类科目中应缴财政款的核算相关规定：

应缴财政款核算单位取得或应收的按照规定应当上缴财政的款项，包括应缴国库的款项和应缴财政专户的款项。

单位按照国家税法等有关规定应当缴纳的各种税费，通过‘应交增值税’‘其他应交税费’科目核算。”

【问题解决对策】

事业单位的国有资产处置，是指事业单位对其占有、使用的国有资产进行产权转让或者注销产权的行为。处置方式包括出售、出让、转让、对外捐赠、报废、报损以及货币性资产损失核销等。

医院固定资产属于国有资产，因此医院固定资产报废属于国有资产处置，应当严格履行审批手续，必须报经主管部门或同级财政部门审批同意，未经同意不得自行处置。

报经审批同意后进行报废处置，收到的处置收入，按照非税收入管理相关规定，按处置净收入上缴财政。处置净收入等于处置总收入减去处置过程中发生的相关费用及应向税务机关缴纳的各种税费（如增值税、房产税、城市维护建设税等）。单位按照国家税法等有关规定应当缴纳的各种税费，通过“应交增值税”“其他应交税费”科目核算。应缴财政款属于不纳入医院预算管理的资金，因此仅做财务会计处理，不做预算会计处理。

【会计账务处理】

1. 处置固定资产：

财务会计：

借：资产处置费用（固定资产账面价值）

　　固定资产累计折旧

　贷：固定资产

预算会计不做账务处理。

2. 发生清理费用：

财务会计：

借：资产处置费用（清理费用）

　贷：库存现金/银行存款等

预算会计：

借：其他支出（清理费用）

　贷：资金结存

3. 取得处置收入：

财务会计：

借：库存现金/银行存款等

　贷：应缴财政款（处置净收入）

　　　资产处置费用（清理费用）

预算会计不做账务处理。

4. 上缴处置非税收入：

财务会计：

借：应缴财政款

　贷：银行存款等

预算会计不做账务处理。

【问题55】在建工程完工后应如何进行账务处理?

【问题分析判断】

在建工程完工后已交付使用的固定资产，暂未办理竣工决算而是暂估入账，折旧应如何处理？如决算后的最终金额有变化，又该如何处理？

在建工程达到预定可使用状态并交付使用，即使没有竣工决算报告也不再通过“在建工程”科目进行核算，应转至“固定资产”科目核算并按规定提取折旧。对资产完工交付使用前所发生的全部必要支出，按账面价值进行“固定资产”暂估入账，并按固定资产规定的使用年限，每月计提折旧。

交付使用和竣工决算，两者往往不能同步，并且相差时间可能较长，如完工交付使用后一直挂“在建工程”账户，不转入固定资产不提取折旧费用，不能真实地反映医院的运行成本。

待办理竣工决算后，再按照实际成本调整原来的暂估价值，无须调整原已计提的折旧额。根据确定的实际成本在预计剩余使用期间重新计算尚未计提折旧费用即可。

【政策制度依据】

1.《政府会计科目和报表》相关规定：

“第三部分，会计科目使用说明规定：

四、固定资产的主要账务处理如下：

2. 自行建造的固定资产交付使用时，按照在建工程成本，借记本科目，贷记‘在建工程’科目。

已交付使用但尚未办理竣工决算手续的固定资产，按照估计价值入账，待办理竣工决算后再按照实际成本调整原来的暂估价值。”

2.《政府会计准则第3号——固定资产》（财会〔2016〕12号）相关规定：

“第四章　固定资产的后续计量规定：

第十六条　政府会计主体应当对固定资产计提折旧，但本准则第十七条规定的固定资产除外。

折旧，是指在固定资产的预计使用年限内，按照确定的方法对应计的折旧额进行系统分摊。

固定资产应计的折旧额为其成本，计提固定资产折旧时不考虑预计净残值。

政府会计主体应当对暂估入账的固定资产计提折旧，实际成本确定后不需要调整原已计提的折旧额。”

【问题解决对策】

在建工程已达到预定可使用状态，在工程完工交付使用时，应按在建工程暂估值结转固定资产，对固定资产合理确定使用年限，并按月计提固定资产折旧。

最后根据竣工决算时确定的固定资产实际成本，直接调整固定资产的原账面价值，再按调整后的固定资产价值减去之前已提累计折旧，在预计剩余使用期间，重新计算计提每期固定资产折旧，而前期已计提折旧的部分不再进行调整。

月折旧额=（固定资产账面价值-已计提累计折旧）×月折旧率

预计剩余使用期间（月）=预计使用年限-已提折旧年限

【会计账务处理】

1. 将在建工程×项目余额转入固定资产科目：

财务会计：

借：固定资产

　贷：在建工程

预算会计不做账务处理。

2. 按月计提固定资产折旧：

财务会计：

借：业务活动费用/单位管理费用

　贷：固定资产累计折旧

预算会计不做账务处理。

3. 根据竣工决算后的金额对暂估入账的固定资产进行调整：

财务会计：

借或贷：固定资产（差额）

贷或借：费用科目（差额）

4. 按照重新计算的折旧额计提折旧费：

借：业务活动费用/单位管理费用

　贷：固定资产累计折旧

预算会计不做账务处理。

【问题 56】用财政资金购置的固定资产，执行政府会计制度后应如何进行账务处理？

【问题分析判断】

对于新旧制度转换前使用财政拨款经费购买的固定资产，尚未计提完的折旧，在制度转换后应通过费用科目计提，还是通过待冲基金转入的累积盈余科目计提？

新旧转换前使用财政拨款购买固定资产尚未计提的完的折旧，一般有两种方式进行账务处理：一种方式是2019年1月1日起直接计入折旧费用，另一种方式是通过冲减累积盈余——财政项目盈余来计提这部分折旧。两种方式在期末结转后都转入了净资产科目累积盈余——财政项目的余额中，期末结转后的结果相同。由于政府会计制度中没有明确的规定，两种处理方式都比较常见，但是因背后的原理不同，建议直接通过费用进行计提折旧。

医院会计制度是以权责发生制为主，收付实现制为辅的会计制度。对财政拨款经费、科教项目经费是采用的收付实现制来进行核算，以满足财政预算管理的需要。对于这部分资金所购置的固定资产，为了体现折旧状况，通过净资产科目“待冲基金”来进行核算和反映。在新旧制度转换时，“待冲基金”科目余额转入了“累计盈余”。

政府会计制度的核心就是要全面反映会计主体的资产负债、收支结余以及预算执行的情况，所以通过双基础的方式把财务会计和预算会计进行了分离。财务会计反映会计主体的资产负债及经营状况，以权责发生制为核算基础。预算会计反映政府会计主体的预算执行情况，以收付实现制为核算基础。在医院会计制度下，财政及科教资金由于是收付实现制进行核算，所以只反映了资金的使用，而没有反映运行成本。

若财政拨款购买固定资产所提取的折旧，直接冲减累积盈余——财政项目盈余，则在医院收入费用表和医疗活动收入费用明细表中，都没有真实反映财政拨款购买固定资产在当期应分摊的折旧成本，不符合权责发生制的核算基础。

因此，对于新旧制度转换前使用财政拨款购买的固定资产所计提的折旧，在制度转换后是计入折旧费用，还是计入以前待冲基金转入的累积盈余——财政项目盈余，从表面上看净资产中的累计盈余是一样的，实质上这两种记账方法其性质完全不同。

【政策制度依据】

1.《政府会计科目和报表》相关规定：

“第三部分　会计科目使用说明

资产类

1602　固定资产累计折旧

四、固定资产累计折旧的主要账务处理如下：

（一）按月计提固定资产折旧时，按照应计提折旧金额，借记‘业务活动费用’‘单位管理费用’‘经营费用’‘加工物品’‘在建工程’等科目，贷记本科目。

（二）关于医院执行《政府会计制度—行政事业单位会计科目和报表》的衔接规定（财会〔2018〕24号）规定：

二、财务会计科目的新旧衔接

（3）‘待冲基金’科目

依据新制度，无须对原制度中‘待冲基金’科目对应内容进行核算。转账时，医院应当将原账的‘待冲基金——待冲财政基金’科目余额转入新账的‘累计盈余——财政项目盈余’科目。”

【问题解决对策】

在新旧制度衔接时，医院应将原账的“待冲基金——待冲财政基金”科目余额转入新账的“累计盈余——财政项目盈余”科目。

执行政府会计制度后，每月计提折旧时，财政拨款购买固定资产计提的折旧，不建议通过累积盈余——财政项目盈余进行计提，而建议计入业务活动费用/单位管理费用中固定资产折旧费明细科目，并按经费性质和项目进行明细核算。

【会计账务处理】

按月计提固定资产折旧

财务会计：

借：业务活动费用——固定资产折旧费（财政项目拨款经费）

　　单位管理费用——固定资产折旧费（财政项目拨款经费）

　贷：固定资产累计折旧

预算会计不做账务处理。

【问题 57】固定资产是否需要建立详细到单台件的明细账？是否应与财政资产管理系统和资产管理部门台账核对？

【问题分析判断】

在执行政府会计制度前，固定资产按医院会计制度规定分为四类：房屋及建筑物、专用设备、一般设备和其他固定资产。自 2019 年 1 月 1 日起，固定资产分为六类：房屋及构筑物，专用设备，通用设备，文物和陈列品，图书、档案，家具、用具、装具及动植物。

无论执行医院会计制度，还是执行政府会计制度，固定资产都要设置总账和一级明细分类账，都要建立详细到单台件的明细账，按照“一物一卡”建资产卡片。

财政资产管理系统，就是行政事业单位资产管理信息系统，不同行业的事业单位，其固定资产都按政府会计制度分为六类，严格按照“一物一卡”建卡片明细账，并在入账、变动、折旧、报废等环节，按信息系统规定流程处理。

资产管理部门台账，就是登记并管理固定资产的实物台账，按名称、规格、型号、年限、厂家、品牌及价值等进行详细登记各项要素，从使用、维修、保养等方面对固定资产进行管理。

固定资产卡片是固定资产身份证，固定资产应明细到单台件，是指固定资产按照“一物一卡”建立，除纳入固定资产管理的批量同类物资外，资产卡片数量就是固定资产总量，资产卡片金额就是固定资产总额，财政资产管理系统和资产管理部门台账是相符的。

固定资产“打包入账”建卡片，财务、财政及管理部门间无法核对明细，对固定资产也就不能有效监督和管理。

【政策制度依据】

1.《政府会计科目和报表》相关规定：

“第三部分——会计科目使用说明规定：

1601 固定资产

二、本科目应当按照固定资产类别和项目进行明细核算。

固定资产一般分为六类：房屋及构筑物；专用设备；通用设备；文物和陈列品；图书、档案；家具、用具、装具及动植物。”

2.《政府会计准则第 3 号——固定资产》（财会〔2016〕12 号）相关规定：

“第三章　固定资产的初始计量规定：

第九条　政府会计主体外购的固定资产，其成本包括购买价款、相关税费以及固定资产交付使用前所发生的可归属于该项资产的运输费、装卸费、安装费和专业人员服务费等。

以一笔款项购入多项没有单独标价的固定资产，应当按照各项固定资产同类或类似资产市场价格的比例对总成本进行分配，分别确定各项固定资产的成本。”

3.《事业单位国有资产管理暂行办法》（财政部令〔2006〕36 号）相关规定：

“第二章　管理机构及职责规定：

第八条　事业单位负责对本单位占有、使用的国有资产实施具体管理。其主要职责是：

（二）负责本单位资产购置、验收入库、维护保管等日常管理，负责本单位资产的账卡管理、清查登记、统计报告及日常监督检查工作。”

4.《行政事业单位国有资产管理信息系统管理规程》（财办〔2013〕52 号）相关规定：

“第一章　总则：

第三条　资产管理信息系统是国有资产管理的信息化管理平台，包括资产卡片管理、资产配置管理、资产使用管理、资产处置管理、产权登记管理、资产评估管理、资产收益管理、资产报表管理和查询分析等功能。

第二章　基础管理规定：

第十一条　行政事业单位新增资产，应当于财务入账前在资产管理信息系统中建立资产卡片，做到‘账卡相符’，并在财务入账后在资产管理信息系统中及时完成资产入账工作，做到‘账账相符’。”

【问题解决对策】

综上所述，固定资产按照六个资产类别和每个具体项目进行明细核算，如有一笔款项购入多项没有单独标价的固定资产，应当按照资产市场价格的比例分配，分别确定各项固定资产的成本。根据医院财务制度，医院应当设置“固定资产登记簿”和“固定资产卡片”，按固定资产类别、使用部门和每项固定资产设置明细账，这就是建立详细到单台件的明细账，固定资产卡片数量也就是台账管理资产数量，并且规定对固定资产采取电子信息化管理，还要求定期与财务部门核对，做到账账相符、账卡相符、账实相符。

【问题58】财政资金购买固定资产，财务会计出现项目盈余，如何理解？

【问题分析判断】

医院使用财政资金购置固定资产，收到财政资金时财务会计是确认了财政拨款收入的，但支付的时候却没有对应的财政拨款支出科目，按照医院会计制度的核算习惯容易就误认为当期财政结余数据不真实。

政府会计制度具有“双基础、双功能、双报告”的特点，财务会计以权责发生制为核算基础，预算会计以收费实现制为基础，财务会计与预算会计适度分离并相互衔接，最后形成预算会计的决算报告和财务会计的财务报告。

医院会计制度对财政资金的收支是采用的收付实现制进行核算，所以设置了财政补助收入和相对应的财政补助支出科目，以反映当期的财政拨款经费的收到和使用情况。政府会计制度下，财务会计和预算会计进行了分离，财政拨款经费的收支情况是通过预算会计来进行核算和反映的；财务会计是采用权责发生制——折旧来反映其购置固定资产的使用成本。最终在固定资产折旧期完成后，这笔经费结转的累计盈余——财政项目盈余余额会为零。

【政策制度依据】

1.《政府会计准则第3号———固定资产》（财会〔2016〕12号）相关规定：

“第四章　固定资产的后续计量中，第一节　固定资产的折旧规定：

第二十条　固定资产应当按月计提折旧，并根据用途计入当期费用或者相关资产成本。”

2.《政府会计医院衔接规定》相关规定：

“（十四）医院应当在新制度规定的‘5001 业务活动费用’科目下按照经费性质（财政基本拨款经费、财政项目拨款经费、科教经费、其他经费）进行明细核算，并对政府指令性任务进行明细核算。

（十五）医院应当在新制度规定的‘5101 单位管理费用’科目下按照经费性质（财政基本拨款经费、财政项目拨款经费、科教经费、其他经费）进行明细核算。”

【问题解决对策】

综上所述，按照政府会计制度相关规定，财务会计以权责发生制为基础，对固定资产的折旧费用按经费性质核算。通过在使用期间计提折旧费，按权责发生制分期（月）体现支出。计提的折旧费用在期末结转后，进入本期盈余——财政项目盈余。

因此，使用财政资金购置固定资产，医院收到拨款确认财政拨款收入。在使用过程中消耗的固定资产，以计提折旧的形式分期体现为成本费用。本期盈余——财政项目盈余一直要在该项目资产折旧完毕后，才会结余为零。

【会计账务处理】

1. 购置固定资产：

财务会计：

借：固定资产

　贷：财政拨款收入/零余额账户用款额度/银行存款/应付账款

预算会计：

借：事业支出——财政拨款支出

　贷：财政拨款预算收入/资金结存

2. 每月计提折旧：

财务会计：

借：业务活动费用——固定资产折旧费（财政项目拨款经费）

　　单位管理费用——固定资产折旧费（财政项目拨款经费）

　　业务活动费用——固定资产折旧费（科教经费）

　　单位管理费用——固定资产折旧费（科教经费）

　　业务活动费用——固定资产折旧费（其他经费）

　　单位管理费用——固定资产折旧费（其他经费）

　贷：固定资产累计折旧

预算会计不做账务处理。

【问题59】执行政府会计制度后，如何准确区分固定资产类别并进行相应的账务处理？

【问题分析判断】

新旧制度转换后，医院在计提累计折旧时，由于固定资产类别多、数量大，难以准确区分固定资产类别、购置时间以及经费性质，如果错误结转后会影响当期损益。应如何进行账务处理？

医院在2019年1月1日以前，使用财政资金购置固定资产计提折旧时，账务处理是直接冲减待冲财政基金。由于未对折旧费用进行成本摊销，因此没有影响当期损益。

在2019年1月1日起执行政府会计制度后，对固定资产及累计折旧按经费性质进行明细核算，计提折旧时按照经费性质进行成本摊销，期末结转入了财政项目盈余。

在执行政府会计制度之前，医院应当根据新制度的要求对固定资产进行全面清理，准确区分经费性质，按类别和资金来源进行分类。固定资产卡片相应也应该注明资金来源（财政基本拨款经费、财政项目拨款经费、科教经费、其他经费）保证折旧和结转的正确性。

【政策制度依据】

1.《政府会计医院衔接规定》相关规定：

“二、财务会计科目的新旧衔接

（3）‘待冲基金’科目

依据新制度，无须对原制度中‘待冲基金’科目对应内容进行核算。转账时，医院应当将原账的‘待冲基金——待冲财政基金’科目余额转入新账的‘累计盈余——财政项目盈余’科目。”

2.《政府会计医院补充规定》相关规定：

“（十四）医院应当在新制度规定的‘5001 业务活动费用’科目下按照经费性质（财政基本拨款经费、财政项目拨款经费、科教经费、其他经费）进行明细核算，并对政府指令性任务进行明细核算。

（十五）医院应当在新制度规定的‘5101 单位管理费用’科目下按照经费性质（财政基本拨款经费、财政项目拨款经费、科教经费、其他经费）进行明细核算。”

【问题解决对策】

综上所述，在医院新旧制度转换时，无须对原制度中“待冲基金”科目对应内容进行核算，该科目余额转入新账的“累计盈余——财政项目盈余”。在医院执行政府会计制度后，购置固定资产（含财政拨款、科教资金、自有资金）是按不同的经费性质及具体项目核算。

只要固定资产的入账年度、经费性质及项目在固定资产卡片系统的信息是准确的，计提的折旧费用就是准确的，本期盈余的各项明细科目盈余也就是准确的。

【问题 60】执行政府会计制度后，医院对盘盈的固定资产应怎样进行账务处理？

【问题分析判断】

医院固定资产的盘盈情况有两种，第一种情况是在以前会计期间少计、漏计固定资产；第二种情况是财务部门与资产管理部门的固定资产入账时间不一致。对于第一种情况按照以前年度会计差错处理。根据盘盈结果先记入“待处理财产损溢”，经批准后，再转入“以前年度盈余调整”进行核算，期末结转入累计盈余；对于第二种情况，财务部门与资产管理部门应及时完成入账，做到账账相符。

对盘盈固定资产的价值确定方式，通常采用凭据金额、评估价值、重置成本、名义金额等方式，首选是依据相关凭据按历史成本入账。

【政策制度依据】

1.《政府会计科目和报表》相关规定：

“第三部分　会计科目使用说明规定：

（四）单位应当定期对固定资产进行清查盘点，每年至少盘点一次。对于发生的固定资产盘盈、盘亏或毁损、报废，应当先记入‘待处理财产损溢’科目，按照规定报经批准后及时进行后续账务处理。

1. 盘盈的固定资产，其成本按照有关凭据注明的金额确定；没有相关凭据、但按照规定经过资产评估的，其成本按照评估价值确定；没有相关凭据、也未经过评估的，其成本按照重置成本确定。如无法采用上述方法确定盘盈固定资产成本的，按照名义金额（人民币 1 元）入账。

盘盈的固定资产，按照确定的入账成本，借记本科目，贷记‘待处理财产损溢’科目。

2. 对于盘盈的非流动资产，如属于本年度取得的，按照当年新取得相关资产进行账务处理；如属于以前年度取得的，按照前期差错处理，借记本科目，贷记‘以前年度盈余调整’科目。”

2.《政府会计准则第3号——固定资产》（财会〔2016〕12号）相关规定：

“第三章　固定资产的初始计量规定：

第十四条　政府会计主体盘盈的固定资产，按规定经过资产评估的，其成本按照评估价值确定；未经资产评估的，其成本按照重置成本确定。”

【问题解决对策】

对于盘盈的固定资产，首先依据相关凭据按历史成本入账，应按照有关凭据注明的金额确定。如果没有相关凭据无法确定固定资产的历史成本，但按照规定经过第三方机构，对盘盈固定资产评估的，其成本按照评估价值确定。没有相关凭据、也未经过评估的，其成本确定按照重置成本（现行成本），即按照当前市场条件，重新取得同样一项资产，所需要支付的现金或现金等价物金额。如无法采用上述方法确定盘盈固定资产成本的，按照名义金额（人民币1元）入账。

【会计账务处理】

1. 盘盈固定资产：

财务会计：

借：固定资产

　贷：待处理财产损溢

预算会计不做账务处理。

2. 报经批准处理：

财务会计：

借：待处理财产损溢

　贷：以前年度盈余调整

预算会计不做账务处理。

3. 期末结转

借：以前年度盈余调整

　贷：累计盈余

预算会计不做账务处理。

【问题61】报废的固定资产尚未批复准予报废，应如何进行账务处理？

【问题分析判断】

固定资产申请报废需要履行严格的审批程序，并将待报废资产转入“待处理财产损溢”科目，经批准后处理。

医院固定资产品种多、数量大、金额大，应当加强资产管理观念，建立并纳入固定资产信息化系统管理，完善内部监督机制和资产管理机制。定期对固定资产进行清查盘点，每年至少盘点一次。对清查过程中发现待审批报废的固定资产发生盘亏、毁损等情况，需要及时分析原因，并追踪调查，避免国有资产流失。若医院人手不足，可增设机构或者人员，也可委托社会中介机构（如会计师事务所等）清理核查。

【政策制度依据】

1.《政府会计科目和报表》相关规定：

“第三部分会计科目使用说明：

四、固定资产的主要账务处理如下：

（四）单位应当定期对固定资产进行清查盘点，每年至少盘点一次。对于发生的固定资产盘盈、盘亏或毁损、报废，应当先记入‘待处理财产损溢’科目，按照规定报经批准后及时进行后续账务处理。

盘亏、毁损或报废的固定资产，按照待处理固定资产的账面价值，借记‘待处理财产损溢’科目，按照已计提折旧，借记‘固定资产累计折旧’科目，按照固定资产的账面余额，贷记本科目。”

2. 财政部关于修改《事业单位国有资产管理暂行办法》的决定（财政部令〔2019〕100号）相关规定：

“三、将第二十五条修改为：‘除本办法第五十六条另有规定外，事业单位处置国有资产，应当严格履行审批手续，未经批准不得自行处置。’

四、将第二十六条修改为：‘事业单位占有、使用的房屋建筑物、土地和车辆的处置，货币性资产损失的核销，以及单位价值或者批量价值在规定限额以上的资产的处置，经主管部门审核后报同级财政部门审批；规定限额以下的资产的处置报主管部门审批，主管部门将审批结果定期报同级财政部门备案。法律、行政法规和本办法第五十六条另有规定的，依照其规定。’”

【问题解决对策】

医院应定期开展资产的清理核对工作，组织财务人员、资产管理员、资产使用人等，核对固定资产明细账、资产卡片明细账、资产实物台账，做到账账、账卡、账实相符且不重不漏。发现待审批的报废资产存在盘亏、被盗、毁损等现象应及时查找原因，查清固定资产来源、去向和管理情况，梳理盘亏、被盗、毁损或报废的原因、责任及证据等。医院申请报废处理固定资产应有专项申报材料，说明发生日期、损失原因、政策依据、处理方式，并分类列示相关佐证依据材料。

如医院资产清理困难可委托社会中介机构清理核查，应当要求社会中介机构按照独立、客观、公正的原则，履行必要的程序，认真核实单位各项资产清查材料，并按照规定进行实物盘点和账务核对，对资产清查结果出具专项审计报告。

因此，医院在清理时不得自行确认固定资产报废损失和自行删除资产卡片。在处置的固定资产未经批准时应当先记入“待处理财产损溢”科目，待主管部门和财政部门批复同意后，再按照规定调整单位账务，并更新财政资产管理信息系统，使两者保持金额一致。

【会计账务处理】

1. 盘存盘亏资产：

财务会计：

借：待处理财产损溢

　　固定资产累计折旧

　贷：固定资产

预算会计不做账务处理。

2. 报经批准处理：

财务会计：

借：资产处置费用

　贷：待处理财产损溢

预算会计不做账务处理。

【问题62】在建工程项目竣工决算有费用审减，应如何进行账务处理？

【问题分析判断】

基本建设项目的竣工决算即通过编制竣工决算书审核并汇总整个项目从立项到竣工验收、交付使用全过程中实际支付的全部建设费用，反映了工程建设项目的最终造价。竣工决算报告是准确核定新增固定资产价值、办理固定资产交付使用手续的依据，由建设单位对工程项目发生的费用进行归集、分配、汇总编制，反映的是综合、全面、完整的项目建设的最终成果。竣工决算报告中的工程建设费用通常包括工程结算价款和工程间接费用，工程结算是指施工企业按照合同规定的内容全部完成所承包的工程，经验收质量合格，并符合合同要求之后，通过编制工程结算书向建设单位进行工程价款结算，是施工单位向建设单位索取工程报酬的依据。工程间接费用是构成建设项目实际支出的、按照规定应当分摊计入工程成本的各项间接费用和税费支出。

若医院的在建工程项目在竣工决算后出现了费用审减，在没有暂估转固定资产前，直接冲减在建工程的账面价值；若是已经结转入固定资产，则冲减固定资产的账面价值，对已提的折旧不做调整。同时，还需要分析审减部分的成本属性、资金情况等，如属财政资金应做退回处理。

在冲减在建工程时，应根据审减部分费用性质分别进行账务处理。一般冲减本期费用，跨年且影响金额较大，通过“以前年度盈余调整”核算。

【政策制度依据】

1.《政府会计科目和报表》相关规定：

“第三部分会计科目使用说明：

1613 在建工程

三、在建工程的主要账务处理如下：

（三）待摊投资

建设工程发生的构成建设项目实际支出的、按照规定应当分摊计入有关工程成本和设备成本的各项间接费用和税费支出，先在本明细科目中归集；建设工程办妥竣工验收手续交付使用时，按照合理的分配方法，摊入相关工程成本、在安装设备成本等。

3. 由于自然灾害、管理不善等原因造成的单项工程或单位工程报废或毁损，扣除残料价值和过失人或保险公司等赔款后的净损失，报经批准后计入继续施工的工程成本的，按照工程成本扣除残料价值和过失人或保险公司等赔款后的净损失，借记本科目（待摊投资），按照残料变价收入、过失人或保险公司赔款等，借记'银行存款''其他应收款'等科目，按照报废或毁损的工程成本，贷记本科目（建筑安装工程投资）。"

2.《基本建设项目竣工财务决算管理暂行办法》（财建〔2016〕503 号）相关规定：

"第十七条　财政部门和项目主管部门审核批复项目竣工财务决算时，应当重点审查以下内容：

（一）工程价款结算是否准确，是否按照合同约定和国家有关规定进行，有无多算和重复计算工程量、高估冒算建筑材料价格现象；

（二）待摊费用支出及其分摊是否合理、正确；

（三）项目是否按照批准的概算（预）算内容实施，有无超标准、超规模、超概（预）算建设现象；

（四）项目资金是否全部到位，核算是否规范，资金使用是否合理，有无挤占、挪用现象；

（五）项目形成的资产是否全面反映，计价是否准确，资产接受单位是否落实；

（六）项目在建设过程中历次检查和审计所提的重大问题是否已经整改落实；

（七）待核销基建支出和转出投资有无依据，是否合理；

（八）竣工财务决算报表所填列的数据是否完整，表间钩稽关系是否清晰、正确；

（九）尾工工程及预留费用是否控制在概算确定的范围内，预留的金额和比例是否合理；

（十）项目建设是否履行基本建设程序，是否符合国家有关建设管理制度要求等；

（十一）决算的内容和格式是否符合国家有关规定；

（十二）决算资料报送是否完整、决算数据是否存在错误；

（十三）相关主管部门或者第三方专业机构是否出具审核意见。"

3.《基本建设项目建设成本管理规定》（财建〔2016〕504 号）相关规定：

"第五条　项目建设管理费是指项目建设单位从项目筹建之日起至办理竣工财务决算之日止发生的管理性质的支出。包括：不在原单位发工资的工作人员工资及相关费用、办公费、办公场地租用费、差旅交通费、劳动保护费、工具用具使用费、固定资产使用费、招募生产工人费、技术图书资料费（含软件）、业务招待费、施工现场津贴、竣工验收费和其他管理性质开支。"

【会计账务处理】

1. 审计结算金额大于已支付进度款金额：

财务会计：

借：在建工程——建筑安装工程投资（应补工程款）

贷：应付账款——××施工单位（应补工程款-工程质保金）

其他应付款——××施工单位（工程质保金）

预算会计不做账务处理。

2. 审计结算金额小于已支付进度款金额：

财务会计：

借：其他应收款——××建设单位（结算差额+工程质保金）

贷：在建工程——建筑安装工程投资（结算差额）

其他应付款——××建设单位（工程质保金）

预算会计不做账务处理。

3. 在建工程竣工结算审计，调出不纳入资产价值的间接费用：

财务会计：

借：单位管理费用/以前年度盈余调整

贷：在建工程

预算会计不做账务处理。

例1：A工程审定结算总价500万元，审减40万元，已付工程进度款400万元，质保金5%，则：工程款结算差额=500-400=100（万元），质保金=500×5%=25（万元），审减金额40万元不单独做会计处理。

财务会计：

	借方	贷方
借：在建工程——建筑安装工程投资	1 000 000	
贷：应付账款——B公司		750 000
其他应付款——B公司		250 000

预算会计不做账务处理。

例2：假设例1中已付工程进度款为490万元，则工程款结算差额=500-490=10（万元），质保金=500×5%=25（万元）。

财务会计：

	借方	贷方
借：在建工程——建筑安装工程投资	100 000	
其他应收款——B公司	150 000	
贷：其他应付款——B公司		250 000

例3：假设例1中已支付工程进度款540万元，则进度款超过审计结算金额=540-500+500×5%=65（万元）

财务会计：

	借方	贷方
借：其他应收款——××建设单位	650 000	
贷：在建工程——建筑安装工程投资		400 000
其他应付款——××建设单位		250 000

预算会计不做账务处理。

第四节　无形资产核算问题及解决对策

【问题 63】停止使用的无形资产应怎样进行账务处理？

【问题分析判断】

无形资产在使用期内应按照确定的方法进行摊销，使用年限不确定的无形资产不应摊销。无形资产的摊销自无形资产达到使用状态起，至不再作为确认为无形资产时止。不能无故因为中途暂时停用，就停止无形资产摊销。

若无形资产停止使用是因为需要进行升级改造或扩展其功能，增加无形资产的使用效能等，应将“无形资产”余额转入“在建工程”核算。对于“在建工程”期间的无形资产不用进行摊销。

无形资产预期不能为政府会计主体带来服务潜力或者经济利益的，应当在报经批准后将该无形资产的账面价值予以核销。

【政策制度依据】

1.《政府会计科目和报表》相关规定：

“第三部分　会计科目使用说明规定：

1. 符合无形资产确认条件的后续支出

为增加无形资产的使用效能对其进行升级改造或扩展其功能时，如需暂停对无形资产进行摊销的，按照无形资产的账面价值，借记‘在建工程’科目，按照无形资产已摊销金额，借记‘无形资产累计摊销’科目，按照无形资产的账面余额，贷记本科目。

（三）按照规定报经批准处置无形资产，应当分别以下情况处理：

5. 无形资产预期不能为单位带来服务潜力或经济利益，按照规定报经批准核销时，按照待核销无形资产的账面价值，借记‘资产处置费用’科目，按照已计提摊销，借记‘无形资产累计摊销’科目，按照无形资产的账面余额，贷记本科目。”

2.《政府会计准则第 4 号——无形资产》（财会〔2016〕12 号）相关规定：

“第二节　无形资产的处置规定：

第十九条　因发生后续支出而增加无形资产成本的，对于使用年限有限的无形资产，应当按照重新确定的无形资产成本以及重新确定的摊销年限计算摊销额。

第二十条　使用年限不确定的无形资产不应摊销。”

【会计账务处理】

1. 无形资产按月进行摊销：

财务会计：

借：业务活动费用

　　单位管理费用

　贷：无形资产累计摊销

预算会计不做账务处理。

2. 无形资产处置核销价值：

财务会计：

借：资产处置费用

　　无形资产累计摊销

　贷：无形资产

预算会计不做账务处理。

3. 无形资产进行升级改造：

（1）无形资产转入在建工程：

借：在建工程

　　无形资产累计摊销

　贷：无形资产

预算会计不做账务处理。

（2）无形资产发生升级改造支出：

财务会计：

借：在建工程

　贷：银行存款等

预算会计：

借：事业支出

　贷：资金结存等

（3）无形资产交付使用确定新成本：

财务会计：

借：无形资产

　贷：在建工程

预算会计不做账务处理。

【问题64】购置的设备中包含相关软件，应如何进行账务处理？

【问题分析判断】

在实际业务中，为了减少采购频次，节约资源，医院可能会对相关属性、品类相关的物资进行打包招标采购。最为常见的情况是将设备和设备相关的软件一并采购。采购行为结束后，这种打包购置的资产应如何进行会计核算及管理，要视具体情况进行区别处理。

对于打包购置资产，首先要看打包内容组成，是固定资产还是无形资产；对同类资产再看是否有不同使用年限，分别适用不同折旧率（摊销率）或折旧（摊销）方法。

对打包购入含设备相关的软件，判断是否构成设备硬件不可缺少的组成部分，不构成相关硬件不可缺少组成部分的软件，应当确认为无形资产，否则，一并作为固定资产入账。

对打包购置没有单独标价的固定资产，应当按照各项固定资产同类或类似资产市场价格的比例对总成本进行分配，分别确定各项固定资产的成本。

【政策制度依据】

1.《政府会计准则第3号——固定资产》（财会〔2016〕12号）相关规定：

“第二章　固定资产的确认规定：

第六条　确认固定资产时，应当考虑以下情况：

（一）固定资产的各组成部分具有不同使用年限或者以不同方式为政府会计主体实现服务潜力或提供经济利益，适用不同折旧率或折旧方法且可以分别确定各自原价的，应当分别将各组成部分确认为单项固定资产。

（二）应用软件构成相关硬件不可缺少的组成部分的，应当将该软件的价值包括在所属的硬件价值中，一并确认为固定资产；不构成相关硬件不可缺少的组成部分的，应当将该软件确认为无形资产。”

2.《政府会计准则第3号——固定资产》（财会〔2016〕12号）相关规定：

“第二章　固定资产的初始计量规定：

第九条　政府会计主体外购的固定资产，其成本包括购买价款、相关税费以及固定资产交付使用前所发生的可归属于该项资产的运输费、装卸费、安装费和专业人员服务费等。

以一笔款项购入多项没有单独标价的固定资产，应当按照各项固定资产同类或类似资产市场价格的比例对总成本进行分配，分别确定各项固定资产的成本。”

3.《政府会计准则第4号——无形资产》（财会〔2016〕12号）相关规定：

“第二章　无形资产的确认规定：

第四条　政府会计主体购入的不构成相关硬件不可缺少组成部分的软件，应当确认为无形资产。”

【问题解决对策】

综上所述，打包购置资产不能简单地打包入账核算，而应当对打包的内容进行区分，按规则分别入账核算。

1. 打包购置没有单独标价的固定资产，应当按照各项固定资产同类或类似资产市场价格的比例对总成本进行分配，分别确定各项固定资产的成本。

例如，某三甲医院重点打造质检中心，购入一项专有技术和一台医疗设备合计1 000万元，但是专有技术和医疗设备没有分别标价，而同类或类似资产市场价格的相对比例4∶6，该项专有技术入账价值400万元，该台医疗设备入账价值600万元。

2. 打包购置资产包含设备以及和设备相关的软件，重点关注软件构不构成相关设备不可缺少的组成部分，进一步分析设备及其相关软件两者之间关联程度。

如果A软件构成相关B设备不可缺少的组成部分，说明B设备缺少A软件不能正常使用，也没有合适的其他类型设备软件，而A软件为B设备定制具有专用性，也不能适用于其他类型设备，B设备和相关A软件不能分开应为整体使用，应该合并确认为固定资产。

例如，某三甲医院从某供应商购入某品牌 M 核磁共振成套系统合计 1 000 万元，核磁共振配送清单 B 设备组件 900 万元和 A 数据系统 100 万元，A 数据系统是为 M 核磁共振专门定制具有专用性，不能用于其他品牌核磁共振；而正常使用 B 设备组件只有 A 数据系统支持，没有合适的其他品牌核磁共振软件，是属于构成硬件不可缺少的组成部分，A 数据系统和 B 设备组件合为整体，一并计入固定资产。

如果 A 软件不是构成相关 B 设备不可缺少的组成部分，说明 B 设备缺少 A 软件也能正常使用，可有合适的其他类型设备软件，或是 A 软件为 B 设备配置具有通用性，也能适用于其他类型设备，B 设备和相关 A 软件可以分开使用，应该分别确认为固定资产和无形资产。

例如，某三甲医院数字化建设，从某供应商购入某 HRP 财务管理系统 100 万元，配送清单 B 电脑服务器设备一台 10 万元和一套核算功能模块 A 数据系统 90 万元，A 数据系统是为 B 电脑服务器配置具有通用性，同样可以安装在其他电脑服务器使用，或是 B 电脑服务器没有 A 数据系统也能正常使用，同样可以安装其他数据系统软件，是属于不构成硬件不可缺少的组成部分，A 数据系统和 B 电脑服务器可以分开使用，故应该分别确认为无形资产和固定资产。

第五节 长期待摊费用核算问题及解决对策

【问题 65】固定资产修理支出是否应纳入“长期待摊费用”科目核算?

【问题分析判断】

“长期待摊费用”科目是反映已支付但不能全部作为当期费用列支的费用项目，其概念基础是基于权责发生制的配比原则。“长期待摊费用”核算应由本期和以后各期负担分摊期限在 1 年以上（不含 1 年）的各项费用。“长期待摊费用”本科目应当按照费用项目进行明细核算，期末借方余额，反映单位尚未摊销完毕的长期待摊费用。

医院固定资产大修理支出是为了恢复固定资产的性能，对其进行大部分或全部的修理。若单项支出金额已达到固定资产原值的 20%及以上或者金额达到 50 万元，符合现行文件中规定资本化的条件，应纳入“固定资产”核算。反之，修缮费用应通过“长期待摊费用”或“待摊费用”核算，其中受益期大于一年的通过“长期待摊费用”核算。

【政策制度依据】

1. 四川省财政厅、省人社厅、省卫生计生委、省中医药管理局《关于明确公立医院专用基金计提等管理事项的通知》相关规定：

“第三条 公立医院固定资产大型修缮的确认标准为：单项达到 50 万元（含 50 万元）或达到固定资产原值的 20%（含 20%）。达到大型修缮确认标准的固定资产维修、维护支出，其中能明确使固定资产相关的服务潜力可能实现或经济利益很可能流入医院的，应计入固定资产成本，此外计入‘待摊费用’或‘长期待摊费用’在受益期内平均摊销。”

2.《中华人民共和国企业所得税实施条例》：

“第六十九条 固定资产大修理支出，必须同时符合下列条件：①修理支出达到取得固定资产时的计税基础50%以上；②修理后固定资产的使用年限延长2年以上。”

【问题解决对策】

根据固定资产大修理的定义，在符合条件的情况下应计入“固定资产”。但是若单次修理金额小于固定资产原值20%或不超过50万元时，应根据固定资产收益年限计入“待摊费用”或“长期待摊费用”。在会计实务中如果发生的日常修理费用过小，可在当期费用直接列支。

【会计账务处理】

1. 发生长期待摊费用：

财务会计：

借：长期待摊费用——×项目

　贷：财政拨款收入/零余额账户用款额度/银行存款

预算会计：

借：事业支出

　贷：财政拨款预算收入/资金结存——零余额账户用款额度/资金结存——货币资金

2. 按照受益期限分期平均摊销时：

财务会计：

借：业务活动费用/单位管理费用/经营费用

　贷：长期待摊费用（每期摊销金额）——×项目

预算会计不做账务处理。

【问题66】住院大楼电梯维修，应如何进行账务处理？

【问题分析判断】

医院住院大楼的电梯未单独入账，其价值已计入房屋的建造成本。该电梯已使用12年，现更换井绳并进行大修理，应如何进行账务处理？由于电梯未单独作为固定资产入账，因此无法以设备原值作为是否资本化的标准。当发生的电梯维修费用小于50万元时，达不到“固定资产”入账价值。更换井绳不是常规电梯维保内容，更换后会在较长时期内（大于1年小于10年）服务于电梯主体，所以建议通过“长期待摊费用”科目核算。

若电梯维修费用单次超过50万元时，可以对这部分费用进行资本化，增加“固定资产”价值。

【政策制度依据】

1. 四川省财政厅、省人社厅、省卫生计生委、省中医药管理局《关于明确公立医院专用基金计提等管理事项的通知》相关规定：

“第三条　关于公立医院固定资产大型修缮的确认标准。”

2.《中华人民共和国企业所得税实施条例》相关规定：

“第六十九条　对固定资产大修理进行了定义。”

【问题解决对策】

医院电梯已使用12年，需更换电梯吊箱井绳，由于电梯随医院主楼交付，未单独计入医院设备固定资产，发生的电梯修理费用应根据实际发生费用总额判断是否能够资本化，分情况在“固定资产”或“长期待摊费用”科目核算。

【会计账务处理】

1. 资本化的情况：发生电梯大修费用时，通过“在建工程”归集费用；验收合格后，建设完成后转入固定资产。

财务会计：

借：在建工程

　贷：财政拨款收入/零余额账户用款额度/银行存款

借：固定资产

　贷：在建工程

预算会计：

借：事业支出

　贷：财政拨款预算收入/资金结存——零余额账户用款额度/资金结存——货币资金

2. 费用化的情况：发生电梯大修费用时，通过“在建工程”归集费用；验收合格后，从“在建工程”转入“长期待摊费用”。

财务会计：

借：在建工程

　贷：财政拨款收入/零余额账户用款额度/银行存款

借：长期待摊费用——电梯大修

　贷：在建工程

预算会计：

借：事业支出

　贷：财政拨款预算收入/资金结存——零余额账户用款额度/资金结存——货币资金

按照受益期限分期平均摊销时：

财务会计：

借：业务活动费用

　贷：长期待摊费用

预算会计不做账务处理。

【问题 67】对政府提供的无产权房屋的装修支出如何进行账务处理?

【问题分析判断】

若政府征用了公立医院的房屋，另提供一处房屋供其使用，公立医院耗费数百万元将其装修后投入使用，该装修费是否通过“长期待摊费用”进行核算?

如果政府仅提供房屋给医院使用，未交付房屋产权，该项房产不能作为医院的固定资产管理，针对该项房产发生的装修费用无论金额多大，其房屋装修产生的费用只能通过“长期待摊费用”核算。

如果政府明确与医院原房产进行置换，公立医院拥有房屋产权，则评估发生的装修费用是否已达到资本化标准，如果达到，应计入“固定资产”科目，如果未达到，应计入“长期待摊费用”科目。

【政策制度依据】

参见【问题 65】的【政策制度依据】。

【会计账务处理】

1. 发生装修费用时：

财务会计：

借：在建工程——×项目装修

　贷：财政拨款收入/零余额账户用款额度/银行存款

预算会计：

借：事业支出

　贷：财政拨款预算收入/资金结存——零余额账户用款额度/资金结存——货币资金

2. 完工后，从“在建工程”转入“长期待摊费用”：

财务会计：

借：长期待摊费用——×项目

　贷：在建工程——×项目装修

预算会计不做账务处理。

【问题 68】提前结束租赁业务用房，改造费应如何进行账务处理?

【问题分析判断】

公立医院将租用的房屋改造成为业务用房，其改造费用计入“长期待摊费用”，并在可受益年限内进行摊销。当有证据表明不再受益时，未摊销完的金额在实际受益期最后一期全部列入当期费用。

【政策制度依据】

《政府会计科目和报表》1901 长期待摊费用：

“第一条　本科目核算单位已经支出，但应由本期和以后各期负担的分摊期限在 1 年以上（不含 1 年）的各项费用。如以经营租赁方式租入的固定资产发生的改良支出等。”

【问题解决对策】

医院租赁房屋的改造费用在发生时计入“长期待摊费用”，在租赁期间按月摊销。医院提前结束房屋租赁后，因已发生的改造支出已经不能再使医院受益，应将其摊余金额一次全部转入当期费用。

【会计账务处理】

1. 发生长期待摊费用时：

财务会计：

借：长期待摊费用

　贷：财政拨款收入/零余额账户用款额度/银行存款

预算会计：

借：事业支出

　贷：财政拨款预算收入/资金结存——零余额账户用款额度/资金结存——货币资金

2. 根据剩余租赁期与租赁资产尚可使用年限两者中较短的期间，按月进行摊销：

财务会计：

借：业务活动费用

　贷：长期待摊费用——×项目

预算会计不做账务处理。

3. 终止经营时，将摊余金额一次全部转入当期费用时：

财务会计：

借：业务活动费用

　贷：长期待摊费用——×项目（摊余金额）

预算会计不做账务处理。

【问题 69】房屋租金如何进行账务处理？

【问题分析判断】

“预付账款”科目核算单位按照购货、服务合同或协议规定预付给供应单位（或个人）的款项，以及按照合同规定向承包工程的施工企业预付的备料款和工程款，一般是购货引起的。

以经营租赁方式租入的固定资产发生的租金支出，按合同约定租金支付方式确定。如果采取预付方式支付租金，则借方记入“待摊费用”或“长期待摊费用”科目；如果采取按月支付，则直接记当期费用；如果一定时间（比如1年）后支付，则按月借方记当期费用，贷方记“预提费用”科目。

【政策制度依据】

《政府会计科目和报表》相关规定：

“1901 长期待摊费用

第一条　本科目核算单位已经支出，但应由本期和以后各期负担的分摊期限在1年以上（不含1年）的各项费用。如以经营租赁方式租入的固定资产发生的改良支出等。

1401 待摊费用

第一条　本科目核算单位已经支付，但应当由本期和以后各期分别负担的分摊期在1年以内（含1年）的各项费用，如预付航空保险费、预付租金等。

1214 预付账款

第一条　本科目核算单位按照购货、服务合同或协议规定预付给供应单位（或个人）的款项，以及按照合同规定向承包工程的施工企业预付的备料款和工程款。”

【问题解决对策】

医院预付租金应该根据所预付金额的分摊期分别进行判断，采用不同的核算科目。若预付金额的分摊期小于等于1年，就在“待摊费用”中核算；预付金额的分摊期大于1年，则在“长期待摊费用”中核算。

【问题70】筹建期间发生的开办费包括哪些费用项目？应如何进行账务处理？

【问题分析判断】

公立医院的开办费是指医院在筹建期发生的费用，包括人员工资、办公费、培训费、差旅费、印刷费、注册登记费，以及不计入固定资产和无形资产成本的汇兑损益和利息等支出。医院的筹建期结束，在开业的当月应将开办费一次性计入“单位管理费用”。

【政策制度依据】

《政府会计科目和报表》5101 单位管理费用：

“第一条　本科目核算事业单位本级行政及后勤管理部门开展管理活动发生的各项费用，包括单位行政及后勤管理部门发生的人员经费、公用经费、资产折旧（摊销）等费用，以及由单位统一负担的离退休人员经费、工会经费、诉讼费、中介费等。”

【问题解决对策】

根据开办费和管理费用的定义，医院应在开业的当月将开办费一次性计入“单位管理费用”。

【会计账务处理】

财务会计：

借：单位管理费用

　贷：财政拨款收入/零余额账户用款额度/银行存款

预算会计：

借：事业支出

　贷：财政拨款预算收入/资金结存——零余额账户用款额度/资金结存——货币资金

第六节　受托代理资产核算问题及解决对策

【问题71】什么是受托代理？什么是受托代理资产？

【问题分析判断】

"受托代理"就是"代理"，代理人（受托人）按照被代理人（委托人）的委托行使代理权，代理人在代理权限内，以被代理人名义实施的民事法律行为对被代理人产生法律效力。

"受托代理资产"就是受托代理人接受委托方委托管理的各项资产，包括受托指定转赠的物资、受托存储保管的物资。

【政策制度依据】

1.《政府会计科目和报表》1891 受托代理资产：

"第一条　本科目核算单位接受委托方委托管理的各项资产，包括受托指定转赠的物资、受托存储保管的物资等的成本。"

2.《中华人民共和国民法总则》：

"第一百六十三条　代理包括委托代理和法定代理。委托代理人按照被代理人的委托行使代理权。法定代理人依照法律的规定行使代理权。"

【问题解决对策】

在法律关系中受托代理行为有明确的委托人（被代理人）、受托人（代理人）、受赠人三个主体，一般受托代理业务应签订明确的书面协议，且通常是委托方、受托方和受益人三方共同签订。在实际操作中，政府会计主体往往会接受政府或他方委托转赠、委托存储保管物资，对这类资产（物资），医院只是起到委托管理的作用，没有控制权和使用权，并不是受托代理资产的最终受益人，只是代受益人保管这些资产。

如果这类物资不纳入政府会计主体账务核算，可能会出现管理松弛、资产流失的情况。政府会计制度增设了"受托代理资产"和"受托代理负债"科目，专门核算单位因"受托代理"的资产变化情况。但在实际工作中，应注意只有符合"受托代理"要件的资产才能纳入“受托代理资产”科目核算，不能滥用。

【会计账务处理】

1. 收到受托代理资产验收入库，按照确定的成本：

财务会计：

借：受托代理资产

　贷：受托代理负债

预算会计不做账务处理。

2. 如由医院承担受托转赠药品相关税费、运输费的，还应当按照实际支付的税费金额：

财务会计：

借：其他费用

　贷：银行存款

预算会计：

借：其他支出

　贷：资金结存——货币资金

3. 将受托代理资产交付给受益人时，按照转赠物资的成本：

财务会计：

借：受托代理负债

　贷：受托代理资产

预算会计不做账务处理。

【问题72】公立医院收取的党、团费是否属于“受托代理资产”？应如何进行账务处理？

【问题分析判断】

党费、团费的收缴、使用和管理，是党团基层组织建设和队伍建设中的一项重要工作。党费、团费的具体财务工作由各级党委、团委内设的财务机构或党委、团委所在单位财务部门代办。必须指定专人负责，实行会计、出纳分设。

公立医院是执行政府会计制度的单位，根据政府会计制度的要求，若党费、团费未开设独立的专用存款账户，没能进行分账核算，而是由医院财务直接代理代管时，可以暂时视同受托代理业务进行处理。由于党团费是现金为主的资产，不直接通过“受托代理资产”总账科目核算，在“库存现金”“银行存款”科目下设“受托代理资产”明细科目进行核算。

【政策制度依据】

1.《政府会计科目和报表》1891 受托代理资产：

“单位收到的受托代理资产为现金和银行存款的，不通过本科目核算，应当通过‘库存现金’‘银行存款’科目进行核算。”

2. 中央组织部《关于中国共产党党费收缴、使用和管理的规定》相关规定：

“第二十三条　党费的具体财务工作由各级党委组织部门内设的财务机构或者同级党委的财务机构代办。必须指定专人负责，实行会计、出纳分设。党费会计核算和会计档案管理，参照财政部制定的《行政单位会计制度》执行。

第二十四条　党费应当以党委或党委组织部门的名义单独设立银行账户，必须存入中国工商银行、中国农业银行、中国银行、中国建设银行、交通银行、中国邮政储蓄银行，不得存入其他银行或者非银行金融机构。党费利息是党费收入的一部分，不得挪作他用。依法保障党费安全，不得利用党费账户从事经济活动，不得将党费用于购买国债以外的投资。”

3.《共青团中央关于印发〈关于中国共产主义青年团团费收缴、使用和管理的规定〉的通知》相关规定：

“第二十二条　团费的具体财务工作由各级团委内设的财务机构或团委所在单位财务部门代办。必须指定专人负责，实行会计、出纳分设。团费会计核算和会计档案管理，参照财政部制定的《行政单位会计制度》执行。

第二十三条　团费应当以团委或团委组织部门的名义单独设立银行账户，不具备单独设立银行账户条件的，可在团委或团委所在单位的基本账户中实行分账核算。团费必须存入团委或团委所在单位基本账户所在的银行，本级留存的团费不得存入其他银行或者非银行金融机构。团费利息是团费收入的一部分，不得挪作他用。依法保障团费安全，不得利用团费账户从事经济活动。”

【问题解决对策】

1. 党费、团费已开设独立的专用存款账户时，可单独设置党费、团费账进行日常收支核算和资金资产核算。

2. 党费、团费未开设独立的专用存款账户，由医院财务直接代理代管时，党费、团费的货币资金部分不直接通过“受托代理资产”总账科目核算，在“库存现金”“银行存款”科目下设“受托代理资产”明细科目进行核算。通过“受托代理负债”科目下的党费/团费科目的本期发生额可以了解党费的收支余概况，期末余额在贷方，应与“库存现金——受托代理资产”“银行存款——受托代理资产”两科目余额之和相等。党费、团费收支仅需进行财务会计核算。

【会计账务处理】

1. 收到党费、团费时，按照实际收到的金额：

财务会计：

借：库存现金或银行存款——受托代理资产

　贷：受托代理负债——党费（团费）

预算会计不做账务处理。

2. 支付党费、团费时，按照实际支付的金额：

财务会计：

借：受托代理负债——党费（团费）

　贷：库存现金或银行存款——受托代理资产

预算会计不做账务处理。

【问题 73】医院工会是否执行政府会计制度？

【问题分析判断】

工会会计是各级工会核算、反映、监督工会预算执行和经济活动的专业会计。工会依法建立独立的会计核算管理体系，与工会预算管理体制相适应。即使工会委托医院财务代理记账，也必须按照《工会会计制度》要求建立账套，单独核算，不能通过“受托代理资产”和“受托代理负债”科目进行核算。

【政策制度依据】

《关于进一步做好政府会计准则制度新旧衔接和加强行政事业单位资产核算的通知》财会〔2018〕34 号相关规定：

“一、关于政府会计准则制度新旧衔接有关问题

（一）关于准则制度实施范围。

原执行《工会会计制度》的各级工会组织，暂不执行政府会计准则制度，继续执行《工会会计制度》。”

【问题解决对策】

根据政府会计准则制度的实施范围，各级工会组织暂不执行《政府会计制度》，继续执行《工会会计制度》。

【问题 74】收到的捐赠资产是否属于“受托代理资产”核算范围？

【问题分析判断】

捐赠资产不属于受托代理资产核算范围。

对于接受委托人委托需要转赠给受赠人的物资，在“受托代理资产”科目核算。

【政策制度依据】

《卫生计生单位接受公益事业捐赠管理办法（试行）》（国卫财务发〔2015〕77 号）相关规定：

“第三条　本办法所称捐赠是指国内外自然人、法人和其他组织（以下简称捐赠人）自愿无偿向卫生计生单位（以下简称‘受赠单位’）提供资金、物资等形式的公益性支持和帮助。”

【问题解决对策】

捐赠人自愿无偿向受赠单位提供资金、物资等形式的公益性支持和帮助，受赠单位按约定开展非营利性活动，收到的资金、物资在“捐赠收入”科目核算。

【会计账务处理】

1. 接受捐赠的货币资金，按照实际收到金额

财务会计：

借：银行存款/其他货币资金

　贷：捐赠收入

预算会计：

借：资金结存——货币资金

　贷：其他预算收入——捐赠收入

2. 接受捐赠的固定资产、无形资产、存货类物资，按照确定的成本

财务会计：

借：固定资产

　　无形资产

　　库存物品

　贷：银行存款（相关税费支出）

捐赠收入

预算会计：

借：其他支出（支付的相关税费）

　贷：资金结存

【问题75】收到的押金、保证金是否属于“受托代理资产”核算范围?

【问题解决对策】

“受托代理资产”核算单位接受委托方委托管理的各项资产。押金、保证金是为了让合同相对方保证履约而收取的资金，是一种履约担保，医院无权使用该部分资金，当合同相对人完全履约时医院有偿还义务。

因此，押金、保证金不符合“受托代理资产”的核算范围，只能通过“其他应付款”科目核算。

【政策制定依据】

1.《关于进一步做好政府会计准则制度新旧衔接和加强行政事业单位资产核算的通知》(财会〔2018〕34号）相关规定：

“一、关于政府会计准则制度新旧衔接有关问题

（一）关于准则制度实施范围。

（十四）单位收取的押金、存入保证金等负有偿还义务的暂收款项，应当通过‘其他应付款’科目核算。”

2.《政府会计科目和报表》相关规定：

“2307 其他应付款

第一条　本科目核算单位除应交增值税、其他应交税费、应缴财政款、应付职工薪酬、应付票据、应付账款、应付政府补贴款、应付利息、预收账款以外，其他各项偿还期限在 1 年内（含 1 年）的应付及暂收款项，如收取的押金、存入保证金、已经报销但尚未偿还银行的本单位公务卡欠款等。”

【问题解决对策】

医院收到的不超过 1 年（含 1 年）的押金、保证金应当通过“其他应付款”核算。

【问题 76】受托代理资产在会计报表中如何填列?

【问题分析判断】

当医院收到的受托代理资产为货币资金时，不通过受托代理资产总账科目核算，应当在库存现金、银行存款科目下设“受托代理资产”明细科目进行核算。

会计报表填列受托代理资产项目时应注意以“受托代理资产”科目余额加上“货币资金”中的受托代理资产之和合并填列。

【政策制度依据】

《政府会计科目和报表》相关规定：

“第五部分　报表编制说明

一、资产负债表编制说明（四）本表‘期末余额’栏各项目的内容和填列方法 1. 资产类项目（30）‘受托代理资产’项目，反映单位期末受托代理资产的价值。本项目应当根据‘受托代理资产’科目的期末余额与‘库存现金’‘银行存款’科目下‘受托代理资产’明细科目的期末余额的合计数填列。”

第七章　负债类科目核算问题及解决对策

【问题 77】应付账款核算应注意哪些问题?

【问题分析判断】

应付账款是指医院因取得资产、接受服务、开展工程建设等而形成的负债，是买卖双方在购销活动中由于取得物资和支付款项时间不一致形成的，应付账款按应付金额入账，不按到期应付金额的现值入账。

在核算应付账款时应该根据医院的实际情况在“应付账款”科目下设置“应付药品款”“应付设备款”“应付材料款”“应付工程款”等明细科目，还应注意按部门和债权人明细进行辅助核算，以方便管理和满足财务报表附注披露的相关要求。

【政策制度依据】

1.《政府会计科目和报表》相关规定:

“关于应付账款科目:

‘应付账款’科目核算单位因购买物资、接受服务、开展工程建设等而应付的偿还期限在 1 年以内（含 1 年）的款项。本科目应当按照债权人进行明细核算。对于建设项目，还应设置‘应付器材款’‘应付工程款’等明细科目，并按照具体项目进行明细核算。”

2.《政府会计科目和报表》相关规定:

“应付账款科目的主要账务处理如下:

（一）收到所购材料、物资、设备或服务以及确认完成工程进度但尚未付款时，根据发票及账单等有关凭证，按照应付未付款项的金额，借记‘库存物品’‘固定资产’‘在建工程’等科目，贷记‘应付账款’科目。涉及增值税业务的，相关账务处理参见‘应交增值税’科目。

（二）偿付应付账款时，按照实际支付的金额，借记‘应付账款’科目，贷记‘财政拨款收入’‘零余额账户用款额度’‘银行存款’等科目。

（三）开出、承兑商业汇票抵付应付账款时，借记‘应付账款’科目，贷记‘应付票据’科目。

（四）无法偿付或债权人豁免偿还的应付账款，应当按照规定报经批准后进行账务处理。经批准核销时，借记‘应付账款’科目，贷记‘其他收入’科目。核销的应付账款应在备查簿中保留登记。”

【会计账务处理】

1. 发生应付账款时：

财务会计：

借：库存物品/固定资产/在建工程

　贷：应付账款

预算会计不做账务处理。

2. 偿付应付账款时：

财务会计：

借：应付账款

　贷：银行存款/财政拨款收入/零余额账户用款额度

预算会计：

借：事业支出

　贷：资金结存/财政拨款预算收入

3. 核销应付账款时：

财务会计：

借：应付账款

　贷：其他收入

预算会计不做账务处理。

【问题 78】使用公务卡报销的费用，报销和还款时间存在差异应如何进行账务处理？

【问题分析判断】

公务卡是指行政事业单位工作人员持有的，主要用于日常公务支出和财务报销业务的信用卡。预算单位财务部门应当依托公务卡支持系统，审核公务卡报销事项。对于批准报销的公务卡消费支出，应当按规定时间，通过零余额账户/银行存款向公务卡办理资金还款手续。

医院使用公务卡结算费用时，已经报销但尚未偿还银行的本单位公务卡欠款应通过“其他应付款”科目核算，预算会计不做账务处理。偿还银行公务卡欠款时冲销“其他应付款”科目，并计入“零余额账户用款额度”“银行存款”科目，预算会计做相应处理。

【政策制度依据】

1.《政府会计科目和报表》相关规定：

“其他应付款科目规定：

‘其他应付款’科目核算单位除应交增值税、其他应交税费、应缴财政款、应付职工薪酬、应付票据、应付账款、应付政府补贴款、应付利息、预收账款以外，其他各项偿还期限在 1 年内（含 1 年）的应付及暂收款项，如收取的押金、存入保证金、已经报销但尚未偿还银行的本单位公务卡欠款等。”

2.《政府会计科目和报表》相关规定：

“其他应付款科目账务处理：

本单位公务卡持卡人报销时，按照审核报销的金额，借记‘业务活动费用’‘单位管理费用’等科目，贷记‘其他应付款’科目；偿还公务卡欠款时，借记‘其他应付款’科目，贷记‘零余额账户用款额度’等科目。”

【问题解决对策】

根据公务卡管理的相关规定，凡纳入公务卡结算目录的公务支出事项，按规定应使用公务卡结算，也可使用银行转账方式结算。

实际发生公务卡支出已经报销但尚未偿还银行时，借记“业务活动费用”“单位管理费用”科目，贷记“其他应付款”科目，此时预算会计不做账务处理；向银行结算公务卡欠款时，财务会计借记“其他应付款”科目，贷记“零余额账户用款额度”“银行存款”等科目，预算会计中借记“事业支出”科目，贷记“资金结存”科目。

【会计账务处理】

例：2019 年 6 月，医院李某使用公务卡支付培训费 5 000 元，于 7 月通过零余额账户用款额度偿还该费用。

1. 李某报销该笔公务卡支出时：

财务会计：

借：业务活动费用/单位管理费用　　5 000

　贷：其他应付款　　5 000

预算会计不做账务处理。

2. 医院财务于 7 月偿还该笔费用时：

财务会计：

借：其他应付款　　5 000

　贷：零余额账户用款额度　　5 000

预算会计：

借：事业支出　　5 000

　贷：资金结存　　5 000

【问题 79】年末以财政直接支付方式发放次年的职工薪酬应如何进行账务处理？

【问题分析判断】

在实务中，年末财政可能会预拨次年的职工薪酬。这部分资金由于不属于本年度预算事项，财务会计及预算会计均不能确认为当年财政拨款收入。收到该资金时财务会计暂记入“其他应付款”科目，预算会计不做处理；第二年度财务会计按照职工薪酬相关规定进行核算，待批准纳入预算时，预算会计进行相应处理。

【政策制度依据】

《政府会计准则制度解释第 2 号》（财会〔2019〕24 号）相关规定：

“第三条　关于单位年末暂收暂付非财政资金的会计处理：

（二）对于应当纳入下一年度部门预算管理的暂收款项，单位在收到款项时，借记‘银行存款’等科目，贷记‘其他应付款’科目；本年度不做预算会计处理。待下一年初，单位应当按照上年暂收的款项金额，借记‘其他应付款’科目，贷记有关收入科目；同时在预算会计中，按照暂收款项的金额，借记‘资金结存’科目，贷记有关预算收入科目。

对于应当纳入下一年度部门预算管理的暂付款项，单位在付出款项时，借记‘其他应收款’科目，贷记‘银行存款’等科目，本年度不做预算会计处理。待下一年实际结算或报销时，单位应当按照实际结算或报销的金额，借记有关费用科目，按照之前暂付的款项金额，贷记‘其他应收款’科目，按照退回或补付的金额，借记或贷记‘银行存款’等科目；同时，在预算会计中，按照实际结算或报销的金额，借记有关支出科目，贷记‘资金结存’科目。”

【会计账务处理】

1. 本年度收到并使用财政资金支付下年度职工薪酬时：

财务会计：

借：银行存款

　贷：其他应付款

借：应付职工薪酬

　贷：银行存款

预算会计不做账务处理。

2. 第二年，确认应付职工薪酬时：

财务会计：

借：业务活动费用/单位管理费用

　贷：应付职工薪酬

借：其他应付款

　贷：财政拨款收入

预算会计：

借：资金结存

　贷：财政拨款预算收入

借：事业支出

　贷：资金结存

【问题 80】缴纳职工社会保险费用应如何进行账务处理?

按照规定，医院应代扣个人应交的社保费用，但社保局在处理时直接全额扣除，未区分个人部分和单位部分，医院无法区分，如何处理?

【问题分析判断】

按照规定，医院应按期缴纳职工社会保险费用，并代扣职工个人应缴纳部分。社会保险经办机构在实务中一般会将社会保险费用按月从单位银行账户中一次性扣除，不会区分个人部分和单位部分。

因医院社会保险费用单位部分和个人部分承担对象不一样，在账务处理中要予以区分，也需按月将缴纳社会保险费的明细情况告知职工本人，故应要求社会保险经办机构提供缴费明细。

【政策制度依据】

1. 根据《中华人民共和国社会保险法》（2011 年 7 月 1 日实施）（2010 年 10 月 28 日第十一届全国人民代表大会常务委员会第十七次会议通过）的规定：

"用人单位应当自行申报、按时足额缴纳社会保险费，非因不可抗力等法定事由不得缓缴、减免。职工应当缴纳的社会保险费由用人单位代扣代缴，用人单位应当按月将缴纳社会保险费的明细情况告知本人。社会保险基金包括基本养老保险基金、基本医疗保险基金、工伤保险基金、失业保险基金和生育保险基金。除基本医疗保险基金与生育保险基金合并建账及核算外，其他各项社会保险基金按照社会保险险种分别建账，分账核算。社会保险基金执行国家统一的会计制度。"

2.《社会保险费征缴暂行条例》（国务院令第 259 号）相关规定：

"缴费单位和缴费个人应当以货币形式全额缴纳社会保险费。缴费个人应当缴纳的社会保险费，由所在单位从其本人工资中代扣代缴。社会保险基金按照不同险种的统筹范围，分别建立基本养老保险基金、基本医疗保险基金、失业保险基金。各项社会保险基金分别单独核算。

省、自治区、直辖市人民政府规定由税务机关征收社会保险费的，税务机关应当及时向社会保险经办机构提供缴费单位和缴费个人的缴费情况，社会保险经办机构应当将有关情况汇总，报劳动保障行政部门。社会保险经办机构应当建立缴费记录，其中基本养老保险、基本医疗保险应当按照规定记录个人账户。社会保险经办机构负责保存缴费记录，并保证其完整、安全。社会保险经办机构应当至少每年向缴费个人发送一次基本养老保险、基本医疗保险个人账户通知单。缴费单位、缴费个人有权按照规定查询缴费记录。"

3. 根据《政府会计科目和报表》相关规定：

"应付职工薪酬的规定：

'社会保险费''住房公积金'明细科目核算内容包括单位从职工工资中代扣代缴的社会保险费、住房公积金，以及单位为职工计算缴纳的社会保险费、住房公积金。"

【问题解决对策】

根据相关规定，社会保险费用中的基本养老保险、医疗保险、失业保险是由单位和个人共同承担的保险费用。社会保险经办机构建立缴费记录，核算每一次的缴纳、支取，缴纳单位和个人有权按照规定查询缴纳记录。

所以当社会保险经办机构从单位银行账户一次性扣除社会保险费用后，医院可以向社会保险经办机构查询明细，区分单位和个人部分后分别进行账务处理。

政府会计制度要求社会保险费用的单位部分和个人部分都应该通过“应付职工薪酬”科目核算。如单位确需在“应付职工薪酬”科目下对社会保险费用分别核算单位和个人部分的，可在“应付职工薪酬——社会保险费”各类保险科目设置单位、个人明细科目进行分类核算。

【会计账务处理】

1. 计提单位部分社会保险费用：

财务会计：

借：业务活动费用——人员经费

　　单位管理费用——人员经费

　贷：应付职工薪酬——社会保险费——基本养老保险——单位

　　　应付职工薪酬——社会保险费——医疗保险——单位

　　　应付职工薪酬——社会保险费——失业保险——单位

2. 代扣个人部分社会保险费用：

借：应付职工薪酬——基本工资

　贷：应付职工薪酬——社会保险费——基本养老保险——个人

　　　应付职工薪酬——社会保险费——医疗保险——个人

　　　应付职工薪酬——社会保险费——失业保险——个人

预算会计不做账务处理。

【问题 81】代扣和计提的各项保险、住房公积金应如何进行账务处理？

医院代扣和计提的各项保险、住房公积金，个人部分、单位部分应如何处理？实际缴纳计提的各项保险，住房公积金时又应如何处理？

【问题分析判断】

医院计提和代扣的各类保险、住房公积金和个人及单位部分都应通过“应付职工薪酬”科目核算，此时预算会计不做账务处理。

实际缴纳各类保险、住房公积金时，财务会计借记“应付职工薪酬”科目，贷记“财政拨款收入”“零余额账户用款额度”或“银行存款”等科目；预算会计对于单位部分，借记“事业支出”科目，明细科目为“机关事业单位基本养老保险缴费”“职业年金缴费”等，个人部分借记“事业支出”科目，明细科目为“基本工资”等，贷记“财政拨款预算收入”或“资金结存”等科目。

【政策制度依据】

1.《政府会计科目和报表》相关规定：

“应付职工薪酬的账务处理第三条规定：

从应付职工薪酬中代扣社会保险费和住房公积金，按照代扣的金额，借记应付职工薪酬（基本工资），贷记应付职工薪酬（社会保险费、住房公积金）。”

2.《政府会计科目和报表》相关规定：

“应付职工薪酬的账务处理第四条规定：

按照国家有关规定缴纳职工社会保险费和住房公积金时，按照实际支付的金额，借记应付职工薪酬（社会保险费、住房公积金），贷记‘财政拨款收入’‘零余额账户用款额度’‘银行存款’等科目。”

【问题解决对策】

“应付职工薪酬”科目下应设置基本工资、津贴补贴、社会保险费、住房公积金等明细科目核算，以更清晰明了地核算医院应支付给职工以及为职工支付的各项费用。

医院在计提当期应付职工薪酬时，财务会计根据员工从事业务活动性质计入相关借方科目，如：计提从事专业及其辅助活动人员的职工薪酬，借记“业务活动费用”“单位管理费用”科目；计提应由在建工程、加工物品、自行研发无形资产负担的职工薪酬，借记“在建工程”“加工物品”“研发支出”等科目；计提从事专业及其辅助活动之外的经营活动人员的职工薪酬，借记“经营费用”科目；因解除与职工的劳动关系而给予的补偿，借记“单位管理费用”等科目，统一贷记“应付职工薪酬——基本工资”等科目。应代扣的社会保险费、住房公积金个人部分，借记“应付职工薪酬——基本工资”科目，贷记“应付职工薪酬——社会保险费”科目等。计提应付职工薪酬时预算会计不做账务处理。

缴纳职工社会保险费和住房公积金时，按照实际支付的金额，财务会计借记“应付职工薪酬——社会保险费”“应付职工薪酬——住房公积金”科目，贷记“财政拨款收入”“零余额账户用款额度”“银行存款”等科目。预算会计借记“事业支出”科目，个人代扣代缴部分计入“基本工资”，单位缴纳部分计入“社会保险费”“住房公积金”，贷记“财政拨款预算收入”“资金结存”等科目。

在实际业务中，计算分配应付职工薪酬和代扣代缴社保费用、住房公积金一般是同时进行账务处理的。

【会计账务处理】

例：2019 年 12 月，某医院计算应发放基本工资 1 000 000 元，国家规定津贴补贴 200 000 元，规范性津贴补贴 300 000 元。医院按照国家规定的基数及比例提取单位部分养老保险 200 000 元、个人部分养老保险 80 000 元、单位部分医疗保险 80 000 元、个人部分医疗保险 20 000 元，单位部分住房公积金 120 000 元、个人部分住房公积金 120 000 元。该医院月初向职工发放工资，月末向社会保险管理机构和住房公积金中心缴纳各项保险及公积金费用。

1. 计提工资及单位应缴纳保险费用、住房公积金时，按应发数进行账务处理：

财务会计：

借：业务活动费用——人员经费　　1 900 000
　贷：应付职工薪酬——基本工资　　1 000 000
　　应付职工薪酬——国家规定津贴补贴　　200 000
　　应付职工薪酬——规范津贴补贴　　300 000
　　应付职工薪酬——社会保险费——基本养老保险费——单位　　200 000

　　　应付职工薪酬——社会保险费——医疗保险费——单位　80 000
　　　应付职工薪酬——住房公积金——单位　120 000
借：应付职工薪酬——基本工资　220 000
　贷：应付职工薪酬——社会保险费——基本养老保险费——个人　80 000
　　　应付职工薪酬——社会保险费——医疗保险费——个人　20 000
　　　应付职工薪酬——住房公积金——个人　120 000
预算会计不做账务处理。
2. 医院发放工资时，按实发数进行账务处理：
财务会计：
借：应付职工薪酬——基本工资　780 000
　　应付职工薪酬——国家规定津贴补贴　200 000
　　应付职工薪酬——规范津贴补贴　300 000
　贷：财政拨款收入/零余额账户用户额度/银行存款　1 280 000
预算会计：
借：事业支出　780 000
　　事业支出　200 000
　　事业支出　300 000
　贷：财政拨款预算收入/资金结存　1 280 000
月末，医院缴纳各类保险、住房公积金时：
财务会计：
借：应付职工薪酬——社会保险费——基本养老保险费——单位　200 000
　　应付职工薪酬——社会保险费——基本养老保险费——个人　80 000
　　应付职工薪酬——社会保险费——医疗保险费——单位　80 000
　　应付职工薪酬——社会保险费——医疗保险费——个人　20 000
　　应付职工薪酬——住房公积金——单位　120 000
　　应付职工薪酬——住房公积金——个人　120 000
　贷：财政拨款收入/零余额账户用户额度/银行存款　620 000
预算会计：
借：事业支出　200 000
　　事业支出　80 000
　　事业支出　120 000
　　事业支出　220 000
　贷：财政拨款预算收入/资金结存　620 000

【问题 82】应付职工薪酬的“规范津贴补贴”，包括哪些核算内容？

工资表中的“生活性补贴”和“工作性津贴”属于应付职工薪酬下明细科目“国家统一规定的津贴补贴”，还是“规范津贴补贴（绩效工资）”？

【问题分析判断】

工资表中的“生活性补贴”和“工作性津贴”属于应付职工薪酬明细科目下的“规范津贴补贴（绩效工资）”的核算范围。国家统一规定的津贴补贴是经国务院、人社部、财政部批准设立的津贴补贴，一般包括政府特殊津贴、院士津贴、资深院士津贴等。

【政策制度依据】

1.《违规发放津贴补贴行为处分规定》（2013 年 6 月 13 日，中华人民共和国监察部、中华人民共和国人力资源和社会保障部、中华人民共和国财政部、中华人民共和国审计署令第 31 号）相关规定：

“本规定所称津贴补贴包括国家统一规定的津贴补贴和工作性津贴、生活性补贴、离退休人员补贴、改革性补贴以及奖金、实物、有价证券等。”

2.《中华人民共和国个人所得税实施条例》（中华人民共和国国务院令第 707 号）的免税相关规定：

“按照国家统一规定发放的补贴、津贴，具体是指按照国务院规定发给的政府特殊津贴、院士津贴、资深院士津贴，以及国务院规定免纳个人所得税的其他补贴、津贴。”

3.《中共中央办公厅国务院办公厅转发〈中央纪委、中央组织部、监察部、财政部、人事部、审计署关于做好清理规范津贴补贴工作的意见〉的通知》（中办发〔2005〕21 号）相关规定：

“第六条　规范津贴补贴阶段的主要工作：

规范津贴补贴项目和标准。各地区可根据本地实际，由省级政府对清理核实后保留的津贴补贴项目进行归并简化，实行统一的津贴补贴项目。规范后设立的津贴补贴项目，原则上划分为生活性补贴和工作性津贴两大类。生活性补贴发放对象为机关在职职工和离退休人员，工作性津贴发放对象为机关在职职工。”

【问题解决对策】

工资表中的“生活性补贴”和“工作性津贴”属于应付职工薪酬明细科目下的“规范津贴补贴（绩效工资）”。

【会计账务处理】

按规定和标准计提津补贴：

财务会计：

借：业务活动费用/单位管理费用

　贷：应付职工薪酬——国家统一规定的津贴补贴

　　　应付职工薪酬——规范津贴补贴

预算会计不做账务处理。

【问题 83】医院发生医疗纠纷应如何计提预计负债？如何确认金额？

【问题分析判断】

或有事项是指由过去的经济业务或者事项形成的，其结果必须由某些未来事项的发生或不发生才能决定的不确定事项。未来事项是否发生不在政府会计主体控制范围内。政府会计主体常见的或有事项主要包括：未决诉讼或未决仲裁、对外国政府或国际经济组织的贷款担保、承诺（补贴、代偿）、自然灾害或公共事件的救助等。

医院发生尚未解决的医疗纠纷属于或有事项，或有事项同时满足以下三个条件则确认为预计负债：①该义务是医院承担的现时义务；②履行该义务很可能导致经济利益流出医院；③该义务的金额能够可靠的计量。

预计负债应当按照履行相关现时义务所需支出的最佳估计数进行初始计量。所需支出存在一个连续范围，且该范围内各种结果发生的可能性相同，最佳估计数应当按照该范围内的中间值确定。在其他情形下，最佳估计数应当分别按下列情况确定：或有事项涉及单个项目的，按照最可能发生的金额确定；或有事项涉及多个项目的，按照各种可能结果及相关概率计算确定。政府会计主体清偿预计负债所需支出预期全部或部分由第三方补偿的，补偿金额只有在基本确定能够收到时才能作为资产单独确认。确认的补偿金额不应当超过预计负债的账面余额。

医院发生尚未解决的医疗纠纷时，应根据最佳估计数计提预计负债，以完整反映单位承担的现时义务。医院对运营过程中发生的医疗纠纷，面临诉讼结果为或有事项，履行该义务很可能导致经济资源流出，因此需要对此类业务进行关注并核算。预计负债的金额应按照履行相关现时义务所能确定支出的最佳估计数确认，如有能基本确定将由第三方补偿的部分应单独确认为一项资产，预计负债金额按照支出的最佳估计数扣除该项资产确认。

【政策制度依据】

《政府会计科目和报表》相关规定：

“预计负债核算单位对因或有事项所产生的现时义务而确认的负债，如对未决诉讼等确认的负债。

（一）确认预计负债时，按照预计的金额，借记‘业务活动费用’‘经营费用’‘其他费用’等科目，贷记‘预计负债’科目。

（二）实际偿付预计负债时，按照偿付的金额，借记‘预计负债’科目，贷记‘银行存款’‘零余额账户用款额度’等科目。

（三）根据确凿证据需要对已确认的预计负债账面余额进行调整的，按照调整增加的金额，借记有关科目，贷记‘预计负债’科目；按照调整减少的金额，借记‘预计负债’科目，贷记有关科目。”

【问题解决对策】

根据以上制度要求，医院在发生医疗纠纷时，如有未决诉讼还未实际发生赔付但能进行可靠的估计，应计提预计负债。如有基本确定能够收回的金额时，应扣减该金额再确认相关支出。

医院还应该在财务报告日对预计负债的账面余额进行复核，有确凿证据表明该账面余额不能真实反映当前最佳估计数的，应当按照当前的最佳估计数对账面余额进行调整。履行预计负债的相关义务不是很可能导致含有经济利益或服务潜力的经济资源流出医院时，应该将该预计负债的账面余额予以转销。

【会计账务处理】

例：2019 年年末，某医院有一起医疗纠纷尚未判决，根据鉴定结果，医院将承担部分医疗责任，预计赔偿 100 000 元。根据估算，购买医疗责任险的保险公司将承担 50 000 元赔偿款。2020 年 1 月判决结束，医院承担部分医疗责任，赔偿 100 000 元，其中，保险公司承担 50 000 元，通过银行存款支付。医院应如何进行账务处理？

1. 2019 年年末，计提预计负债时：

财务会计：

借：专用基金——医疗风险基金　　50 000

　　其他应收款　　50 000

　贷：预计负债　　100 000

预算会计不做账务处理。

2. 2020 年 1 月，根据判决结果：

财务会计：

借：银行存款　　50 000

　贷：其他应收款　　50 000

借：预计负债　　100 000

　贷：银行存款　　100 000

预算会计：

借：事业支出　　50 000

　贷：资金结存　　50 000

【问题 84】医院可能发生哪些增值税应税业务？应如何进行账务处理？

【问题分析判断】

根据现行税收政策相关规定，医疗机构提供的医疗服务免征增值税。医疗机构是指依据相关规定，经登记取得医疗机构执业许可证的机构，包括各级各类医院、门诊部、社区卫生服务中心、急救中心、城乡卫生院等医疗机构。本项所称的医疗服务，是指医疗机构按不高于地（市）级以上价格主管部门会同同级卫生主管部门及其他相关部门制定的医疗服务指导价格（包括政府指导价和按照规定由供需双方协商确定的价格等）为就医者提供《全国医疗服务价格项目规范》中所列的各项服务。

《全国医疗服务价格项目规范》中所列的各项医疗服务，分为综合医疗服务、实验室诊断、病理学诊断、影像学诊断、临床诊断、临床物理治疗、临床非手术治疗、临床

手术治疗、临床辅助操作、中医和民族医疗服务。

医院除上述医疗服务项目免征增值税，发生的其他业务都应该缴纳增值税。如：停车收入、房屋出租收入、进修实习收入等。

【政策制度依据】

1.《财政部 国家税务总局关于全面推开营业税改征增值税试点的通知》（财税〔2016〕36号）的附件3《营业税改征增值税试点过渡政策的规定》相关规定：

“医疗机构提供的医疗服务项目免征增值税。医疗机构，是指依据国务院《医疗机构管理条例》（国务院令1994年第149号）及卫生部《医疗机构管理条例实施细则》（卫生部令第1994年第35号）的规定，经登记取得医疗机构执业许可证的机构，包括各级各类医院、门诊部、社区卫生服务中心、急救中心、城乡卫生院等医疗机构。”

2.《纳税人提供不动产经营租赁服务增值税征收管理暂行办法》（国家税务总局公告2016年第16号）相关规定：

“一般纳税人出租其2016年4月30日前取得的不动产，可选择适用简易计税办法，按5%的征收率计算应纳税额，出租其2016年5月1日后取得的不动产，适用一般计税方法计税。”

3.《财政部 国家税务总局关于进一步明确全面推开营改增试点有关再保险不动产租赁和非学历教育等政策的通知》（财税〔2016〕68号）相关规定：

“一般纳税人提供非学历教育服务，可选择适用简易计税方法按3%征收率计算应纳税额。”

4.《财政部 国家税务总局关于增值税税控系统专用设备和技术维护费用抵减增值税税额有关政策的通知》（财税〔2012〕年15号）相关规定：

“自2011年12月1日起，增值税纳税人购买增值税税控系统专用设备（包括分开票机）支付的费用，可凭购买增值税税控系统专用设备取得的增值税专用发票，在增值税应纳税额中全额抵减（抵减额为价税合计额），不足抵减的可结转下期继续抵减。增值税纳税人非初次购买增值税税控系统专用设备支付的费用，由其自行负担，不得在增值税应纳税额中抵减。增值税税控系统包括增值税防伪税控系统，增值税防伪税控系统的专用设备包括金税卡、IC卡、读卡器或金税盘和报税盘。增值税纳税人2011年12月1日以后缴纳的技术维护费（不含补缴的2011年11月30日以前的技术维护费），可凭技术维护服务单位开具的技术维护费发票，在增值税应纳税额中全额抵减，不足抵减的可结转下期继续抵减。技术维护费按照价格主管部门核定的标准执行。增值税一般纳税人支付的两项费用在增值税应纳税额中全额抵减的，其增值税专用发票不作为增值税抵扣凭证，其进项税额不得从销项税额中抵扣。”

【问题解决对策】

根据政策制度的规定，医院涉及的大部分医疗活动都属于免征增值税的范围。目前涉及增值税应税业务主要有：进修培训收入、房租收入、停车收入。医院开展进修培训班等相关培训时、收取房租时需开具增值税发票，停车收入需提供定额发票。

经税务机关批准，医院可采用简易计税方法，按照核定税率简易计税并交纳。进修实习培训收入和房租收入一般在开增值税发票时进行账务处理，停车收入按月计算缴纳应纳税额。购买增值税税控系统和缴纳的技术维护费按照税法规定可以在缴纳增值税时进行抵扣。

【会计账务处理】

例：2019 年 8 月，某医院本期发生进修培训收入，开具的增值税发票注明的增值税额 300 元，不含税价款 10 000 元，月底向税务机关缴纳该税款。

1. 收到进修培训收入时：

财务会计：

	借方	贷方
借：银行存款	10 300	
贷：其他收入		10 000
应交增值税——应交税金		300

预算会计：

	借方	贷方
借：资金结存	10 300	
贷：其他预算收入		10 300

2. 月底缴纳税款时：

财务会计：

	借方	贷方
借：应交增值税——应交税金	300	
贷：银行存款		300

预算会计：

	借方	贷方
借：事业支出	300	
贷：资金结存		300

【问题 85】公立医院是否属于企业所得税纳税人？哪些所得应缴纳税款？

【问题分析判断】

对非营利性医疗机构按照国家规定的价格取得的医疗服务收入免征各项税收。医疗服务是指医疗服务机构对患者进行检查、诊断、治疗、康复和提供预防保健、接生、计划生育方面的服务，以及与这些有关的提供药品、医用材料器具、救护车、病房住宿和伙食的业务。医疗机构从事非医疗服务取得的收入，如租赁收入、财产转让收入、培训收入、对外投资收入等应按规定征收相关税收。

有事业单位法人资质的公立医院属于企业所得税的纳税人，一般医院应该就取得的停车收入、培训收入、租赁收入等非医疗业务的应税收入扣减其开展以上服务的费用后计算应纳税所得额，并计算交纳企业所得税。医院在申报企业所得税时，符合免税条件的收入应进行零申报，不符合免税条件的收入应正常申报缴纳企业所得税。

【政策制度依据】

（一）《中华人民共和国企业所得税法》（2007 年主席令第 63 号，2008 年 1 月 1 日施行）相关规定：

“免税收入：

国债利息收入；符合条件的居民企业之间的股息、红利等权益性投资收益；在中国境内设立机构、场所的非居民企业从居民企业取得与该机构、场所等有实际联系的股息、红利等权益性投资收益；符合条件的非营利组织的收入。”

2.《中华人民共和国企业所得税法实施条例》（2007 年国务院令第 512 号，2008 年 1 月 1 日起施行）、《财政部国家税务总局关于非营利组织企业所得税免税收入问题的通知》（财税〔2009〕122 号）相关规定：

“非营利组织的下列收入为免税收入：接受其他单位或者个人捐赠的收入；除《中华人民共和国企业所得税法》第七条规定的财政拨款以外的其他政府补助收入，但不包括因政府购买服务取得的收入；按照省级以上民政、财政部门规定收取的会费；不征税收入和免税收入孳生的银行存款利息收入；财政部、国家税务总局规定的其他收入。”

【问题解决对策】

公立医院的医疗收入、因医疗收入产生的利息、财政拨款收入、捐赠收入为免税收入，租赁收入、培训收入、停车费收入、对外投资收入需要缴纳企业所得税。医院在对应税收入进行账务处理时主要在“其他收入”科目下核算。医院应将免税收入和不免税收入分别核算，免税收入进行纳税零申报，应税收入按照规定计算交纳企业所得税。

医院应根据实际情况，不属于免税收入应计算企业应纳税所得额，根据税务局核定的税率计算应纳企业所得税额。

发生企业所得税纳税义务的，按照税法规定计算的应纳所得税额，财务会计借记“所得税费用”科目，贷记“其他应交税费——企业所得税”科目，预算会计不做账务处理。

实际缴纳所得税时，财务会计借记“其他应交税费——企业所得税”科目，贷记“银行存款”等科目，预算会计借记“事业支出”科目，贷记“资金结存”科目。

【会计账务处理】

例 1：某医院 12 月按照税法规定计算应缴纳企业所得税 80 000 元，月底缴纳税款。

计算应缴纳税款时：

财务会计：

借：所得税费用　　80 000

　贷：其他应交税费——应交所得税　　80 000

预算会计不做账务处理。

实际缴纳税款时：

财务会计：

借：其他应交税费——应交所得税　　80 000

　贷：银行存款　　80 000

预算会计：

借：事业支出　　80 000

　贷：资金结存　　80 000

【问题 86】医院需要缴纳的其他税费包括哪些？应如何处理？

【问题分析判断】

在中华人民共和国境内缴纳增值税、消费税的单位和个人，为城市维护建设税的纳税人，应当依照规定缴纳城市维护建设税。凡缴纳消费税、增值税的单位和个人，除按照《国务院关于筹措农村学校办学经费的通知》（国发〔1984〕174 号）的规定，缴纳农村教育事业费附加的单位外，都应当依照规定缴纳教育费附加。医院当月缴纳增值税的，按照税法规定还应计算缴纳城市维护建设税、教育费附加、地方教育费附加等。

医院自用的房屋属于免税范围，但医院将房屋用于租赁时，应就租赁的房屋缴纳房产税、城镇土地使用税。

医院在实务中签订的合同不属于印花税的免税范围，应计算缴纳印花税。医疗收入账簿免征印花税，营业收入的账簿应计算缴纳印花税。

医院购置车辆时应缴纳车辆购置税，每年还应就持有车辆缴纳车船税。

【政策制度依据】

1. 根据 2018 年发布的《财政部 国家税务总局关于〈中华人民共和国城市维护建设税法（征求意见稿）〉公开征求意见的通知》相关规定：

“城市维护建设税的计税依据为纳税人实际缴纳的增值税、消费税税额，以及出口货物、劳务或者跨境销售服务、无形资产增值税免抵税额。”

2.《征收教育费附加的暂行规定（2011 修订）》相关规定：

“教育费附加，以各单位和个人实际缴纳的增值税、消费税的税额为计征依据，教育费附加率为 3%，分别与增值税、消费税同时缴纳。”

3.《中华人民共和国房产税暂行条例》相关规定：

“房产税由产权所有人缴纳。房产出租的，以房产租金收入为房产税的计税依据。”

4.《中华人民共和国印花税暂行条例》（中华人民共和国国务院令第 11 号）相关规定：

“在中华人民共和国境内书立、领受本条例所列举凭证的单位和个人，都是印花税的纳税义务人（以下简称纳税人），应当按照本条例规定缴纳印花税。”

5.《国家税务局关于印花税若干具体问题的规定》（国税地字〔1988〕第 25 号）相关规定：

“17. 对有经营收入的事业单位使用的账簿，应如何贴花？

对有经营收入的事业单位，凡属由国家财政部门拨付事业经费，实行差额预算管理的单位，其记载经营业务的账簿，按其他账簿定额贴花，不记载经营业务的账簿不贴花；凡属经费来源实行自收自支的单位，其营业账簿，应对记载资金的账簿和其他账簿分别按规定贴花。”

【问题解决对策】

根据城市维护建设税和教育费附加的相关规定，医院若缴纳了增值税，那么就应该缴纳城市维护建设税、教育费附加、地方教育费附加，这三个税种的计税依据是当月实际缴纳的增值税额。在计算出应纳税额时财务会计借记“单位管理费用”“业务活动费用”等科目，贷记“其他应交税费（应交城市维护建设税、教育费附加、地方教育费附加）”科目，预算会计不做账务处理。

根据房产税和城镇土地使用税的规定，医院房屋用于租赁应计算缴纳房产税和城镇土地使用税。在计算出应纳税额时财务会计借记“单位管理费用”“业务活动费用”等科目，贷记“其他应交税费（应交房产税、城镇土地使用税）”科目，预算会计不做账务处理。

根据相关规定，医院发生购销、加工承揽、建设工程承包、财产租赁、货物运输、仓储保管、借款、财产保险、技术合同或者具有合同性质的凭证应计算缴纳印花税，对发生经营收入的账簿也应该计算并缴纳印花税，在会计核算时不需要预提应交税费，直接通过“业务活动费用”“单位管理费用”等科目核算。在发生时财务会计借记“业务活动费用”“单位管理费用”等科目，贷记“银行存款”等科目，预算会计借记“事业支出”科目，贷记“资金结存”科目。

根据车辆购置税和车船税相关规定，医院购置的救护车应在购买时缴纳车辆购置税，在会计核算时直接计入车辆成本；每年就持有的车辆计算缴纳车船税，在计算出应纳税额时财务会计借记“单位管理费用”“业务活动费用”等科目，贷记“其他应交税费（应交车船税）”科目，预算会计不做账务处理。

以上税种除印花税直接计入支出，车辆购置税直接计入车辆成本外，其他税费在实际缴纳时，财务会计借记“其他应交税费（应交城市维护建设税、教育费附加、地方教育费附加、房产税、城镇土地使用税、车船税）”科目，贷记“银行存款”等科目，预算会计借记“事业支出”科目，贷记“资金结存”科目。

【会计账务处理】

例1：某医院位于市区，2019年5月发生进修培训业务收入，开具增值税发票上注明的增值税额为300元，不含税价款10 000元，本期医院应缴纳的城市维护建设税、教育费附加、地方教育费附加为多少？

1. 按照税法规定，计算应交税费

应缴纳的城市维护建设税＝300×7%＝21（元）

应缴纳的教育费附加＝300×3%＝9（元）

应缴纳的地方教育费附加＝300×2%＝6（元）

2. 计提城市维护建设税、教育费附加、地方教育费附加时：

财务会计：

科目	借方	贷方
借：业务活动费用	36	
贷：其他应交税费——应交城市维护建设税		21
其他应交税费——应交教育费附加		9
其他应交税费——应交地方教育费附加		6

预算会计不做账务处理。

3. 缴纳城市维护建设税、教育费附加、地方教育费附加时：

财务会计：

借：其他应交税费——应交城市维护建设税　21
　　其他应交税费——应交教育费附加　9
　　其他应交税费——应交地方教育费附加　6
　贷：银行存款　36

预算会计：

借：事业支出　36
　贷：资金结存　36

例 2：某医院将自有的一间占地 20 平方米的临街房屋出租，月租金 5 000 元，增值税税率 5%，根据所在地税务局的相关规定，房产税可以按年缴纳，税率 4%，城镇土地使用税的税率为 10 元/平方米。

医院将自有房屋用于出租，在收取租金时应根据收取的租金金额和税率计算缴纳增值税。年末还应根据租金收入和相应税率计算应交的房产税，根据房屋面积和定额税率计算应交的城镇土地使用税。

每月应交增值税 = 5 000×5% = 250（元）

每年应交房产税 = 5 000×12×4% = 2 400（元）

每年应交城镇土地使用税 = 20×10 = 200（元）

每月收到房租时：

财务会计：

借：银行存款　5 000
　贷：租金收入　4 750
　　　应交增值税——应交税金——销项税额　250

预算会计：

借：资金结存　5 000
　贷：其他预算收入　5 000

月底缴纳增值税时：

财务会计：

借：应交增值税——应交税金　250
　贷：银行存款　250

预算会计：

借：事业支出　250
　贷：资金结存　250

年末计算应缴纳的房产税、城镇土地使用税时：

财务会计：

借：单位管理费用　2 600
　贷：其他应交税费——应交房产税　2 400
　　　其他应交税费——应交城镇土地使用税　200

预算会计不做账务处理。

实际缴纳房产税、城镇土地使用税时：

财务会计：

借：其他应交税费——应交房产税　2 400

　　其他应交税费——应交城镇土地使用税　200

　贷：银行存款　2 600

预算会计：

借：事业支出　2 600

　贷：资金结存　2 600

【问题 87】医院向银行借款有哪些形式？借款和利息应如何进行账务处理？

【问题分析判断】

医院原则上不得借入非流动负债，确需借入的，应按规定报主管部门会同财政等有关部门审批。

医院向银行借款，按借入期限分为长期借款和短期借款，并分别在不同的科目下进行核算。“短期借款”科目核算医院经批准向银行或其他金融机构等借入的期限在 1 年内（含 1 年）的各种借款。“长期借款”科目核算医院经批准向银行或其他金融机构等借入的期限超过 1 年（不含 1 年）的各种借款本息。长期借款科目应当设置“本金”和“应计利息”明细科目，并按照贷款单位和贷款种类进行明细核算。对于建设项目借款，还应按照具体项目进行明细核算。借款发生时，根据借款的期限财务会计借记“银行存款”科目，贷记“短期借款”或“长期借款”科目，预算会计借记“资金结存”科目，贷记“债务预算收入”科目。

【政策制度依据】

1.《政府会计准则第八号——负债》（财会〔2018〕31 号）相关规定：

“第二章　举借债务：

举借债务初始确认为负债时，应当按照实际发生额计量。对于借入款项，初始确认为负债时应当按照借款本金计量；借款本金与取得的借款资金的差额应当计入当期费用。对于属于流动负债的举借债务以及属于非流动负债的分期付息、一次还本的举借债务，应当将计算确定的应付未付利息确认为流动负债，计入应付利息；对于其他举借债务，应当将计算确定的应付未付利息确认为非流动负债，计入相关非流动负债的账面余额。”

2.《政府会计科目和报表》相关规定：

“‘债务预算收入’科目核算事业单位按照规定从银行和其他金融机构等借入的、纳入部门预算管理的、不以财政资金作为偿还来源的债务本金。本科目应当按照贷款单位、贷款种类、《政府收支分类科目》中‘支出功能分类科目’的项级科目等进行明细核算。债务预算收入中如有专项资金收入，还应按照具体项目进行明细核算。

借入各项短期或长期借款时，按照实际借入的金额，借记‘资金结存——货币资金’科目，贷记‘债务预算收入’科目。”

3.《政府会计科目和报表》相关规定：

“‘债务还本支出’科目核算事业单位偿还自身承担的纳入预算管理的从金融机构举借的债务本金的现金流出。本科目应当按照贷款单位、贷款种类、《政府收支分类科目》中‘支出功能分类科目’的项级科目和‘部门预算支出经济分类科目’的款级科目等进行明细核算。

偿还各项短期或长期借款时，按照偿还的借款本金，借记‘债务还本支出’科目，贷记‘资金结存’科目。”

4.《政府会计准则第八号——负债》（财会〔2018〕31号）相关规定：

“第二章　举借债务：

借款费用，是指政府会计主体因举借债务而发生的利息及其他相关费用，包括借款利息、辅助费用以及因外币借款而发生的汇兑差额等。其中，辅助费用是指政府会计主体在举借债务过程中发生的手续费、佣金等费用。政府以外的其他政府会计主体为购建固定资产等工程项目借入专门借款的，对于发生的专门借款费用，应当按照借款费用减去尚未动用的借款资金产生的利息收入后的金额，属于工程项目建设期间发生的，计入工程成本；不属于工程项目建设期间发生的，计入当期费用。工程项目建设期间是指自工程项目开始建造起至交付使用时止的期间。工程项目建设期间发生非正常中断且中断时间连续超过3个月（含3个月）的，政府会计主体应当将非正常中断期间的借款费用计入当期费用。如果中断是使工程项目达到交付使用所必需的程序，则中断期间所发生的借款费用仍应计入工程成本。政府会计主体因举借债务所发生的除上述规定外的借款费用（包括政府举借的债务和其他政府会计主体的非专门借款所发生的借款费用），应当计入当期费用。政府会计主体应当在偿还举借债务本息时，冲减相关负债的账面余额。”

【问题解决对策】

根据以上规定，短期借款在借入时，财务会计借记“银行存款”科目，贷记“短期借款”科目；预算会计借记“资金结存”科目，贷记“债务预算收入”科目。偿还本金时，财务会计借记“短期借款”科目，贷记“银行存款”等科目；预算会计借记“债务还本支出”科目，贷记“资金结存”科目。

短期借款的利息如果是按期支付（如季度或半年度）或到期本息一并偿付，且利息金额较大的，医院应按月计提利息，合理计算应分摊计入各期的利息费用。预提利息时，根据借款的用途，财务会计借记“在建工程”或“其他费用——利息费用”等科目，贷记“应付利息”科目；预算会计不做账务处理。实际支付利息时，财务会计借记“应付利息”科目，贷记“银行存款”等科目；预算会计借记“其他支出”科目，贷记“资金结存”等科目。

短期借款的利息按月支付或者借款到期时本息一并偿付且利息金额不大的，医院不需要预提利息，在实际支付利息时，按照实际支付的利息金额，根据借款用途，财务会计借记“在建工程”或“其他费用——利息费用”等科目，贷记“银行存款”等科目；预算会计借记“其他支出”科目，贷记“资金结存”等科目。

长期借款在借入时，财务会计借记“银行存款”科目，贷记“长期借款——本金”科目；预算会计借记“资金结存”科目，贷记“债务预算收入”科目。偿还本金时，财务会计借记“长期借款——本金”科目，贷记“银行存款”等科目；预算会计借记“债务还本支出”科目，贷记“资金结存”科目。

医院为建造固定资产等应支付的专门借款利息，属于工程项目建设期间发生的利息，应予资本化，计入工程成本。按期偿还利息的，计提利息时，财务会计借记“在建工程”等科目，贷记“应付利息”科目；预算会计不做账务处理。工程项目完工交付使用后发生的利息，应予费用化。财务会计借记“其他费用——利息费用”科目，贷记“应付利息”科目；预算会计不做账务处理。到期一次还本付息的长期借款利息，工程项目建设期间的利息，财务会计借记“在建工程”等科目，贷记“长期借款——应计利息”科目；预算会计不做账务处理。工程项目完工交付使用后发生的利息，财务会计借记“其他费用——利息费用”科目，贷记“长期借款——应计利息”科目；预算会计不做账务处理。偿还利息时，财务会计借记“应付利息”或“长期借款——应计利息”科目，贷记“银行存款”等科目；预算会计借记“其他支出”科目，贷记“资金结存”等科目。

用于日常经营的长期借款利息，按期偿还利息，计提利息时，财务会计借记“其他费用——利息费用”科目，贷记“应计利息”科目；预算会计不做账务处理。到期一次还本付息的长期借款利息，计提利息时财务会计借记“其他费用——利息费用”科目，贷记“长期借款——应计利息”科目；预算会计不做账务处理。在利息支付时，财务会计借记“应付利息”或“长期借款——应计利息”科目；预算会计借记“其他支出”科目，贷记“资金结存”科目。

【会计账务处理】

例1：某医院经批准，2019年1月从银行借入短期借款200 000元，年利率5%，用于日常经营活动，每季度向银行结息，2019年12月偿还本金和四季度利息。

1. 2019年1月借入本金时：

财务会计：

借：银行存款　　200 000

　贷：短期借款　　200 000

预算会计：

借：资金结存　　200 000

　贷：债务预算收入　　200 000

2. 2019年3月、6月、9月、12月计提利息时：

财务会计：

借：其他费用——利息费用　　2 500

　贷：应付利息　　2 500

预算会计不做账务处理。

3. 2019年3月末、6月末、9月末，向银行支付利息时：

财务会计：

借：应付利息　2 500

　贷：银行存款　2 500

预算会计：

借：其他支出　2 500

　贷：资金结存　2 500

4. 2019 年 12 月末还本付息时：

财务会计：

借：短期借款　200 000

　　应付利息　2 500

　贷：银行存款　202 500

预算会计：

借：债务还本支出　200 000

　　其他支出　2 500

　贷：资金结存　202 500

例 2：某医院经批准于 2019 年 4 月 1 日从银行借入 2 年期借款 800 000 元，专项用于某专项建设，该项目于 2020 年 12 月 1 日建成投入使用，借款年利率为 6%，到期一次还本付息，2021 年 3 月 31 日归还借款和利息。

2019 年 4 月到 2020 年 11 月该借款利息专项用于项目建设，应计入在建工程成本，金额＝800 000×6%÷12×20＝80 000（元）

2020 年 12 月到 2021 年 3 月的借款利息应计入当期费用，金额＝800 000×6%÷12×4＝16 000（元）

1. 2019 年 4 月取得借款时：

财务会计：

借：银行存款　800 000

　贷：长期借款——本金　800 000

预算会计：

借：资金结存　800 000

　贷：债务预算收入　800 000

2. 2019 年 4 月到 2020 年 11 月按月计提利息时：

财务会计：

借：在建工程　4 000

　贷：长期借款——应计利息　4 000

预算会计不做账务处理。

3. 2020 年 12 月到 2021 年 3 月按月计提利息时：

财务会计：

借：其他费用——利息费用　4 000

　贷：长期借款——应计利息　4 000

预算会计不做账务处理。

4. 2021 年 3 月还本付息时：

财务会计：

借：长期借款——本金　800 000

　　长期借款——应计利息　96 000

　贷：银行存款　896 000

预算会计：

借：债务还本支出　800 000

　　其他支出　96 000

　贷：资金结存　896 000

【问题 88】医院可以通过发行债权的形式筹资吗？

【问题分析判断】

医院作为非营利性的公益事业单位，不允许自行发行债券进行筹资。医院确实需要通过债券进行筹资的，可以申请地方政府债券，并以预算资金偿还。地方政府债券的发行主体只能是地方政府。

对于申请的债券，初始确认为负债时应当按照债券本金计量。政府会计主体应当按照借款本金（或债券本金）和合同或协议约定的利率（或债券票面利率）按期计提举借债务的利息。

【政策制度依据】

1.《关于控制公立医院医疗费用不合理增长的若干意见》（国卫体改发〔2015〕89 号）相关规定：

"严格控制公立医院规模。按照《国务院办公厅关于印发全国医疗卫生服务体系规划纲要（2015—2020 年）的通知》（国办发〔2015〕14 号）要求以及省级卫生资源配置标准和医疗机构设置规划，合理把控公立医院床位规模，严禁擅自增设床位。严格实施大型医用设备配置规划，加强使用评价和监督管理。严禁公立医院举债建设，严格控制建设标准。"

2.《国务院关于加强地方政府性债务管理的意见》（国发〔2014〕43 号）相关规定：

"明确政府和企业的责任，政府债务不得通过企业举借，企业债务不得推给政府偿还，切实做到谁借谁还、风险自担。政府与社会资本合作的，按约定规则依法承担相关责任。对地方政府债务实行规模控制，严格限定政府举债程序和资金用途，把地方政府债务分门别类纳入全口径预算管理，实现'借、用、还'相统一。牢牢守住不发生区域性和系统性风险的底线，切实防范和化解财政金融风险。加强债务管理，既要积极推进，又要谨慎稳健。在规范管理的同时，要妥善处理存量债务，确保在建项目有序推进。

经国务院批准，省、自治区、直辖市政府可以适度举借债务，市县级政府确需举借债务的由省、自治区、直辖市政府代为举借。明确划清政府与企业界限，政府债务只能通过政府及其部门举借，不得通过企事业单位等举借。地方政府举债采取政府债券方式。没有收益的公益性事业发展确需政府举借一般债务的，由地方政府发行一般债券融资，主要以一般公共预算收入偿还。有一定收益的公益性事业发展确需政府举借专项债务的，由地方政府通过发行专项债券融资，以对应的政府性基金或专项收入偿还。”

【问题解决对策】

根据以上规定，医院不能以自行发行债券的方式进行筹资，但可以通过合规渠道向财政部门申请地方政府债券。

因为是通过财政部门申请并下达，所以在账务处理上，应以财政部门要求为准，当前财政要求是通过“财政拨款收入”科目核算。

【会计账务处理】

1. 若财政要求通过“财政拨款收入”核算

收到当地财政部门转来的地方政府债券专项资金时：

财务会计：

借：零余额账户用款额度/银行存款

　贷：财政拨款收入

预算会计：

借：资金结存

　贷：财政拨款预算收入

2. 若财政无要求则通过“长期借款”核算

收到当地财政部门转来的地方政府债券专项资金时：

财务会计：

借：银行存款

　贷：长期借款

预算会计：

借：资金结存

　贷：债务预算收入

第八章　收入和预算收入类核算问题及解决对策

【问题 89】医院对取得的非同级财政拨款收入应如何核算？怎样区分“非同级财政拨款收入”与“上级补助收入”？

【问题分析判断】

（一）关于非同级财政拨款经费的核算口径问题

非同级财政拨款收入是医院从非同级政府财政部门取得的经费拨款，包括从同级政府其他部门取得的横向转拨财政款、从上级或下级政府财政部门取得的经费拨款。

在取得此类拨款经费时，比较容易产生核算口径上的混淆，主要源于以下规定：

1.《政府会计科目和报表》中对一级科目“非同级财政拨款收入”的核算范围的规定，即医院收到的非本级的财政拨款。

2.《政府会计医院补充规定》中对医院因开展科研教学活动从非同级政府财政部门取得的经费拨款，应当在“事业收入——科教收入——科研收入”和“事业收入——科教收入——教学收入”科目下单设“非同级财政拨款”明细科目进行核算。

3.《关于进一步做好政府会计准则制度新旧衔接和加强行政事业单位资产核算的通知》（财会〔2018〕34 号）中规定，事业单位对于因开展专项业务活动及其辅助活动取得的非同级财政拨款收入，应当通过“事业收入——非同级财政拨款收入”科目核算。

（二）关于非同级财政拨款经费与上级补助收入的区别

上级补助收入是指事业单位从主管部门和上级单位收到的非财政拨款收入。主管部门是指医院按照行政隶属关系归属的部门或单位；上级单位是指与医院无行政隶属关系但发生经费拨款关系的部门或单位。医院为了完成特定任务或达到特定目标，主管单位或上级单位可能会下拨补助资金用于弥补医院自有资金的不足。这类资金列入上级补助收入科目进行核算。

上级补助收入是医院的非财政补助资金，需要按照主管部门或上级单位的要求来进行管理，一般是项目资金，需要专项核算。

【政策制度依据】

1.《政府会计科目和报表》相关规定：

“‘事业收入’核算事业单位开展专业业务活动及其辅助活动实现的收入，不包括从同级政府财政部门取得的各类财政拨款。对于因开展科研及其辅助活动从非同级政府财政部门取得的经费拨款，应当在本科目下单设‘非同级财政拨款’明细科目进行核算。

‘非同级财政拨款收入’核算单位从非同级政府财政部门取得的经费拨款，包括从同级政府其他部门取得的横向转拨财政款、从上级或下级政府财政部门取得的经费拨款等。‘上级补助收入’核算事业单位从主管部门和上级单位取得的非财政拨款收入。”

2.《政府会计医院补充规定》相关规定：

“医院应当在新制度规定的‘4101 事业收入’科目下设置如下明细科目：

1.‘410101 医疗收入’科目，核算医院开展医疗服务活动实现的收入。

2.‘410102 科教收入’科目，核算医院开展科研教学活动实现的收入。

医院应当在‘410102 科教收入’科目下设置‘41010201 科研收入’‘41010202 教学收入’明细科目。

医院因开展科研教学活动从非同级政府财政部门取得的经费拨款，应当在‘事业收入——科教收入——科研收入’和‘事业收入——科教收入——教学收入’科目下单设‘非同级财政拨款’明细科目进行核算。”

3.《关于进一步做好政府会计准则制度新旧衔接和加强行政事业单位资产核算的通知》（财会〔2018〕34 号）相关规定：

“单位取得的非同级财政拨款收入包括两大类，一类是从同级财政以外的同级政府部门取得的横向转拨财政款，另一类是从上级或下级政府（包括政府财政和政府部门）取得的各类财政款。在具体核算时，事业单位对因开展专项业务活动及其辅助活动取得的非同级财政拨款收入，应当通过‘事业收入——非同级财政拨款收入’科目核算；对于其他非同级财政拨款收入，应当通过‘非同级财政拨款收入’科目核算。

事业预算收入和非同级财政拨款预算收入的核算口径比照前款规定处理。”

【问题解决对策】

对于上级补助收入和非同级财政拨款因为科目内涵不同，在会计核算时，需要弄清楚经费性质、经费来源，才能做到正确区分。

对于非同级财政拨款经费，由于有制度规定及医疗行业的补充规定，所以既要合理设置会计科目，又要正确按科目内涵进行会计核算。财会〔2018〕34 号文中明确，事业单位取得的非同级财政拨款收入包括两大类：一类是从同级财政以外的同级政府部门取得的横向转拨财政款，另一类是从上级或下级政府（包括政府财政和政府部门）取得的各类财政款。医院开展专项业务活动及其辅助活动取得的非同级财政拨款收入应通过事业收入科目进行核算，结合财会〔2018〕24 号文件精神，建议医院对非同级财政拨款经费做如下科目设置及会计核算：

1. 医院因开展专项业务活动（主要是科研及教学活动）及其辅助活动从非同级政府部门取得的经费拨款，财务会计应通过“事业收入——科教收入——科研收入——非同级财政拨款”或“事业收入——科教收入——教学收入——非同级财政拨款”科目核算。预算会计收到拨款时，在“事业预算收入——科教预算收入——科研预算收入——非同级财政拨款”或“事业预算收入——科教预算收入——教学预算收入——非同级财政拨款”科目核算。

2. 其他非同级财政拨款收入通过“4601 非同级财政拨款收入”科目进行核算，预算会计收到时在“6601 非同级财政拨款预算收入”科目核算。

如果医院收到属于专项业务活动及其辅助活动但不是科教的项目资金，可以在事业收入下设置二级科目“事业收入——非同级财政拨款”，但应仔细甄别是否应纳入“4601 非同级财政拨款收入”科目核算，以免多口径设置会计科目，造成核算混乱。

非同级财政拨款经费多为项目资金。若确认为开展专项活动收到的非同级拨款，则需按项目进行辅助核算，或设置项目登记备查簿。

非同级财政拨款经费用于开展科教及其辅助活动而发生的支出，应通过“业务活动费用（科教经费）”或者“单位管理费用（科教经费）”科目核算。预算会计通过“事业支出（科教资金支出）”科目进行明细核算，同时设置项目辅助核算。

其他从非同级政府部门取得的收入对应发生的费用，应根据业务实质及费用类别分别计入“业务活动费用（其他经费）”“单位管理费用（其他经费）”或者“其他费用”科目。预算会计通过“事业支出（其他资金支出）”“其他支出”科目核算。

【会计账务处理】

（一）开展科教及其辅助活动收到的非同级财政拨款

1. 收到非同级财政拨款收入时：

财务会计：

借：银行存款

　贷：事业收入——科教收入——科研收入/教学收入——非同级财政拨款收入

预算会计：

借：资金结存

　贷：事业预算收入——科教预算收入——科研项目预算收入/教学项目预算收入——非同级财政拨款收入

2. 发生相关费用时：

财务会计：

借：业务活动费用/单位管理费用（科教经费）

　贷：银行存款等

预算会计：

借：事业支出（科教资金支出）

　贷：资金结存

3. 年末结转：

财务会计：

借：事业收入——科教收入——科研收入/教学收入——非同级财政拨款

　贷：本期盈余——科教盈余

预算会计：

借：事业预算收入——科教预算收入——科研项目预算收入/教学项目预算收入——非同级财政拨款

贷：非财政拨款结转——本年收支结转

财务会计：

借：本期盈余——科教盈余

贷：业务活动费用/单位管理费用（科教经费）

预算会计：

借：非财政拨款结转——本期收支结转

贷：事业支出——科教资金支出

（二）收到其他非同级财政拨款经费

1. 收到非同级财政拨款时：

财务会计：

借：银行存款等

贷：非同级财政拨款收入

预算会计：

借：资金结存

贷：非同级财政拨款预算收入

2. 发生相关费用时：

财务会计：

借：业务活动费用/单位管理费用/其他费用（其他经费）

贷：银行存款等

预算会计：

借：事业支出——其他资金支出/其他支出等

贷：资金结存

3. 年末结转：

财务会计：

借：非同级财政拨款收入（项目）

贷：本期盈余——医疗盈余

预算会计：

借：非同级财政拨款预算收入（项目）

贷：非财政拨款结转——本年收支结转/其他结余

财务会计：

借：本期盈余——医疗盈余

贷：业务活动费用/单位管理费用/其他费用等（其他经费）

预算会计：

借：非财政拨款结转——本年收支结转/其他结余

贷：事业支出——其他资金支出/其他支出等

（三）取得上级补助收入的账务处理

1. 取得拨款时：

财务会计：

借：银行存款

　贷：上级补助收入

预算会计：

借：资金结存

　贷：上级补助预算收入

2. 期末结转时：

财务会计：

借：上级补助收入

　贷：本期盈余——医疗盈余

预算会计：

借：上级补助预算收入

　贷：其他结余/非同级财政拨款结转——本年收支结转

例 1：医院取得非同级财政拨款收入的核算

2019 年 12 月 20 日，某省级医院收到市卫健委（非同级）发来的拨款通知单，注明拨付医院服务能力保障财政性资金 5 万元。财务部门根据有关凭证，编制分录如下：

财务会计：

	借方	贷方
借：银行存款	50 000	
贷：非同级财政拨款收入		50 000

预算会计：

	借方	贷方
借：资金结存——货币资金	50 000	
贷：非同级财政拨款预算收入		50 000

例 2：医院取得上级补助收入的核算

2019 年 12 月 20 日，某大学直属医院收到所属大学发来的拨款通知单，拨付人才培养经费 5 万元（资金来源于教育经费，非财政拨款）。财务部门根据有关凭证，编制分录如下：

财务会计：

	借方	贷方
借：银行存款	50 000	
贷：上级补助收入		50 000

预算会计：

	借方	贷方
借：资金结存——货币资金	50 000	
贷：上级补助预算收入		50 000

【问题90】某高校直属医院收到该高校拨付的非财政性资金应如何进行账务处理？

【问题分析判断】

医院收到拨付资金后，要根据资金性质和拨款单位与收款单位的预算资金拨付关系，再结合“事业收入”“非同级财政拨款收入”“上级补助收入”的核算范围，确认核算科目。

【政策制度依据】

《政府会计科目和报表》相关规定：

“‘事业收入’核算事业单位开展专业业务活动及其辅助活动实现的收入，不包括从同级政府财政部门取得的各类财政拨款。对于因开展科研及其辅助活动从非同级政府财政部门取得的经费拨款，应当在本科目下单设‘非同级财政拨款’明细科目进行核算。

‘非同级财政拨款收入’核算单位从非同级政府财政部门取得的经费拨款，包括从同级政府其他部门取得的横向转拨财政款、从上级或下级政府财政部门取得的经费拨款等。

‘上级补助收入’核算事业单位从主管部门和上级单位取得的非财政拨款收入。”

【问题解决对策】

首先，由于下达资金文件为非财政资金，故不能确定为“非同级财政拨款收入”。其次，再判断该笔经费是否为科教经费。一般科教经费都会有科教项目课题任务书或签订科研课题协议书（合同）。若明确是科教经费，财务会计和预算会计分别计入“事业收入——科教收入——科研收入”和“事业预算收入——科教预算收入”。若为非科教类经费，因该医院为高校直属事业单位，财务会计和预算会计分别计入“上级补助收入”和“上级补助预算收入”。

1. 该笔经费为科教经费：

财务会计：

借：银行存款

　贷：事业收入——科教收入——科研收入

预算会计：

借：资金结存

　贷：事业预算收入——科教预算收入

2. 该笔经费为非科教经费，经确认为上级补助收入：

财务会计：

借：银行存款

　贷：上级补助收入

预算会计：

借：资金结存

　贷：上级补助预算收入

【问题91】病人减免的医疗费用应如何进行账务处理？

【问题分析判断】

在医院的实际工作中，存在不能按国家物价收费标准足额、确认医疗收入的情况。比如对特殊病人的费用减免，各种情况产生的欠费，以及对职工体检产生的折扣等。根据《政府会计科目和报表》《政府会计医院补充规定》，针对减免、欠费、折扣等情况，在确认医疗收入时方法是不相同的。

【政策制度依据】

《政府会计医院补充规定》相关规定：

“医院应当在提供医疗服务（包括发出药品）并收讫价款或取得收款权利时，按照规定的医疗服务项目收费标准计算确定的金额确认医疗收入。医院给予病人或其他付费方折扣的，按照折扣后的实际金额确认医疗收入。”

【问题解决对策】

为规范医院医药费用管理行为，明确经济责任，保证医疗收费合法合规，降低运营过程中的损失，医院应根据国家相关规定制定医疗收入减免管理制度。

针对医院给予病人或其他付费方折扣的，应按照折扣后的实际金额确认医疗收入。

针对医院给予特殊病人的费用减免、病人欠费、突发公共卫生事件欠费、“三无”人员欠费、医疗纠纷欠费、本院职工免费体检等情况，应按照实际发生的医疗费用全额确认为医疗收入。

【会计账务处理】

（一）针对给予病人或其他付费方折扣，应按照折扣后的实际金额确认医疗收入。

财务会计：

借：库存现金/银行存款/其他货币资金

　贷：事业收入——医疗收入——门急诊收入

预算会计：

借：资金结存

　贷：事业预算收入——医疗预算收入——门急诊预算收入

（二）特殊病人的费用减免、病人欠费、突发公共卫生事件欠费、“三无”人员欠费、医疗纠纷欠费等情况，按照实际发生的医疗费用全额确认为医疗收入，同时将减免或者欠费的金额确认为医疗欠费。

1. 门诊病人费用欠费：

财务会计：

借：库存现金/银行存款/其他货币资金
　　应收账款——应收医疗款——门诊病人欠费
　贷：事业收入——医疗收入——门急诊收入

预算会计：

借：资金结存
　贷：事业预算收入——医疗预算收入——门急诊预算收入

2. 住院病人费用欠费：

（1）住院期间按照物价收费标准全额确认医疗收入：

财务会计：

借：应收账款——应收在院病人医疗款
　贷：事业收入——医疗收入——住院收入

预算会计不做账务处理。

（2）出院结算，确认减免金额：

财务会计：

借：库存现金/银行存款/其他货币资金
　　应收账款——应收医疗款——应收医保款
　　应收账款——应收医疗款——出院病人欠费
　贷：应收账款——应收在院病人医疗款

预算会计：

借：资金结存
　贷：事业预算收入——医疗预算收入——住院预算收入

3. 本院职工免费体检：

全额确认医疗收入，同时减少职工福利基金。

财务会计：

借：专用基金——职工福利基金
　贷：事业收入——医疗收入——门急诊收入

预算会计：

借：专用结余——职工福利基金
　贷：事业预算收入——医疗预算收入——门急诊预算收入

例1：给予病人或其他付费方折扣的案例。

按照医院费用减免制度，医院给予集体100人以上的单位体检20%的折扣率，2019年12月，门诊体检部符合体检20%的折扣率的体检总收入为100 000元，折扣后的收入80 000元，假定全部款项当月均已收到。账务处理如下：

财务会计：

借：银行存款　　80 000
　贷：事业收入——医疗收入——门急诊收入　　80 000

预算会计：

借：资金结存　　80 000
　贷：事业预算收入——医疗预算收入——门急诊预算收入　　80 000

例 2：病人欠费的案例。

1. 门诊病人欠费

2019 年 12 月，经审核医院门诊“三无”病人总计发生金额为 8 000 元。账务处理如下：

财务会计：

借：应收账款——应收医疗款——门诊病人欠费　8 000

　贷：事业收入——医疗收入——门急诊收入　8 000

预算会计不做账务处理。

2. 住院病人欠费

2019 年 12 月 20 日，某医院患者李某住院总费用 5 000 元，医疗保险支付 3 000 元，个人应自付 2 000 元，但个人只支付了 1 200 元，欠医院 800 元。账务处理如下：

李某办理出院结算时：

财务会计：

借：库存现金　1 200

　　应收账款——应收医疗款——应收医保款　3 000

　　应收账款——应收医疗款——出院病人欠费　800

　贷：应收账款——应收在院病人医疗款　5 000

预算会计：

借：资金结存　1 200

　贷：事业预算收入——医疗预算收入——门急诊预算收入　1 200

例 3：医疗纠纷的案例。

1. 2019 年 12 月 20 日，某医院发生医疗纠纷，经法院判决，医院赔偿患者李某 50 000 元，本次住院产生的个人自付部分 5 000 元由患者自行结清。账务处理如下：

（1）医院支付医疗赔偿金时：

财务会计：

借：专用基金——医疗风险基金　50 000

　贷：银行存款　50 000

预算会计：

借：事业支出——其他资金支出　50 000

　贷：资金结存　50 000

（2）李某办理出院结算时：

财务会计：

借：库存现金　5 000

　贷：应收账款——应收医疗款——出院病人欠费　5 000

预算会计：

借：资金结存　5 000

　贷：事业预算收入——医疗预算收入——住院预算收入　5 000

2. 2019 年 12 月 20 日，某医院发生医疗纠纷，经法院判决，医院赔偿患者李某 50 000 元，同时减免病人本次住院产生的个人自付部分 5 000 元。患者本次住院总费用

40 000元，医保支付35 000元。账务处理如下：

（1）李某办理出院结算时：

财务会计：

借：应收账款——应收医疗款——应收医保款 35 000

应收账款——应收医疗款——出院病人欠费 5 000

贷：应收账款——应收在院病人医疗款 40 000

预算会计不做账务处理。

（2）医院支付医疗赔偿金时：

财务会计：

借：专用基金——医疗风险基金 55 000

贷：银行存款 50 000

应收账款——应收医疗款——出院病人欠费 5 000

预算会计：

借：事业支出——其他资金支出 50 000

贷：资金结存 50 000

例4：本院职工免费体检的案例。

2019年12月，医院开展本院职工年度免费体检，按照物价收费标准全额确认医疗收入为100 000元，账务处理如下：

财务会计：

借：专用基金——职工福利基金 100 000

贷：事业收入——医疗收入——门急诊收入 100 000

预算会计：

借：专用结余——职工福利基金 100 000

贷：事业预算收入——医疗预算收入——门急诊预算收入 100 000

【问题92】收到医联体医院转来的收入款项应如何进行账务处理？

【问题分析判断】

医院医生按协议到医联体医院坐诊已经是普遍现象，一般情况下对坐诊医生的报酬，有两种支付方式：第一种方式是医联体医院直接支付医生报酬，和医院无资金往来，这种情况下，医院无须进行账务处理；第二种方式是医联体医院根据协议或合同，将医生的报酬转账给医院，这种情况下建议对该款项按收支两条线进行账务处理。

【政策制度依据】

《国家税务总局关于个人从事医疗服务活动征收个人所得税问题的通知》（国税发〔1997〕178号）第三条规定：

“受医疗机构临时聘请坐堂门诊及售药，由该医疗机构支付报酬，或收入与该医疗机构按比例分成的人员，其取得的所得，按照‘劳务报酬所得’应税项目缴纳个人所得税，以一个月内取得的所得为一次，税款由该医疗机构代扣代缴。”

【问题解决对策】

综上所述，问题中的情况应为医院与对方单位签订协议或合同支付坐诊医生的报酬，该项资金建议按收支两条线进行账务处理。收款医院需向拨款单位开具合规合法的票据，按照不含税金额，计入其他收入；同时根据医院与对方单位签订的协议或合同，以及医院内部分配方案支付给坐诊医生，计入人员薪酬。

【问题 93】医院收到医联体管理费应如何进行账务处理？

【问题分析判断】

按照医疗联合体建设协议，医院通过业务指导、教学查房、临床带教、科研协作等方式对医联体医院进行帮助，促进优质资源共享和下沉，医联体医院会支付一定的委托管理费。

【问题解决对策】

医院需将收到的委托管理费确认为其他收入，并进行相应的账务处理。医院按照收到委托管理费的金额，开具增值税发票，借记“银行存款”科目，贷记“其他收入”“应交增值税——应交税金（销项税额）”科目。

【会计账务处理】

1. 收到委托管理费时：

财务会计：

借：银行存款

　贷：其他收入

　　　应交增值税——应交税金（销项税额）

预算会计：

借：资金结存

　贷：其他预算收入

2. 缴纳增值税时：

财务会计：

借：应交增值税——应交税金（销项税额）

　贷：银行存款

预算会计：

借：其他支出

　贷：资金结存

【问题94】向第三方护理公司收取的水电费应如何进行账务处理?

【问题分析判断】

医院对引入的第三方护理公司收取水电费属于代扣代缴性质，在经济活动结束后需付给其他收款单位或个人，不构成本单位收入的款项，故不能作为非税收入处理。

【政策制度依据】

1.《政府非税收入管理办法》(财税〔2016〕33号) 相关规定：

“非税收入，是指除税收以外，由各级国家机关、事业单位、代行政府职能的社会团体及其他组织依法利用国家权力，政府信誉、国有资源（资产）所有者权益等取得的各项收入。”

2.《行政事业单位资金往来结算票据使用管理暂行办法》(财综〔2010〕1号) 相关规定：

“第二章　第七条规定：

下列行为，可以使用资金往来结算票据：

(一) 行政事业单位暂收款项，由行政事业单位暂时收取，在经济活动结束后需退还原付款单位或个人，不构成本单位收入的款项，如押金、定金、保证金及其他暂时收取的各种款项等。

(二) 行政事业单位代收款项。由行政事业单位代为收取，在经济活动结束后需付给其他收款单位或个人，不构成本单位收入的款项，如代收教材费、体检费、水电费、供暖费、电话费等。

(三) 单位内部各部门之间、单位与个人之间发生的其他资金往来且不构成本单位收入的款项。

(四) 财政部门认定的不作为行政事业单位收入的其他资金往来行为。”

【问题解决对策】

护理公司使用医院水、电等资源，相关职能科室需提供测算依据，经双方认可并签订合同或协议，医院按照标准收取水电等资源占用费。该笔款项由医院代为收取，在经济活动结束后需付给其他收款单位或个人，不构成本单位收入的款项，故不能作为非税收入处理。

根据财政部门的票据管理规定，医院收取水电费可以开具行政事业单位往来票据。

【会计账务处理】

1. 收到水电费时：

财务会计：

借：银行存款

　贷：其他应付款

预算会计不做账务处理。

2. 支付水电费时：

财务会计：

借：其他应付款

　贷：银行存款

预算会计不做账务处理。

【问题 95】救护车收入、熬药收入应分别确认为什么收入？

【问题分析判断】

根据医疗收入的定义及《全国医疗服务价格项目规范》的规定："救护车收入"应归入"医疗收入——门急诊收入——其他收入"中。熬药收入建议归入"医疗收入——门急诊收入/住院收入——其他收入"中。

【政策制度依据】

《政府会计医院补充规定》相关规定：

"医疗收入，核算医院开展医疗服务活动实现的收入。

医院的医疗收入是指医院开展医疗服务活动，按照现行国家规定的医疗服务项目及所属物价部门制定的项目服务收费标准取得的收入。医疗收入按照性质分为劳务性收入、检查类收入、设施类收入、药品及卫生材料收入、其他医疗收入等。

劳务性收入是指向病人提供医疗服务而取得的收入，包括挂号收入、治疗收入、诊察收入、手术收入、护理收入、药事服务收入等。

检查类收入是指借助于医疗设备为病人提供检查、检验服务而取得的收入，包括检查收入、化验收入等。

设施类收入是指向病人提供医疗设施服务而取得的收入，包括床位收入。

药品及卫生材料收入是指为病人提供药品、卫生材料而取得的收入，包括药品收入、卫生材料收入等。

其他医疗收入是指为病人提供以上医疗服务之外的收入，主要包括救护车收入等。"

【问题解决对策】

公立医疗机构和非营利性的非公立医疗机构医疗服务项目执行《全国医疗服务价格项目规范》，并以成都市执行的《成都市医疗服务项目与价格汇编》（2016 版）为例。

"救护车收入"在《全国医疗服务价格项目规范》中第一类"综合医疗服务类"下"一般医疗服务"的第六项"救护车费"中，收费编码为"11060001"，另根据医疗收入的分类"救护车收入"应统计在"医疗收入——门急诊收入——其他收入"中。

"熬药收入"可以参考《全国医疗服务价格项目规范》中第四类"中医及民族医诊疗类"下"中医综合"的"煎药机煎药"：收费编码为"480000006"和"中药小包装饮片调配"：收费编码为"480000008"，另根据医疗收入的分类这两项收入建议统计在"医疗收入——门急诊收入/住院收入——其他门急诊收入/其他住院收入"中。

【会计账务处理】

例1：2019年12月20日，某医院财务部门收到门诊收费处报来的当日救护车收入500元现金。财务部门根据其凭证，账务处理如下：

财务会计：

借：库存现金　500

　贷：事业收入——医疗收入——门急诊收入——其他门急诊收入　500

预算会计：

借：资金结存——货币资金　500

　贷：事业预算收入——医疗预算收入——门急诊预算收入　500

例2：2019年12月20日，某医院财务部门收到门诊收费处报来的当日熬药收入200元现金。财务部门根据其凭证，账务处理如下：

财务会计：

借：库存现金　200

　贷：事业收入——医疗收入——门急诊收入——其他门急诊收入　200

预算会计：

借：资金结存——货币资金　200

　贷：事业预算收入——医疗预算收入——门急诊预算收入　200

【问题96】培训收入计入科教收入还是其他收入?

【问题分析判断】

科教收入是指医院为开展科学技术研究和教学活动产生的收入。其特点是资金来源一般是通过招投标、委托、遴选等方式产生后划拨。对经费的使用也有明确的目标或任务，必须在特定的时间、预算、资源限定内，依据规范完成。科教收入包含科研收入和教学收入。

培训收入是指为推广医疗技术、培养医学人才而举办的各种医学专业培训收入。

医院应通过收入的内涵区分科研教学收入和培训收入。

【政策制度依据】

1.《政府会计医院补充规定》相关规定：

“医院应当在新制度规定的‘4101 事业收入’科目下设置‘410102 科教收入’科目，核算医院开展科研教学活动实现的收入。”

2.《政府会计科目和报表》相关规定：

“其他收入指医院取得的除财政拨款收入、事业收入、上级补助收入、附属单位上缴收入、经营收入、非同级财政拨款收入、投资收益、捐赠收入、利息收入、租金收入以外的各项收入。”

【问题解决对策】

医院收到的用于解决特定的科学技术问题，项目完成后需要报送有关项目资金支出决算和使用效果书面报告，通过划拨、转拨的项目经费确定为科研收入；对于收到上级主管部门等下达的教学项目经费确认为教学收入；为推广医疗技术、培养医学人才而由医院举办的各种医学专业培训收入确认为其他收入——培训收入。

【会计账务处理】

1. 收到教学收入：

财务会计：

借：银行存款

贷：事业收入——科教收入——教学收入

预算会计：

借：资金结存

贷：事业预算收入——科教预算收入——教学预算收入

2. 收到培训收入：

财务会计：

借：库存现金/银行存款

贷：其他收入——培训收入

应交增值税——应交税金——销项税额

预算会计：

借：资金结存——货币资金

贷：其他预算收入

例 1：2019 年 12 月 20 日，某医院收到非同级政府部门教育局汇来 2019 级教学项目经费 50 000 元（此处假定工作量均已完成，项目为财政性资金）。财务部门根据有关资金到账凭据，确认为教学收入，账务处理如下：

财务会计：

借：银行存款　　50 000

贷：事业收入——科教收入——教学收入——非同级财政拨款收入　　50 000

预算会计：

借：资金结存——货币资金　　50 000

贷：事业预算收入——科教预算收入——教学预算收入——非同级财政拨款预算收入　　50 000

例 2：2019 年 12 月 20 日，某医院收到其他单位交来的培训费现金 1 200 元，款项已存入银行。财务部门根据凭证，确认为培训收入，账务处理如下（假定该医院增值税税率为 6%）：

财务会计：

借：库存现金　　1 200

贷：其他收入——培训收入　　1 132.07

应交增值税——应交税金——销项税额　　67.93

预算会计：

借：资金结存——货币资金　　1 200

贷：其他预算收入　　1 200

【问题97】职工绩效扣款是否计入医院的其他收入?

【问题分析判断】

对于质控检查进行绩效扣款，应减少绩效总额。不能按“收支两条线”的思路处理，故不能将扣款计入其他收入。

【政策制度依据】

《政府会计科目和报表》相关规定：

“其他收入指医院取得的除财政拨款收入、事业收入、上级补助收入、附属单位上缴收入、经营收入、非同级财政拨款收入、投资收益、捐赠收入、利息收入、租金收入以外的各项收入。”

【问题解决对策】

医院内部绩效扣款，不应记入“其他收入”科目，因为这一部分金额并不是医院的收入。建议由绩效管理部门在计算绩效时直接扣除，既准确反映医务人员的绩效收入，又能确保医院绩效考核制度的运行和落实。

【问题98】预算会计的门急诊收入和住院收入无法区分，应如何处理?

【问题分析判断】

按照《政府会计科目和报表》及《政府会计医院补充规定》要求，医院事业预算收入中的医疗预算收入应区分门急诊预算收入和住院预算收入。因此，在预算科目设置时应该设置“门急诊预算收入”和“住院预算收入”，以便业务发生时能够及时和准确地进行记录。

【政策制度依据】

1.《政府会计科目和报表》相关规定：

“事业预算收入核算事业单位开展专业业务活动及其辅助活动取得的现金流入。

本科目应当按照事业预算收入类别、项目、来源、《政府收支分类科目》中‘支出功能分类科目’项级科目等进行明细核算。”

2.《政府会计医院补充规定》相关规定：

“附表1 医院执行新制度新增明细科目表明确指出事业预算收入包括医疗预算收入和科教预算收入，医疗预算收入包括门急诊预算收入和住院预算收入。”

【问题解决对策】

综上所述，医院应在事业预算收入下设置“门急诊预算收入”和“住院预算收入”科目进行核算。实现医疗收入时，按照规定的医疗服务项目收费标准计算确定的金额，借记“银行存款”“库存现金”“其他货币资金”“应收账款——应收在院病人医疗款”

“应收账款——应收医疗款”等科目，贷记“事业收入——医疗收入——门急诊收入/住院收入”科目。

因预算会计以收付实现制为核算基础，故门诊和住院收入应分别以实际收到的现金或银行存款确认。若无法区分，则医院应改造 HIS 系统中收入相关报表，获取收入数据。

【会计账务处理】

财务会计：

借：银行存款/库存现金/应收账款等

　贷：事业收入——医疗收入——门急诊收入/住院收入

预算会计：

借：资金结存

　贷：事业预算收入——医疗预算收入——门急诊预算收入/住院预算收入

例 1：2019 年 12 月 20 日，医院门诊部收到现金 5 000 元，银行存款 35 000 元，支付宝、微信等其他货币资金 6 000 元，应收医保款 24 000 元。按照门诊部交门诊收入日报表，财务进行账务处理如下：

财务会计：

科目	借方	贷方
借：银行存款	35 000	
库存现金	5 000	
其他货币资金	6 000	
应收账款——应收医疗款——应收医保款（明细略）	24 000	
贷：事业收入——医疗收入——门急诊收入（明细略）		70 000

预算会计：

科目	借方	贷方
借：资金结存	46 000	
贷：事业预算收入——医疗预算收入——门急诊预算收入		46 000

【问题 99】收到合作单位拨来的科教项目经费是否需要纳税？应如何进行账务处理？

【问题分析判断】

科教项目是医院为开展科学技术研究或教学活动而发生的一系列独特的、复杂的、相互关联的活动。这些活动有着一个明确的目标或目的，必须在特定的时间、预算、资源限定内，依据规范完成，一般有科教项目任务书或相关协议。科教项目包括国家各级政府成立基金支撑的纵向科研项目（课题），来自企事业单位的横向科研合作开发项目（课题），以及医院作为临床教学医院而承担的各项教学任务。

医院根据收到科研资金的性质和来源，分为纵向科研课题经费、横向科研课题经费、配套科研课题经费。

纵向科研课题，一般是医院通过各级政府部门拨付的项目资金，不属于纳税范围。

横向科研课题，即医院通过科研合作/协作取得的资金，如果是财政性资金，不需要纳税；如果由社会团体或企业提供的横向科研课题资金，可依照规定享受研发费用的税收优惠政策。

【政策制度依据】

《政府会计医院补充规定》相关规定：

"医院应当在新制度规定的'4101 事业收入'科目下设置'410102 科教收入'科目，核算医院开展科研教学活动实现的收入。

医院应当在'410102 科教收入'科目下设置'41010201 科研收入''41010202 教学收入'明细科目。

医院因开展科研教学活动从非同级政府财政部门取得的经费拨款，应当在'事业收入——科教收入——科研收入'和'事业收入——科教收入——教学收入'科目下单设'非同级财政拨款'明细科目进行核算。"

【问题解决对策】

医院科研经费按照其来源不同分为纵向科研经费和横向科研经费两大类。纵向科研经费是从中央和各级政府部门获得的竞争性科研项目拨款取得的资金，以及由地方财政科技计划安排的省市科技计划项目资金。横向科研经费主要来源于科研协作或合作资金。所以，纵向科研经费一般都是财政性资金，不涉及纳税。横向科研经费要区分来源，若来源于财政性资金，也不涉及征税；但若是非财政资金，一般应缴纳增值税。小规模纳税人按3%的征收率缴纳增值税，一般纳税人按现代服务项目6%的税率计算缴纳增值税销项税额。

【会计账务处理】

1. 收到纵向科研课题经费（非同级财政拨款经费）：

财务会计：

借：银行存款

　贷：事业收入——科教收入——科研收入——非同级财政拨款收入（科研项目）

预算会计：

借：资金结存

　贷：事业预算收入——科教预算收入——科研预算收入——非同级财政拨款预算收入（科研项目）

2. 收到横向科研课题经费（财政性资金）：

财务会计：

借：银行存款

　贷：事业收入——科教收入——科研收入

预算会计：

借：资金结存

　贷：事业预算收入——科教预算收入——科研预算收入

例1：2019年12月20日，医院收到市科技局拨付甲医生科研项目课题经费30 000元（非同级财政拨款经费），全部收到并入账，账务处理如下：

财务会计：

借：银行存款　30 000

　贷：事业收入——科教收入——科研收入——非同级财政拨款收入（科研项目）　30 000

预算会计：

借：资金结存　30 000

　贷：事业预算收入——科教预算收入——科研预算收入——非同级财政拨款预算收入（科研项目）　30 000

3. 收到横向科研课题经费（非财政性资金）：

例 2：某医院 2019 年 5 月 1 日获得 A 学会的委托科研项目研究立项，项目金额 50 000.00 元。5 月 10 日，A 学会将款项汇入医院银行账户。A 学会是小规模纳税人，该科研项目资金来源于学会会费收入。假定医院核定的增值税税率为 6%。

则：项目金额=50 000.00/（1+6%）=47 169.81（元）

增值税=47 169.81×6%=2 830.19（元）

财务会计：

借：银行存款　50 000.00

　贷：事业收入——科教收入——科研收入　47 169.81

　　应交增值税——应交税金——销项税额　2 830.19

预算会计：

借：资金结存—— 货币资金　50 000.00

　贷：事业预算收入——科研预算收入　50 000.00

5 月 20 日，该科研项目负责人购买材料价税合计 1 000.00 元，取得增值税专用发票的信息显示材料价格 854.70 元，税率 17%，增值税 145.30 元，并通过财务部门抵税认证审核，可以进行进项抵扣。

因此，医院 5 月应缴税款：

应交增值税=销项税-进项税=2 830.19-145.30=2 684.89（元）

应缴附加税（城建税 7%、教育附加 3%、地方教育附加 2%）=增值税×12%=2 684.89×12%=322.19（元）

医院 5 月就该项科研横向经费应缴税款=应交增值税+应交附加税=2 684.89+322.19=3 007.08（元）

财务会计：

借：业务活动费用/单位管理费用——科教经费——科研经费　854.70

　　应交增值税——应交税金——进项税额　145.30

　贷：银行存款　1 000.00

预算会计：

借：事业支出—— 非财政专项资金支出　1 000.00

　贷：资金结存—— 货币资金　1 000.00

财务会计：

借：业务活动费用/单位管理费用——税金及附加　322.19

　贷：其他应交税费——应交城市维护建设税　187.94

　　　其他应交税费——应交教育费附加　80.55

　　　其他应交税费——应交地方教育费附加　53.70

预算会计不做账务处理。

月底缴纳增值税、城市维护建设税、教育费附加、地方教育费附加时：

财务会计：

借：应交增值税——应交税金　2 684.89

　　其他应交税费——应交城市维护建设税　187.94

　　其他应交税费——应交教育费附加　80.55

　　其他应交税费——应交地方教育费附加　53.70

　贷：银行存款　3 007.80

预算会计：

借：事业支出　3 007.80

　贷：资金结存　3 007.80

【问题 100】收到的利息收入应如何处理？是否属于企业所得税应税收入？

【问题分析判断】

医院在取得银行存款利息时，应按收入确认原则确认利息收入，并在期末进行结转。医院是否缴纳企业所得税应根据银行存款利息的产生来源进行判断，若由不征税收入和免税收入孳生的银行存款利息收入免征企业所得税，反之则应缴企业所得税。

【政策制度依据】

1.《政府会计科目和报表》相关规定：

“一、利息收入：本科目核算单位取得的银行存款利息收入。

二、利息收入的主要账务处理如下：

（一）取得银行存款利息时，按照实际收到的金额，借记“银行存款”科目，贷记本科目。

（二）期末，将本科目本期发生额转入本期盈余，借记本科目，“本期盈余”科目。

三、期末结转后，本科目应无余额。”

2.《企业所得税法实施条例》（2007 年国务院令第 512 号，2008 年 1 月 1 日起施行）、《财政部 国家税务总局关于非营利组织企业所得税免税收入问题的通知》（财税〔2009〕122 号）相关规定：

“非营利组织的下列收入为免税收入：接受其他单位或者个人捐赠的收入；除《中华人民共和国企业所得税法》第七条规定的财政拨款以外的其他政府补助收入，但不包括因政府购买服务取得的收入；按照省级以上民政、财政部门规定收取的会费；不征税收入和免税收入孳生的银行存款利息收入；财政部、国家税务总局规定的其他收入。”

【问题解决对策】

医院取得银行存款利息时，按照实际收到的金额确认利息收入，期末将“利息收入”科目本期发生额转入“本期盈余”科目。

公立医院因从事医疗活动取得的银行存款利息收入免征企业所得税，因从事非医疗活动产生的银行存款利息收入则需要交纳企业所得税。

【会计账务处理】

财务会计：

借：银行存款

　贷：利息收入

预算会计：

借：资金结存

　贷：其他预算收入——利息预算收入

【问题 101】收到捐赠款物，应如何确认价值并进行账务处理?

【问题分析判断】

医院接受社会捐赠资助必须坚持自愿无偿的原则，符合公益目的。不得损害公共利益，不得接受附有影响公平竞争条件的捐赠资助。

医院接受社会捐赠的现金，以实际收到的金额确认捐赠收入。医院接受社会捐赠的物资、设备等实物资产，应按政府会计制度的要求确认入账价值，并办理出入库手续，纳入医院统一财务核算，做到账目清楚。一般情况下不得转赠其他单位，不得随意变卖处理。达到固定资产核算起点的，要按照固定资产有关规定进行管理。

【政策制度依据】

1.《卫生计生单位接受公益事业捐赠管理办法（试行）》（国卫财务发〔2015〕77号）相关规定：

“第三条　本办法所称捐赠是指国内外自然人、法人和其他组织（以下简称捐赠人）自愿无偿向卫生计生单位（以下简称受赠单位）提供资金、物资等形式的公益性支持和帮助。

第三十二条　受赠单位应当尊重捐赠人意愿，严格按照本单位宗旨和捐赠协议约定开展公益非营利性业务活动，不得用于营利性活动。

捐赠协议限定用途的捐赠财产，受赠单位不得擅自改变捐赠财产用途。如果确需改变用途的，应当征得捐赠人书面同意。

第三十六条　非货币捐赠财产使用遵循以下原则：

捐赠协议限定用途的，受赠单位应当按照捐赠协议约定内容，制订财产使用管理办法，明确管理责任、使用范围和使用流程。”

2.《政府会计科目和报表》相关规定：

“第三部分　财务会计科目规定：

4603 捐赠收入

本科目核算单位接受其他单位或个人捐赠取得的收入。

本科目应当按照捐赠资产的用途和捐赠单位等进行明细核算。”

3.《政府会计准则第 1 号——存货》相关规定：

“政府会计主体接受捐赠的存货，其成本按照有关凭据注明的金额加上相关税费、运输费等确定；没有相关凭据可供取得，但按规定经过资产评估的，其成本按照评估价值加上相关税费、运输费等确定；没有相关凭据可供取得、也未经资产评估的，其成本比照同类或类似资产的市场价格加上相关税费、运输费等确定；没有相关凭据且未经资产评估、同类或类似资产的市场价格也无法可靠取得的，按照名义金额入账，相关税费、运输费等计入当期费用。”

4.《政府会计准则第 3 号——固定资产》相关规定：

“政府会计主体接受捐赠的固定资产，其成本按照有关凭据注明的金额加上相关税费、运输费等确定；没有相关凭据可供取得，但按规定经过资产评估的，其成本按照评估价值加上相关税费、运输费等确定；没有相关凭据可供取得、也未经资产评估的，其成本比照同类或类似资产的市场价格加上相关税费、运输费等确定；没有相关凭据且未经资产评估、同类或类似资产的市场价格也无法可靠取得的，按照名义金额入账，相关税费、运输费等计入当期费用。”

5.《政府会计准则第 4 号——无形资产》规定：

“政府会计主体接受捐赠的无形资产，其成本按照有关凭据注明的金额加上相关税费确定；没有相关凭据可供取得，但按规定经过资产评估的，其成本按照评估价值加上相关税费确定；没有相关凭据可供取得、也未经资产评估的，其成本比照同类或类似资产的市场价格加上相关税费确定；没有相关凭据且未经资产评估、同类或类似资产的市场价格也无法可靠取得的，按照名义金额入账，相关税费计入当期费用。”

6.《政府会计科目和报表》相关规定：

“接受捐赠的库存物品按照名义金额入账的，按照名义金额，借记本科目，贷记‘捐赠收入’科目；同时，按照发生的相关税费、运输费等，借记‘其他费用’科目，贷记‘银行存款’等科目。

接受捐赠的固定资产按照名义金额入账的，按照名义金额，借记本科目，贷记‘捐赠收入’科目；按照发生的相关税费、运输费等，借记‘其他费用’科目，贷记‘零余额账户用款额度’‘银行存款’等科目

接受捐赠的无形资产按照名义金额入账的，按照名义金额，借记本科目，贷记‘捐赠收入’科目；同时，按照发生的相关税费等，借记‘其他费用’科目，贷记‘零余额账户用款额度’‘银行存款’等科目。”

【问题解决对策】

医院接受捐赠的现金按实际收到的金额确认捐赠收入。

医院接受捐赠的医疗设备、房屋、无形资产、口罩、防护服、消毒用品等资产，要按库存物资、固定资产、无形资产分别确认入账价值。价值确认主要遵循以下四个原则：一是按照有关凭据注明的金额加上相关税费、运输费等确定；二是没有相关凭据可供取得，但按规定经过资产评估的，其成本按照评估价值加上相关税费、运输费等确定；三是没有相关凭据可供取得、也未经资产评估的，其成本比照同类或类似资产的市场价格加上相关税费、运输费等确定；四是没有相关凭据且未经资产评估、同类或类似资产的市场价格也无法可靠取得的，按照名义金额入账，相关税费、运输费等计入当期费用。

受赠的系旧的固定资产，在确定其初始入账成本时应当评估该项资产的新旧程度。确定接受捐赠无形资产的初始入账成本时，应当考虑该项资产尚可为政府会计主体带来服务潜力或经济利益的能力。

按照《政府会计医院补充规定》要求，医院为取得库存物品单独发生的运杂费等，不计入成本，计入业务活动费用或单位管理费用。

【会计账务处理】

（一）收到捐赠时

1. 接受货币资金捐赠：按照实际收到的金额入账。

财务会计：

借：银行存款/库存现金

　贷：捐赠收入

预算会计：

借：资金结存

　贷：其他预算收入——捐赠收入

2. 接受库存物资捐赠：按照确认的价值入账，实际支付的相关税费、运输费计入当期费用。

（1）根据确认的价值入账：

财务会计：

借：库存物品

　贷：捐赠收入

预算会计不做账务处理。

（2）实际支付的相关税费、运输费等：

财务会计：

借：业务活动费用/单位管理费用

　贷：银行存款

预算会计：

借：其他支出

　贷：资金结存

3. 接受固定资产或无形资产捐赠：

（1）取得固定资产或无形资产的税费计入资产入账价值的情况：

①取得时有凭据的，按照有关凭据注明的金额加上相关税费、运输费等确定；

②没有相关凭据可供取得，但按规定经过资产评估的，其成本按照评估价值加上相关税费、运输费等确定；

③没有相关凭据可供取得、也未经资产评估的，其成本比照同类或类似资产的市场价格加上相关税费、运输费等确定。

财务会计：

借：固定资产/在建工程/无形资产

　贷：捐赠收入

　　银行存款（实际支付的相关税费、运输费等）

预算会计：

借：其他支出

　贷：资金结存（实际支付的相关税费、运输费）

（2）取得固定资产或无形资产的税费计入费用的情况：

没有相关凭据且未经资产评估、同类或类似资产的市场价格也无法可靠取得的，按照名义金额入账，相关税费、运输费等计入当期费用。

财务会计：

借：固定资产/在建工程/无形资产

　其他费用（实际支付的相关税费、运输费等）

　贷：捐赠收入

　　银行存款（实际支付的相关税费、运输费等）

预算会计：

借：其他支出

　贷：资金结存（实际支付的相关税费、运输费）

（二）使用捐赠物资时

1. 使用库存物资：按照使用科室及物资属性分别计入业务活动费用或单位管理费用，收到的米、面、油、蔬菜等物资一般纳入其他费用核算。

财务会计：

借：业务活动费用/单位管理费用/其他费用

　贷：库存物品

预算会计不做账务处理。

2. 捐赠的固定资产和无形资产计提折旧：除按名义金额 1 元入账的固定资产和无形资产外，其他接受捐赠的固定资产和无形资产均需要计提折旧。

财务会计：

借：业务活动费用/单位管理费用——固定资产折旧/无形资产摊销

　贷：固定资产累计折旧/无形资产累计摊销

预算会计不做账务处理。

（三）期末结转

1. 捐赠收入的期末结转：

财务会计：

借：捐赠收入

　贷：本期盈余——医疗盈余/其他盈余

预算会计：

借：其他预算收入——捐赠收入

　贷：非财政拨款结转——本年收支结转（专项资金）

　　　其他结余（非专项资金）

2. 使用捐赠物资、计提折旧或摊销的期末结转：

财务会计：

借：本期盈余——医疗盈余/其他盈余

　贷：业务活动费用/单位管理费用/其他费用

预算会计：

借：非财政拨款结转——本年收支结转（专项资金）

　　其他结余（非专项资金）

　贷：事业支出/其他支出

例1：2020年3月突发公共卫生事件，某医院经过规范流程，接收社会捐赠无限定用途的汇款50 000元，有相关凭据价值45 000元的卫生材料一批，有相关凭据价值25 000元的食堂用蔬菜、蛋类，有相关凭据价值120 000元的全新监护仪1台（该设备无须安装）。接受以上捐赠物资发生运输费共1 400元，其中：卫生材料300元、食堂材料500元、监护仪600元。

月末统计3月共使用捐赠资金50 000元用于购买应急药品，临床科室领用捐赠卫生材料30 000元，食堂使用捐赠食材20 000元，监护仪当月计提折旧1 675元（内科病房用，按6年计提折旧）。

（一）收到捐赠资产时

1. 接受捐赠货币资金的处理。

财务会计：

借：银行存款　　50 000

　贷：捐赠收入　　50 000

预算会计：

借：资金结存　　50 000

　贷：其他预算收入——捐赠收入　　50 000

2. 接受捐赠库存物资的处理。

（1）根据确认的价值入账：

财务会计：

借：库存物品——卫生材料　　45 000

　　库存物品——食堂材料　　25 000

　贷：捐赠收入　　70 000

预算会计不做账务处理。

（2）实际支付的运输费：

财务会计：

借：业务活动费用　800

　贷：银行存款　800

预算会计：

借：其他支出　800

　贷：资金结存　800

3. 固定资产的处理：取得时有凭据的，按照有关凭据注明的金额加上相关税费、运输费等确定。

财务会计：

借：固定资产　120 600

　贷：捐赠收入　120 000

　　　银行存款　600

预算会计：

借：其他支出　600

　贷：资金结存　600

（二）使用捐赠资产时

1. 使用库存物资，货币资金（用于购买应急药品）：

财务会计：

借：库存物品——药品　50 000

　贷：银行存款　50 000

借：业务活动费用——专用材料费——药品费（其他经费）　50 000

　　业务活动费用——专用材料费——卫生材料费（其他经费）　30 000

　　其他费用　20 000

　贷：库存物品——卫生材料　30 000

　　　库存物品——药品　50 000

　　　库存物品——食堂材料　20 000

预算会计：

借：事业支出　50 000

　贷：资金结存　50 000

2. 固定资产计提折旧：

财务会计：

借：业务活动费用——固定资产折旧（其他经费）　1 675

　贷：固定资产累计折旧　1 675

预算会计不做账务处理。

（三）期末结转

1. 捐赠收入的期末结转：

财务会计：

借：捐赠收入　　240 000
　贷：本期盈余——医疗盈余　　240 000
预算会计：
借：其他预算收入——捐赠收入　　50 000
　贷：其他结余　　50 000
2. 使用捐赠物资、计提折旧或摊销的期末结转：
财务会计：
借：本期盈余——医疗盈余　　102 475
　贷：业务活动费用——专用材料费——药品费　　50 000
　　业务活动费用——专用材料费——卫生材料费　　30 000
　　业务活动费用——固定资产折旧　　1 675
　　其他费用　　20 800
预算会计：
借：其他结余　　51 400
　贷：事业支出　　50 000
　　其他支出　　1 400

【问题 102】收回以前年度医保“结算差额”，是否可以确认为当期收入？

【问题分析判断】

在医院同医疗保险机构进行结算时，因医院按照医疗服务项目收费标准计算确认的应收医疗款金额与医疗保险机构实际支付金额不同而产生的需要调整医院医疗收入的差额通常是计入“事业收入——医疗收入——结算差额”科目。财务会计按照权责发生制原则，属于以前年度的结算差异在当年度收到时，应当通过以前年度盈余调整进行确认。但在实际操作中，处理有差异。

【政策制度依据】

1.《政府会计医院补充规定》相关规定：

“‘41010103 结算差额’科目，核算医院同医疗保险机构结算时，因医院按照医疗服务项目收费标准计算确认的应收医疗款金额与医疗保险机构实际支付金额不同而产生的需要调整医院医疗收入的差额（不包括医院因违规治疗等管理不善原因被医疗保险机构拒付所产生的差额）。医院因违规治疗等管理不善原因被医疗保险机构拒付而不能收回的应收医疗款，应按规定确认为坏账损失，不通过本明细科目核算。

医院同医疗保险机构结算医疗款时，应当按照实际收到的金额，借记‘银行存款’科目，按照医院因违规治疗等管理不善原因被医疗保险机构拒付的金额，借记‘坏账准备’科目，按照应收医疗保险机构的金额，贷记‘应收账款——应收医疗款——应收医保款’科目，按照借贷方之间的差额，借记或贷记‘事业收入——医疗收入——结算差额’科目。

‘以前年度盈余调整’科目核算单位本年度发生的调整以前年度盈余的事项，包括本年度发生的重要前期差错更正涉及调整以前年度盈余的事项。

调整增加以前年度收入时，按照调整增加的金额，借记有关科目，贷记本科目。调整减少的，做相反会计分录。”

2.《政府会计准则第7号——会计调整》财会〔2018〕28号第十四条相关规定：

“政府会计主体在本报告期（以下简称本期）发现的会计差错，应当按照以下原则处理：

（一）本期发现的与本期相关的会计差错，应当调整本期报表（包括财务报表和预算会计报表，下同）相关项目。

（二）本期发现的与前期相关的重大会计差错，如影响收入、费用或者预算收支的，应当将其对收入、费用或者预算收支的影响或者累积影响调整发现当期期初的相关净资产项目或者预算结转结余，并调整其他相关项目的期初数；如不影响收入、费用或者预算收支的，应当调整发现当期相关项目的期初数。经上述调整后，视同该差错在差错发生的期间已经得到更正。

与前期相关的重大会计差错的影响或者累积影响不能合理确定的，政府会计主体可比照本条（三）的规定进行处理。

重大会计差错，是指政府会计主体发现的使本期编制的报表不再具有可靠性的会计差错，一般是指差错的性质比较严重或者差错的金额比较大。该差错会影响报表使用者对政府会计主体过去、现在或者未来的情况作出评价或者预测，则认为性质比较严重，如未遵循政府会计准则制度、财务舞弊等原因产生的差错。通常情况下，导致差错的经济业务或者事项对报表某一具体项目的影响或者累积影响金额占该类经济业务或者事项对报表同一项目的影响金额的10%及以上，则认为金额比较大。

政府会计主体滥用会计政策、会计估计及其变更，应当作为重大会计差错予以更正。”

【问题解决对策】

当年产生的“结算差额”直接计入“事业收入——医疗收入——结算差额”科目，如果收回的医保结算差额是以前年度的收入产生，跨年才收到确认，根据权责发生制原则，应通过“以前年度盈余调整”科目核算。

根据会计调整准则，本期发现的与前期相关的重大会计差错，如影响收入、费用或者预算收支的，应当将其对收入、费用或者预算收支的影响或者累积影响调整发现当期期初的相关净资产项目或者预算结转结余，并调整其他相关项目的期初数。但如果影响金额较小，不属于“重大会计差错”，可以不进行追溯调整。医保结算差额的最终确认一般都会跨年，按照权责发生制原则应该进行追溯调整。结算差额金额一般不大，不会影响报表使用者对医院过去、现在或者未来的情况做出评价或者预测，并且结算差额是持续、动态地发生，所以在实际操作中，以前年度产生的结算差额，医院可以根据实际情况，比如金额对报表的影响程度，并遵循谨慎原则，是否通过“以前年度盈余调整”进行会计调整处理。

【会计账务处理】

1. 当年产生的“结算差额”：

财务会计：

借或贷：应收账款——应收医疗款——应收医保款

贷或借：事业收入——医疗收入——结算差额

预算会计不做账务处理。

2. 以前年度产生的“结算差额”在当年确认，若该结算差额为连续发生即动态的，且“结算差额”对事业收入的累计影响数较小的：

财务会计：

借或贷：应收账款——应收医疗款——应收医保款

贷或借：事业收入——医疗收入——结算差额

预算会计不做账务处理。

3. 以前年度产生的“结算差额”在当年确认，若该结算差额不是连续发生，或“结算差额”对事业收入的累计影响数较大，对报表产生影响的：

财务会计：

借或贷：应收账款——应收医疗款——应收医保款

贷或借：以前年度盈余调整

预算会计不做账务处理。

第九章　费用和支出类核算问题及解决对策

第一节　业务活动费用、单位管理费用及事业支出

【问题 103】年末暂收暂付非财政拨款资金，应如何进行账务处理？

【问题分析判断】

医院出现暂收暂付款项可能有以下情况：一是暂付款项属于本年度部门预算支出，但因内部管理等因素尚未结算而无法确认支出类型及明细科目。二是纳入下一年度部门预算管理的暂收款项、应当纳入下一年度部门预算管理的暂付款项。

对于不纳入部门预算管理的暂收暂付款项，仅作财务会计处理，不做预算会计处理。

【政策制度依据】

1.《政府会计科目和报表》的相关规定：

“（四）开展专业业务活动及其辅助活动过程中发生预付账款时，按照实际支付的金额，借记事业支出，贷记‘财政拨款预算收入’‘资金结存’等科目。

对于暂付款项，在支付款项时可不做预算会计处理，待结算或报销时，按照结算或报销的金额，借记事业支出，贷记‘资金结存’科目。

7201 事业支出：对于预付款项，可通过在本科目下设置‘待处理’明细科目进行明细核算，待确认具体支出项目后再转入本科目下相关明细科目。年末结账前，应将本科目‘待处理’明细科目余额全部转入本科目下相关明细科目。”

2.《政府会计准则制度解释第 1 号》（财会〔2019〕13 号）：

“三、关于单位年末暂收暂付非财政资金的会计处理。”

3.《关于进一步做好政府会计准则制度新旧衔接和加强行政事业单位资产核算的通知》（财会〔2018〕34 号文）相关规定：

“单位应当按照部门综合预算管理的要求，对纳入部门预算管理的全部现金收支业务进行预算会计核算。未纳入年初批复的预算但纳入决算报表编制范围的非财政拨款收支，应当进行预算会计核算。”

【问题解决对策】

年末结账前，医院对纳入本年度部门预算管理的暂收暂付款项进行预算会计处理，确认相关预算收支，目的是确保预算会计信息能够完整反映本年度部门预算收支执行情况。

对纳入本年度部门预算管理的暂付款项，一般有两种处理方式：第一种处理方式是在发生支付的时候，同时进行财务会计和预算会计的处理。财务会计通过“其他应收款”进行核算，预算会计在“事业支出”等支出科目下增设“待处理支出”明细科目进行核算。如果当年没有进行结算或报销，年末清理时从“待处理支出”转入相关支出科目下的经济收支分类科目，次年结算或报销金额与已计入预算支出的金额不一致的，应当通过相关预算结转结余科目“年初余额调整”明细科目进行处理。第二种处理方式是在发生支付的时候，只做财务会计处理，不进行预算会计处理，年末结账清理时，应当按照暂付的金额，借记相关预算支出科目，贷记“资金结存”科目。次年结算或报销时，对差额亦通过“年初余额调整”明细科目进行处理。

【会计账务处理】

（一）未纳入预算管理的现金收支业务，预算会计不做处理。

例 1：医院体检部门申请向投标单位支付体检投标保证金 3 000 元，无论是否中标，对方单位都会将 3 000 元保证金退回医院。

支付时该笔保证金时：

财务会计：

借：其他应收款等　　3 000

　贷：银行存款等　　3 000

预算会计不做账务处理。

（二）对于纳入本年度部门预算管理的暂付款项，年底清理确认为预算支出。

例 2：2019 年 12 月 9 日医院某职工赴北京参加会议，向医院临时借款 2 000 元，待会议结束后，按照相关差旅费管理办法进行报销。

1. 支付该笔临时性借款时：

财务会计：

借：其他应收款等　　2 000

　贷：银行存款等　　2 000

预算会计不做账务处理。

2. 年末会计账务处理：

（1）如果当年即报销差旅费，属于正常业务处理。

假定 2019 年 12 月 31 日前该职工实际报销此次会议差旅费 2 458 元，会计处理如下：

财务会计：

借：业务活动费用（其他经费）/单位管理费用（其他经费）　　2 458

　贷：其他应收款　　2 000

　　银行存款　　458

预算会计：

借：事业支出　　2 458

　贷：资金结存　　2 458

（2）当年末没有及时报销差旅费，而是次年报销此笔费用。处理方式如前所述有两种，本例按方式二进行举例。

财务会计不做账务处理。

预算会计：

借：事业支出　　2 000

　贷：资金结存　　2 000

次年结算或报销时：

财务会计：

借：单位管理费用/业务活动费用　　2 458

　贷：其他应收款　　2 000

　　　库存现金　　458

预算会计：

借：结转结余类科目——年初余额调整　　458

　贷：资金结存　　458

（三）应当纳入下一年度部门预算管理的暂付款项。

例3：医院支付归属下一年度预算管理的暂付款2 000元，次年实际报销金额为2 600元，需再支付600元。

1. 年末支付暂付款时：

财务会计：

借：其他应收款　　2 000

　贷：银行存款等　　2 000

预算会计不做账务处理。

2. 次年结算或者实际报销时：

财务会计：

借：业务活动费用/单位管理费用（其他经费）　　2 600

　贷：其他应收款　　2 000

　　　银行存款等　　600

预算会计：

借：事业支出——其他资金支出　　2 600

　贷：资金结存　　2 600

（四）属于下一年部门预算的暂收款：

1. 收到时：

财务会计：

借：银行存款

　贷：其他应付款

预算会计不做账务处理。

2. 第二年确定收入类型后：

财务会计：

借：其他应付款

　贷：事业收入等

预算会计：

借：资金结存

　贷：事业预算收入等

【问题 104】发生的各项费用是否一定要按支付对象进行核算？

医院发生的各项费用在出纳支付时已经有按照单位支付的明细清单，那么财务费用核算是否一定需要按照支付单位进行明细设置？

【政策制度依据】

1.《政府会计科目和报表》的相关规定：

"业务活动费用/单位管理费用及经营费用科目应当按照项目、服务、费用类别或者业务类别、支付对象等进行明细核算。"

2.《政府部门财务报告编制操作指南（试行）》（财库〔2019〕57 号）：

"1. 第三章　第十条第（二）款编制抵销分录：

（3）'事业收入''非同级财政拨款收入''经营收入''其他收入'中属于来自本部门内部单位的部分与'业务活动费用（商品和服务费用）''单位管理费用（商品和服务费用）''经营费用（商品和服务费用）'中属于支付给本部门内部单位的部分存在抵销关系。

2. 第一章政府部门财务报表第（二）部分政府部门会计报表附注中第五条会计报表重要项目的明细信息及说明：商品和服务费用明细信息如附表 24 所示。"

附表 24　商品和服务费用明细表　　单位：万元

项目	本年数			
	合计	业务活动费用	单位管理费用	经营费用
支付给本部门内部单位				
单位 1				
……				
支付给本部门以外同级政府单位				
单位 1				
……				
支付给本部门以外的非同级政府单位				
单位 1				
……				
支付给其他单位				
合计				

【问题解决对策】

综上所述，凡纳入政府预算管理的部门预算单位，均需对业务活动费用、单位管理费用、经营费用下的“商品和服务费用”以支付对象设立明细辅助核算，以满足政府部门财务报告填报要求，用于政府部门对各所属部门内部事项进行抵销处理。但不是医院发生的各项费用均要按支付对象进行核算，如人员经费、固定资产折旧费、无形资产摊销费、其他费用等，并不需要按支付对象核算。并且若按出纳支付的单位明细清单统计，核算基础就变成了收付实现制，与财务会计费用核算的基础完全不一样，所以不能以出纳登记的支付单位明细清单进行替代。

另外，年底报表附注（附表24）中需对“业务活动费用”“单位管理费用”及“经营费用”下的“商品和服务费用”按照支付对象进行披露。支付对象分为四大类：本部门内部单位、本部门以外同级政府单位、本部门以外非同级政府单位和其他单位。

【问题105】科研项目配套的自筹资金应如何进行账务处理？

【问题分析判断】

为鼓励医院的科研人员积极开展科研项目，医院对取得的科研项目一般会给按比例予一定的配套经费。这部分配套经费是医院的自有资金，不是拨付的项目经费，但需对其进行管理核算，以完整反映医院的科研经费投入。所以在实务中一般采用设置科教项目辅助账的方式，用于核算科教专项资金的收支结余的情况。医院在具体设置中可按照课题类型设置不同的辅助账核算，预算会计中要按照课题任务书进行科教项目辅助账核算，保证课题经费独立核算、专款专用，并按照课题批复单位管理要求进行项目经费预算管控。设置后的辅助账应能够满足课题经费独立核算、专款专用、便于查询、跨期结转、结余管理等要求。

【政策制度依据】

《政府会计医院补充规定》相关规定：

“医院应当在新制度规定的‘4101 事业收入’科目下设置‘410102 科教收入’科目，核算医院开展科研教学活动实现的收入。

医院应当在‘410102 科教收入’科目下设置‘41010201 科研收入’‘41010202 教学收入’明细科目。

医院因开展科研教学活动从非同级政府财政部门取得的经费拨款，应当在‘事业收入——科教收入——科研收入’和‘事业收入——科教收入——教学收入’科目下单设‘非同级财政拨款’明细科目进行核算。”

【问题解决对策】

原《医院会计制度》中明确指出，医院应设置相应的辅助账，登记开展各项科研、教学项目所使用自筹配套资金的情况。《政府会计制度》和对医院的财会补充规定未对医院自筹配套科研经费的核算有明确的规定。

医院自筹配套科研经费是医院以自有资金按比例对科研项目配套的经费，因此该资金的核算与医院其他自有经费的核算相同。医院收到科研部门下发的关于各类科研课题配套资金额度通知时，不做账务处理，按照每一课题名称、项目负责人等设置辅助明细备查簿，一般采用“虚拟额度”的管理模式，在实际支出时按实列支，并按照课题名称、项目负责人、科室等进行辅助明细账核算，或登记辅助备查簿。

医院自筹科研项目配套资金是自有资金，会计账务处理应考虑其费用业务实质，分别计入“业务活动费用”“单位管理费用”或“其他费用”科目。在实际支付时，应按经济支出分类列入相应的费用明细科目。

【会计账务处理】

发生自筹配套科研经费支出时：

财务会计：

借：业务活动费用（其他经费）/单位管理费用（其他经费）/其他费用

  贷：银行存款/库存物品/其他应付款/其他应收款等

预算会计：

借：事业支出——其他资金支出/其他支出

  贷：资金结存

【问题 106】医疗纠纷赔偿应如何进行账务处理?

【问题分析判断】

医院发生的纠纷可分为医疗纠纷与非医疗纠纷，医疗纠纷使用提取的医疗风险基金进行赔偿。若为非医疗纠纷，医院出于其他原因对病人进行赔偿（如病人在院内滑倒产生的赔偿），则不能使用医疗风险基金进行赔偿，相关赔偿计入“其他费用”科目。

而医疗纠纷病人需进一步分为有医疗欠费的病人与无医疗欠费的病人，从而分别进行相应的会计账务处理。

1. 无医疗欠费的情况：此赔偿款直接计入“医疗风险基金”科目。

2. 有医疗欠费的情况：支付医疗纠纷赔款，协议中赔偿款总额包含院方垫付应由病人负担的医疗费。实际支付时，扣除医疗垫付费的，按实际赔偿款记入“专用基金——医疗风险基金”或“业务活动费用”，预算会计按实际支付的赔偿款记入“事业支出——其他资金支出”。

若提取的医疗风险基金不足以支付当年发生的医疗纠纷赔偿款时，按照超出金额在实际支付时记入“业务活动费用”。

【政策制度依据】

《政府会计科目和报表》第三部分财务会计科目中（三）净资产类相关规定：

“按照规定使用专用基金时，按照实际支付金额，借记‘专用结余’科目（从非财政拨款结余中提取的专用基金）或‘事业支出’等科目（从预算收入中计提的专用基金），贷记‘资金结存’科目（货币资金）。”

【问题解决对策】

医疗事故赔偿是指医疗机构及其医务人员在医疗活动中违反医疗卫生管理法律、行政法规、部门规章和诊疗护理规范、常规，因过失造成患者人身损害后，经医疗事故鉴定委员会鉴定构成医疗事故，由医疗机构对患者进行的赔偿。

医疗风险基金是指按照医疗收入的比例从业务活动费用中计提，专门用于支付医院购买医疗风险保险发生的支出或实际发生医疗事故赔偿性的资金；是指医院为规避医疗过失或者医疗纠纷给医院造成的损失而设立的准备金。

使用专用基金时，借记“专用基金——医疗风险基金”科目，贷记“银行存款”等科目。专用基金要专款专用，不得擅自改变用途。

按规定，医疗事故赔偿款应使用医疗风险基金，借记“专用基金——医疗风险基金”科目或“业务活动费用”科目（如果当年医疗风险基金不足以支付医疗事故赔偿款）。对于医疗纠纷病人的会计账务处理，还应考虑医疗纠纷病人是否存在医疗欠费。若有医疗欠费，那么赔偿病人视作使用医疗风险基金冲减病人应收欠费部分。

其他赔偿性款项，如支付在医院就诊时，自己不慎滑倒的病人的赔偿款或不慎被瓷砖砸伤的病人的赔偿款等，则应计入“其他费用”科目。

对于预算会计处理，医疗事故赔偿款计入事业支出；支付其他赔偿款计入其他支出。

【会计账务处理】

（一）无医疗欠费情况

1. 医疗事故赔偿款：

财务会计：

借：专用基金——医疗风险基金/业务活动费用（其他经费）

　　贷：银行存款等

预算会计：

借：事业支出——其他资金支出

　　贷：资金结存

2. 非医疗事故赔偿款：

财务会计：

借：其他费用

　　贷：银行存款等

预算会计：

借：其他支出

　　贷：资金结存

（二）发生医疗纠纷时，有医疗欠费的情况

1. 欠费病人将所欠医疗款补交（医院收回欠费款）。

医院收到欠费病人交来的医疗欠费时，按照实际收到的金额，贷记“应收账款”科目。预算会计通过“事业预算收入”科目核算。

财务会计：

借：银行存款/库存现金等
　贷：应收账款——应收医疗款
预算会计：
借：资金结存
　贷：事业预算收入

2. 医院使用医疗风险基金赔偿病人部分款项。

这个步骤即重复上文中的第一种无医疗欠费时医院赔偿医疗纠纷款时的情况。

财务会计：
借：专用基金——医疗风险基金/业务活动费用（其他经费）
　贷：银行存款/库存现金等
预算会计：
借：事业支出——其他资金支出
　贷：资金结存

由于病人未补齐欠费款，同时医院从管理的角度上也未将该笔钱划给病人，中间省略了转账的步骤。那么合并两个步骤的会计分录：

财务会计：
借：专用基金——医疗风险基金/业务活动费用（其他经费）
　贷：应收账款——应收医疗款
预算会计：
借：事业支出——其他资金支出
　贷：事业预算收入

例1：某医院应付神经外科患者张某医疗纠纷赔偿总额130 000元，扣除其中院方垫付张某医疗欠费5 000元后，实际支付125 000元。

财务会计：
借：专用基金——医疗风险基金　　130 000
　贷：银行存款　　125 000
　　应收账款——应收医疗款——出院病人欠费　　5 000
预算会计：
借：事业支出——其他资金支出　　125 000
　贷：资金结存——货币资金　　125 000

例2：某医院支付神经外科患者张某医疗纠纷赔偿总额130 000元，再由张某交回其中院方垫付医疗欠费5 000元。

财务会计：
借：专用基金——医疗风险基金　　130 000
　贷：银行存款　　130 000
预算会计：
借：事业支出——其他资金支出　　130 000
　贷：资金结存——货币资金　　130 000

病人交回院方垫付病人医疗费。

财务会计：

借：银行存款　5 000

　贷：应收账款——应收医疗款——出院病人欠费　5 000

预算会计：

借：资金结存——货币资金　5 000

　贷：事业收入——医疗预算收入　5 000

【问题 107】项目支出是否按经费性质及支出经济分类进行核算？

【政策制度依据】

《政府会计科目和报表》的相关规定：

"'业务活动费用'或'单位管理费用'科目应当按照项目、服务或者业务类别、支付对象、经费性质（财政基本拨款经费、财政项目拨款经费、科教项目经费、其他经费）等进行明细核算。

为了满足成本核算需要，科目下还可按照'工资福利费用''商品和服务费用''对个人和家庭的补助费用''对企业补助费用''固定资产折旧费''无形资产摊销费''公共基础设施折旧（摊销）费''保障性住房折旧费''计提专用基金'等成本项目设置明细科目，归集能够直接计入业务活动或采用一定方法计算后计入业务活动的费用。

'工资福利费用''对个人和家庭的补助费用''商品和服务费用'明细科目下还应参照《政府收支分类科目》中'支出经济分类科目'的相关科目进行明细核算。"

【问题解决对策】

项目资金的支出需要考虑经费性质及费用的部门支出经济分类科目。

费用按照经费性质可分为：财政基本拨款经费、财政项目拨款经费、科教经费及其他经费。

根据《政府收支分类科目》中支出部门支出经济分类科目，费用可分为：工资福利费用（基本工资、津贴补贴、绩效工资、社会保障费等）、商品服务费用（办公费、差旅费、劳务费、邮电费等）、对个人和家庭的补助费用（离休费、抚恤费、生活补助等）等。

《政府会计制度》下，医院取消了医疗业务成本、财政项目补助支出、科教项目支出总账科目，设置业务活动费用总账科目，开展专业业务活动及其辅助活动发生的费用统一在"业务活动费用"科目下核算；设置单位管理费用总账科目，医院发生的行政及后勤管理部门为组织、管理医疗、科教活动所发生的费用在"单位管理费用"科目核算。"业务活动费用"及"单位管理费用"科目要求按照项目、服务或者业务类别、支付对象、经费性质及项进行明细核算。

因此新制度下，项目资金需要确定费用的经费性质的同时确定费用支出类别，如：差旅费还是劳务费，是委托业务费还是办公费等，这样才能对应记入相应的会计科目，完成明细核算。例如：新制度下，医院使用财政项目资金/科教项目资金支付临床科室人员培训费时，借记“业务活动费用（财政项目经费）——商品和服务费用——培训费（项目）/业务活动费用（科研经费）——商品和服务费用——培训费（项目）”科目，贷记“银行存款”等科目。这样，才能准确完成明细核算。

【问题 108】如何对财政项目资金支出进行明细核算？

【问题解决对策】

应当根据文件包含的具体项目设置，有几项设置几项，尽可能细化。

【政策制度依据】

《政府会计科目和报表》相关规定：

“七、财政拨款预算收入支出表编制说明

（二）本表‘项目’栏内各项目，应当根据单位取得的财政拨款种类分项设置。其中‘项目支出’项目下，根据每个项目设置；单位取得除一般公共财政预算拨款和政府性基金预算拨款以外的其他财政拨款的，应当按照财政拨款种类增加相应的资金项目及其明细项目。”

【问题 109】福利费支出应如何进行会计账务处理？

【问题分析判断】

政府会计制度取消了“应付福利费”科目，新旧对接的时候，将科目余额转入新账“累计盈余——新旧转换盈余”科目。执行政府会计制度后，对职工个人福利性质的费用直接从费用列支。

【政策制度依据】

1.《关于进一步做好政府会计准则制度新旧衔接和加强行政事业单位资产核算的通知》（财会〔2018〕34 号）相关规定：

“新制度未设置‘应付福利费’科目，单位按规定发生福利费开支时，应当在计提标准内据实计入费用（同时计入预算支出）。单位在新旧制度转换时，应当对原账的‘应付福利费’科目余额进行分析，在预算会计下，应当在确定新账的‘非财政拨款结余’科目余额时作为调增项处理；同时，按照相同的金额登记新账的‘资金结存——货币资金’科目借方。”

2.《政府会计医院衔接规定》相关规定：

“新制度未设置‘应付福利费’科目。转账时，医院应当将原账的‘应付福利费’科目余额转入新账的‘累计盈余——新旧转换盈余’科目。”

【问题解决对策】

与《医院会计制度》相比，《政府会计制度》取消了该负债科目，因此发生福利费支出时，应直接记入相关费用科目、支出科目。需要注意的是，福利费的用途与职工福利基金的用途区别，福利费是用于职工个人基本福利的资金，而职工福利基金是用于单位职工的集体福利设施、集体福利待遇等的资金。

【会计账务处理】

1. 新旧对接时：

财务会计：

借：应付福利费

　贷：累计盈余——新旧转换盈余

预算会计不做账务处理。

2. 发生职工个人福利费支出：

财务会计：

借：单位管理费用——商品和服务费用——福利费（其他经费）

　贷：银行存款/库存现金等

预算会计：

借：事业支出——其他资金支出

　贷：资金结存

第二节　其他费用及其他支出

【问题110】资产购置支付的相关税费、运杂费应如何进行账务处理？

【问题分析判断】

根据政府会计准则，固定资产、存货均应在取得时按成本进行初始计量。

1. 一般情况下，取得固定资产时支付的相关税费及运杂费计入固定资产初始入账成本。固定资产初始成本的确定因其取得方式其初始入账成本确定如下：

（1）接受捐赠的固定资产，其成本按照有关凭据注明的金额加上相关税费、运输费等确定；若无相关凭据，但按规定经过资产评估的，其成本按照评估价值加上相关税费、运输费等确定；没有相关凭据可供取得、也未经资产评估的，其成本比照同类或类似资产的市场价格加上相关税费、运输费等确定；没有相关凭据且未经资产评估、同类或类似资产的市场价格也无法可靠取得的，按照名义金额入账，相关税费、运输费记入当期费用。

（2）无偿调入的固定资产，其成本按照调出方账面价值加上相关税费、运输费等确定。

（3）置换取得的固定资产，其成本按照换出资产的评估价值加上支付的补价或减去收到的补价，加上换入固定资产发生的其他相关税费及运输费等确定。

（4）外购固定资产，按照实际支付的购买价款、相关税费以及固定资产交付使前所发生的可直接归属于该项资产的运输费、装卸费、安装费等相关支出作为成本。

（5）融资租入的固定资产，其成本按照租赁协议或者合同确定的价款、相关税费以及固定资产交付使用前所发生的可归属于该项资产的运输费、途中保险费、安装调试费等确定。

2. 支付的相关税费、运输费等计入其他费用的情况：

（1）以名义金额计量入账的固定资产；

（2）单位收到受托代理资产，由受托方承担相关费用的；

（3）单位收到无偿调入资产，该资产在调出方已提足折旧或以名义金额入账。

3. 医院为取得库存物品而单独发生的运杂费能够直接记入业务成本的，记入“业务活动费用（其他经费）”科目，不能直接记入业务成本的，记入“单位管理费用（其他经费）”科目。

【政策制度依据】

1.《政府会计科目和报表》第三部分财务会计科目（一）资产类科目固定资产相关规定：

“1. 接受捐赠的固定资产验收入库，按照确定的成本，借记‘固定资产’（不需安装）或‘在建工程’科目（需安装），按照发生的相关税费、运输费等，贷记‘银行存款’等科目，按照其差额，贷记‘捐赠收入’科目。

2. 接受捐赠的固定资产按照名义金额入账的，按照名义金额，借记‘固定资产’，贷记‘捐赠收入’科目；按照发生的相关税费、运输费等，借记‘其他费用’科目，贷记‘零余额账户用款额度’‘银行存款’等科目。

3. 无偿调入的固定资产，按照确定的固定资产成本，借记‘固定资产’（不需安装）或‘在建工程’科目（需安装），按照发生的相关税费、运输费等，贷记‘零余额账户用款额度用款额度’‘银行存款’等科目，按照其差额，贷记‘无偿调拨净资产’科目。

4. 置换换入的资产验收入库，按照确定的成本，借记相关资产科目，按照换出资产的账面余额，贷记相关资产科目（换出资产为固定资产、无形资产的，还应当借记‘固定资产累计折旧’‘无形资产累计摊销’科目），按照置换过程中发生的其他相关支出，贷记‘银行存款’等科目，按照借贷方差额，借记‘资产处置费用’科目或贷记‘其他收入’科目。涉及补价的，分别按以下情况处理：

（1）支付补价的，按照确定的成本，借记固定资产，按照换出资产的账面余额，贷记相关资产科目（换出资产为固定资产、无形资产的，还应当借记‘固定资产累计折旧’‘无形资产累计摊销’科目），按照支付的补价和置换过程中发生的其他相关支出，贷记‘银行存款’等科目，按照借贷方差额，借记‘资产处置费用’科目或贷记‘其他收入’科目。

（2）收到补价的，按照确定的成本，借记‘固定资产’，按照收到的补价，借记‘银行存款’等科目，按照换出资产的账面余额，贷记相关资产科目（换出资产为固定资产、无形资产的，还应当借记‘固定资产累计折旧’‘无形资产累计摊销’科目），按照置换过程中发生的其他相关支出，贷记‘银行存款’等科目，按照补价扣减其他相关支出后的净收入，贷记‘应缴财政款’科目，按照借贷方差额，借记‘资产处置费用’科目或贷记‘其他收入’科目。

5. 购入不需安装的固定资产验收合格时，按照确定的固定资产成本，借记‘固定资产’，贷记‘财政拨款收入’‘零余额账户用款额度’‘应付账款’‘银行存款’等科目。

6. 融资租赁取得的固定资产，其成本按照租赁协议或者合同确定的租赁价款、相关税费以及固定资产交付使用前所发生的可归属于该项资产的运输费、途中保险费、安装调试费等确定。融资租入的固定资产，按照确定的成本，借记‘固定资产’（不需安装）或‘在建工程’科目（需安装），按照租赁协议或者合同确定的租赁付款额，贷记‘长期应付款’科目，按照支付的运输费、途中保险费、安装调试费等金额，贷记‘财政拨款收入’‘零余额账户用款额度’‘银行存款’等科目。

7. 接受委托人委托需要转赠给受赠人的物资，其成本按照有关凭据注明的金额确定。接受委托转赠的物资验收入库，按照确定的成本，借记‘受托代理资产’科目，贷记‘受托代理负债’科目。

受托协议约定由受托方承担相关税费、运输费等的，还应当按照实际支付的相关税费、运输费等金额，借记‘其他费用’科目，贷记‘银行存款’等科目。”

2.《政府会计准则制度解释》第1号（财会〔2019〕13号）相关规定：

“单位（调入方）接受其他政府会计主体无偿调入的固定资产、无形资产、公共基础设施等资产，其成本按照调出方的账面价值加上相关税费确定。但是，无偿调入资产在调出方的账面价值为零（即已经按制度规定提足折旧）或者账面余额为名义金额的，单位（调入方）应当将调入过程中其承担的相关税费计入当期费用，不计入调入资产的初始入账成本。

无偿调入资产在调出方的账面价值为零的，单位（调入方）在进行财务会计处理时，应当按照该项资产在调出方的账面余额，借记‘固定资产’‘无形资产’等科目，按照该项资产在调出方已经计提的折旧或摊销金额（与资产账面余额相等），贷记‘固定资产累计折旧’‘无形资产累计摊销’等科目；按照支付的相关税费，借记‘其他费用’科目，贷记‘零余额账户用款额度’‘银行存款’等科目。同时，在预算会计中按照支付的相关税费，借记‘其他支出’科目，贷记‘资金结存’科目。

无偿调入资产在调出方的账面余额为名义金额的，单位（调入方）在进行财务会计处理时，应当按照名义金额，借记‘固定资产’‘无形资产’等科目，贷记‘无偿调拨净资产’科目；按照支付的相关税费，借记‘其他费用’科目，贷记‘零余额账户用款额度’‘银行存款’等科目。同时，在预算会计中按照支付的相关税费，借记‘其他支出’科目，贷记‘资金结存’科目。”

3.《关于印发医院执行〈政府会计制度——行政事业单位会计科目和报表〉的补充规定和衔接规定的通知》（财会〔2018〕24号）的第四条相关规定：

“医院为取得库存物品单独发生的运杂费等，能够直接计入业务成本的，计入业务活动费用，借记‘业务活动费用’科目，贷记‘库存现金’‘银行存款’等科目；不能直接计入业务成本的，要计入单位管理费用，借记‘单位管理费用’科目，贷记‘库存现金’‘银行存款’等科目。”

【会计账务处理】

（一）固定资产相关税费及运输费用

1. 相关税费、运输费等计入固定资产成本：

（1）接受捐赠的/无偿调入的固定资产（不需安装）/在建工程（需安装）等：

财务会计：

借：固定资产/在建工程

　贷：银行存款/零余额账户用款额度（相关税费、运输费）

　　　捐赠收入/无偿调拨净资产

预算会计：

借：其他支出

　贷：资金结存（相关税费、运输费）

（2）置换换入的固定资产：

财务会计：

①置换时支付补价的：

借：资产处置费用（借差）

　　固定资产累计折旧

　　固定资产（换出资产的评估价值+其他相关支出+支付的补价）

　贷：固定资产（换出资产账面余额）

　　　银行存款/零余额账户用款额度（相关税费、运输费+支付的补价）

或

借：固定资产（换出资产的评估价值+其他相关支出+支付的补价）

　　固定资产累计折旧

　贷：固定资产（换出资产账面余额）

　　　银行存款/零余额账户用款额度（相关税费、运输费+支付的补价）

　　　其他收入（贷差）

预算会计：

借：其他支出

　贷：资金结存（相关税费、运输费+支付的补价）

②置换时收到补价的：

财务会计：

借：银行存款等（收到的补价）

　　资产处置费用（借差）

　　固定资产累计折旧

　　固定资产（换出资产的评估价值+其他相关支出-收到的补价）

　贷：固定资产/无形资产等（换出资产账面余额）

　　　银行存款/零余额账户用款额度（相关税费、运输费）

　　　应缴财政款（收到补价-相关支出）

或

借：银行存款等（收到的补价）

　　固定资产累计折旧

　　固定资产（换出资产的评估价值+其他相关支出-收到的补价）

　贷：固定资产/无形资产等（换出资产账面余额）

　　　银行存款/零余额账户用款额度（相关税费、运输费）

　　　应缴财政款（收到补价-相关支出）

　　　其他收入（贷差）

预算会计：

若其他支出大于收到的补价，按两者的差额：

借：其他支出

　贷：资金结存

（3）购入的固定资产：

财务会计：

借：固定资产等（包含相关税费、运输费）

　贷：银行存款/零余额账户用款额度/财政拨款收入

预算会计：

借：事业支出

　贷：资金结存/财政拨款预算收入

（4）以融资租赁方式取得的固定资产：

财务会计：

借：固定资产

　贷：长期应付款

　　　银行存款/零余额账户用款额度等（相关税费、运输费）

预算会计：

借：其他支出

　贷：资金结存（相关税费、运输费）

2. 相关税费、运输费等计入其他费用的情况：

财务会计：

借：固定资产（名义金额）

　贷：捐赠收入/无偿调拨净资产

或

借：受托代理资产

　贷：受托代理负债

借：其他费用

　贷：零余额账户用款额度/银行存款（相关税费、运输费）

预算会计：

借：其他支出

　贷：资金结存（相关税费、运输费）

（二）取得库存物品相关税费及运输费用

财务会计：

借：业务活动费用/单位管理费用（其他经费）

　贷：银行存款/零余额账户用款额度等

预算会计：

借：其他支出

　贷：资金结存

第十章　期末结转的核算问题及解决对策

第一节　专用基金与专用结余核算问题及解决对策

【问题111】如何确定本年盈余分配比例?

【问题分析判断】

若国家有统一规定，按照统一规定执行；若没有统一规定，由省（自治区、直辖市）主管部门（或举办单位）会同同级财政部门确定。

2018年8月12日，四川省财政厅、人社厅、省卫生计生委、省中医药管理局共同发文，明确了公立医院专用基金计提等管理事项（川财规〔2018〕13号）。目前省内公立医院可参照该文件执行，如果有更新的文件则从其规定。

【政策制度依据】

川财规〔2018〕13号，财政厅、人社厅、省卫生计生委、省中医药管理局关于明确公立医院专用基金计提等管理事项的通知。

“五、事业基金、职工福利基金、职工奖励基金计提

医院当年业务收支结余待分配按上述办法提取坏账准备、固定资产大型修缮基金、医疗风险基金后，可按以下办法计提事业基金、职工福利基金、奖励基金：

（一）事业基金。医院年终按业务收支结余待分配额的60%提取事业基金，专门用于医院事业发展及弥补亏损。对于事业基金滚存较多的医院，在编制年度预算时应安排一定数量的事业基金。

（二）职工福利基金。医院年终按业务收支结余待分配额的10%提取职工福利基金，专门用于职工集体福利设施和集体福利待遇。职工福利基金结余较多的医院，可以适当降低提取比例或暂停提取，相应降低或暂停提取的部分划入事业基金。

（三）奖励基金。医院年终按业务收支结余待分配额的30%提取奖励基金，主要用于对医院人员的考核奖励。同级人力资源社会保障、财政部门结合单位公益目标完成情况、绩效考核结果、奖励基金计提情况等，合理调整公立医院绩效工资总量。”

【问题解决对策】

综上所述，年末应按照规定对医院财务会计下的医疗盈余（不含财政基本拨款、非

同级财政拨款等形成的专项盈余）进行分配。

按现行文件规定，“本年盈余分配”科目为贷方余额的，按照10%、30%的比例分别提取职工福利基金、奖励基金，结余分配后的剩余部分转入累计盈余。年末结账后，“本年盈余分配”科目应无余额，职工福利基金的预算会计的“专用结余”科目金额应与财务会计提取的“专用基金”金额相等。

不论是政府会计制度还是医院补充规定等会计制度，均没有明确奖励基金的提取及科目设置，但川财规〔2018〕13号文件却从财政角度明确了奖励基金的提取及比例。故预算会计是否同口径提取和设置明细科目，由于缺乏明确依据，给实际操作带来了一定的困惑。为了保持和财务会计的一致性，同时借鉴基层医疗卫生机构执行政府会计制度的补充规定，可以在财务会计的专用基金科目和预算会计的专用结余科目下，同时设置“奖励基金”明细科目，并根据财务会计下医疗盈余（不含财政基本拨款形成的盈余）同口径计算提取。如果国家有明确的规定出台，从其规定。

【会计账务处理】

例1：2019年12月31日，某医院“本期盈余——医疗盈余”科目贷方余额5 000 000元，其中财政基本拨款形成的盈余10 000元。故转入“本年盈余分配”科目金额为4 990 000元。具体分配情况如下：

1. 除财政基本拨款形成的盈余10 000元外，“本期盈余——医疗盈余”科目贷方余额4 990 000元转入“本年盈余分配”。

财务会计：

借：本期盈余——医疗盈余　　4 990 000

　贷：本年盈余分配　　4 990 000

预算会计不做账务处理。

2. 财政基本拨款形成的盈余。

财务会计：

借：本期盈余——医疗盈余　　10 000

　贷：累计盈余——医疗盈余　　10 000

预算会计不做账务处理。

3. 按10%的比例提取专用基金——职工福利基金。

财务会计：

借：本年盈余分配——提取职工福利基金　　499 000

　贷：专用基金——职工福利基金　　499 000

预算会计：

借：非财政拨款结余分配——提取职工福利基金　　499 000

　贷：专用结余——职工福利基金　　499 000

4. 按30%的比例提取专用基金——奖励基金。

财务会计：

借：本年盈余分配——提取奖励基金　　1 497 000

　贷：专用基金——奖励基金　　1 497 000

预算会计：

借：非财政拨款结余分配——提取奖励基金　1 497 000

　贷：专用结余——奖励基金　1 497 000

5. 年末，医院在按照规定提取专用基金后，应当将“本年盈余分配”科目余额转入累计盈余。

财务会计：

借：本年盈余分配　2 994 000

　贷：累计盈余——医疗盈余　2 994 000

预算会计：

借：非财政拨款结余分配　2 994 000

　贷：非财政拨款结余——累计结余　2 994 000

职工福利基金专门用于职工福利设施、集体福利待遇。奖励基金主要用于医院人员考核奖励。医院专用基金先提取后使用，并在使用时坚持专款专用原则，不得擅自改变用途。医院应根据实际情况和需要，统筹安排，合理使用专用基金，充分发挥资金使用效率。专用基金的使用不得透支，也不得挤占其他支出。对于滚存较多的医院，可以适当降低专用基金提取比例或者暂停提取。

【问题 112】医疗纠纷相关的律师代理费、差旅费应如何进行账务处理？

【问题分析判断】

医疗纠纷发生的律师代理费、差旅费，不属于专门用于支付医院购买医疗风险保险发生的支出或实际发生的医疗事故赔偿的资金，应直接记入“业务活动费用”或“单位管理费用”科目。

【会计账务处理】

例 1：2019 年 8 月，某医院支付普外科患者张某医疗纠纷律师代理费 5 000 元，相关人员差旅费 100 元。

预算会计：

借：业务活动费用（其他经费）　5 100

　贷：银行存款　5 100

预算会计：

借：事业支出——其他资金支出　5 100

　贷：资金结存——货币资金　5 100

【问题 113】预算会计下应如何对专用基金进行账务处理？

【问题分析判断】

医院专用基金主要包括职工福利基金、医疗风险基金、奖励基金。根据对医院的补充规定，职工福利基金、奖励基金不论是财务会计还是预算会计，都应按照规定从本年度财务会计“本期盈余——医疗盈余”中不包含专项资金的金额为基数计算提取。医疗风险基金以财务会计医疗收入为基数提取。预算会计不需要提取医疗风险基金，使用时直接列事业支出。

【政策制度依据】

1.《政府会计科目和报表》相关规定：

“8301 专用结余

一、本科目核算事业单位按照规定从非财政拨款结余中提取的具有专门用途的资金的变动和滚存情况。

三、专用结余的主要账务处理如下：

（一）根据有关规定从本年度非财政拨款结余或经营结余中提取基金的，按照提取金额，借记‘非财政拨款结余分配’科目，贷记本科目。

（二）根据规定使用从非财政拨款结余或经营结余中提取的专用基金时，按照使用金额，借记本科目，贷记‘资金结存——货币资金’科目。”

2. 川财规〔2018〕13号，《财政厅、人社厅、省卫生计生委、省中医药管理局关于明确公立医院专用基金计提等管理事项的通知》。

“四、医疗风险基金计提

医疗风险基金由医院按年度计提，计入医疗支出。医院医疗风险基金年末累计余额不应超过当年医疗收入的千分之三。”

3.《政府会计医院补充规定》相关规定：

“二、关于报表及编制说明

（二）关于净资产变动表

1. 调整项目

医院应当将净资产变动表中‘其中：从预算收入中提取’行项目调整为‘其中：从财务会计相关收入中提取’，将‘从预算结余中提取’行项目调整为‘从本期盈余中提取’。”

【问题解决对策】

在预算会计下，提取职工福利基金、奖励基金，借记“非财政拨款结余分配”科目，贷记“专用结余”科目；使用时借记“专用结余”科目，贷记“资金结存”科目。

医疗风险基金属于从收入中提取的基金，预算会计不提取，使用时记入“事业支出”。

【会计账务处理】

（一）专用基金——医疗风险基金账务处理

例1：2018年12月31日，某医院2018年度医疗收入80 000万元，专用基金——医疗风险基金余额为40万元。

1. 按3‰的计提比例计算，年末医疗风险金余额应为240万元，故应补提200万元。

财务会计：

借：业务活动费用——提取医疗风险基金　　2 000 000

贷：专用基金——医疗风险基金　　2 000 000

预算会计不做账务处理。

2. 支付普外科患者张某医疗纠纷赔偿款 55 000 元。

财务会计：

借：专用基金——医疗风险基金　　55 000

贷：银行存款　　55 000

预算会计：

借：事业支出——其他资金支出　　55 000

贷：资金结存——货币资金　　55 000

（二）专用基金——职工福利基金的账务处理

1. 年末医院根据结余情况，计算应计提职工福利基金 499 000 元。

财务会计：

借：本年盈余分配——提取职工福利基金　　499 000

贷：专用基金——职工福利基金　　499 000

预算会计：

借：非财政拨款结余分配——提取职工福利基金　　499 000

贷：专用结余——职工福利基金　　499 000

2. 使用提取的职工福利基金，用于职工健身活动设施一套 5 000 元，需入固定资产，设施已入库。

财务会计：

借：固定资产　　5 000

贷：银行存款　　5 000

借：专用基金——职工福利基金　　5 000

贷：累计盈余——医疗盈余　　5 000

预算会计：

借：专用结余——职工福利基金　　5 000

贷：资金结存——货币资金　　5 000

【问题 114】专用基金与专用结余的期末余额是否相等？

【问题分析判断】

期末，“专用基金”科目余额与“专用结余”科目余额没有相等关系，是由于“专用基金”科目设置比“专用结余”科目多设置了“医疗风险基金”明细科目。

【政策制度依据】

1.《政府会计科目和报表》相关规定：

“3101 专用基金

一、本科目核算事业单位按照规定提取或设置的具有专门用途的净资产，主要包括职工福利基金、科技成果转换基金。

8301 专用结余

一、本科目核算事业单位按照规定从非财政拨款结余中提取的具有专门用途的资金的变动和滚存情况。”

2.《医院执行〈政府会计制度——行政事业单位会计科目和报表〉的衔接规定》（财会〔2018〕24 号）：

“二、财务会计科目的新旧衔接

（一）将 2018 年 12 月 31 日原账会计科目余额转入新账财务会计科目

3. 净资产类

（2）‘专用基金’科目

新制度设置了‘专用基金’科目，该科目的核算内容与原账的‘专用基金’科目的核算内容基本相同。转账时，医院应当将原账的‘专用基金’科目余额转入新账的‘专用基金’科目。新制度设置了‘专用结余’科目及对应的‘资金结存’科目。

三、预算会计科目的新旧衔接

（三）‘专用结余’科目及对应的‘资金结存’科目余额

新制度设置了‘专用结余’科目及对应的‘资金结存’科目。在新旧制度转换时，医院应当按照原账‘专用基金’科目余额中通过非财政补助结余分配形成的金额，借记新账的‘资金结存——货币资金’科目，贷记新账的‘专用结余’科目。”

3.《关于进一步做好政府会计准则制度新旧衔接和加强行政事业单位资产核算的通知》（财会〔2018〕34 号）：

“一、关于政府会计准则制度新旧衔接有关问题

（十二）关于事业单位‘非财政拨款结余’科目的新旧衔接。

（3）调整专用基金对非财政拨款结余的影响

单位应当对原账的‘专用基金’科目余额进行分析，划分出按照收入比例列支提取的专用基金，按照列支提取的专用基金的金额，借记‘资金结存——货币资金’科目，贷记‘非财政拨款结余’科目。”

【问题解决对策】

“专用基金”与“专用结余”新旧衔接、提取、使用比较见表 10.1。

表 10.1 “专用基金”与“专用结余”新旧衔接、提取、使用比较表

	财务会计	预算会计
新旧衔接	借：专用基金——职工福利基金/医疗风险基金等 贷：专用基金——职工福利基金/医疗风险基金等 （原账的“专用基金”科目余额转入新账的“专用基金”）	借：资金结存——货币资金 贷：专用结余——职工福利基金（等同财务会计下的职工福利基金）
按照规定提取专用基金	借：本年盈余分配 贷：专用基金——职工福利基金/奖励基金等 （按规定从本年度财务会计的医疗盈余中提取）	借：非财政拨款结余分配 贷：专用结余 （依据财务会计下计提金额）
	借：业务活动费用 贷：专用基金——医疗风险基金 （按照收入比例列支提取的专用基金）	预算会计不计提

表10.1(续)

	财务会计	预算会计
按照规定使用专用基金	借：专用基金——职工福利基金/奖励基金/医疗风险基金等 　贷：累计盈余/银行存款	借：专用结余 　贷：资金结存——货币资金 （使用通过非财政补助结余分配形成的专用基金） 借：事业支出 　贷：资金结存——货币资金 （使用按照收入比例列支提取的专用基金）

在新旧制度转换时，医院按照原账财务会计下的“专用基金——职工福利基金”科目余额，在预算会计下借记的“资金结存——货币资金”科目，贷记“专用结余——职工福利基金”科目；而财务会计下的“专用基金——医疗风险基金”科目余额不需要转入预算会计的“专用结余”科目，所以二者期初数不相等。

在计提和使用专用基金时，“专用基金”和“专用结余”两个二级科目下的“职工福利基金”和“奖励基金”余额会同增同减，余额保持一致。但若医院发生医疗纠纷赔偿时，财务会计借记“专用基金——医疗风险基金”、预算会计借记“事业支出——其他资金支出”；医院年末财务会计计提“专用基金——医疗风险基金”，预算会计不做账务处理，导致“专用基金”和“专用结余”一级科目余额并不一致。

实务中，我们应厘清二者的核算范围。期末，“专用基金”一级科目余额与“专用结余”余额并不相等。通过非财政补助结余分配形成的专用基金，在“专用基金”“本年盈余分配”“专用结余”等科目中核算；按照收入比例列支提取的专用基金，在“专用基金”“业务活动费用”“事业支出”等科目中核算。厘清二者不相等的原因，也就能正确地进行账务处理了。

在这里，还应提醒大家的是，专用结余虽然是预算会计科目，从非财政拨款结余中提取，但应以财务会计下医疗盈余（扣除财政基本拨款结余等专项盈余）贷方余额作为计提基数。

【会计账务处理】

例1：2019年年初，某医院新旧会计制度衔接，“专用基金”科目余额100 000元，其中职工福利基金10 000元、奖励基金30 000元、医疗风险基金60 000元。

财务会计：

借：专用基金——职工福利基金　10 000
　　专用基金——奖励基金　30 000
　　专用基金——医疗风险基金　60 000
　贷：专用基金——职工福利基金　10 000
　　　专用基金——奖励基金　30 000
　　　专用基金——医疗风险基金　60 000

预算会计：

借：资金结存——货币资金　40 000

贷：专用结余——职工福利基金 10 000

专用结余——奖励基金 30 000

例2：2019 年 5 月，某医院使用职工福利基金购买用于职工健身活动设施一套 5 000 元，设施已入库。

财务会计：

借：固定资产 5 000

贷：银行存款 5 000

借：专用基金——职工福利基金 5 000

贷：累计盈余——医疗盈余 5 000

预算会计：

借：专用结余——职工福利基金 5 000

贷：资金结存——货币资金 5 000

例3：2019 年 6 月，某医院支付保险公司 1 000 000 元，用于购买全院医护人员医疗责任保险。

财务会计：

借：专用基金——医疗风险基金 1 000 000

贷：银行存款 1 000 000

预算会计：

借：事业支出——其他资金支出 1 000 000

贷：资金结存——货币资金 1 000 000

例4：医院 2018 年度医疗收入 80 000 万元，专用基金——医疗风险基金余额为 40 万元，补提医疗风险基金 200 万元。

财务会计：

借：业务活动费用——提取医疗风险基金 2 000 000

贷：专用基金——医疗风险基金 2 000 000

预算会计不做账务处理。

第二节　非财政拨款结转、结余核算问题及解决对策

【问题 115】非财政拨款结转是否只核算科教项目资金？

【问题解决对策】

“非财政拨款结转”科目核算医院除财政拨款收支、经营收支以外各非同级财政拨款专项、科教项目资金等各类专项资金的调整、结转和滚存情况。

根据对非财政拨款结转科目核算定义，“专项资金”是重点。一般情况下，医院收到的非财政的项目资金主要是科教项目资金及非同级财政拨款专项资金，会计期末应将专项资金从相应收支科目结转到非财政拨款结转科目。另外，纳入事业预算收入、上级

补助预算收入、债务预算收入、附属单位上缴预算收入，非同级财政拨款预算收入、捐赠预算收入等科目核算的专项资金，也应通过“非财政拨款结转”科目进行结转。

“非财政拨款结转”科目下设“年初余额调整”“缴回资金”“项目间接费用或管理费”“本年收支结转”“累计结转”五个二级科目；同时还应当根据具体项目、《政府收支分类科目》中“支出功能分类科目”的相关科目等进行明细核算，突出“按规定用途使用的专项结转资金”，满足专款专用的管理要求。

【政策制度依据】

《政府会计制度》第三部分会计科目使用说明 8201 非财政拨款结转：

“一、本科目核算单位除财政拨款收支、经营收支以外各非同级财政拨款专项资金的调整、结转和滚存情况。

二、本科目应当设置下列明细科目：

（一）‘年初余额调整’：本明细科目核算因发生会计差错更正、以前年度支出收回等原因，需要调整非财政拨款结转的资金。年末结账后，本明细科目应无余额。

（二）‘缴回资金’：本明细科目核算按照规定缴回非财政拨款结转资金时，实际缴回的资金数额。年末结账后，本明细科目应无余额。

（三）‘项目间接费用或管理费’：本明细科目核算单位取得的科研项目预算收入中，按照规定计提项目间接费用或管理费的数额。年末结账后，本明细科目应无余额。

（四）‘本年收支结转’：本明细科目核算单位本年度非同级财政拨款专项收支相抵后的余额。年末结账后，本明细科目应无余额。

（五）‘累计结转’：本明细科目核算单位滚存的非同级财政拨款专项结转资金。本明细科目年末贷方余额，反映单位非同级财政拨款滚存的专项结转资金数额。本科目还应当按照具体项目、《政府收支分类科目》中‘支出功能分类科目’的相关科目等进行明细核算。”

【会计账务处理】

1. 因发生会计差错更正、以前年度支出收回等原因，需要调整非财政拨款结转的资金。

例 1：20××年 6 月，某医院上年度使用科研项目经费预付材料款 100 000 元，因未按约履行，该笔款项于当月退回医院银行存款账户。

财务会计：

借：银行存款　　100 000

　贷：预付账款　　100 000

预算会计：

借：资金结存——货币资金　　100 000

　贷：非财政拨款结转——年初余额调整　　100 000

2. 医院从取得的科研项目预算收入中，按照规定计提项目间接费用或管理费。

例 2：20××年 5 月，某医院按照规定的比例从某科研项目预算收入中提取项目管理费 60 000 元。

财务会计：

借：单位管理费用　　60 000

　贷：预提费用——××项目管理费　　60 000

预算会计：

借：非财政拨款结转——××项目管理费　　60 000

　贷：非财政拨款结余——××项目管理费　　60 000

3. 按照规定缴回非财政拨款结转资金。

例 3：20××年 8 月，某医院按照规定缴回非财政拨款科研项目经费 100 000 元。

财务会计：

借：累计盈余——科教盈余　　100 000

　贷：银行存款　　100 000

预算会计：

借：非财政拨款结转——缴回资金　　100 000

　贷：资金结存——货币资金　　100 000

4. 年末结转。

（1）结转医院除财政拨款收支、经营收支以外各非同级财政拨专项资金的收入、支出。

例 4：20××年，某医院非财政拨款科研项目预算收入 2 000 000 元，上级补助预算收入指定用途资金 100 000 元，捐赠预算收入指定用途资金 80 000 元；非财政拨款科研项目预算支出 1 200 000 元，按用途发生捐赠支出 50 000 元。年末结转预算收支。

财务会计略。

预算会计：

借：事业预算收入　　2 000 000

　　上级补助预算收入　　100 000

　　捐赠预算收入　　80 000

　贷：非财政拨款结转——本年收支结转　　2 180 000

借：非财政拨款结转——本年收支结转　　1 250 000

　贷：事业支出　　1 200 000

　　　其他支出　　50 000

（2）结转非财政拨款结转各明细科目余额。

例 5：沿用本题以上例题，结转非财政拨款结转各明细科目余额。

借：非财政拨款结转——年初余额调整　　100 000

　　非财政拨款结转——本年收支结转　　2 180 000

　贷：非财政拨款结转——累计结转　　2 280 000

借：非财政拨款结转——累计结转　　1 410 000

　贷：非财政拨款结转——××项目管理费　　60 000

　　　非财政拨款结转——缴回资金　　100 000

　　　非财政拨款结转——本年收支结转　　1 250 000

【问题 116】科研经费中计提的项目间接费用或管理费，预算会计如何进行账务处理？

【问题解决对策】

科研项目间接费用，是指在项目组织实施过程中发生的无法在直接费用中列支的间接成本、管理费用和绩效支出。其中，间接成本包括用于补偿医院为了项目研究提供的现有仪器设备及房屋折旧，以及水、电、气、暖消耗。绩效支出是指为体现项目科研人员价值，提高科研工作绩效而安排的人员激励支出。医院按照相关规定，可以从科研项目收入中计提项目间接费用或管理费。

科研项目经费根据资金性质分为两类：一类是财政资金，一类是非财政专项资金。《政府会计科目和报表》中对非财政专项资金形成的项目间接费用或管理费的相关账务处理进行了说明：按规定从科研项目收入中提取项目间接费用或管理费时，按照提取的金额，财务会计借记“单位管理费用”科目，贷记“预提费用——项目间接费用或管理费”科目；预算会计借记“非财政拨款结转”科目，贷记“非财政拨款结余”科目。实际使用计提的项目间接费用或管理费时，按照实际支付的金额，财务会计借记“预提费用——项目间接费用或管理费”科目，贷记“银行存款/库存现金”等科目；预算会计借记“事业支出”等科目，贷记“资金结存”科目。

《政府会计准则制度解释第 2 号》对从财政科研项目中计提项目间接费用或管理费的账务处理进行了补充说明：从财政科研项目中计提项目间接费用或管理费时，按照计提的金额，财务会计借记“业务活动费用/单位管理费用”等科目，贷记“预提费用——项目间接费用或管理费”科目；预算会计不做处理。使用计提的项目间接费用或管理费时，财务会计按照实际支付的金额，借记“预提费用——项目间接费用或管理费”科目，贷记“银行存款/零余额账户用款额度/财政拨款收入”等科目。购买固定资产、无形资产的，按照相关成本金额，借记“固定资产/无形资产”科目，贷记“银行存款/零余额账户用款额度/财政拨款收入”等科目；同时，按照相同的金额，借记“预提费用——项目间接费用或管理费”科目，贷记“累计盈余”科目。预算会计按照实际支付的金额，借记“事业支出”等支出科目下的“财政拨款支出”明细科目，贷记“资金结存/财政拨款预算收入”科目。

【政策制度依据】

1.《政府会计科目和报表》相关规定（见表 10.2）。

表 10.2　主要业务和事项账务处理举例

预提费用	财务会计	预算会计
按规定计提项目间接费用或管理费时	借：单位管理费用 贷：预提费用——项目间接费用或管理费	借：非财政拨款结转——项目间接费用或管理费 贷：非财政拨款结余——项目间接费用或管理费
实际使用计提的项目间接费用或管理费时	借：预提费用——项目间接费用或管理费 贷：银行存款/库存现金	借：事业支出等 贷：资金结存

2.《政府会计准则制度解释第 2 号》相关规定如下：

“单位按规定从财政科研项目中计提项目间接费用或管理费的，应当按照以下规定进行账务处理：

（一）从财政科研项目中计提项目间接费用或管理费时，按照计提的金额，借记‘业务活动费用’‘单位管理费用’等科目，贷记‘预提费用——项目间接费用或管理费’科目；预算会计不做处理。

（二）按规定将计提的项目间接费用或管理费从本单位零余额账户划转到实有资金账户的，按照本解释‘二、关于从本单位零余额账户向本单位实有资金账户划转资金的账务处理’的相关规定处理。

（三）使用计提的项目间接费用或管理费时，在财务会计下，按照实际支付的金额，借记‘预提费用——项目间接费用或管理费’科目，贷记‘银行存款’‘零余额账户用款额度’‘财政拨款收入’等科目。使用计提的项目间接费用或管理费购买固定资产、无形资产的，按照固定资产、无形资产的成本金额，借记‘固定资产’‘无形资产’科目，贷记‘银行存款’‘零余额账户用款额度’‘财政拨款收入’等科目；同时，按照相同的金额，借记‘预提费用——项目间接费用或管理费’科目，贷记‘累计盈余’科目。

同时，在预算会计下，按照实际支付的金额，借记‘事业支出’等支出科目下的‘财政拨款支出’明细科目，贷记‘资金结存’‘财政拨款预算收入’科目。”

【会计账务处理】

例 1：2020 年 2 月，某医院按规定计提×课题项目间接费 50 000 元。3 月，医院使用计提的项目间接费用付水电费 2 000 元。

（一）假定此项目是非财政科研项目

1. 按规定计提项目间接费用：

财务会计：

借：单位管理费用（科教经费）　　50 000

　贷：预提费用——项目间接费用或管理费　　50 000

预算会计：

借：非财政拨款结转——项目间接费用或管理费　　50 000

　贷：非财政拨款结余——项目间接费用或管理费　　50 000

2. 使用项目间接费用：

财务会计：

借：预提费用——项目间接费用或管理费　　2 000

　贷：银行存款　　2 000

预算会计：

借：事业支出——非财政专项资金支出　　2 000

　贷：资金结存——货币资金　　2 000

（二）假定此项目是财政科研项目

1. 按规定计提项目间接费用：

财务会计：

借：单位管理费用（财政项目拨款经费）　50 000

　贷：预提费用——项目间接费用或管理费　50 000

预算会计不做账务处理。

2. 使用项目间接费用：

财务会计：

借：预提费用——项目间接费用或管理费　2 000

　贷：零余额账户用款额度　2 000

预算会计：

借：事业支出——财政项目拨款支出　2 000

　贷：资金结存——零余额账户用款额度　2 000

例 2：2020 年 8 月，某医院使用计提的×课题项目间接费用购买研究设备一台，价值 12 000 元。

1. 假定此项目是非财政科研项目：

财务会计：

借：固定资产（科教经费）　12 000

　贷：银行存款　12 000

借：预提费用——项目间接费用或管理费　12 000

　贷：累计盈余——科教盈余　12 000

预算会计：

借：事业支出——非财政专项资金支出　12 000

　贷：资金结存——货币资金　12 000

2. 假定此项目是财政科研项目：

财务会计：

借：固定资产（财政项目拨款经费）　12 000

　贷：财政拨款收入　12 000

借：预提费用——项目间接费用或管理费　12 000

　贷：累计盈余——财政项目盈余　12 000

预算会计：

借：事业支出——财政拨款支出　12 000

　贷：财政拨款预算收入　12 000

【职业判断及建议】

从非财政科研收入中提取项目间接费用，预算会计下，将非财政拨款结转资金转入非财政拨款结余资金，视同解除限定用途的资金，由医院统一管理使用，但不参与结余分配。

从财政科研项目中计提项目间接费用，按照收付实现制的原则，纳入当年预算支出进行使用。

第十一章　政府会计制度报告

【问题 117】政府会计制度要求的财务报告有哪些?

【政策制度依据】

1.《政府会计准则第 9 号——财务报表编制和列报》（财会〔2018〕37 号）相关规定：

“第二条　财务报表是对政府会计主体财务状况、运行情况和现金流量等信息的结构性表述。财务报表至少包括下列组成部分：

（一）资产负债表；

（二）收入费用表；

（三）附注。

政府会计主体可以根据实际情况自行选择编制现金流量表。

第三条　本准则适用于政府会计主体个别财务报表和合并财务报表。行政事业单位个别财务报表的编制和列报，还应遵循《政府会计科目和报表》的规定；其他政府会计主体个别财务报表的编制和列报，还应遵循其他相关会计制度。”

2.《政府会计科目和报表》相关规定：

第四部分　报表格式

编号	报表名称	编制期
财务报表		
会政财 01 表	资产负债表	月度、年度
会政财 02 表	收入费用表	月度、年度
会政财 03 表	净资产变动表	年度
会政财 04 表	现金流量表	年度
	附注	年度
预算会计报表		
会政预 01 表	预算收入支出表	年度
会政预 02 表	预算结转结余变动表	年度
会政预 03 表	财政拨款预算收入支出表	年度

3.《政府会计医院补充规定》有关规定：

“二、关于报表及编制说明

医院应当按月度和年度编制财务报表和预算会计报表，至少按年度编制财务报表附注。

医院除按照新制度编制财务报表和预算会计报表外，还应按照本规定编制医疗活动收入费用明细表。”

【问题解决对策】

政府会计制度下，公立医院应编制的财务报告有财务报表和预算会计报表。财务报表由会计报表及其附注构成，会计报表应包括资产负债表、收入费用表（附表：医疗活动收入费用明细表）、净资产变动表、现金流量表，其中资产负债表、收入费用表（附表：医疗活动收入费用明细表）按月、季度、半年、年度编制，净资产变动表、现金流量表按年度编制；预算会计报表应当包括预算收入支出表、预算结转结余变动表、财政拨款预算收入支出表，预算会计报表按年度编制。

【问题 118】财务报表的编制基础是什么？

【政策制度依据】

《政府会计科目和报表》相关规定：

“财务报表的编制主要以权责发生制为基础，以单位财务会计核算生成的数据为准。政府会计主体可以根据实际情况自行选择编制现金流量表。”

【问题解决对策】

除现金流量表以收付实现制为基础外，财务报表的编制以权责发生制为基础。

【问题 119】政府会计的收入费用表发生了哪些变化？

【政策制度依据】

《政府会计医院补充规定》相关规定：

“（三）关于收入费用表

1. 新增项目

医院应当在收入费用表的‘其中：政府性基金收入’项目后增加‘其中：财政基本拨款收入’‘财政项目拨款收入’项目；在‘（二）事业收入’项目下增加‘其中：医疗收入’‘科教收入’项目；在‘（一）业务活动费用’项目下增加‘其中：财政基本拨款经费’‘财政项目拨款经费’‘科教经费’‘其他经费’项目；在‘（二）单位管理费用’项目下增加‘其中：财政基本拨款经费’‘财政项目拨款经费’‘科教经费’‘其他经费’项目；在‘三、本期盈余’项目下增加‘其中：‘财政项目盈余’‘医疗盈余’‘科教盈余’项目，详见附表3。

2. 新增项目的内容和填列方法

（1）‘（一）财政拨款收入’项目下的‘其中：财政基本拨款收入’项目，反映医院本期取得的财政拨款收入中属于财政基本拨款的金额。本项目应当根据‘财政拨款收入——财政基本拨款收入’科目的本期发生额填列。

‘财政项目拨款收入’项目，反映医院本期取得的财政拨款收入中属于财政项目拨款的金额。本项目应当根据‘财政拨款收入——财政项目拨款收入’科目的本期发生额填列。

（2）‘（二）事业收入’项目下的‘其中：医疗收入’项目，反映医院本期开展医疗活动实现的收入。本项目应当根据‘事业收入——医疗收入’科目的本期发生额填列。

‘科教收入’项目，反映医院本期开展科研教学活动实现的收入。本项目应当根据‘事业收入——科教收入’科目的本期发生额填列。

（3）‘（一）业务活动费用’项目下的‘其中：财政基本拨款经费’项目，反映医院本期使用财政基本拨款经费发生的各项业务活动费用。本项目应当根据‘业务活动费用’科目中经费性质为财政基本拨款经费部分的本期发生额填列。

‘财政项目拨款经费’项目，反映医院本期使用财政项目拨款经费发生的各项业务活动费用。本项目应当根据‘业务活动费用’科目中经费性质为财政项目拨款经费部分的本期发生额填列。

‘科教经费’项目，反映医院本期使用科教经费开展科研教学活动所发生的各项业务活动费用。本项目应当根据‘业务活动费用’科目中经费性质为科教经费部分的本期发生额填列。

‘其他经费’项目，反映医院本期使用其他经费开展医疗活动所发生的各项业务活动费用。本项目应当根据‘业务活动费用’中经费性质为其他经费部分的本期发生额填列。

（4）‘（二）单位管理费用’项目下的‘其中：财政基本拨款经费’项目，反映医院本期使用财政基本拨款经费发生的各项单位管理费用。本项目应当根据‘单位管理费用’科目中经费性质为财政基本拨款经费部分的本期发生额填列。

‘财政项目拨款经费’项目，反映医院本期使用财政项目拨款经费发生的各项单位管理费用。本项目应当根据‘单位管理费用’科目中经费性质为财政项目拨款经费部分的本期发生额填列。

‘科教经费’项目，反映医院本期使用科教经费（从科教经费中提取的项目管理费或间接费）所发生的各项单位管理费用。本项目应当根据‘单位管理费用’科目中经费性质为科教经费部分的本期发生额填列。

‘其他经费’项目，反映医院本期使用其他经费开展医疗活动所发生的各项单位管理费用。本项目应当根据‘单位管理费用’科目中经费性质为其他经费部分的本期发生额填列。

（5）‘三、本期盈余’项目下的‘其中：财政项目盈余’项目，反映医院本期财政项目拨款收入扣除使用财政项目拨款经费发生的费用后的净额。本项目应当根据本表中‘财政拨款收入’项目下‘财政项目拨款收入’项目金额减去‘业务活动费用’项目下‘财政项目拨款经费’项目与‘单位管理费用’项目下‘财政项目拨款经费’项目金额合计数后的金额填列。

‘医疗盈余’项目，反映医院本期医疗活动相关收入扣除医疗活动相关费用后的净额。本项目应当根据本表中‘财政拨款收入’项目下‘财政基本拨款收入’‘事业收入’项目下‘医疗收入’‘上级补助收入’‘附属单位上缴收入’‘经营收入’‘非同级财政拨款收入’‘投资收益’‘捐赠收入’‘利息收入’‘租金收入’‘其他收入’项目金额合计数减去‘业务活动费用’项目下‘财政基本拨款经费’‘其他经费’‘单位管理费用’项目下‘财政基本拨款经费’和‘其他经费’‘经营费用’‘资产处置费用’‘上缴上级费用’‘对附属单位补助费用’‘所得税费用’‘其他费用’项目金额合计数后的金额填列；如相减后金额为负数，以‘-’号填列。

‘科教盈余’项目，反映医院本期科研教学活动收入扣除科研教学活动费用后的净额。本项目应当根据本表中‘事业收入’项目下‘科教收入’项目金额减去‘业务活动费用’项目下‘科教经费’项目与‘单位管理费用’项目下‘科教经费’项目金额合计数后的金额填列。”

【问题解决对策】

收入费用表，是反映医院在某一会计期间运行情况的报表，反映医院在某一会计期间内发生的收入、费用及当期盈余情况。它与医院会计制度下的收入费用总表相比，主要有以下不同：

（一）结构更加合理

从表11.1、表11.2可看出，原医院会计制度的收入费用总表借鉴企业会计制度利润表的设置，采用的是多步式。多步式收入费用总表虽然可通过对当期的收入、费用项目按性质加以归类，按利润形成的主要环节列示一些中间性利润指标，但无法直接获取当期总收入总费用总结余情况。若需要了解总况，还需要单独计算。

而政府会计制度下收入费用表采用的是单步式，可一目了然的通过报表了解医院的当期总收入总费用总盈余及各类收支情况，更适用于医院等行政事业单位。

表11.1　政府会计制度下收入费用表结构

收入	费用
一、本期收入	二、本期费用
（一）财政拨款收入	（一）业务活动费用
其中：政府性基金收入	其中：财政基本拨款经费
其中：财政基本拨款收入	财政项目拨款经费
财政项目拨款收入	科教经费
（二）事业收入	其他经费
其中：医疗收入	（二）单位管理费用
科教收入	其中：财政基本拨款经费
（三）上级补助收入	财政项目拨款经费
（四）附属单位上缴收入	科教经费
（五）经营收入	其他经费
（六）非同级财政拨款收入	（三）经营经费
（七）投资收益	（四）资产处置费用
（八）捐赠收入	（五）上缴上级费用

表11.1(续)

收入	费用
（九）利息收入	（六）对附属单位补助费用
（十）租金收入	（七）所得税费用
（十一）其他收入	（八）其他费用
	三、本期盈余
	其中：财政项目盈余
	医疗盈余
	科教盈余

表 11.2　医院会计制度下收入费用总表结构

收入费用
一、医疗收入
加：财政基本补助收入
减：医疗业务成本
减：管理费用
二、医疗结余
加：其他收入
减：其他支出
三、本期结余
减：财政基本补助结转
四：结转入结余分配
减：年初未弥补亏损
加：事业基金弥补亏损
减：提取职工福利基金
转入事业基金
年末未弥补亏损
五、本期财政项目补助结转（余）：
财政项目补助收入
减：财政项目补助支出
六、本期科教项目结转（余）：
科教项目收入
减：科教项目支出

（二）内容更为细致

从表 11.3 可看出，政府会计制度对收入费用科目进行增加和细化，每部分的科目相应增加。对收入费用科目增加和细化能更充分反映医院收入的主要来源和构成，有助于报表使用者做出决策；能更细致反映医院一定会计期间的费用耗费情况，有助于医院的成本管理；能更全面反映医院一定会计期间的医疗活动成果，有助于判断医院资产保值增值情况。

表 11.3 政府会计制度下报表核算内容

报表核算内容	
项目	核算科目
收入	财政拨款收入、事业收入、上级补助收入、附属单位上缴收入、经营收入、非同级财政拨款收入、投资收益、捐赠收入、利息收入、租金收入、其他收入
费用	业务活动费用、单位管理费用、经营费用、资产处置费用、上缴上级费用、对附属单位补助费用、所得税费用、其他费用
本期盈余	反映医院本期收入扣除本期费用后的净额

（三）核算内容发生变化

1. 收入部分主要变化情况：

根据《政府会计医院补充规定》和《政府会计医院衔接规定》要求，医院应当在收入费用表的“其中：政府性基金收入”项目后增加“其中：财政基本拨款收入”“财政项目拨款收入”项目；在“（二）事业收入”项目下增加“其中：医疗收入”“科教收入”项目。新增项目的反映内容和填列方法见表 11.4：

表 11.4 新增项目的反映内容和填列方法

项目	反映	填列
财政基本拨款收入	医院本期取得的财政拨款收入中属于财政基本拨款的金额	根据“财政拨款收入——财政基本拨款收入”科目的本期发生额填列
财政项目拨款收入	医院本期取得的财政拨款收入中属于财政项目拨款的金额	根据“财政拨款收入——财政项目拨款收入”科目的本期发生额填列
医疗收入	医院本期取得的医疗收入	根据“事业收入——医疗收入”科目的本期发生额填列
科教收入	医院本期取得的科教收入	根据“事业收入——科教收入”科目的本期发生额填列

2. 费用部分主要变化情况：

根据《政府会计医院补充规定》和《政府会计医院衔接规定》要求，医院应当在收入费用表的“（一）业务活动费用”项目下增加“其中：财政基本拨款经费”“财政项目拨款经费”“科教经费”“其他经费”项目；在“（二）单位管理费用”项目下增加“其中：财政基本拨款经费”“财政项目拨款经费”“科教经费”“其他经费”项目。新增项目的反映内容和填列方法见表 11.5：

表 11.5 新增项目的反映内容和填列方法

项目	反映	填列
财政基本拨款经费	医院在本期业务活动费用/单位管理费用中使用财政基本拨款经费的金额	根据“业务活动费用/单位管理费用——财政基本拨款经费”科目的本期发生额填列
财政项目拨款经费	医院在本期业务活动费用/单位管理费用中使用财政项目拨款经费的金额	根据“业务活动费用/单位管理费用——财政项目拨款经费”科目的本期发生额填列

项目	反映	填列
科教经费	医院在本期业务活动费用/单位管理费用中使用科教经费的金额	根据“业务活动费用/单位管理费用——科教经费”科目的本期发生额填列
其他经费	医院在本期业务活动费用/单位管理费用中使用其他经费的金额	根据“业务活动费用/单位管理费用——其他经费”科目的本期发生额填列

3. 盈余部分主要变化情况

根据《政府会计医院补充规定》和《政府会计医院衔接规定》要求，医院应当在收入费用的“三、本期盈余”项目下增加“其中：财政项目盈余”“医疗盈余”“科教盈余”项目。新增项目的反映内容和填列方法见表 11.6：

表 11.6　新增项目的反映内容和填列方法

项目	反映	填列
财政项目盈余	医院本期财政项目拨款收入扣除使用财政项目拨款经费发生的费用后的净额	根据本表中“财政拨款收入”项目下“财政项目拨款收入”项目金额减去“业务活动费用”项目下“财政项目拨款经费”项目与“单位管理费用”项目下“财政项目拨款经费”项目金额合计数后的金额填列
医疗盈余	医院本期医疗活动相关收入扣除医疗活动相关费用后的净额	根据本表中“财政拨款收入”项目下“财政基本拨款收入”“事业收入”项目下“医疗收入”“上级补助收入”“附属单位上缴收入”“经营收入”“非同级财政拨款收入”“投资收益”“捐赠收入”“利息收入”“租金收入”“其他收入”项目金额合计数减去“业务活动费用”项目下“财政基本拨款经费”和“其他经费”“单位管理费用”项目下“财政基本拨款经费”和“其他经费”“经营费用”“资产处置费用”“上缴上级费用”“对附属单位补助费用”“所得税费用”“其他费用”项目金额合计数后的金额填列
科教盈余	医院本期科研教学活动收入扣除科研教学活动费用后的净额	根据本表中“事业收入”项目下“科教收入”项目金额减去“业务活动费用”项目下“科教经费”项目与“单位管理费用”项目下“科教经费”项目金额合计数后的金额填列

4. 不再单独列示财政项目补助收支和科教项目收支相关科目，均按照要求列入本期收入和本期费用反映。

【问题 120】现金流量表发生了哪些重要变化？

【政策制度依据】

1.《政府会计科目和报表》；
2.《医院会计制度》（财会〔2010〕27 号）。

【问题解决对策】

在政府会计制度下，现金流量表与医院会计制度时期相比发生了一定的变化：

（一）主要变化：

1. 现金流量表栏目的名称略有变化（见表 11.7）：

表 11.7　现金流量表栏目对比

反映的内容	医院会计制度	政府会计制度
现金流量的分类	业务活动产生的现金流量	日常活动产生的现金流量
	投资活动产生的现金流量	投资活动产生的现金流量
	筹资活动产生的现金流量	筹资活动产生的现金流量

从表 11.7 可以看出政府会计制度下的现金流量表按照日常活动、投资活动、筹资活动的现金流量反映。医院会计制度下的现金流量表按照业务活动、投资活动、筹资活动的现金流量分别反映。现金流量反映的内容中变化较大的是业务活动产生的现金流量变为日常活动产生的现金流量。投资、筹资活动的现金流量内容基本上没有变化。

2. 政府会计制度下加强了对税费现金流出的归集。专门设置“支付的各项税费”，反映医院用于缴纳日常活动相关税费而支付的现金。

3. 与医院会计制度相比，政府会计制度的现金流量表中无须单独区分因科研项目活动而产生的现金流量。

（二）日常活动产生的现金流量主要变化（见表 11.8）：

表 11.8　日常活动产生的现金流量——现金流入内容变化表

日常活动产生的现金流量	医院会计制度	政府会计制度
现金流入	开展医疗服务活动收到的现金	事业活动收到的除财政补助拨款以外的现金
	财政基本支出补助收到的现金	财政基本支出拨款收到的现金
	财政非资本性项目补助收到的现金	财政非资本性项目拨款收到的现金
	收到的其他与业务活动有关的现金	收到的其他与日常活动有关的现金
	从事科教项目活动收到的除财政补助以外的现金	

1. 政府会计制度下日常活动产生的现金流量的现金流入主要变化为：

“开展医疗服务活动收到的现金”→“事业活动收到的除财政补助拨款以外的现金”。医院会计制度下设置“开展医疗服务活动收到的现金”项目，反映医院开展医疗活动取得的现金净额。本项目可以根据“库存现金”“银行存款”“应收在院病人医疗款”“应收医疗款”“预收医疗款”“医疗收入”等科目的记录分析填列。政府会计制度下设置“事业活动收到的除财政补助拨款以外的现金”反映事业单位本年开展专业业务活动及其辅助活动取得的除财政拨款以外的现金。本项目应当根据“库存现金”“银行存款”“其他货币资金”“应收账款”“应收票据”“预收账款”“事业收入”等科目及其所属明细科目的记录分析填列。

2. 政府会计制度下日常活动产生的现金流量的现金流出主要变化见表 11.9。

表 11.9　日常活动产生的现金流量——现金流出内容变化表

日常活动产生的现金流量	医院会计制度	政府会计制度
现金流出	发生人员经费支付的现金	支付给职工以及为职工支付的现金
	购买药品支付的现金	购买商品、接受劳务支付的现金
	购买卫生材料支付的现金	支付的各项税费
	使用财政非资本性项目补助支付的现金	支付的其他与日常活动有关的现金
	使用科教项目收入支付的现金	
	支付的其他与业务活动有关的现金	

（1）“发生人员经费支付的现金”→“支付给职工以及为职工支付的现金”。医院会计制度下设置“发生人员经费支付的现金”项目，反映医院为开展各项业务活动发生人员经费支付的现金。本项目可以根据“库存现金”“银行存款”“医疗业务成本”“管理费用”“应付职工薪酬”“应付福利费”“应付社会保障费”等科目的记录分析填列。政府会计制度下设置“支付给职工以及为职工支付的现金”项目，反映单位本年支付给职工以及为职工支付的现金。本项目应根据“库存现金”“银行存款”“零余额账户用款额度”“财政拨款收入”“应付职工薪酬”“业务活动费用”“单位管理费用”“经营费用”等科目及其所属明细科目的记录分析填列。

（2）政府会计制度下设置“购买商品、接受劳务支付的现金”项目，反映单位本年度在日常活动中用于购买商品、接受劳务支付的现金。本项目应当根据“库存现金”“银行存款”“财政拨款收入”“零余额账户用款额度”“预付账款”“在途物品”“库存物品”“应付账款”“应付票据”“业务活动费用”“单位管理费用”“经营费用”等科目及其所属明细科目的记录分析填列。

（3）政府会计制度下加强了税费现金流出的归集。专门设置“支付的各项税费”，反映医院用于缴纳日常活动相关税费而支付的现金。本项目应当根据“库存现金”“银行存款”“零余额账户用款额度”“应交增值税”“其他应交税费”“业务活动费用”“单位管理费用”“经营费用”“所得税费用”等科目及其所属明细科目的记录分析填列。

（三）政府会计制度下现金流量中无须区分科教项目活动产生的现金流量。

1. 现金流入中取消“从事科教项目活动收到的除财政补助以外的现金”项目。

2. 现金流出中取消“使用科教项目收入支付的现金”项目。

【问题 121】现金流量表中的现金的范围是什么?

【政策制度依据】

《政府会计科目和报表》相关规定：

“四、现金流量表编制说明

（一）本表反映单位在某一会计年度内现金流入和流出的信息。

（二）本表所指的现金，是指单位的库存现金以及其他可以随时用于支付的款项，包括库存现金、可以随时用于支付的银行存款、其他货币资金、零余额账户用款额度、财政应返还额度，以及通过财政直接支付方式支付的款项。

（三）现金流量表应当按照日常活动、投资活动、筹资活动的现金流量分别反映。本表所指的现金流量，是指现金的流入和流出。”

【问题解决对策】

现金流量表里所指的现金，是指医院的库存现金以及其他可以随时用于支付的款项，包括库存现金、可以随时用于支付的银行存款、其他货币资金、零余额账户用款额度、财政应返还额度，以及通过财政直接支付方式支付的款项。

在政府会计制度下，医院应当编制现金流量表，它反映医院在某一会计年度内现金流入和流出的信息，现金流量表是财务报表体系中唯一需要按照收付实现制原则编制的报表。在编制时，需要将权责发生制下的经营结果调整为收付实现制下的现金流量信息，以便报表使用者及时了解医院盈余的质量。

现金流量表从日常活动、投资活动、筹资活动三个角度反映医院的现金流入和现金流出，有助于报表使用者评价医院资金支付能力，有效预测医院未来现金流量，为医院决策提供支持。

【问题 122】会计报表附注中如何披露“预收医疗款”？

【政策制度依据】

《政府会计准则第 8 号——负债》（财会〔2018〕31 号）有关规定：

“第六章　披露

第三十五条　政府会计主体应当在附注中披露与举借债务、应付及预收款项、暂收性负债和预计负债有关的下列信息：

（一）各类负债的债权人、偿还期限、期初余额和期末余额。

（二）逾期借款或者违约政府债券的债权人、借款（债券）金额、逾期时间、利率、逾期未偿还（违约）原因和预计还款时间等。

（三）借款的担保方、担保方式、抵押物等。

（四）预计负债的形成原因以及经济资源可能流出的时间、经济资源流出的时间和金额不确定的说明，预计负债有关的预期补偿金额和本期已确认的补偿金额。”

【问题解决对策】

会计报表附注中“预收医疗款”披露不需要明细到每一个病人。

“预收医疗款”是政府会计制度“预收账款”下设置的二级明细科目，其下又设置了“预收医保款”“门急诊预收款”“住院预收款”三个明细科目，分别核算医院预收医疗保险机构预拨的医疗保险金、医院预收门急诊病人的预交金、医院预收住院病人的预交金。

根据会计准则负债的披露要求，直接在附注披露中按负债的对象、总额、期初余额、期末余额进行披露即可。

【问题 123】预算会计报表的编制基础是什么?

【问题解决对策】

预算报表的编制基础是收付实现制。预算报表和其他应当在决算报告中披露的相关信息和资料构成了决算报告，决算报告可以综合反映医院预算收支的年度执行结果，有助于决算报告使用者进行监督和管理，并为编制后续年度预算提供参考和依据。医院应当以预算会计核算数据为基础，以完整、无误的账簿记录和其他有关资料进行编制。

【政策制度依据】

《政府会计科目和报表》相关规定：

“预算会计报表的编制以收付实现制为基础，以单位预算会计核算生成的数据为准。”

【问题 124】预算会计报表编制有哪些注意事项?

【问题解决对策】

编制预算会计报表应注意以下几个方面：

1. 报表齐全，内容完整。医院编制的预算会计报表应包括预算收入支出表、预算结转结余变动表和财政拨款预算收入支出表。

2. 编制基础要正确。医院编制预算会计报表要以收付实现制为基础，以单位预算会计核算生成的数据为准。

3. 严格按照制度规定的时点编制预算会计报表。医院应当按年度编制预算收入支出表、预算结转结余变动表及财政拨款预算收入支出表。

4. 要重点关注医院预算会计报表与其他行政事业单位预算会计报表的不同之处，应主要关注预算收入支出表。

预算收入支出表反映医院在某一会计年度内的各项预算收入、预算支出和预算收支差额的情况，与其他行政事业单位相比，医院编制预算收入支出表有所不同，需新增以下项目（详见表 11.10 会政预 01 表方框内容），编制时要特别注意新增项目的填列方法：

表 11.10　预算收入支出表

会政预 01 表

编制单位：______________　____年__月　单位：元

项目	本年数	上年数
一、本年预算收入		
（一）财政拨款预算收入		
其中：政府性基金收入		
其中：财政基本拨款预算收入		
财政项目拨款预算收入		
（二）事业预算收入		
其中：医疗预算收入		
科教预算收入		
（三）上级补助预算收入		
（四）附属单位上缴预算收入		
（五）经营预算收入		
（六）债务预算收入		
（七）非同级财政拨款预算收入		
（八）投资预算收益		
（九）其他预算收入		
其中：利息预算收入		
捐赠预算收入		
租金预算收入		
二、本年预算支出		
（一）行政支出		
（二）事业支出		
其中：财政基本拨款支出		
财政项目拨款支出		
科教资金支出		
其他资金支出		
（三）经营支出		
（四）上缴上级支出		
（五）对附属单位补助支出		
（六）投资支出		
（七）债务还本支出		
（八）其他支出		
其中：利息支出		
捐赠支出		

表11.10(续)

项目	本年数	上年数
三、本年预算收支差额		
其中：财政项目拨款收支差额		
医疗收支差额		
科教收支差额		

1. 在“（一）财政拨款预算收入”项目下增加“财政基本拨款预算收入”“财政项目拨款预算收入”；

2. 在“（二）事业预算收入”项目下增加“医疗预算收入”“科教预算收入”项目；

3. 在“（二）事业支出”项目下增加“财政基本拨款支出”“财政项目拨款支出”“科教资金支出”“其他资金支出”项目；

4. 在“三、本年预算收支差额”项目下增加“财政项目拨款收支差额”“医疗收支差额”“科教收支差额”项目。

【政策制度依据】

1.《政府会计科目和报表》相关规定：

“预算会计报表至少包括预算收入支出表、预算结转结余变动表和财政拨款预算收入支出表。

单位应当至少按照年度编制财务报表和预算会计报表。”

2.《政府会计医院补充规定》相关规定：

“医院应当按月度和年度编制财务报表和预算会计报表，至少按年度编制财务报表附注。”

3.《政府会计医院衔接规定》相关规定：

“医院应当按照新制度及补充规定编制2019年财务报表和预算会计报表。在编制2019年度收入费用表、医疗活动收入费用明细表、净资产变动表、现金流量表和预算收入支出表、预算结转结余变动表时，不要求填列上年比较数。

医院应当根据2019年1月1日的新账预算会计科目余额，填列2019年预算结转结余变动表的‘年初预算结转结余’项目和财政拨款预算收入支出表的‘年初财政拨款结转结余’项目。”

【职业判断建议】

在实际操作中，编制预算会计报表时应注意：

（一）编制预算收入支出表应注意新增项目的填列方法

1.“（一）财政拨款预算收入”项目下新增项目填列方法

“财政基本拨款预算收入”项目，反映医院本期取得的财政拨款预算收入中属于财政基本支出拨款的金额，本项目应当根据“财政拨款预算收入——基本支出”科目的本期发生额填列；“财政项目拨款预算收入”项目，反映医院本期取得的财政拨款收入中属于财政项目支出拨款的金额，本项目应当根据“财政拨款预算收入——项目支出”科目的本期发生额填列。

2. 在“（二）事业预算收入”项目下新增项目填列方法

“医疗预算收入”项目，反映医院本期开展医疗活动取得的预算收入，本项目应当根据“事业预算收入——医疗预算收入”科目的本期发生额填列；“科教预算收入”项目，反映医院本期开展科研教学活动取得的预算收入，本项目应当根据“事业预算收入——科教预算收入”科目的本期发生额填列。

3. 在“（二）事业支出”项目下新增项目填列方法

“财政基本拨款支出”项目，反映医院本期使用财政基本拨款发生的事业支出，本项目应当根据“事业支出”科目中资金性质为财政基本拨款部分的本期发生额填列；“财政项目拨款支出”项目，反映医院本期使用财政项目拨款发生的事业支出，本项目应根据“事业支出”科目中资金性质为财政项目拨款部分的本期发生额填列；“科教资金支出”项目，反映医院本期开展科研教学活动所发生的事业支出，本项目应当根据“事业支出”科目中资金性质为科教资金部分的本期发生额填列；“其他资金支出”项目，反映医院本期开展医疗活动所发生的事业支出，本项目应当根据“事业支出”科目中资金性质为其他资金部分的本期发生额填列。

4. 在“三、本年预算收支差额”项目下新增项目填列方法

“财政项目拨款收支差额”项目，反映医院本期财政项目拨款预算收入扣除财政项目拨款支出后的差额，计算公式如下：“财政项目拨款收支差额”=本表中“财政拨款预算收入——财政项目拨款预算收入”-本表中“事业支出——财政项目拨款支出”。

“医疗收支差额”项目，反映医院本期医疗活动相关的预算收入扣除相关预算支出后的差额，如金额为负数以“-”填列，计算公式如下：

“医疗收支差额”=本表中｛“财政拨款预算收入——财政基本拨款预算收入”+“事业预算收入——医疗预算收入”+“上级补助预算收入”+“附属单位上缴预算收入”+“经营预算收入”+“债务预算收入”+“非同级财政拨款预算收入”+“投资预算收益”+“其他预算收入”｝-本表中｛“事业支出——财政基本拨款支出”+“事业支出——其他资金支出”+“经营支出”+“上缴上级支出”+“对附属单位的补助支出”+“投资支出”+“债务还本支出”+“其他支出”｝

“科教收支差额”项目，反映医院本期开展科研教学活动相关预算收入扣除相关预算支出后的差额，计算公式如下：“科教收支差额”=本表中“事业预算收入——科教预算收入”-本表中“事业支出——科教资金支出”。

（二）编制财政拨款预算收入支出表时的注意事项

1. 填列2019年度报表的“年初财政拨款结转结余”栏应当根据2019年1月1日新账预算会计科目余额填列；

2. 项目栏内各项目应根据医院取得的财政拨款种类分类设置；

3. 项目支出栏应根据每个项目设置；

4. 医院取得除一般公共财政预算拨款和政府性基金预算拨款以外的其他财政拨款，按照财政拨款种类增加相应的资金项目及明细项目。

【问题 125】预算会计报表与部门决算报表有什么区别？

【问题解决对策】

1. 医院应在年终编制年度预算会计报表。

2. 预算会计报表与年终财务决算的区别：

（1）概念不一样。预算会计报表是根据政府会计主体预算会计核算内容编制的反映预算执行情况的一系列报表。年终财务决算是政府会计主体通过会计报表及其附注、财务分析、预算报表及其他相关信息和资料对其财务状况、运营状况及预算执行情况进行总结汇报的财务活动。

（2）包含的范围不一致。年终财务决算范围大于预算会计报表范围，年终财务决算以反映预算执行情况的预算会计报表为主，但还需要提供反映财务状况和运营情况的会计报表、附注、财务分析及其他重要的相关资料和信息。既包括年底向财政和卫健委上报的以预算执行情况为主的决算报告，也包括后期向财政上报的权责发生制综合财务报告。预算会计报表只能部分反映报告单位预算执行情况，预算执行的全面情况需要其他相关信息及资料进行补充和佐证；而年终财务决算，能从会计报表及附注、财务分析、预算报表及相关信息和资料对报告单位从财务状况、运营状况及预算执行情况进行全方位多角度的了解和剖析，有利于政府会计主体的利益相关者和管理者获取所需信息，做出有效决策。

【政策制度依据】

1. 财政部《关于医院执行〈政府会计制度——行政事业单位会计科目和报表〉的补充规定和衔接规定》（财会〔2018〕24 号）相关规定：

“医院应当按月度和年度编制财务报表和预算会计报表，至少按年度编制财务报表附注。”

2.《政府会计准则——基本准则》（财政部令第 78 号）第四十八条：

“政府决算报告是综合反映政府会计主体年度预算收支执行结果的文件。政府决算报告应当包括决算报表和其他应当在决算报告中反映的相关信息和资料。”

【问题 126】本年盈余和预算结余存在差异的情况有哪些？

【问题解决对策】

因财务会计和预算会计核算基础不同导致本年盈余和预算结余存在差异。

医院经济业务需要进行差异分析的有重要事项差异和其他事项差异。重要事项差异分为四大类。对不属于重要事项差异，但由于确认会对当期预算结余和本期盈余产生差异的，归入其他差异事项。

按照本年盈余与预算结余的差异情况表的归纳总结，医院需要进行差异分析的重要事项主要有以下几类：

（一）当期确认为收入但没有确认为预算收入，在差异情况说明表中为加项，金额为确认的财务收入贷方发生额；

1. 应收款项、预收账款确认财务收入的业务；

2. 接受非货币性资产捐赠确认财务收入的业务。

（二）当期确认为预算支出但没有确认为费用，在差异情况说明表中为加项，金额为确认的预算支出借方发生额；

1. 支付应付款项、预付账款确认预算支出的业务；

2. 为取得存货、政府储备物资等计入物资成本的业务；

3. 为购建固定资产等的资本性支出业务；

4. 偿还借款本息支出的业务。

（三）当期确认为预算收入但没有确认为收入，在差异情况说明表中为减项，金额为确认的预算收入贷方发生额；

1. 收到应收款项、预收账款确认预算收入的业务；

2. 取得借款确认预算收入的业务。

（四）当期确认为费用但没有确认为预算支出，在差异情况说明表中为减项，金额为确认的费用借方发生额；

1. 发出存货、政府储备物资等确认费用的业务；

2. 计提折旧和摊销费用的业务；

3. 确认资产处置费用（处置资产价值）的业务；

4. 应付款项、预付账款确认费用的业务。

【政策制度依据】

1.《政府会计准则——基本准则》（财政部令第78号）第三条：

“政府会计由预算会计和财务会计构成。预算会计实行收付实现制，国务院另有规定的，依照其规定。财务会计实行权责发生制。”

2.《政府会计科目和报表》第八部分附注（六）本年盈余与预算结余的差异情况说明：

“为了反映单位财务会计和预算会计因核算基础和核算范围不同所产生的本年盈余数与本年预算结余数之间的差异，单位应当按照重要性原则，对本年度发生的各类影响收入（预算收入）费用（预算支出）的业务进行适度归并和分析，披露将年度预算收入支出表中‘本年预算收支差额’调节为年度收入费用表中‘本期盈余’的信息。有关披露格式如表11.11所示。”

表11.11　本年盈余数与本年预算结余数差异

项目	金额
一、本年预算结余（本年预算收支差额）	
二、差异调节	
（一）重要事项的差异	
加：1. 当期确认为收入但没有确认为预算收入	
（1）应收款项、预收账款确认的收入	

表11.11(续)

项目	金额
(2) 接受非货币性资产捐赠确认的收入	
2. 当期确认为预算支出但没有确认为费用	
(1) 支付应付款项、预付账款的支出	
(2) 为取得存货、政府储备物资等计入物资成本的支出	
(3) 为购建固定资产等的资本性支出	
(4) 偿还借款本息支出	
减：1. 当期确认为预算收入但没有确认为收入	
(1) 收到应收款项、预收账款确认的预算收入	
(2) 取得借款确认的预算收入	
2. 当期确认为费用但没有确认为预算支出	
(1) 发出存货、政府储备物资等确认的费用	
(2) 计提的折旧费用和摊销费用	
(3) 确认的资产处置费用（处置资产价值）	
(4) 应付款项、预付账款确认的费用	
(二) 其他事项差异	
三、本年盈余（本年收入与费用的差额）	

【职业判断建议】

财务会计实行权责发生制，即凡是本期已经实现收入和已经发生或应当负担的费用，不论其款项是否已经收付，都应作为当期的收入和费用处理；凡是不属于当期的收入和费用，即使款项已经在当期收付，都不应作为当期的收入和费用。

预算会计实行收付实现制，是以款项是否已经收到或付出作为计算标准，来确定本期收益和费用的一种方法。凡在本期内实际收到或付出的一切款项，无论其发生时间早晚或是否应该由本期承担，均作为本期的收益和费用处理。

综上所述，当医院发生某一笔不属于当期的经济业务，按权责发生制财务会计不会确认收入或费用；但因为发生了款项的收付，按收付实现制预算会计需要确认预算收入或支出；通过期末结转，收入或费用转入本年盈余，预算收入或支出转入预算结余，就产生了本年盈余与预算结余的差异。

【会计账务处理】

例：某医院2019年12月20日转账1万元（自有资金）给某商城购买一台笔记本，并于当日办理笔记本电脑入库，会计处理如下：

财务会计：

办理入库时：

借：固定资产　　　　10 000

　贷：银行存款　　　　10 000

月末计提折旧，月折旧额10000÷（6×12）=138.89元

借：业务活动费/单位管理费用　138.89

　贷：固定资产累计折旧　138.89

月末结转损益：

借：本期盈余　138.89

　贷：业务活动费/单位管理费用　138.89

预算会计：

支付款项时：

借：事业支出　10 000

　贷：资金结存/货币资金　10 000

年末结转：

借：其他结余　10 000

　贷：事业支出　10 000

上述经济业务因财务会计和预算会计核算基础不同，产生了预算结余与本年盈余的差异9 861.11（10 000.00-138.89）元，差异为：按照权责发生制原则，固定资产以累计折旧的形式在折旧期内按月确认费用；而预算会计则按收付实现制在付款时一次性确认预算支出。

【问题127】如何编制本年盈余与预算结余差异情况说明表?

【问题解决对策】

本年盈余与预算结余差异情况说明表有两种编制方式，一种是手工编制，另外一种是通过自动辨认采集预算结余与净资产变动差异数据，期末自动生成调节表。

差异分析设置应注意四个问题：

1. 医院需要对产生差异的业务进行全面的梳理；

2. 要准确分析每一项业务属于哪一种差异类型；

3. 删除了要对每一种需要做差异分析的业务涉及的科目进行归纳总结，根据这些科目进行差异分析设置；

4. 在进行自动差异分析的初期要注意检查自动差异分析是否正确，并根据情况随时调整差异分析设置。

通过比较“本年盈余与预算结余差异情况表”调整后的“本年盈余”金额与科目余额表里当期财务收入费用的差额是否相等来检查表是否正确，金额相等表明表正确，金额不等表明表不正确。

也可以“本年预算结余”为起点，通过对产生差异事项的逐一加减调节，如果结果正好与本年盈余相等，就说明是正确的。

【政策制度依据】

《政府会计科目和报表》第八部分附注（六）本年盈余与预算结余的差异情况说明。

【会计账务处理】

例：某医院手工编制的 2019 年 1 月本年盈余与预算结余情况说明表的实例。该医院本月预算结余金额为 5 200 000 元，本期盈余金额为 1 658 685 元，手工编制本年盈余与预算结余情况表如下。

第一步：为统计医院因财务会计与预算会计核算基础不同产生差异的业务，并对各类业务进行归纳，将涉及的科目特点进行总结，设计工作模板并进行统计。

第二步：逐笔登记因核算基础不同而对当期结余/盈余产生差异的记账凭证相关信息。

加项一：医院当期确认为收入但没有确认为预算收入的业务确认的差异（94 385+150 000＝244 385）

1. 医院应收款项、预收账款确认财务收入的业务（见表 11.12）；

表 11.12　医院应收款项、预收账款确认财务收入的业务

业务事项	财务会计	预算会计
院外单位职工集体先体检后择期付款 50 000 元	借：应收账款——其他应收账款　50 000	—
	贷：事业收入——医疗收入——门急诊收入　50 000	
门诊病人刷储值卡性质就医卡就诊 1 200 元	借：预收账款——预收医疗款——门急诊预收款　1 200	—
	贷：事业收入——医疗收入——门急诊收入　1 200	
门诊病人刷医保卡就诊 1 000 元	借：应收账款——应收医疗款——应收医保款——门诊医保　1 000	—
	贷：事业收入——医疗收入——门急诊收入　1 000	
住院病人当日记账确认收入 2 300 元	借：应收账款——应收在院病人医疗款　2 300	—
	贷：事业收入——医疗收入——住院收入　2 300	
其他医院欠款购自制药剂 1 285 元	借：应收账款——其他应收账款　1 285	—
	贷：事业收入——医疗收入——门急诊收入　1 285	
欠款为下级医院提供远程心电、影像等服务 38 600 元	借：应收账款——其他应收账款　38 600	—
	贷：事业收入——医疗收入——门急诊收入　38 600	
差异合计	94 385	

医院属于应收款项、预收账款确认财务收入的业务形成的差异，涉及的贷方科目主要有“事业收入/医疗收入/门急诊收入”“事业收入/医疗收入/住院收入”，借方科目主要有“应收账款”及“预收账款”等；

2. 医院接受非货币性资产捐赠确认财务收入的业务（见表 11.13）；

表 11.13　医院接受非货币性资产捐赠确认财务收入的业务

业务事项	财务会计	预算会计
某红十字会向医院捐赠价值 100 000 元救护车 1 台	借：固定资产　100 000	—
	贷：捐赠收入　100 000	
某民间组织按捐赠协议给医院捐赠价值 50 000 元药品一批	借：库存物品——药品　50 000	—
	贷：捐赠收入　50 000	
差异合计	150 000	

医院属于接受非货币型资产捐赠确认财务收入的业务形成的差异，涉及的贷方科目主要是“捐赠收入”，借方科目主要有“固定资产”“无形资产”及“库存物品”等；

加项二：医院当期确认为预算支出但没有确认为费用（2 060 500+34 200+530 000+1 003 500=3 628 200）

1. 支付应付款项、预付账款确认预算支出的业务（见表11.14）；

表11.14　支付应付款项、预付账款确认预算支出的业务

业务事项	财务会计	预算会计
付购买低值易耗品货款8 000元	借：应付账款　8 000	借：事业支出　8 000
	贷：银行存款　8 000	贷：资金结存——货币资金　8 000
药品款集中支付100 000元	借：应付账款　100 000	借：事业支出　100 000
	贷：银行存款　100 000	贷：资金结存——货币资金　100 000
卫材材料款集中支付80 000元	借：应付账款　80 000	借：事业支出　80 000
	贷：银行存款　80 000	贷：资金结存——货币资金　80 000
设备款集中支付200 000元	借：应付账款　200 000	借：事业支出　200 000
	贷：银行存款　200 000	贷：资金结存——货币资金　200 000
退设备质保金10 000元（货款内扣减）	借：长期应付款——质保金　10 000	借：事业支出　10 000
	贷：银行存款　10 000	贷：资金结存——货币资金　10 000
付月工资500 000元	借：应付职工薪酬　500 000	借：事业支出　500 000
	贷：银行存款　500 000	贷：资金结存——货币资金　500 000
付各类保险及公积金150 000元	借：应付职工薪酬　150 000	借：事业支出　150 000
	贷：银行存款　150 000	贷：资金结存——货币资金　150 000
付月绩效800 000元	借：应付职工薪酬　800 000	借：事业支出　800 000
	贷：银行存款　800 000	贷：资金结存——货币资金　800 000
工资内代扣水电气8 000元	借：应付职工薪酬　8 000	借：事业支出　8 000
	贷：其他应收款　8 000	贷：资金结存——货币资金　8 000
付购血款200 000元	借：其他应付款　200 000	借：事业支出　200 000
	贷：银行存款　200 000	贷：资金结存——货币资金　200 000
缴纳各项税费4 500元	借：应交增值税——其他应交税费　4 500	借：事业支出　4 500
	贷：银行存款　4 500	贷：资金结存——货币资金　4 500
差异合计		2 060 500

医院属于支付应付款项、预付账款确认预算支出的业务形成的差异，涉及的贷方科目主要是“银行存款”“库存现金”等，借方科目主要有“应付账款”“长期应付款”“应付职工薪酬”“应交增值税”及“其他应交税费”等。

2. 为取得存货、政府储备物资等计入物资成本的业务（见表 11.15）；

表 11.15　为取得存货、政府储备物资等计入物资成本的业务

业务事项	财务会计	预算会计
发放制剂室人员各项工资及绩效 20 000 元	借：加工物品　20 000	借：事业支出　20 000
	贷：银行存款　20 000	贷：资金结存——货币资金　20 000
缴纳制剂室人员“五险一金”及职业年金 8 000 元	借：加工物品　8 000	借：事业支出　8 000
	贷：银行存款　8 000	贷：资金结存——货币资金　8 000
支付自制药剂原材料款 5 000 元	借：加工物品　5 000	借：事业支出　5 000
	贷：银行存款　5 000	贷：资金结存——货币资金　5 000
支付委托加工棉织品加工费 1 200 元	借：加工物品　1 200	借：事业支出　1 200
	贷：银行存款　1 200	贷：资金结存——货币资金　1 200
差异合计		34 200

医院属于为取得存货、政府储备物资等计入物资成本的业务形成的差异，涉及的贷方科目主要是“银行存款”“库存现金”等，借方科目主要是“加工物品”等。

3. 为购建固定资产等的资本性支出业务（见表 11.16）；

表 11.16　为购建固定资产等的资本性支出业务

业务事项	财务会计	预算会计
购专用设备一批付 A 公司 100 000 元	借：固定资产　100 000	借：事业支出　100 000
	贷：银行存款　100 000	贷：资金结存——货币资金　100 000
购电脑一批付 B 公司 50 000 元	借：固定资产　50 000	借：事业支出　50 000
	贷：银行存款　50 000	贷：资金结存——货币资金　50 000
购病房电视机一批付 C 公司 30 000 元	借：固定资产　30 000	借：事业支出　30 000
	贷：银行存款　30 000	贷：资金结存——货币资金　30 000
付门诊收费系统款 100 000 元	借：无形资产　100 000	借：事业支出　100 000
	贷：银行存款　100 000	贷：资金结存——货币资金　100 000
付新院区建设工程款 200 000 元	借：在建工程　200 000	借：事业支出　200 000
	贷：银行存款　200 000	贷：资金结存——货币资金　200 000
付医院某房屋大型装修改造设计费 50 000 元	借：在建工程　50 000	借：事业支出　50 000
	贷：银行存款　50 000	贷：资金结存——货币资金　50 000
差异合计		530 000

医院属于为购建固定资产等的资本性支出业务形成的差异，涉及的贷方科目主要是“银行存款”“库存现金”等，借方科目主要是“固定资产”“无形资产”及“在建工程”等。

4. 偿还借款本息支出的业务（见表 11.17）；

表 11.17　偿还借款本息支出的业务

业务事项	财务会计	预算会计
每月偿还商业银行 5 年期贷款利息 3 500 元	借：应付利息　3 500	借：其他支出　3 500
	贷：银行存款　3 500	贷：资金结存——货币资金　3 500
偿还 5 年期到期借款本金 1 000 000 元	借：长期借款　1 000 000	借：债务还本支出　1 000 000
	贷：银行存款　1 000 000	贷：资金结存——货币资金　1 000 000
差异合计		1 003 500

医院属于偿还借款本息支出的业务形成的差异，涉及的贷方科目主要是“银行存款”等，借方科目主要是“应付利息”及“长期借款”等。

减项一：医院当期确认为预算收入但没有确认为收入（927 900+3 100 000=4 027 900）

1. 收到应收款项、预收账款确认预算收入的业务（见表 11.18）；

表 11.18　收到应收款项、预收账款确认预算收入的业务

业务事项	财务会计	预算会计
门诊医疗款储值 1 000 元	借：现金——银行存款　1 000	借：资金结存——货币资金　1 000
	贷：预收账款　1 000	贷：事业预算收入——医疗预算收入　1 000
收住院病人预交款 50 000 元	借：银行存款　50 000	借：资金结存——货币资金　50 000
	贷：预收账款　50 000	贷：事业预算收入——医疗预算收入　50 000
医保局预付医保款 500 000 元	借：银行存款　500 000	借：资金结存——货币资金　500 000
	贷：预收账款　500 000	贷：事业预算收入——医疗预算收入　500 000
病人出院结算补交欠费 500 元	借：现金——银行存款　500	借：资金结存——货币资金　500
	贷：应收账款　500	贷：事业预算收入——医疗预算收入　500
医保局付门诊刷卡款 100 000 元	借：银行存款　100 000	借：资金结存——货币资金　100 000
	贷：应收账款　100 000	贷：事业预算收入——医疗预算收入　100 000
医保局付住院病人结算款 200 000 元	借：银行存款　200 000	借：资金结存——货币资金　200 000
	贷：应收账款　200 000	贷：事业预算收入——医疗预算收入　200 000
某商业保险公司转来大病保险款 60 000 元	借：银行存款　60 000	借：资金结存——货币资金　60 000
	贷：应收账款　60 000	贷：事业预算收入——医疗预算收入　60 000
收到某单位体检款 3 800 元	借：银行存款　3 800	借：资金结存——货币资金　3 800
	贷：应收账款　3 800	贷：事业预算收入——医疗预算收入　3 800
收到某单位远程诊断款 10 000 元	借：银行存款　10 000	借：资金结存——货币资金　10 000
	贷：应收账款　10 000	贷：事业预算收入——医疗预算收入　10 000
收到某单位购制剂款 2 600 元	借：银行存款　2 600	借：资金结存——货币资金　2 600
	贷：应收账款　2 600	贷：事业预算收入——医疗预算收入　2 600
差异合计		927 900

医院属于收到应收款项、预收账款确认预算收入的业务形成的差异，涉及的借方科目主要是“银行存款”“库存现金”等，贷方科目主要是“应收账款”“预收账款”等。

2. 取得借款确认预算收入的业务（见表 11.19）；

表 11.19　取得借款确认预算收入的业务

业务事项	财务会计	预算会计
医院向某商业银行借入半年期流动资金 100 000 元	借：银行存款　100 000	借：资金结存——货币资金　100 000
	贷：短期借款　100 000	贷：债务预算收入　100 000
医院向某商业银行借入 5 年期新院区建设资金 3 000 000 元	借：银行存款　3 000 000	借：资金结存——货币资金　3 000 000
	贷：长期借款　3 000 000	贷：债务预算收入　3 000 000
差异合计		3 100 000

医院属于取得借款确认预算收入的业务形成的差异，涉及的借方科目主要是“银行存款”“库存现金”等，贷方科目主要是“短期借款”“长期借款”等。

减项二：医院当期确认为费用但没有确认为预算支出的业务（1 525 000+209 000+52 000+1 600 000=3 386 000）

1. 发出存货、政府储备物资等确认费用的业务（见表 11.20）；

表 11.20　发出存货、政府储备物资等确认费用的业务

业务事项	财务会计	预算会计
门诊药房本月销售药品 150 000 元	借：业务活动费用　150 000	—
	贷：库存物品　150 000	
住院药房本月销售药品 1 000 000 元	借：业务活动费用　1 000 000	—
	贷：库存物品　1 000 000	
本月各科室在药库领用药品 80 000 元	借：业务活动费——单位管理费用　80 000	—
	贷：库存物品　80 000	
总务库房本月科室领用办公用品 10 000 元	借：业务活动费——单位管理费用　10 000	—
	贷：库存物品　10 000	
总务库房本月各科室领用低值易耗品 15 000 元	借：业务活动费——单位管理费用　15 000	—
	贷：库存物品　15 000	
设备库房本月各科室领用卫生材料 250 000 元	借：业务活动费用　250 000	—
	贷：库存物品　250 000	
设备库房各科室领用低值易耗品 20 000 元	借：业务活动费——单位管理费用　20 000	—
	贷：库存物品　20 000	
差异合计	1 525 000	

医院属于发出存货、政府储备物资等确认费用的业务形成的差异，涉及的借方科目主要是“业务活动费用”“单位管理费用”等，贷方科目主要是“库存物品”等。

2. 计提折旧费用和摊销费用的业务（见表 11.21）；

表 11.21　计提折旧费用和摊销费用的业务

业务事项	财务会计	预算会计
计提 1 月设备及无形资产折旧摊销 200 000 元	借：业务活动费——单位管理费用　200 000	—
	贷：固定资产累计折旧——无形资产累计摊销 200 000	
摊销房屋租金 5 000 元	借：业务活动费——单位管理费用　5 000	—
	贷：待摊费用　5 000	
洗衣房工程摊销 4 000 元	借：业务活动费　4 000	—
	贷：长期待摊费用　4 000	
差异合计	209 000	

医院属于计提折旧费用和摊销费用的业务形成的差异，涉及的借方科目主要是“业务活动费用”“单位管理费用”等，贷方科目主要是“固定资产累计折旧”“无形资产累计摊销”“待摊费用”及“长期待摊费用”等。

3. 确认资产处置费用（处置资产价值）的业务（见表 11.22）；

表 11.22　确认资产处置费用（处置资产价值）的业务

业务事项	财务会计	预算会计
经财政局批准报废净值为 50 000 元固定资产一批	借：资产处置费用　50 000	—
	贷：待处理财产损溢　50 000	
经财政局批准报废净值为 2 000 元的无形资产一批	借：资产处置费用　2 000	—
	贷：待处理财产损溢　2 000	
差异合计	52 000	

医院属于确认资产处置费用（处置资产价值）的业务形成的差异，涉及的借方科目主要是“资产处置费用”等，贷方科目主要是“待处理财产损溢”等。

4. 应付款项、预付账款确认费用的业务（见表 11.23）；

表 11.23　应付款项、预付账款确认费用的业务

业务事项	财务会计	预算会计
计算本月应发各项工资及绩效 200 000 元	借：业务活动费——单位管理费用　200 000	—
	贷：应付职工薪酬　200 000	
预提本月目标考核奖 500 000 元	借：业务活动费——单位管理费用　500 000	—
	贷：应付职工薪酬　500 000	
计提本月应交各项保险、公积金及职业年金 800 000 元	借：业务活动费——单位管理费用　800 000	—
	贷：应付职工薪酬　800 000	
本月应付购血款列红十字血站往来 100 000 元	借：业务活动费　100 000	—
	贷：其他应付款　100 000	
差异合计	1 600 000	

医院属于应付款项、预付账款确认费用的业务形成的差异，涉及的借方科目主要是“业务活动费用”“单位管理费用”等，贷方科目主要是“应付职工薪酬”“其他应付款”等。

第三步：将各项差异登记入“本年盈余与预算结余差异情况表”工作底稿（见表11.24）。

表 11.24　本年盈余与预算结余差异情况表

项目	金额
一、本年预算结余（本年预算收支差额）	5 200 000.00
二、差异调节	—
（一）重要事项的差异	−3 541 315.00
加：1. 当期确认为收入但没有确认为预算收入	244 385.00
（1）应收款项、预收账款确认的收入	94 385.00
（2）接受非货币性资产捐赠确认的收入	150 000.00
2. 当期确认为预算支出但没有确认为费用	3 628 200.00
（1）支付应付款项、预付账款的支出	2 060 500.00
（2）为取得存货、政府储备物资等计入物资成本的支出	34 200.00
（3）为购建固定资产等的资本性支出	530 000.00
（4）偿还借款本息支出	1 003 500.00
减：1. 当期确认为预算收入但没有确认为收入	4 027 900.00
（1）收到应收款项、预收账款确认的预算收入	927 900.00
（2）取得借款确认的预算收入	3 100 000.00
2. 当期确认为费用但没有确认为预算支出	3 386 000.00
（1）发出存货、政府储备物资等确认的费用	1 525 000.00
（2）计提的折旧费用和摊销费用	209 000.00
（3）确认的资产处置费用（处置资产价值）	52 000.00
（4）应付款项、预付账款确认的费用	1 600 000.00
（二）其他事项差异	
三、本年盈余（本年收入与费用的差额）	1 658 685.00

第四步：经“预算结余及本年盈余差异情况表”调整后的“本年盈余”与科目余额表“本年盈余”金额相等，该差异情况表正确。

【职业判断建议】

为便捷财务工作，建议通过信息系统自动辨认采集形成本年盈余与预算结余差异情况表。但没有实现信息化的情况下，可以按月进行手工编制，并梳理出差异规则，便于年终编制差异情况表的顺利实施。

手工编制本年盈余与预算结余差异情况表可按以下步骤进行：

1. 设计本年盈余与预算结余差异情况表工作模版；

2. 逐笔登记因核算基础不同而对当期结余/盈余产生差异的记账凭证相关信息；

3. 根据工作模板将各项差异金额登记入“本年盈余与预算结余情况表”工作底稿；

4. 以本年预算结余为起点，调整后的本年结余与财务会计下的本年盈余（收入与费用的差额）金额若相等，则差异情况表正确。

医院可按年编制本年盈余与预算结余差异情况说明表，也可按月编制，编制频率根据医院管理要求确定。但应在每年末会计年报的会计报表附注中应进行披露。

【问题128】公立医院如何开展财务分析？

【政策制度依据】

1.《政府会计科目和报表》相关规定。

2. 财政部《政府会计医院补充规定》《政府会计医院衔接规定》相关规定。

3. 国务院办公厅关于加强三级公立医院绩效考核工作的意见（国办发〔2019〕4号）：

“《国务院办公厅关于加强三级公立医院绩效考核工作的意见》（国办发〔2019〕4号）提出：‘三级公立医院绩效考核指标体系由医疗质量、运营效率、持续发展、满意度评价等4个方面的指标构成，其中运营效率体现医院精细化管理水平，包括资源效率、收支结构、费用控制、经济管理。’”

4. 国家卫生健康委办公厅《关于印发国家三级公立医院绩效考核操作手册（2019版）的通知》（国卫办医函〔2019〕492号）相关规定：

“三级公立医院绩效考核指标涉及经济管理指标有19个，主要集中在运营效率和持续发展这两个方面，分别为收支结构指标10个、费用控制指标5个、经济管理指标2个、学科建设指标2个，其中国家监测指标9个。涉及经济管理的国家监测指标分类如下：

（一）收支结构

1. 指标31：医疗服务收入（不含药品、耗材、检查检验收入）占医疗收入比例；

2. 指标33：人员支出占业务支出比重；

3. 指标34：万元收入能耗支出；

4. 指标35：收支结余；

5. 指标36：资产负债率。

（二）费用控制

1. 指标38；门诊次均费用增幅；

2. 指标39；门诊次均药品费增幅；

3. 指标40；住院次均费用增幅；

4. 指标41；住院次均药品费用增幅。

（三）学科建设

1. 指标50：每百名卫生技术人员科研项目经费。”

5.《全国卫生健康财务年报》编制说明的相关规定。

【问题解决对策】

根据《关于贯彻实施政府会计准则制度的通知》（财会〔2018〕21 号），医院从 2019 年 1 月 1 日起执行政府会计制度。为构建统一、科学、规范的政府会计核算标准体系，财政部印发了《政府会计科目和报表》。政府会计制度改进了报表体系和结构，报表分为预算会计报表和财务报表，财务报表由会计报表和附注构成，会计报表由资产负债表、收入费用表、净资产变动表和现金流量表组成。报表体系的丰富不仅能够全面反映单位财务信息和预算执行信息，还能为资产管理效率提高、债务风险防范以及政府绩效考核提供支持。

新旧制度衔接后，医院需要对财务报表的结构和内容变化进行逐一分析梳理，深入理解报表体系和结构的内涵，掌握新旧制度衔接后多报表分析的重点难点，选择符合现代医院管理的财务指标分析，充分发挥政府会计制度的作用。

一、财务分析的内涵

医院财务报表分析是以医院医疗活动为对象，以财务报表为主要信息来源，采用科学的评价标准和适用的分析方法，遵循规范的分析程序，对医院的财务状况、经营成果等重要指标进行分析、综合、判断、推理，进而系统地认识过去、评价现在和预测未来，帮助医院管理者进行决策的一项经济管理活动。

二、财务分析的主要内容

（一）政府会计制度下报表体系

政府会计制度构建了“双功能”“双基础”“双报告”的会计核算模式，“双报告”即基于财务会计核算产生财务报告，基于预算会计核算产生决算报告。

决算报告由决算报表和其他应当在决算报告中披露的相关信息和资料共同构成，综合反映医院预算收支的年度执行结果，有助于决算报告使用者进行监督和管理，并为编制后续年度预算提供参考和依据。

财务报告由财务报表和其他应当在财务报告中披露的相关信息和资料共同构成，反映医院某一特定日期的财务状况和某一会计期间的运行情况和现金流量等信息，有助于财务报告使用者做出决策或者进行监督和管理。决算报告和财务报告从不同角度综合、系统、全面地反映出医院的整体状况。

“双报告”体系有助于利益相关者从不同维度清晰了解医院财务信息和预算执行信息。政府会计制度要求根据经济业务的核算内容、经费性质设置并细化财务报表项目，加快会计核算与预算管理、财产物资管理、内部控制、绩效分配与考核政策的协调统一，做好政府会计平行记账和报表编制分析工作。

（二）会计报表分析

会计报表分析是对医院资产、负债、净资产、收入、成本费用、现金流量等的分析，资产分析包括资产的真实性、结构、使用效果等；负债分析包括短期偿债能力、长期偿债能力、财务安全性等；净资产分析包括净资产结构、增长能力；收入分析包括收入结构分析、完成情况分析、潜力分析、趋势分析等；成本费用分析包括费用总量分析、结构分析、边际分析等；现金流量分析包括投资、经营活动的现金流入、流出，现金流量结构分析等。

（三）政府会计制度执行前后报表比较分析的重点及难点

在新旧制度衔接时，要注意对比新旧会计制度，根据科目性质、内容、编制对照关系表，正确衔接会计科目和报表，按新制度科目中资产负债表、收入费用表、现金流量表，了解新账科目的期初余额来源，才能在以后的比较分析过程中做出正确的判断。

1. 资产负债表

资产负债表是反映医院某一特定日期全部资产、负债和净资产的报表。与《医院会计制度》相比，整体变化不大，与往年财务分析数据比较时，应注意数据口径。

（1）资产分析

①货币资金分析。应注意医院是否将原在其他应收款中核算的支付宝、微信等应收款项转入其他货币资金核算。如存在受托代理资产，会导致相应流动资产科目余额发生变化。

②长期股权投资。应分析长期股权投资的变化是由于新旧制度衔接过程中调整长期股权投资的账面余额所致，或是医院新增长期股权投资项目形成。

③固定资产净值。应注意固定资产由于新旧制度衔接补提一个月的折旧金额对固定资产净值的影响。

（2）负债分析

①流动负债的增减变动原因，新旧制度衔接导致流动负债减少。由于原制度下的应付福利费全部转入净资产的“累计盈余——新旧转换盈余”科目，医院的流动负债会下降，会导致医院的资产负债率降低，速动比率上升。

②关注医院是否存在未决诉讼等确认的负债，会对非流动负债中的“预计负债”造成影响，从而影响医院整体负债规模。

（3）净资产分析

净资产是会计制度中变化最大的部分，因此在报表分析中应重点关注：

①“累计盈余”中“财政项目盈余”与“科教盈余”是由原制度中的“财政项目结转”“科教项目结转”及“待冲基金”科目转入，同时按照新旧制度衔接的规定补提了1个月的折旧。在月度的财务分析中，“累计盈余”中的“财政项目盈余”与“科教盈余”除发生以前年度盈余调整以外，一般不会发生变化。

②在月度资产负债表分析中，注意如果没有财政基本支出结转，其“累计盈余”中的“医疗盈余”无发生额。同时，医院应注意非同级财政专项拨款，它不会对医院的盈余分配造成影响，直接由“本期盈余”转入“累计盈余”。

③按制度规定，医院每月月末结转，本期盈余反映了当月医院全口径盈余的情况，应重点关注“本期盈余——医疗盈余”的金额，该金额反映了医院医疗活动的盈余情况。

2. 收入费用表

收入费用表反映了某一会计期间医院收入、费用及当期盈余情况。政府会计制度下收入费用表与医院会计制度下已有较大变化。

（1）收入。按照《政府会计医院补充规定》和《政府会计医院衔接规定》的要求，专门设置了医疗活动收入费用明细表（会政财02表附表01），其中“医疗活动收入”包括财政基本收入、医疗收入、上级补助收入、附属单位上缴收入、经营收入、非同级财政拨款收入、投资收益、捐赠收入、利息收入、租金收入、其他收入，将医院会计制度中“其他收入”下的“经营收入”“非同级财政拨款收入”“投资收益”“捐赠收入”“利息收入”“租金收入”单独列示。与以前年度做同比分析时，可将医疗活动收入与以前年度的业务收入进行比较分析，医院的主要事业收入（医疗收入及科教收入的内涵及外延没有太大变化），收入类项目在财务分析中变化不大，数据基本可同比分析。

（2）费用。按照《政府会计医院补充规定》和《政府会计医院衔接规定》的要求，医疗活动收入费用明细表（会政财 02 表附表 01）中医疗活动费用包括业务活动费用、单位管理费用、经营费用、资产处置费用、上缴上级费用、对附属单位补助费用、所得税费用、其他费用。医疗活动费用中的业务活动费用和单位费用仅包括财政基本拨款经费和其他费用部分，与以前年度做同比分析时，可将医疗活动费用与以前年度的业务支出进行比较分析，将业务活动费用——其他经费的金额与以前年度的医疗业务成本进行比较分析。

政府会计制度下的单位管理费用与医院会计制度下的管理费用之间有差异，原因在于财政拨款经费及科教经费形成的固定资产折旧、无形资产摊销及其他费用。

（3）由于收入、费用类科目的变化，政府会计制度下“本期盈余”的内涵与医院会计制度下的“本期结余”有很大的不同。两者的主要差别在于财政项目资金与科教项目资金形成的资产折旧所导致的费用增加。从科目设置来看，医院“本期盈余”包括财政项目盈余、医疗盈余（财政基本拨款盈余、非同级财政拨款）和科教盈余，反映了医院当期盈余结构，尤其是提供自有资金所形成的真实盈余或亏损信息。

3. 净资产变动表

净资产变动表为《政府会计科目和报表》中新增报表，反映了医院某一会计年度内净资产项目的变动情况，体现了公立医院有效履行公共受托责任，保证国有资产的保值增值的情况。该表可为政府部门提供净资产增减变动的信息，也能为其提供净资产增减变动的结构性信息。

4. 现金流量表

《政府会计科目和报表》将现金流量分为日常活动产生的现金流量、投资活动产生的现金流量、筹资活动产生的现金流量三大类，分析中应关注：

（1）《政府会计科目和报表》加强了税费现金流出的归集。专门设置“支付的各项税费”，反映医院用于缴纳日常活动相关税费而支付的现金。

（2）《政府会计科目和报表》现金流量中无须区分因科研项目活动产生的现金流量。

三、财务重要指标分析

（一）预算执行分析

医院预算在执行过程中，分析对比收支实际数与同期预算数，在进度和时间上是否相适应，分析收支变化的特点和规律，找出影响收支预算执行的因素，分析这些因素对预算执行情况的影响程度；分析预算执行情况与上年同期比较增减的原因，找出问题，总结经验，做好预算控制。

1. 预算执行率=本期实际收入（支出）总额÷本期预算收入（支出）总额×100%

说明：该指标反映医院预算管理水平，指标越高，说明医院预算准确率越高。

2. 预算完成率=期末实际完成数÷年度预算数×100%

说明：该指标反映医院预算执行进度。

3. 财政专项拨款执行率=本期财政项目实际支出÷本期财政项目拨款收入×100%。

说明：该指标反映医院财政项目拨款支出执行进度。

（二）盈余和风险管理水平分析

1. 本期盈余=财政项目盈余+医疗盈余+科教盈余

财政项目盈余=财政项目拨款收入-“业务活动费用”项目下“财政项目拨款经费”项目-“单位管理费用”项目下“财政项目拨款经费”

医疗盈余=医疗活动收入-医疗活动费用

科教盈余=科教收入-“业务活动费用”项目下“科教经费”-“单位管理费用”项目下“科教经费”项目

2. 医疗盈余率=医疗盈余÷医疗活动收入×100%。

说明：该指标反映医院除来源于财政项目收支和科教项目收支之外的盈余水平，能够体现医院财务状况、医院医疗支出的节约程度以及医院管理水平。

3. 资产负债率=负债总额÷资产总额×100%。

说明：反映医院的资产中借债筹资的比重，也就是说资产总额中有多少是举债取得的，揭示了医院的经营状况，不仅反映了医院利用债权人资金的规模，也反映了医院的风险程度。资产负债率过低，说明医院运用外部资金的能力差；而资产负债率过高，说明医院资金不足，依靠欠债维持，偿债风险太大。

4. 流动比率=流动资产÷流动负债×100%。

说明：它反映医院流动资产在短期债务到期前，可以变为现金用于偿还流动负债的能力，即医院的变现能力。该比率表明医院在每百元流动负债中有多少流动资产作后盾。流动比率过高会影响医院获利能力；反之，流动比率过低，说明医院偿债能力较差。

5. 速动比率=速动资产÷流动负债×100%。

说明：速动比率比流动比率更能体现医院偿还短期债务的能力，用于衡量医院流动资产中可以立即用于偿付流动负债的能力。速动资产是医院的流动资产减去存货和预付费用后的余额，主要包括现金、短期投资、应收票据、应收账款等项目。该指标同流动比率一样，并不是越高越好，该指标过高，可能意味着资金利用效率较低。

（三）资产运营能力分析

1. 总资产周转率=（医疗收入+其他收入）÷平均总资产。

说明：该指标反映医院的运营能力，反映总资产在一定期间内完成的周转任务，周转次数越多，表明运营能力越强，资产利用效率越高，加快资产的周转，可带来利润绝对额的增加；反之，说明医院的运营能力较差。

2. 应收账款周转天数=平均应收账款余额×365÷医疗收入。

说明：该指标反映医院应收账款流动速度。周转天数越短，应收账款的收回越快，资金占用越少，坏账损失发生的可能性越小、资金流动性高、偿债能力强。否则，医院的营运资金会过多地占用在应收账款上，影响正常的资金周转。

3. 存货周转率=（医疗业务费用中的药品、卫生材料、其他材料和低值易耗品支出）÷平均存货。

说明：该指标反映医院向病人提供的药品、卫生材料、其他材料等的流动速度以及存货资金占用是否合理。这一指标越高，说明存货周转速度越快，存货的占用水平越低，流动性越强，存货转换为现金或应收账款的速度越快，收益率越高；反之，说明库存物资积压，资金沉淀，库存管理不善，或是医院医疗经营状况不良。

（四）成本管理分析

1. 每门诊人次收入（支出）= 门诊收入（支出）÷门诊人次。

2. 每住院人次收入（支出）= 住院收入（支出）÷出院人次。

3. 成本收益率 = 本期盈余÷本期费用×100%

该指标反映医院在某一时期内收益与成本费用的比例，它表明单位成本获得的盈余，一般成本收益率越高，医院的运营效率越高。医院的本期盈余由财政项目盈余、医疗盈余、科教盈余组成，在实际分析中除了对本期盈余分析外，还应该明细到财政项目、医疗盈余、科教盈余的成本收益分析，重点应关注医疗盈余的分析，尤其是应关注医疗盈余中自有资金部分所形成盈余的成本收益分析。

4. 门诊（住院）收入成本率 = 每门诊（住院）人次支出÷每门诊（住院）人次收入×100%。

说明：以上几个指标分别反映医院门诊、住院收费水平和耗费的成本水平。

5. 百元医疗收入卫生材料消耗 = 卫生材料费÷医疗收入×100。

6. 百元医疗收入药品消耗 = 药品费÷医疗收入×100。

说明：第 5、第 6 两个指标反映医院提供医疗服务过程中药品、卫生材料的消耗水平，通过比较分析可以发现药品、材料管理水平，促进减少资源浪费。

（五）发展能力分析

1. 总资产增长率 =（期末总资产 - 期初总资产）÷期初总资产×100%。

2. 净资产增长率 =（期末净资产 - 期初净资产）÷期初净资产×100%。

说明：以上 2 个指标反映医院未来年度的发展前景及发展潜力，指标越高，说明医院规模逐渐壮大，抗风险和保持持续发展能力越来越强。

3. 固定资产净值率 = 固定资产净值÷固定资产原值×100%。

说明：该指标反映医院固定资产的新旧程度，指标越高说明近年医院固定资产投入力度越大。

（六）医疗费用控制水平分析

1. 门诊次均费用增幅 =（本年度门诊次均费用 - 上年度门诊次均费用）÷上年度门诊次均费用×100%

门诊次均费用 = 门诊收入÷门诊人次数

2. 门诊次均药品费增幅 =（本年度门诊次均药品费用 - 上年度门诊次均药品费用）÷上年度门诊次均药品费用×100%

门诊次均药品费用 = 门诊药品收入÷门诊人次数

3. 住院次均费用增幅 =（本年度出院患者次均费用 - 上年度出院患者次均费用）÷上年度出院患者次均费用×100%

住院患者次均费用 = 住院收入÷出院人次数

4. 住院次均药品费用增幅 =（本年度出院患者次均药品费用 - 上年度出院患者次均

药品费用）÷上年度出院患者次均药品费用×100%

出院患者次均药品费用=出院患者住院药品费用÷出院人次数

（七）收支结构分析

1. 人员经费占比=人员经费÷本期费用×100%。

2. 单位管理费用率=单位管理费用÷本期费用×100%。

说明：以上两个指标反映医院收支结构是否合理，能直观反映出医院人员薪酬、福利水平高低和日常运行费用投入情况。

3. 药品、卫生材料支出率=（药品费+卫生材料费）÷（业务活动费用+单位管理费用+其他支出）×100%。

4. 药品收入占医疗收入比重=药品收入÷医疗收入×100%。

说明：以上两个指标反映医院重要收支项目的结构是否合理，能直观反映出医疗活动中药品和卫生材料的消耗水平以及药占比，引导医院改善收入结构，强化成本管理。

5. 医疗服务收入（不含药品、耗材、检查检验收入）占医疗收入比例=医疗服务收入÷医疗收入×100%。

6. 人员支出占业务支出比重=人员支出÷业务支出×100%。

7. 万元收入能耗支出=年总能耗支出÷年总收入×10 000。

（八）其他指标

1. 床位使用率=实际占用总床日数÷实际开放总床日数×100%。

说明：该指标反映了病床的一般负荷情况，说明医院病床的利用效率，对评定医院工作效率和管理水平具有重要意义。

2. 床位周转次数=出院人数÷平均开放床位。

说明：该指标从每张病床的有效利用程度方面说明病床的工作效率，在一定程度上反映了医院的工作效率和医疗质量。

3. 出院者平均住院天数=出院病人实际占用总床日数÷出院人数。

说明：此指标是衡量医疗业务质量的重要指标，病人住院床日数越多，表明医疗业务质量不高；反之，表明医院业务质量较高。在人员、床位、设备没有显著变化的情况下，加快病床周转、缩短住院天数是增加住院收入的有力措施，但是要加强医疗质量，减少医疗纠纷。

4. 百元固定资产医疗收入=医疗收入÷固定资产×100。

说明：该指标反映医院固定资产创造价值的能力，反映了固定资产的利用效率。

5. 学科建设。每百名卫生技术人员科研项目经费=本年度科研项目立项经费总金额÷同期卫生技术人员总数。

在相关指标计算过程中，要注意由于政府会计制度改革导致指标的内涵及指标值变化的真实原因。例如旧制度下的“收支结余”指标指的是政府会计制度的财务会计核算体系下医院收入和费用相抵后的余额，即本期盈余，不要混淆指标的概念。

四、总结

公立医院要围绕综合改革的中心任务，从规模扩张转向提高医疗质量，从粗放式管理转向精细管理。在医院从规模发展向质量内涵发展转变的时期，财务管理人员要深入了解政府会计制度下科目内涵与外延，站在整体性、全局性的角度考虑医院的核算和分析，理解弄懂具体指标代表的含义及反映的问题，才能正确计算指标并运用于财务分析中，结合综合改革和精细化管理要求，不断完善医院财务分析，提高医院财务管理水平。

【问题 129】医院需要编制合并报表吗？哪些会计主体应该纳入医院合并报表编制范围？

【问题解决对策】

1. 医院编制的合并报表属于部门（单位）合并财务报表的范围。

2. 预算报表不编制合并报表，医院编制的合并报表只是合并财务报表。

3. 医院合并财务报表也称为部门（单位）合并财务报表，其合并范围一般应当以财政预算拨款关系为基础予以确定，但部门（单位）所属的企业不纳入部门（单位）合并财务报表的合并范围。

【政策制度依据】

1. 关于印发《政府会计准则制度解释第 2 号》的通知（财会〔2019〕24 号）：

“九、关于部门（单位）合并财务报表范围

（一）部门（单位）合并财务报表合并范围确定的一般原则。

按照《政府会计准则第 9 号——财务报表编制和列报》的规定，部门（单位）合并财务报表的合并范围一般应当以财政预算拨款关系为基础予以确定。有下级预算单位的部门（单位）为合并主体，其下级预算单位为被合并主体。合并主体应当将其全部被合并主体纳入合并财务报表的合并范围。

通常情况下，纳入本部门预决算管理的行政事业单位和社会组织（包括社会团体、基金会和社会服务机构，下同）都应当纳入本部门（单位）合并财务报表范围。

（二）除满足一般原则的会计主体外，以下会计主体也应当纳入部门（单位）合并财务报表范围：

1. 部门（单位）所属的未纳入部门预决算管理的事业单位。

2. 部门（单位）所属的纳入企业财务管理体系执行《企业会计准则制度》的事业单位。

3. 财政部规定的应当纳入部门（单位）合并财务报表范围的其他会计主体。

（三）以下会计主体不纳入部门（单位）合并财务报表范围：

1. 部门（单位）所属的企业，以及所属企业下属的事业单位。

2. 与行政机关脱钩的行业协会（商会）。

3. 部门（单位）财务部门按规定单独建账核算的会计主体，如工会经费、党费、团费和土地储备资金、住房公积金等资金（基金）会计主体。

4. 挂靠部门（单位）的没有财政预算拨款关系的社会组织以及非法人性质的学术团体、研究会等。

单位内部非法人独立核算单位的核算及合并问题，按照《政府会计制度》及相关补充规定执行。”

2. 关于印发《政府会计准则第 9 号——财务报表编制和列报》的通知（财会〔2018〕37 号）：

"第二节　部门（单位）合并财务报表

第二十二条　部门（单位）合并财务报表的合并范围一般应当以财政预算拨款关系为基础予以确定。有下级预算单位的部门（单位）为合并主体，其下级预算单位为被合并主体。合并主体应当将其全部被合并主体纳入合并财务报表的合并范围。

部门（单位）所属的企业不纳入部门（单位）合并财务报表的合并范围。"

"第十五条　合并财务报表按照合并级次分为部门（单位）合并财务报表、本级政府合并财务报表和行政区政府合并财务报表。

部门（单位）合并财务报表，是指以政府部门（单位）本级作为合并主体，将部门（单位）本级及其合并范围内全部被合并主体的财务报表进行合并后形成的，反映部门（单位）整体财务状况与运行情况的财务报表。部门（单位）合并财务报表是政府部门财务报告的主要组成部分。"

【职业判断建议】

1. 医院属于公益事业单位，其合并报表是以医院本级作为合并主体，将本级及其合并范围内全部被合并主体的财务报表进行合并后形成的，反映医院整体财务状况与运行情况的财务报表，属于部门（单位）合并财务报表的范围。

2. 预算会计因为是以收付实现制为基础，并且受预算关系约束，所以不需要编制合并预算报表。

3. 政府会计主体之间通常并不存在类似企业的投资控制关系，因此，政府合并财务报表合并范围不能直接以控制为基础确定。为了提高政府合并财务报表的可操作性，财政部没有引入控制概念及其判断标准，而是在立足于我国国情基础上，对不同级次合并财务报表的合并范围进行了原则性规定。与医院有预算拨款关系的下级预算单位应纳入医院合并报表范围（企业除外）。

【问题 130】医院如何编制合并报表？

【问题解决对策】

医院编制合并报表时应该注意以下几点：

1. 纳入合并报表的会计主体要完整、准确，应该纳入合并的会计主体不能漏掉，不应该纳入的一定不能纳入；

2. 合并报表内容要完整，医院合并财务报表至少（包含但不限于）应该包括下列组成部分：合并资产负债表、合并收入费用表及附注；

3. 医院合并财务报表应该以权责发生制为基础编制，合并主体和被合并主体的个别财务报表如未按规定以权责发生制为基础编制，应先调整为权责发生制再进行合并；

4. 医院合并财务报表的各个会计主体应遵循政府会计准则制度规定的统一的会计政策，如个别财务报表未遵循，应先调整到统一的会计政策后再进行合并；

5. 纳入医院合并报表的会计报表的会计期间应该保持一致，不一致的，应该调整一致后再进行合并；

6. 被合并主体提供的资料要齐全，应包含财务报表、遵循的会计政策以及由于会计政策不一致而影响的金额、合并主体间的所有内部业务或事项的相关资料及其他资料；

7. 需要站在医院合并整体的角度对特殊交易事项进行调整；

8. 要特别注意合并财务报表与个别财务报表披露不一样的地方，特别是合并收入费用表与个别收入费用表差别较大。

【政策制度依据】

1. 关于印发《政府会计准则第 9 号——财务报表编制和列报》的通知（财会〔2018〕37 号）：

“第十四条　合并财务报表，是指反映合并主体和其全部被合并主体形成的报告主体整体财务状况与运行情况的财务报表。

合并主体，是指有一个或一个以上被合并主体的政府会计主体。合并主体通常也是合并财务报表的编制主体。

被合并主体，是指符合本准则规定的纳入合并主体合并范围的会计主体。

合并财务报表至少包括下列组成部分：

（一）合并资产负债表；

（二）合并收入费用表；

（三）附注。

第十七条　合并财务报表应当以合并主体和其被合并主体的财务报表为基础，根据其他有关资料加以编制。

合并财务报表应当以权责发生制为基础编制。合并主体和其合并范围内被合并主体个别财务报表应当以权责发生制为基础编制，按规定未以权责发生制为基础编制，应当先调整为以权责发生制为基础的财务报表，再由合并主体进行合并。

编制合并财务报表时，应当将合并主体和其全部被合并主体视为一个会计主体，遵循政府会计准则制度规定的统一的会计政策。合并范围内合并主体、被合并主体个别财务报表未遵循政府会计准则制度规定的统一会计政策的，应当先调整为遵循政府会计准则制度规定的统一会计政策的财务报表，再由合并主体进行合并。

第十八条　编制合并财务报表的程序主要包括：

（一）根据本准则第十七条规定，对需要进行调整的个别财务报表进行调整，以调整后的个别财务报表作为编制合并财务报表的基础；

（二）将合并主体和被合并主体个别财务报表中的资产、负债、净资产、收入和费用项目进行逐项合并；

（三）抵销合并主体和被合并主体之间、被合并主体相互之间发生的债权债务、收入费用等内部业务或事项对财务报表的影响。

二十一条　在编制合并财务报表时，被合并主体除了应当向合并主体提供财务报表外，还应当提供下列有关资料：

（一）采用的与政府会计准则制度规定的统一的会计政策不一致的会计政策及其影

响金额；

（二）其与合并主体、其他被合并主体之间发生的所有内部业务或事项的相关资料；

（三）编制合并财务报表所需要的其他资料。

第二十三条　部门（单位）合并资产负债表应当以部门（单位）本级和其被合并主体符合本准则第十七条要求的个别资产负债表或合并资产负债表为基础，在抵销内部业务或事项对合并资产负债表的影响后，由部门（单位）本级合并编制。

编制部门（单位）合并资产负债表时，需要抵销的内部业务或事项包括：

（一）部门（单位）本级和其被合并主体之间、被合并主体相互之间的债权（含应收款项坏账准备，下同）、债务项目；

（二）部门（单位）本级和其被合并主体之间、被合并主体相互之间其他业务或事项对部门（单位）合并资产负债表的影响。

第三十一条　部门（单位）合并收入费用表应当以部门（单位）本级和其被合并主体符合本准则第十七条要求的个别收入费用表或合并收入费用表为基础，在抵销内部业务或事项对合并收入费用表的影响后，由部门（单位）本级合并编制。

编制部门（单位）合并收入费用表时，需要抵销的内部业务或事项包括部门（单位）本级和其被合并主体之间、被合并主体相互之间的收入、费用项目。

第三十二条　部门（单位）合并收入费用表中的收入，应当按照收入来源进行分类列示。

第三十五条　部门（单位）合并收入费用表中的费用，应当按照费用的性质进行分类列示。

第三十六条　部门（单位）合并收入费用表中的费用类至少应当单独列示反映下列信息的项目：

（一）工资福利费用；

（二）商品和服务费用；

（三）对个人和家庭补助费用；

（四）对企事业单位补贴费用；

（五）固定资产折旧费用；

（六）无形资产摊销费用；

（七）公共基础设施折旧（摊销）费用；

（八）保障性住房折旧费用；

（九）计提专用基金；

（十）所得税费用；

（十一）资产处置费用。

第三十七条　部门（单位）合并收入费用表中的费用类应当包括费用的合计项目。

第三十八条　部门（单位）合并收入费用表应当列示本期盈余项目。

本期盈余，是指部门（单位）某一会计期间收入合计金额减去费用合计金额后的差额。”

2. 财政部关于修订印发《政府综合财务报告编制操作指南（试行）》的通知（财库〔2019〕58 号）第二节　部门合并会计报表编制相关内容。

【职业判断建议】

医院编制合并财务报表时要按照财政预算拨款关系来确定纳入合并财务报表的合并主体和被合并主体，有下级预算单位的为合并主体，下级预算单位为被合并主体，必须将所有被合并主体纳入合并范围。

医院合并财务报表以合并主体和被合并主体的个别财务报表及其他资料为依据编制，不是简单的个别财务报表各项目的抵销加总，应特别注意合并财务报表与个别财务报表的不同，才能编制出正确的合并财务报表。

（一）编制合并资产负债表时应特别注意的事项

1. 医院合并资产负债表披露的各项目和个别资产负债表基本相同，但表 11.25 内黑色框线内的项目除外。其中，“其他流动资产”“其他非流动资产”“其他流动负债”及“其他非流动负债”如果没有，可以不在合并报表中列示，“无偿调拨净资产”和“本期盈余”因为是月报项目，因此合并资产负债表中不列示。

表 11.25　资产负债表（个别）

会政财 01 表

编制单位：　　　　年　月　日　　　　单位：元

资产	期末余额	年初余额	负债和净资产	期末余额	年初余额
流动资产：			流动负债：		
货币资金			短期借款		
短期投资			应交增值税		
财政应返还额度			其他应交税费		
应收票据			应缴财政款		
应收账款净额			应付职工薪酬		
预付账款			应付票据		
应收股利			应付账款		
应收利息			应付政府补贴款		
其他应收款净额			应付利息		
存货			预收账款		
待摊费用			其他应付款		
一年内到期的非流动资产			预提费用		
其他流动资产			一年内到期的非流动负债		
流动资产合计			其他流动负债		
非流动资产：			流动负债合计		
长期股权投资			非流动负债：		
长期债券投资			长期借款		

表11.25(续)

资产	期末余额	年初余额	负债和净资产	期末余额	年初余额
固定资产原值			长期应付款		
减：固定资产累计折旧			预计负债		
固定资产净值			其他非流动负债		
工程物资			非流动负债合计		
在建工程			受托代理负债		
无形资产原值			负债合计		
减：无形资产累计摊销					
无形资产净值					
研发支出					
公共基础设施原值					
减：公共基础设施累计折旧（摊销）					
公共基础设施净值			净资产：		
政府储备物资			累计盈余		
文物文化资产			其中：财政项目盈余		
保障性住房原值			医疗盈余		
减：保障性住房累计折旧			科教盈余		
保障性住房净值			新旧转换盈余		
长期待摊费用			专用基金		
待处理财产损溢			权益法调整		
其他非流动资产			无偿调拨净资产＊		
非流动资产合计			本期盈余＊		
受托代理资产			净资产合计		
资产总计			负债和净资产总计		

注：“＊”标识项目为月报项目，年报中不需要列示。

2. 编制合并资产负债表时要注意将需要抵销的内部业务和事项进行抵销，并编制抵销分录，特别是医院和其被合并主体相互之间产生的债权（含应收款项坏账准备）、债务的项目。

（二）编制合并收入费用表时应特别注意的事项

1. 合并收入费用表的披露格式和项目与个别收入费用总表有很大的区别，它综合了收入费用表和医疗活动收入费用明细表的内容，进行了部分改动并进行披露（见表11.26）。

表 11.26 合并收入费用总表

编制单位： 年 单位：元

目	本年数	上年数
一、本期收入		
（一）财政拨款收入		
（二）事业收入		
其中：非同级财政拨款收入		
（三）上级补助收入*		
（四）附属单位上缴收入*		
（五）经营收入		
（六）非同级财政拨款收入		
（七）投资收益		
（八）捐赠收入		
（九）利息收入		
（十）租金收入		
（十一）其他收入		
二、本期费用		
（一）工资福利费用		
（二）商品和服务费用		
（三）对个人和家庭补助费用		
（四）对企事业单位补贴费用		
（五）固定资产折旧费用		
（六）无形资产摊销费用		
（七）公共基础设施折旧（摊销）费用		
（八）保障性住房折旧费用		
（九）计提专用基金		
（十）所得税费用		
（十一）资产处置费用		
（十二）上缴上级费用*		
（十三）对附属单位补助费用*		
（十四）其他费用		
三、本期盈余		

“本期收入”部分按照收入来源进行分类列示，与“收入费用表”中的“本期收入”格式和项目相同 。

“本期费用”部分按照费用的性质进行分类列示，需要将“医疗活动收入费用明细表”中的“业务活动费”、“单位管理费用”及“经营费用”按经济性质分类统计后填列，格式和项目不同，需特别注意。

医疗活动收入费用明细表项目
医疗活动费用合计
业务活动费用
人员经费
其中：工资福利费用
对个人和家庭的补助费用
商品和服务费用
固定资产折旧费
无形资产摊销费
计提专用基金
单位管理费用
人员经费
其中：工资福利费用
对个人和家庭的补助费用
商品和服务费用
固定资产折旧费
无形资产摊销费
经营费用
资产处置费用
上缴上级费用
对附属单位补助费用
所得税费用
其他费用

2. 医院在编制合并收入费用表时，要特别注意抵销合并主体和被合并主体之间相互之间的所有收入、费用项目，以保证合并收入费用表的本期盈余金额正确。

3. 医院在编制合并收入费用表时，表 11.26 中标“ * ”项目（“上级补助收入”“附属单位上缴收入”“上缴上级费用”及“对附属单位补助费用”）原则上应抵销完毕，金额为零。

例 1：A 市人民医院为三甲综合医院，拥有院本部以及 A 区分院（独立核算）。根据其院本部及 A 区分院 2019 年相关财务资料：①2019 年年底 A 市人民医院需要编制合并财务报表吗？②如需编制合并财务报表，演示合并财务报表的编制过程。

院本部：A 市人民医院属于 A 市财政局直接拨款的市属三级甲等综合医院，2019 年 12 月 31 日资产负债表、收入费用表、医疗活动收入费用明细表及附注资料如下。附注：

1. 单位基本情况（略）。

2. 会计报表编制基础：权责发生制。

3. 本单位财务核算遵循政府会计准则及相关制度的规定。

4. 重要会计政策和会计估计：

（1）会计期间（2019. 1. 1—2019. 12. 31）；

（2）记账本位币：人民币，外币折算汇率（2019. 12. 31 人民币中间价）；

（3）坏账准备采用余额百分比法（4%）；

（4）存货采用历史成本法进行初始计量，发出存货采用先进先出计价方法，存货盘存采用实地盘存制，低值易耗品摊销采用一次性摊销法；

（5）固定资产采用历史成本法进行初始计量，按照财会〔2017〕25 号文件规定进行分类，固定资产折旧采用平均年限法；

（6）无形资产采用历史成本法进行初始记录，均为使用寿命有限的无形资产，其摊销年限按照《政府会计准则第 4 号——无形资产》（财会〔2016〕12 号）相关规定确定；

（7）为 A 区分院日常营运提供人力、库存物资等产生应收往来款期初为 480 万元，期末为 900 万元。另，2019 年给予 A 区分院 62. 9 万元补助，记入“对附属单位补助费用”科目；

（8）A 区分院 2019 年上缴收入 20 万元，本部记入“附属单位上缴收入”科目；

（9）A 区分院 2019 年支付给本部医疗检查费用等 100 万元，本部记入“事业收入”科目；

（10）A 区分院 2019 年支付给本部 A 区分院病员到本部检查的停车费 5 万元，本部记入“经营收入”科目；

（11）2019 年资金来源为财政项目拨款经费及科教经费的费用按性质分类如下：资金来源为财政项目拨款经费的费用为 1 420. 7 万元，其中商品和服务费用 1 350 万元，固定资产折旧费用 70. 7 万元；资金来源为科教经费的费用为 22. 2 万元，其中商品和服务费用 20. 7 万元，固定资产折旧费用 1. 5 万元；

（12）2019 年财政基本拨款收入 1 096. 3 万元均为商品和服务费用，按规定全部使用完。

5. 会计报表重要项目说明（略）。

6. 本年盈余与预算结余的差异情况说明（略）。

7. 无其他重要事项说明。

A 区分院：A 区分院为 A 市人民医院在 A 区开办的二级甲等综合性分院，独立核算，但属于 A 市人民医院的下级预算单位，医院的管理团队及医疗团队 90% 以上由本部派驻，经营的重大决策及考核由院本部医院管理团队集体决策，日常运营所需存货从本部领取，日常支出资金绝大部分由本部垫付。其 2019 年 12 月 31 日个别财务报表及附注情况如下。附注：

1. 单位基本情况（略）。

2. 会计报表编制基础：权责发生制。

3. 本单位财务核算遵循政府会计准则及相关制度的规定。

4. 重要会计政策和会计估计：

（1）会计期间（2019. 1. 1—2019. 12. 31）；

（2）记账本位币：人民币、外币折算汇率（2019. 12. 31 人民币中间价）；

（3）坏账准备采用余额百分比法（4%）；

（4）存货采用历史成本法进行初始计量，发出存货采用先进先出计价方法，存货盘存采用实地盘存制，低值易耗品摊销采用一次性摊销法；

（5）固定资产采用历史成本法进行初始计量，按照财会〔2017〕25 号文件规定进行分类，固定资产折旧采用平均年限法；

（6）无形资产采用历史成本法进行初始记录，均为使用寿命有限的无形资产，其摊销年限按照《政府会计准则第 4 号——无形资产》（财会〔2016〕12 号）相关规定确定；

（7）从 A 市人民医院获得日常营运所需人力、库存物资等产生应付往来款期初为 480 万元，期末为 900 万元，记入“其他应付款”科目；另，2019 年从 A 市人民医院获得 62. 9 万元补助，记入“上级补助收入”科目；

（8）A 区分院 2019 年上缴收入 20 万元，记入“上缴上级费用”科目；

（9）A 区分院 2019 年支付给本部医疗检查费用等 100 万元，记入“业务活动费用”科目；

（10）A 区分院 2019 年支付给本部 A 区分院病员到本部检查的停车费 5 万元，记入“业务活动费用”科目；

（11）2019 年资金来源为财政项目拨款经费及科教经费的费用按性质分类。资金来源为财政项目拨款经费的费用为 1. 9 万元，全部为商品和服务费用。

（12）2019 年财政基本拨款收入 120 万元均为商品和服务费用，按规定全部使用完。

5. 会计报表重要项目说明（略）。

6. 本年盈余与预算结余的差异情况说明（略）。

7. 无其他重要事项说明。

A 市人民医院的资产负债表（个别）见表 11. 27；A 市人民医院的收入费用表（个别）见表 11. 28；A 市人民医院的医疗活动收入费用明细表（个别）见表 11. 29。

A 区分院的资产负债表（个别）见表 11. 30；A 区分院的收入费用表（个别）见表 11. 31；A 区分院的医疗活动收入费用明细表（个别）见表 11. 32。

表 11.27　资产负债表（个别）

会政财 01 表

编制单位：A 市人民医院　　2019 年 12 月 31 日　　单位：万元

资产	期末余额	年初余额	负债和净资产	期末余额	年初余额
流动资产：			流动负债：		
货币资金	23 613.70	20 437.70	短期借款		
短期投资			应交增值税	0.50	0.50
财政应返还额度	2 869.00	2 656.50	其他应交税费	50.70	47.00
应收票据			应缴财政款		
应收账款净额	6 221.30	5 760.40	应付职工薪酬	6 567.10	6 247.00
预付账款	137.40	127.30	应付票据		
应收股利			应付账款	9 860.20	8 969.90
应收利息			应付政府补贴款		
其他应收款净额	1 803.00	1 669.40	应付利息		
存货	1 180.10	1 092.70	预收账款	1 224.20	1 133.50
待摊费用	0.70	0.60	其他应付款	399.10	369.50
一年内到期的非流动资产			预提费用		
其他流动资产			一年内到期的非流动负债		
流动资产合计	35 825.20	31 744.60	其他流动负债		
非流动资产：			流动负债合计	18 101.80	16 767.40
长期股权投资			非流动负债：		
长期债券投资			长期借款	34.10	31.60
固定资产原值	29 848.40	27 637.40	长期应付款	339.00	313.90
减：固定资产累计折旧	11 658.30	10 794.70	预计负债		
固定资产净值	18 190.10	16 842.70	其他非流动负债		
工程物资			非流动负债合计	373.10	345.50
在建工程	1 585.30	1 467.80	受托代理负债		
无形资产原值	905.00	838.00	负债合计	18 474.90	17 112.90
减：无形资产累计摊销	243.80	225.80			
无形资产净值	661.20	612.20			
研发支出					
公共基础设施原值					
减：公共基础设施累计折旧（摊销）					
公共基础设施净值			净资产：		
政府储备物资			累计盈余	27 587.16	25 188.20
文物文化资产			其中：财政项目盈余	3 793.00	4 153.70
保障性住房原值			医疗盈余	2 753.46	

表11.27(续)

资产	期末余额	年初余额	负债和净资产	期末余额	年初余额
减：保障性住房累计折旧			科教盈余	48.00	41.80
保障性住房净值			新旧转换盈余	20 992.70	20 992.70
长期待摊费用	28.90	26.80	专用基金	10 228.64	8 393.00
待处理财产损溢			权益法调整		
其他非流动资产			无偿调拨净资产		
非流动资产合计	20 465.50	18 949.50	本期盈余		
受托代理资产			净资产合计	37 815.80	33 581.20
资产总计	56 290.70	50 694.10	负债和净资产总计	56 290.70	50 694.10

表 11.28　收入费用表（个别）

会医 02 表

编制单位：A 市人民医院　　　　2019 年 12 月　　　　单位：万元

项目	本月数	本年累计数
一、本期收入	6 109.20	55 002.70
（一）财政拨款收入	121.80	1 096.30
其中：政府性基金收入		
其中：财政基本拨款收入	4.00	36.30
财政项目拨款收入	117.80	1 060.00
（二）事业收入	5 900.90	53 107.90
其中：医疗收入	5 897.70	53 079.50
科教收入	3.20	28.40
（三）上级补助收入		
（四）附属单位上缴收入		20.00
（五）经营收入	4.80	43.60
（六）非同级财政拨款收入	10.10	90.60
（七）投资收益		
（八）捐赠收入		
（九）利息收入	47.60	428.10
（十）租金收入	3.40	30.50
（十一）其他收入	20.60	185.70
二、本期费用	5 639.40	50 768.10
（一）业务活动费用	5 149.10	46 341.70
其中：财政基本拨款经费	3.50	31.50
财政项目拨款经费	146.10	1 315.00
科教经费	2.00	17.60
其他经费	4 997.50	44 977.60

表11.28(续)

项目	本月数	本年累计数
（二）单位管理费用	446.70	4 021.40
其中：财政基本拨款经费	0.50	4.80
财政项目拨款经费	11.70	105.70
科教经费	0.50	4.60
其他经费	434.00	3 906.30
（三）经营费用	5.40	48.50
（四）资产处置费用	4.50	40.70
（五）上缴上级费用		
（六）对附属单位补助费用		62.90
（七）所得税费用		
（八）其他费用	33.70	252.90
三、本期盈余	469.80	4 234.60
其中：财政项目盈余	-40.00	-360.70
医疗盈余	509.10	4 589.10
科教盈余	0.70	6.20

表 11.29　医疗活动收入费用明细表（个别）

会政财 02 表附表 01

单位名称：A 市人民医院　　2019 年 12 月　　单位：元

项目	本月数	本年累计数	项目	本月数	本年累计数
医疗活动收入合计	5 988.20	53 914.30	医疗活动费用合计	5 479.10	49 325.20
财政基本拨款收入	4.00	36.30	业务活动费用	5 001.00	45 009.10
医疗收入	5 897.70	53 079.50	人员经费	1 756.20	15 806.60
门急诊收入	1 592.80	14 335.30	其中：工资福利费用	1 747.10	15 724.10
挂号收入	3.80	34.40	对个人和家庭的补助费用	9.10	82.50
诊察收入	72.20	649.40	商品和服务费用	2 989.00	26 900.60
检查收入	413.40	3 720.60	固定资产折旧费	235.10	2 115.80
化验收入	156.30	1 406.90	无形资产摊销费	2.90	26.30
治疗收入	250.20	2 252.00	计提专用基金	17.80	159.80
手术收入	71.80	646.00	单位管理费用	434.50	3 911.10
卫生材料收入	55.00	495.10	人员经费	350.80	3 158.60
药品收入	565.40	5 088.20	其中：工资福利费用	270.30	2 432.60
其他门急诊收入	4.70	42.70	对个人和家庭的补助费用	80.50	726.00
住院收入	4 304.90	38 744.20	商品和服务费用	57.30	515.40
床位收入	127.90	1 151.50	固定资产折旧费	21.70	194.90
诊察收入	45.90	413.40	无形资产摊销费	4.70	42.20

表11.29(续)

项目	本月数	本年累计数	项目	本月数	本年累计数
检查收入	423.00	3 807.30	经营费用	5.40	48.50
化验收入	538.10	4 842.90	资产处置费用	4.50	40.70
治疗收入	841.40	7 572.40	上缴上级费用		
手术收入	407.10	3 664.00	对附属单位补助费用		62.90
护理收入	107.50	967.80	所得税费用		
卫生材料收入	772.30	6 950.40	其他费用	33.70	252.90
药品收入	961.30	8 652.00			
其他住院收入	80.50	722.90			
结算差额	-0.10	-0.40			
上级补助收入					
附属单位上缴收入		20.00			
经营收入	4.80	43.60			
非同级财政拨款收入	10.10	90.60			
投资收益					
捐赠收入					
利息收入	47.60	428.10			
租金收入	3.40	30.50			
其他收入	20.60	185.70			

表 11.30 资产负债表（个别）

会政财 01 表

编制单位：A 区分院　　2019 年 12 月 31 日　　单位：万元

资产	期末余额	年初余额	负债和净资产	期末余额	年初余额
流动资产：			流动负债：		
货币资金	55.60	33.50	短期借款		
短期投资			应交增值税		
财政应返还额度	96.40	90.90	其他应交税费		
应收票据			应缴财政款		
应收账款净额	1 706.20	1 379.20	应付职工薪酬	413.60	371.30
预付账款			应付票据		
应收股利			应付账款		
应收利息			应付政府补贴款		
其他应收款净额	0.90	0.30	应付利息		
存货	19.40	29.40	预收账款	40.20	42.80
待摊费用			其他应付款	1 570.20	1 279.80
一年内到期的非流动资产			预提费用		

表11.30(续)

资产	期末余额	年初余额	负债和净资产	期末余额	年初余额
其他流动资产			一年内到期的非流动负债		
流动资产合计	1 878.50	1 533.30	其他流动负债		
非流动资产：			流动负债合计	2 024.00	1 693.90
长期股权投资			非流动负债：		
长期债券投资			长期借款		
固定资产原值	1 513.60	1 322.40	长期应付款		
减：固定资产累计折旧	485.40	477.70	预计负债		
固定资产净值	1 028.20	844.70	其他非流动负债		
工程物资			非流动负债合计		
在建工程	4.20	3.90	受托代理负债		
无形资产原值	2.90	2.70	负债合计	2 024.00	1 693.90
减：无形资产累计摊销	0.60	0.50			
无形资产净值	2.30	2.20			
研发支出					
公共基础设施原值					
减：公共基础设施累计折旧（摊销）					
公共基础设施净值			净资产：		
政府储备物资			累计盈余	811.44	682.80
文物文化资产			其中：财政项目盈余	678.50	655.40
保障性住房原值			医疗盈余	105.54	
减：保障性住房累计折旧			科教盈余		
保障性住房净值			新旧转换盈余	27.40	27.40
长期待摊费用			专用基金	77.76	7.40
待处理财产损溢			权益法调整		
其他非流动资产			无偿调拨净资产		
非流动资产合计	1 034.70	850.80	本期盈余		
受托代理资产			净资产合计	889.20	690.20
资产总计	2 913.20	2 384.10	负债和净资产总计	2 913.20	2 384.10

表 11.31　收入费用总表（个别）

会医 02 表

编制单位：A 区分院　　2019 年 12 月　　单位：万元

项目	本月数	本年累计数
一、本期收入	190.30	1 138.00
（一）财政拨款收入	25.00	145.00

表11.31(续)

项目	本月数	本年累计数
其中：政府性基金收入		
其中：财政基本拨款收入	20.00	120.00
财政项目拨款收入	5.00	25.00
（二）事业收入	151.80	911.10
其中：医疗收入	151.80	911.10
科教收入		
（三）上级补助收入	10.50	62.90
（四）附属单位上缴收入		
（五）经营收入		
（六）非同级财政拨款收入	3.00	19.00
（七）投资收益		
（八）捐赠收入		
（九）利息收入		
（十）租金收入		
（十一）其他收入		
二、本期费用	153.60	939.00
（一）业务活动费用	142.50	853.40
其中：财政基本拨款经费	20.00	120.00
财政项目拨款经费	0.50	1.20
科教经费		
其他经费	122.00	732.20
（二）单位管理费用	4.90	28.20
其中：财政基本拨款经费		
财政项目拨款经费	0.30	0.70
科教经费		
其他经费	4.60	27.50
（三）经营费用		
（四）资产处置费用		
（五）上缴上级费用		20.00
（六）对附属单位补助费用		
（七）所得税费用		
（八）其他费用	6.20	37.40
三、本期盈余	36.70	199.00
其中：财政项目盈余	4.20	23.10
医疗盈余	32.50	175.90
科教盈余		

表 11.32　医疗活动收入费用明细表（个别）

会政财 02 表附表 01

单位名称：A 区分院　　2019 年 12 月　　单位：万元

项目	本月数	本年累计数	项目	本月数	本年累计数
医疗活动收入合计	185.30	1 113.00	医疗活动费用合计	152.80	937.10
财政基本拨款收入	20.00	120.00	业务活动费用	142.00	852.20
医疗收入	151.80	911.10	人员经费	32.20	193.40
门急诊收入	26.50	158.40	其中：工资福利费用	32.20	193.40
挂号收入	0.10	0.70	对个人和家庭的补助费用		
诊察收入	1.00	5.90	商品和服务费用	105.10	630.40
检查收入	9.70	58.30	固定资产折旧费	4.20	25.70
化验收入	2.50	15.20	无形资产摊销费		
治疗收入	2.50	14.80	计提专用基金	0.50	2.70
手术收入	1.00	5.90	单位管理费用	4.60	27.50
卫生材料收入	0.40	2.20	人员经费	4.30	26.10
药品收入	8.70	52.10	其中：工资福利费用	4.30	26.10
其他门急诊收入	0.60	3.30	对个人和家庭的补助费用		
住院收入	125.30	752.70	商品和服务费用		
床位收入	2.20	13.40	固定资产折旧费	0.30	1.30
诊察收入	2.10	12.40	无形资产摊销费		0.10
检查收入	13.90	83.50	经营费用		
化验收入	26.40	158.50	资产处置费用		
治疗收入	30.20	181.00	上缴上级费用		20.00
手术收入	8.10	48.90	对附属单位补助费用		
护理收入	3.00	18.10	所得税费用		
卫生材料收入	9.20	55.30	其他费用	6.20	37.40
药品收入	28.30	170.40			
其他住院收入	1.90	11.20			
结算差额					
上级补助收入	10.50	62.90			
附属单位上缴收入					
经营收入					
非同级财政拨款收入	3.00	19.00			
投资收益					
捐赠收入					
利息收入					
租金收入					
其他收入					

【问题解决对策】

1. 2019 年年底 A 市人民医院需要编制合并财务报表。虽然 A 区分院是独立核算，但它与 A 市人民医院具有预算拨款关系，且 A 区分院由 A 市人民医院开办，具有从属关系。A 市人民医院为 A 区分院提供日常运营所需的人员、物资及资金，因此，2019 年年底，A 市人民医院应当作为部门（单位）合并主体，A 区分院作为被合并主体编制合并财务报表。

2. 合并财务报表的编制过程：

（1）对需要进行调整的个别财务报表进行调整，以调整后的个别财务报表作为编制合并财务报表的基础；

（2）将个别财务报表中的资产、负债、净资产、收入和费用进行逐项合并；

（3）抵销合并主体和被合并主体之间、被合并主体相互之间发生的债权债务、收入费用等内部业务或事项对财务报表的影响。

由于 A 市人民医院及 A 区分院的个别财务报表均以权责发生制编制，且遵循相同的政府会计准则制度规定的统一的会计政策，因此不需要做相应调整，可以直接进行财务报表的合并。

3. 合并资产负债表的编制：

（1）合并资产项目见表 11.33。

表 11.33　合并资产项目　　单位：万元

资产	期末余额			年初余额		
	A 市人民医院	A 区分院	合并	A 市人民医院	A 区分院	合并
流动资产：						
货币资金	23 613.70	55.60	23 669.30	20 437.70	33.50	20 471.20
短期投资						
财政应返还额度	2 869.00	96.40	2 965.40	2 656.50	90.90	2 747.40
应收账款净额	6 221.30	1 706.20	7 927.50	5 760.40	1 379.20	7 139.60
预付账款	137.40		137.40	127.30		127.30
其他应收款净额	1 803.00	0.90	1 803.90	1 669.40	0.30	1 669.70
存货	1 180.10	19.40	1 199.50	1 092.70	29.40	1 122.10
待摊费用	0.70		0.70	0.60		0.60
流动资产合计	35 825.20	1 878.50	37 703.70	31 744.60	1 533.30	33 277.90
非流动资产：						
固定资产原值	29 848.40	1 513.60	31 362.00	27 637.40	1 322.40	28 959.80
减：固定资产累计折旧	11 658.30	485.40	12 143.70	10 794.70	477.70	11 272.40
固定资产净值	18 190.10	1 028.20	19 218.30	16 842.70	844.70	17 687.40
工程物资						
在建工程	1 585.30	4.20	1 589.50	1 467.80	3.90	1 471.70

表11.33(续)

资产	期末余额			年初余额		
	A市人民医院	A区分院	合并	A市人民医院	A区分院	合并
无形资产原值	905.00	2.90	907.90	838.00	2.70	840.70
减：无形资产累计摊销	243.80	0.60	244.40	225.80	0.50	226.30
无形资产净值	661.20	2.30	663.50	612.20	2.20	614.40
长期待摊费用	28.90		28.90	26.80		26.80
非流动资产合计	20 465.50	1 034.70	21 500.20	18 949.50	850.80	19 800.30
资产总计	56 290.70	2 913.20	59 203.90	50 694.10	2 384.10	53 078.20

（2）合并负债及净资产项目见表11.34。

表11.34　合并负债及净资产项目　　单位：万元

负债和净资产	期末余额			年初余额		
	A市人民医院	A区分院	合并	A市人民医院	A区分院	合并
流动负债：						
应交增值税	0.50		0.50	0.50		0.50
其他应交税费	50.70		50.70	47.00		47.00
应付职工薪酬	6 567.10	413.60	6 980.70	6 247.00	371.30	6 618.30
应付账款	9 860.20		9 860.20	8 969.90		8 969.90
预收账款	1 224.20	40.20	1 264.40	1 133.50	42.80	1 176.30
其他应付款	399.10	1 570.20	1 969.30	369.50	1 279.80	1 649.30
流动负债合计	18 101.80	2 024.00	20 125.80	16 767.40	1 693.90	18 461.30
非流动负债：						
长期借款	34.10		34.10	31.60		31.60
长期应付款	339.00		339.00	313.90		313.90
非流动负债合计	373.10		373.10	345.50		345.50
受托代理负债						
负债合计	18 474.90	2 024.00	20 498.90	17 112.90	1 693.90	18 806.80
净资产：						
累计盈余	27 587.16	811.44	28 398.60	25 188.20	682.80	25 871.00
其中：财政项目盈余	3 793.00	678.50	4 471.50	4 153.70	655.40	4 809.10
医疗盈余	2 753.46	105.54	2 859.00			
科教盈余	48.00		48.00	41.80		41.80
新旧转换盈余	20 992.70	27.40	21 020.10	20 992.70	27.40	21 020.10
专用基金	10 228.64	77.76	10 306.40	8 393.00	7.40	8 400.40
净资产合计	37 815.80	889.20	38 705.00	33 581.20	690.20	34 271.40
负债和净资产总计	56 290.70	2 913.20	59 203.90	50 694.10	2 384.10	53 078.20

（3）抵销合并主体（A 市人民医院）及被合并主体（A 区分院）相互之间的债权及坏账准备。

抵销期初债权

借：其他应付款　480

　贷：其他应收款　480

抵销期初坏账准备

借：坏账准备　19.2

　贷：累计盈余/新旧转换盈余　19.2

抵销后，合并资产负债表期初其他应收款净额=1 669.7-（480-19.2）=1 208.9（万元），期初其他应付款余额=1 649.3-480=1 169.3（万元），累计盈余/新旧转换盈余期初金额=21 020.1+19.2=21 039.3（万元）。

抵销期末债权

借：其他应付款　900

　贷：其他应收款　900

抵销期末坏账准备

借：坏账准备　36

　贷：其他费用　16.8

　　　累计盈余/新旧转换盈余　19.2

抵销坏账减少的费用结转

借：其他费用　16.8

　贷：本期盈余/医疗盈余　16.8

借：本期盈余/医疗盈余　16.8

　贷：累计盈余/医疗盈余　16.8

抵销后，合并资产负债表期末其他应收款净额=1 803.9-（900-36）=939.9（万元），期末其他应付款余额=1 969.3-900=1 069.3（万元），累计盈余/医疗盈余期末金额=2 859+16.8=2 875.8（万元），累计盈余/新旧转换盈余期末余额=21 020.1+19.2=21 039.3（万元）。

（4）将合并后经内部抵销后的各资产、负债及净资产项目期末及期初余额登记入资产负债表对应项目，生成 A 市人民医院 2019 年 12 月 31 日合并资产负债表见表 11.35。

表 11.35　资产负债表（合并）

会政财 01 表

编制单位：A 市人民医院　　2019 年 12 月 31 日　　单位：万元

资产	期末余额	年初余额	负债和净资产	期末余额	年初余额
流动资产：			流动负债：		
货币资金	23 669.30	20 471.20	短期借款		
短期投资			应交增值税	0.50	0.50
财政应返还额度	2 965.40	2 747.40	其他应交税费	50.70	47.00
应收票据			应缴财政款		
应收账款净额	7 927.50	7 139.60	应付职工薪酬	6 980.70	6 618.30

表11.35(续)

资产	期末余额	年初余额	负债和净资产	期末余额	年初余额
预付账款	137.40	127.30	应付票据		
应收股利			应付账款	9 860.20	8 969.90
应收利息			应付政府补贴款		
其他应收款净额	939.90	1 208.90	应付利息		
存货	1 199.50	1 122.10	预收账款	1 264.40	1 176.30
待摊费用	0.70	0.60	其他应付款	1 069.30	1 169.30
一年内到期的非流动资产			预提费用		
其他流动资产			一年内到期的非流动负债		
流动资产合计	36 839.70	32 817.10	其他流动负债		
非流动资产：			流动负债合计	19 225.80	17 981.30
长期股权投资			非流动负债：		
长期债券投资			长期借款	34.10	31.60
固定资产原值	31 362.00	28 959.80	长期应付款	339.00	313.90
减：固定资产累计折旧	12 143.70	11 272.40	预计负债		
固定资产净值	19 218.30	17 687.40	其他非流动负债		
工程物资			非流动负债合计	373.10	345.50
在建工程	1 589.50	1 471.70	受托代理负债		
无形资产原值	907.90	840.70	负债合计	19 598.90	18 326.80
减：无形资产累计摊销	244.40	226.30			
无形资产净值	663.50	614.40			
研发支出					
公共基础设施原值					
减：公共基础设施累计折旧（摊销）					
公共基础设施净值			净资产：		
政府储备物资			累计盈余	28 434.60	25 890.20
文物文化资产			其中：财政项目盈余	4 471.50	4 809.10
保障性住房原值			医疗盈余	2 875.80	
减：保障性住房累计折旧			科教盈余	48.00	41.80
保障性住房净值			新旧转换盈余	21 039.30	21 039.30
长期待摊费用	28.90	26.80	专用基金	10 306.40	8 400.40
待处理财产损溢			权益法调整		
其他非流动资产					
非流动资产合计	21 500.20	19 800.30			
受托代理资产			净资产合计	38 741.00	34 290.60
资产总计	58 339.90	52 617.40	负债和净资产总计	58 339.90	52 617.40

4. 合并收入费用表的编制：

（1）合并收入项目见表 11.36。

表 11.36　合并收入项目　　单位：万元

项目	本年数		
	A 市人民医院	A 区分院	合并
一、本期收入	55 002.70	1 138.00	56 140.70
（一）财政拨款收入	1 096.30	145.00	1 241.30
（二）事业收入	53 107.90	911.10	54 019.00
其中：非同级财政拨款收入			
（三）上级补助收入		62.90	62.90
（四）附属单位上缴收入	20.00		20.00
（五）经营收入	43.60		43.60
（六）非同级财政拨款收入	90.60	19.00	109.60
（七）投资收益			
（八）捐赠收入			
（九）利息收入	428.10		428.10
（十）租金收入	30.50		30.50
（十一）其他收入	185.70		185.70

（2）合并费用项目见表 11.37。

表 11.37　合并费用项目　　单位：万元

项目	本年数								
	A 市人民医院				A 区分院				合并
	财政基本拨款经费	财政项目拨款经费	科教经费	其他经费	财政基本拨款经费	财政项目拨款经费	科教经费	其他经费	
二、本期费用	1 096.30	1 420.70	22.20	48 228.90	120.00	1.90		817.10	51 707.10
（一）工资福利费用				18 156.70				219.50	18 376.20
（二）商品和服务费用	1 096.30	1 350.00	20.70	26 319.70	120.00	1.90		510.40	29 419.00
（三）对个人和家庭补助费用				808.50					808.50
（四）对企事业单位补贴费用									
（五）固定资产折旧费用		70.70	1.50	2 310.70				27.00	2 409.90
（六）无形资产摊销费用				68.50				0.10	68.60
（七）公共基础设施折旧（摊销）费用									
（八）保障性住房折旧费用									
（九）计提专用基金				159.80				2.70	162.50
（十）所得税费用									
（十一）资产处置费用				40.70					40.70
（十二）上缴上级费用								20.00	20.00
（十三）对附属单位补助费用				62.90					62.90
（十四）其他费用 *				301.40				37.40	338.80

注：因合并收入费用表未单列经营费用，此处将个别收入费用表中的经营费用归入标“*”的“其他费用”栏。

（3）抵销A市人民医院与A区人民医院的与收入费用相关的内部交易

抵销A市人民医院给A区分院的62.9万元补助（单位：万元）：

借：上级补助收入　62.9

　贷：对附属单位补助费用　62.9

抵销2019年A区人民医院向A市人民医院上缴20万元收入：

借：附属单位上缴收入　20

　贷：上缴上级费用　20

抵销2019年A区分院支付给本部的检查费用100万元：

借：事业收入　100

　贷：业务活动费用　100

抵销2019年A区分院支付给本部的停车费5万元：

借：经营收入　5

　贷：业务活动费用　5

抵销以上内部业务后，收入费用同步减少，不影响盈余；上级补助收入本年数为0（62.9-62.9）万元；附属单位上缴收入本年数为0（20-20）万元；事业收入本年数为53 919（54 019-100）万元；经营收入本年数为38.6（43.6-5）万元；对附属单位补助费用本年数为0（62.9-62.9）万元；上缴上级费用本年数为0（20-20）万元；业务活动费用中的商品和服务费用本年数为29 314（29 419-100-5）万元。

（4）将合并的收入费用项目按抵销后的金额登记入合并收入费用表见表11.38。

表11.38　合并收入费用表

编制单位：A市人民医院　　2019年　　单位：万元

项目	本年数	上年数
一、本期收入	55 952.80	
（一）财政拨款收入	1 241.30	
（二）事业收入	53 919.00	
其中：非同级财政拨款收入		
（三）上级补助收入		
（四）附属单位上缴收入		
（五）经营收入	38.60	
（六）非同级财政拨款收入	109.60	
（七）投资收益		
（八）捐赠收入		
（九）利息收入	428.10	
（十）租金收入	30.50	
（十一）其他收入	185.70	
二、本期费用	51 519.20	
（一）工资福利费用	18 376.20	
（二）商品和服务费用	29 314.00	

表11.38(续)

项目	本年数	上年数
（三）对个人和家庭补助费用	808.50	
（四）对企事业单位补贴费用		
（五）固定资产折旧费用	2 409.90	
（六）无形资产摊销费用	68.60	
（七）公共基础设施折旧（摊销）费用		
（八）保障性住房折旧费用		
（九）计提专用基金	162.50	
（十）所得税费用		
（十一）资产处置费用	40.70	
（十二）上缴上级费用		
（十三）对附属单位补助费用		
（十四）其他费用 *	338.80	
三、本期盈余	4 433.60	

注：1. 因合并收入费用表未单列经营费用，此处将个别收入费用表中的经营费用归入标 * 的“其他费用”栏；
2. 2019 年合并收入费用表不需要填列上年数。

第四篇 能力提升篇

第十二章　公立医疗机构治理体系和治理能力提升的思考

第一节　政府会计制度对医院成本管理的影响

一、为医院成本管理带来发展的契机

政府会计制度按业务性质对医院费用支出科目进行分类，同时提出双基础和双功能的核算模式，即预算会计推行收付实现制并编制预算会计报表，财务会计推行权责发生制编制财务会计报表。合理的费用分类、财务会计核算及财务报表编制提供的相关信息为医院后续的成本核算、成本差异分析及成本管理控制提供了有效的数据支撑。

（一）优化会计科目，夯实成本核算基础

医院会计制度与政府会计制度在财务会计上的核算基础相同，均采用权责发生制，两者在要素分类及收入、支出类型方面的规定比较接近。但政府会计制度对医院会计制度的一些会计科目进行了调整，或是增加具体明细，或是微调专有名称，或是合并具体科目，取消相应科目，变更后的会计科目更加清晰和全面。政府会计制度取消了“待冲基金”科目，而是通过预算会计和财务会计双系统、双要素、双基础的方式呈现政府综合财务报告，全面确立“实提”折旧、摊销的政策要求，要求固定资产计提折旧（或无形资产摊销金额）根据用途计入当期费用或相关资产成本，让成本费用信息更加真实合理。

（二）规范信息产出，便于成本差异分析

政府会计制度建立了预算会计和财务会计适度分离并相互衔接的核算体系，与医院会计制度相比，两者都明确要求及时披露真实、准确的预算执行信息。然而政府会计制度建立了完全独立的包含预算收入、预算支出及预算结余三要素在内的政府预算会计；同时，政府预算会计体系基于收付实现制新设相关会计科目，对纳入部门预算管理的现金收支业务，要求在采用财务会计核算的同时应当进行预算会计核算，从而实现了双目标。

在政府会计制度的双核算基础模式下，预算会计提供的信息与财务会计信息相结合，对医院目标成本的制定、成本差异分析提供了坚实的数据基础和有效的支撑。目标成本的制定可以从总预算支出为目标开始，分解成各部门的目标成本。目标成本可以按

成本责任单位、成本内容及成本管理单位职能或医疗服务流程等进行分解，基于权责发生制核算的实际成本与目标成本比较后可以进行成本差异分析，借此可对相关部门进行考核，及时发现运行中的问题继而采取相应管控措施。

（三）完善报表内容，助力成本管理控制

相比于2012年颁布的《医院会计制度》，2019年1月1日正式实施的《政府会计科目和报表》中，新增了预算收入支出表、预算结转结余变动表等预算会计报表以及预算结余与净资产变动差异调节表；同时，收入费用表、现金流量表等报表的具体项目也发生了较大变化。这些预算会计的相关报表与财务报表结合起来，可以丰富成本相关的报表内容，为有效分析医院投入产出情况进而进行成本有效控制及业绩评价提供助力。现医院成本管理总体能力较差，主要是由于医院在成本管控上的重视和投入程度相对不足所致。医院作为事业单位，在一定程度上忽视了对财务专业人才的培养以及成本管理岗位的打造，导致重核算、轻管理的问题在医院成本管控的领域突显出来，造成医院内的业务部门与行政后勤部门缺少成本管理控制的必要理论储备和有效控制方法。新制度实施所新增的报表将为医院成本管理工作提供更为有效的分析工具，从而有利于加强医院成本管理与控制。

（四）加强预算控制，优化绩效考评体系

政府预算制度和绩效管理办法为行政事业单位的相关工作的落实提供了指引。对于医院来说，在资金配置和使用方面，需要对预算配置的合理性进行持续的验证和调整优化，合理安排各个项目的实际支出并协调部门之间及科室的支出，据此来提升资金的利用率，从而使得预算能够成为成本管控的重要抓手。合理的预算制度有利于建立有效的绩效考评体系，从成本的角度去整体控制医院各个部门和科室的开支，较之以前只单独对本科室的医护人员进行绩效评价的方法有较为显著的进步。政府会计制度实施后，在考虑预算拨款的资金使用情况和整合医院的整体成本核算情况的基础上不断完善成本核算，参照预算资金的执行率指标等对医院工作人员的业绩进行较为科学的绩效考评，明确绩效管理责任约束和激励，同时通过加强组织领导、问责等，促进医院的医疗成本核算质量、运营效率评估价值以及可持续发展能力的提升。

二、现阶段医院成本管理存在的问题

随着医疗市场竞争日益加剧，新医改对医院的成本管理工作提出了更高的要求。医院成本管理模式需要立足于加强成本核算、制定目标成本、深化成本差异分析和采取成本控制措施，从而达到优化医疗费用核算和成本管控的目标。现阶段，医院成本管理模式和方法存在以下问题：

（一）医院成本管理理念淡薄

公立医院作为政府举办的非营利性组织，长期以来缺乏成本管控意识。首先，医院的日常运营都是医疗专业人员参与，对医院的成本管理没有清晰的概念。其次，医院领导及财务等职能部门负责人参与医院的预算及成本核算管理，但是没有对预算数据的合

理性、成本核算体系及管控模式进行深入的讨论和研究。在日常的例行检查中，只针对医院病患的一些硬性指标进行考核，对基层科室只进行一些简单的成本控制，并没有根据其实际盈利情况合理规划及管理其成本。最后，医院财务人员缺乏医院各个业务方面的专业知识，因而对医院的预算管理、成本掌控并没有太大的话语权，使得医院成本管理陷入无法有效进行的窘境。

随着新医改的不断推进，公立医院改革进入“深水区”。医院“公益性”和低成本就医成为各家医院主打的服务宗旨。然而有些医院不计成本地投资先进的医疗设备、提升就医服务体验、高薪吸引专家名医，往往导致入不敷出、资产负债率飙升，医院管理者片面追求服务，而缺乏成本管理意识，不利于医院的可持续发展。

（二）医院成本核算体系不完善

医院成本核算应以成本对象为前提来归集和分配医疗业务活动中发生的各种耗费，保证高质量高标准地完成医疗服务工作，同时实现增收节支的目标。成本核算体系涉及成本对象、核算范围及成本核算方法。但是，目前并没有有效推广全成本核算理念，很多医院成本核算对象简单。实践中大多数医院成本核算只以科室、诊次和床日为核算对象，且成本核算以直接成本为主，很少涉及其他部门提供的间接服务成本，已经远远不能满足医院成本管理的需要。病种成本是医疗机构及患者最关注的成本，医疗机构应以病种作为成本核算对象，基于服务流程准确及时核算出其全部成本。随着医院现代化程度不断提高，间接成本比重日益加大，为了准确核算病种成本应进一步规范间接成本核算范围、及时采集相关数据、选择科学有效的间接成本分摊标准及完善成本核算方法。

（三）缺乏有效的医院成本管理工具

虽然很多医院的管理者是医疗行业的专家，但大多数对医院的成本管理并不精通。在成本管理的理解和认识上缺乏一定的科学性与合理性，并且没有使用有效的成本管理工具，使得医院在成本管理上缺乏必要的控制和强化措施，从而导致很多医院管理者虽然敏感地意识到医院各项支出逐年增加，压力不断加大。但是由于缺乏明确的成本控制标准及管理工具，管理者很难确定这些支出与相应的业务开展是否相关，以及是否能够取得合理的回报，亦很难厘清哪些支出是由于业务开展需要增加的必要开支。缺乏有效的成本管理与分析工具导致医院上下成本控制意识淡薄，医院内部控制乏力。

（四）医院成本管理模式滞后

医院成本管理的主要目的是通过全面、准确的成本核算，为医疗服务定价、做好成本管控，以及为决策者提供科学有效的信息。这样，能够让医院管理者清楚明了哪些医疗服务项目创造了价值，哪些医疗服务项目占用了大量资源，对于怎样安排优先发展项目可以起到参考作用。但传统成本核算管理的对象比较简单，只核算科室成本，并且注重测算事后成本，忽视了包括业务开展过程在内的全过程的成本分析和控制。因此，现阶段的成本管理模式存在很大的局限性，其决策辅助作用也无法有效发挥。

尽管很多医院采用了信息系统来进行成本管理，但在管理模式上仍然是传统的观念和经验模式，这种模式使得医院决策层常常以收入和固定资产的增长为主要考核目标、忽略成本效益考核。从而导致了医院不顾实际需求，盲目扩建医院规模和大量购买医疗设备，各核算科室也为了增加收入去增加医疗手段。这些决策增加了医院的资金投入和运行成本，从而给医院和患者带来较为沉重的医疗负担。

三、改革医院成本管理模式的准备

政府会计制度的执行，为医院强化成本管理提供了基础。医院应在做好会计核算和预算管理的基础上，大力提高成本管理意识，不断完善成本管理体系、大胆创新成本管理模式，为医疗服务定价、辅助决策及绩效管理提供指导。

（一）提高会计专业技能，树立成本管理理念

在新旧制度交替的过程中，需要耗费大量精力整理汇总会计科目，同时对相关会计人员进行账务处理的系统培训。大的医疗机构需要积极调动整个预算和会计核算部门，做好所有账务的衔接及成本核算工作，较小的医疗机构需要重点关注政府会计制度在单位的落实情况。在全面掌握最新的成本核算和预测的前提下，提高会计人员的综合素质，使其不仅要了解掌握业务处理方式，更要清楚各个科室的成本核算和预算编制的合理性，切实做到对成本的控制和监督，而不仅仅局限于成本核算。医院应定期在内部进行相关系统化培训，提高成本管理工作的效率和专业性。

同时，医院管理层需要协调各个科室的负责人，对历年的成本核算进行有效评估，编制好本年的成本预算，加大会计人员对科室成本核算的干预权限，全面提高全员的成本管理理念，做到人人心中有核算、有成本意识，做到全员开源节源，提高资金利用率。

（二）建立标准成本体系，助力成本管控

标准成本作为一个有效的成本管理工具，为医院在经常性项目制定目标成本、并进行成本分析控制和考核提供了基础。医院标准成本体系涉及医院不同成本核算对象、标准成本的制定、与实际成本的比较及差异分析。对于单项服务和单病种而言，其标准成本能准确测算，即涵盖标准价格和标准用量，因而最适宜的核算医院标准成本的方法是分别衡量单病种和单项医疗服务项目的标准成本，进而确定科室的标准成本。对于复杂性的病种及特殊性的个体，基于目标成本及目标管理建立标准成本较为符合实际。2012年《医院会计制度》的成本核算涉及三类表，医院各科室直接成本报表、医院临床服务类科室全成本报表及全成本构成分析表。依据《政府会计科目和报表》《政府会计医院补充规定》《行政事业单位管理会计应用指引》，在这三类成本报表的基础上，医院成本的管控应全方位开展，积极推行目标成本管理、建立标准成本体系、采用变动成本法，全面反映其经济效益和社会责任的履行状况，助力医院的成本管理与控制。

（三）加强预算管理，优化绩效管理方式

医院管理者应把握医院整体发展方向，制定战略性决策。科室编制预算以量化的形式明确临床、医技科室年度收入目标及支出标准。各科室围绕医院发展规划，细化分解本部门收入、支出预算，保证各科室部门预算与医院整体预算保持一致。预算目标明确后，各科室、部门负责执行预算，财务部定期监督反馈预算执行情况，预算执行情况将

与部门、员工绩效挂钩，促使各部门人员努力完成本科室预算目标，从而达成医院整体目标。

无论哪种形式的绩效考评方法都需要建立有效的成本核算方式，为预算的编制提供基础，这就需要会计人员在编制预算前要做好尽职调查，深入了解每个科室的业务及成本耗费，协调好临床科室与财务以及行政后勤部门的沟通，建立完善的信息沟通机制。同时，以科室等核算对象为单位编制预算，合理估计成本开支，做好相关人员绩效考评指标的建立并组织培训，让所有医务人员清楚预算编制过程及对其绩效考评的影响，建立激励和奖惩机制，从源头上做好成本节流，提高医院的成本管理效率，建立在此基础上的预算管理才能有效反映科室及部门的资金利用情况，从而能更有计划、有效率地进行成本控制。

第二节　成本核算助力医院实施政府会计制度

政府会计制度已于2019年1月1日正式实施，做好医院的成本管理和控制工作将促使医院获得更好的发展，同时维持自己的行业竞争力。在成本管理和控制中，完善医疗服务项目的成本构成，转变成本核算方式，不断优化成本管理模式，可以让医院成本管理有效进行，为医院在政府会计制度实施背景下更好地发挥其医疗服务作用奠定良好的基础并取得更好的发展。

一、新旧制度下医院成本核算的异同

按《医院会计制度》和《医院财务制度》的要求，公立医院于2012年起开始建立成本核算体系，并开展了成本控制和分析工作，为政府会计制度下的成本核算奠定了坚实的基础。

（一）成本核算的内容、对象、目标、流程目前仍执行《医院财务制度》的要求

为了顺利推进和实施《政府会计制度》，考虑到医院过去成本核算的有效性以及医院财务管理的需要，同时考虑到政府会计改革将来也会启动成本核算有关内容的规范，财政部颁布了《政府会计医院补充规定》。该补充规定在满足执行《政府会计科目和报表》的前提下，保留《医院会计制度》中成本核算的范围、成本分摊级次、报表格式和报表内容等有关内容。

《政府会计医院补充规定》还特别指出了医院应当按月度和年度编制成本报表，包括医院各科室直接成本表、医院临床服务类科室全成本表、医院临床服务类科室全成本构成分析表。尽管制度规定成本报表只是财务报告中的附表，但对医疗行业主管部门（如卫健委、医保部门）和医院管理者而言十分重要。因为科学的成本核算与结果分析不仅关系到医院经济运行，还关系到医疗服务项目价格的测算、制定以及医保基金补偿标准的确定。因此，为了加强医院的成本核算与控制，便于医疗主管部门了解、评价、

监督医院的成本管理，为研究、制定医疗收费标准及医改政策提供依据，成本报表不可或缺。

（二）政府会计制度下成本核算的范围

根据《政府会计科目和报表》和《政府会计医院补充规定》：成本报表主要以科室、诊次和床日为成本核算对象，所反映的成本均不包括财政项目拨款经费、科教经费形成的各项费用。

1. 按资金来源真实反映各自的收支、结余等成本信息。

在《医院会计制度》中，医院科研、教学相关成本费用没有单列，医院开展科研、教学项目使用自筹配套资金所发生的支出均在医疗业务成本中反映，也无对应收入，无法衡量科研、教学项目投入产出情况，完全不能完整反映医院科教项目收支全貌。若医院以财政安排专项资金和医院自筹方式购建的固定资产，且均用于医疗业务，就会因资金来源不同而使医疗业务成本核算中的折旧处理方式不同。财政资金购置资产所提折旧、摊销是冲减“待冲基金”而不计科室医疗业务成本，但该部分资产创造的价值计入医疗收入，导致医疗业务成本被低估，医疗业务收支结余虚增。因此，《政府会计科目和报表》和《政府会计医院补充规定》要求医院按照财政基本拨款经费、财政项目拨款经费、科教经费、其他经费的经费性质所发生的费用进行明细核算，真实地按资金来源反映各自的收支、结余等成本信息，解决收支之间不配比的问题，这样医院或科室之间的成本分析和控制才有实际意义。

2. 成本核算具体范围。

公立医院的成本核算，是指针对医院特定的成本核算对象所发生的资源耗费，包括人力资源、房屋及建筑物、设备、材料、产品等有形资产耗费，知识产权等无形资产耗费，以及其他耗费。公立医院的成本项目包括：人员经费、卫生材料费、药品费、固定资产折旧费、无形资产摊销费、计提医疗风险基金、其他费用七大类。成本项目核算数据应当与《政府会计准则》中“加工物品”“业务活动费用”“单位管理费用”科目的有关明细数据保持衔接，并确保与财务报表数据的同源性和一致性。

不属于成本核算的资源耗费，不计入该成本核算对象的成本。与开展医疗服务业务无关的费用，如：经营费用、资产处理费用、上缴上级费用、所得税费用等；以及不是直接为满足开展医疗服务业务活动需要所控制的折旧（摊销）费用，如公共基础设施折旧费，一般不计入成本。同时，根据《医院财务制度》的规定，以下支出不得计入成本范围：

（1）不属于医院成本核算范围的其他核算主体及其经济活动所发生的支出。

（2）为购置和建造固定资产、购入无形资产和其他资产的资本性支出。

（3）对外投资的支出。

（4）各种罚款、赞助和捐赠支出。

（5）有经费来源的科研、教学等项目支出。

（6）在各类基金中列支的费用。

（7）国家规定的不得列入成本的其他支出。

二、医院成本核算的流程和内容

医院成本核算是指医院将其业务活动中所发生的各种耗费按照核算对象进行归集和分配，计算出总成本和单位成本的过程。按照医院成本费用开支范围的规定，依据医院管理和决策的需要，对医疗服务过程中的各项耗费进行分类、记录、归集、分配和分析，提供相关成本信息的一项经济管理活动，是对医疗服务、药品销售、制剂生产过程中所发生费用进行核算，其目的是真实反映医疗活动的财务状况和经营成果。

医院成本核算作为一项医院内部的经济管理活动，其成本概念具有更丰富的内涵，形式呈现出多样性。例如，根据不同的成本核算对象，可将成本分为科室成本、诊次成本、床日成本、医疗服务项目成本、病种成本、疾病诊断相关分组（DRG）成本核算等（见图 12.1）。

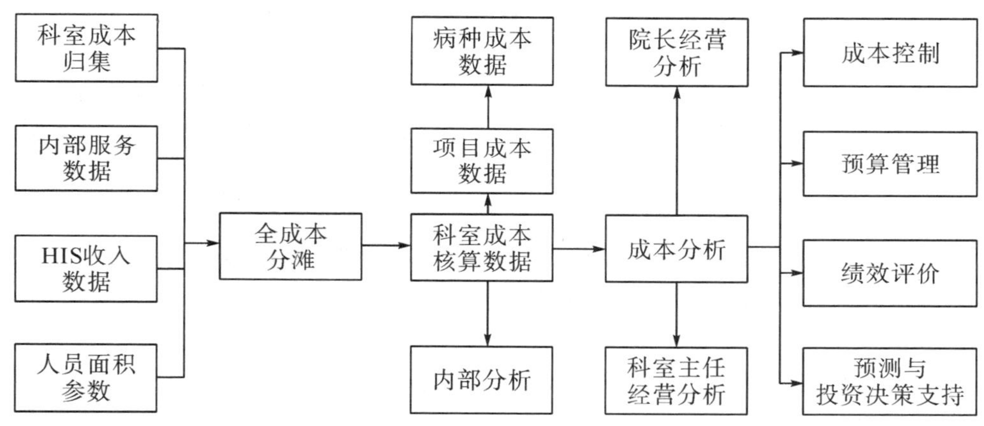

图 12.1　医院成本核算与管理的流程和内容

三、医院成本核算与会计核算的关系

医院成本管理是在医院成本核算基础上进行的成本控制方面的管理，主要集中在成本控制层面，为医院预算、绩效管理提供数据基础和管理措施。因此，做好成本核算与会计核算都是有效实施政府会计制度的基础，两者相辅相成，共同助推政府会计制度在医院顺利执行。

（一）医院会计核算为成本核算提供数据来源

医院通过会计核算反映医院的经济业务状况，侧重于从业务内容反映医院的经济活动，而成本核算侧重于从不同的成本中心收集该中心的成本情况，但两者均强调数据的准确性、完整性。会计核算的支出数据为成本核算各科室成本提供数据基础，成本数据直接来源于会计核算。

（二）医院成本核算是会计核算精细化的延伸

医院成本核算是以成本中心为单位，采集该中心所有成本数据的过程，不仅包括会计核算的内容，还涉及医院人事、物资、器械、服务量等相关信息，是对科室成本情况的全面展示。同时，在此基础上还可以开展项目、病种及诊次床日成本核算，对不同的成本对象进行归集。在会计核算中，以业务活动的内容为主要反映对象。因此，在核算时并未分配至每一个成本中心，例如，水费、电费、取暖费等通常列支在相应的科目，而在成本核算时，需要将水电费按照一定的分配比例分配到所有的成本中心。所以说成本核算是在会计核算基础上的精细化延伸。

（三）会计核算数据能验证成本核算的方法和结果

医院成本核算数据来源于会计核算数据，是在会计核算基础上的加工与细化。所以，医院成本核算数据应与会计核算数据保持一致，从而可以从外部检验成本核算数据的准确性及成本核算方法的正确性。

根据成本核算的目的，医院成本核算可以分为医疗业务成本、医疗成本、医疗全成本和医院全成本。它们之间的会计核算具有清晰的递进关系。以计算公式为证：

1. 医疗业务成本：

医疗业务成本＝“业务活动费用”下经费性质不包括财政项目拨款经费和科教经费的科目（人员经费+卫生材料费+药品费+固定资产折旧费+无形资产摊销费+提取医疗风险基金+其他费用）

2. 医疗成本

医疗成本＝医疗业务成本+“单位管理费用”下经费性质不包括财政项目拨款经费和科教经费的科目＝∑临床服务类科室全成本

3. 医疗全成本

医疗全成本＝医疗成本+财政项目拨款形成的固定资产折旧和无形资产摊销费用

4. 医院全成本

医院全成本＝医疗全成本+科教项目拨款形成的固定资产折旧和无形资产摊销费用

四、医院成本核算的对象

根据医院核算对象的不同，成本核算可分为科室全成本核算、床日和诊次成本核算、医疗服务项目成本核算、病种成本核算、疾病诊断相关分组（DRG）成本核算等。

（1）科室成本是将医院医疗服务业务活动中所发生的各种耗费以科室核算为对象，归集、分配和核算各项支出，计算出科室成本的过程。科室成本是按责任会计理论方法对责任单位的成本核算，是责任单位在医疗经营过程中所耗费的资金。科室成本主要是对责任单位和科室的经营作出预测和决策，在医院的管理中有着重要作用。

（2）医疗项目成本是以科室开展的医疗服务项目为核算对象，归集、分配和核算各项支出，计算出各医疗服务项目单位成本的过程。医疗服务项目成本，反映了医疗项目所耗费的资金。核算项目成本主要作用在于考核医疗项目的盈亏，为财政补偿和政府定价提供依据。

（3）病种成本是核算以病种为核算对象，按一定流程和方法归集、分配和核算各项支出、计算病种成本的过程。病种成本反映在治疗某病种所耗费的资源总和，可以作为对治疗过程的综合评价，为病种收费提供依据，为医保的结算开辟新的途径。

（4）床日和诊次成本核算是以诊次、床日为核算对象，将科室成本分摊到门急诊人次、住院床日，反映医院每住院床日和门急诊诊次成本状况。为医院提供单位成本的数据，与单位收入数据进行对比，医院可以据此提出管控措施。

（5）疾病诊断相关分组（DRG）成本核算是以病人的年龄、性别、住院天数、临床诊断、病症、手术、疾病严重程度，合并症与并发症及转归等因素为基础，把病人分入若干个疾病诊断相关组，按“院、科、病区”三级，使用作业成本法和叠加法归集、分配和核算各项支出，计算 DRG 成本的过程。

第三节　科学的成本核算提高医院管理能力

医院一般是按其职能目标确定主要的业务活动类型，将其作为基本的成本核算对象。同时，根据不同的成本信息需求确定其他成本核算对象。如：为满足成本控制需求的，以业务活动类型、项目、内部组织部门等作为成本核算对象；为满足公共服务或产品定价需求的，以公共服务或产品作为成本核算对象；为满足绩效评价需求的，以单位整体、项目作为成本核算对象；为满足资源配置需求的，以业务活动类型、单位整体、项目等作为成本核算对象。因此，针对不同的成本核算对象，反映不同的成本信息，能有效提高医院的管理能力。

一、科室成本核算

所谓科室成本核算，就是指将医院业务活动中所发生的各种耗费，按照科室分类，以医院最末级科室作为成本核算单元进行归集和分配，计算出科室成本的过程。因此，科室成本由归集到科室的直接成本和分配到科室的间接成本两部分组成。

（一）科室成本核算的方法

各核算单元（核算科室）先进行医疗业务支出耗费归集，划分直接成本和间接成本。直接成本直接计入，间接成本分配计入，分别形成科室业务成本。再按照分项逐级分步结转的三级分摊方法，依次对行政后勤类科室耗费、医疗辅助类科室耗费、医疗技术类科室耗费进行结转，形成临床服务科室医疗成本。同时，根据核算需要，对财政项目补助支出形成的固定资产折旧和无形资产摊销、科教项目支出形成的固定资产折旧和无形资产摊销进行归集和分摊，分别形成医疗全成本、医院全成本。

（二）医院科室成本的归集

在医院成本核算下，资源实质上是指支持作业的成本、费用来源，是一定期间内为了提供医疗服务而发生的成本、费用项目，或者说是医疗服务过程中所需花费的代价。在医院里主要的资源项目一般有：药品、卫生材料、低值易耗品、其他材料、燃料与动力费用、工资及福利、折旧费、公用费用、维修费、其他。在科室成本核算时，将医院的成本分为直接成本和间接成本两类，分别进行归集到科室。

1. 直接成本

直接成本是科室为开展医疗服务活动而发生的能够直接计入或采用一定方法计算直接计入的各种支出。直接成本归集方法如下：

（1）确认标的消耗的需要直接成本分摊的资源。

（2）为这些资源计量单价（一般从进货上取得）。

（3）收集标的所消耗的各种资源的数量（一般来自信息系统或管理层的测算）。

（4）把消耗资源的单价和标的所消耗的数量相乘。

（5）汇总所有直接分摊的成本以获得该标的的直接成本。

2. 间接成本

间接成本是为开展医疗服务活动而发生的不能直接计入、需要按照一定原则和标准计入的各项支出。

间接成本分摊的原则是：

（1）尽可能将间接变为直接费用。

（2）收益性原则：谁受益、谁负担。

（3）及时性原则：真实与准确。

（4）成本效益性原则：分摊工作要强调成本。

（5）基础性原则：准确的原始记录、不能制造虚假成本。

（6）管理性原则：提高成本分配的科学性。

（7）多元性原则：成本分配标准、分配方法。

间接成本分摊的程序：

（1）确定分摊科室。

（2）归集共同费用。

（3）选择分配基础。

（4）确定分配系数。

3. 科室成本的逐级分摊

按照医院现行财务制度规定，科室成本核算采用分项逐级分步结转法，将医院的科室分为四类：行政后勤类、医辅类、医技类、临床服务类，对于各类科室发生的成本应当本着相关性、成本效益关系及重要性等原则，按照分项逐级分步结转的方法进行分摊，最终将所有成本转移到临床科室（见图 12.2）。

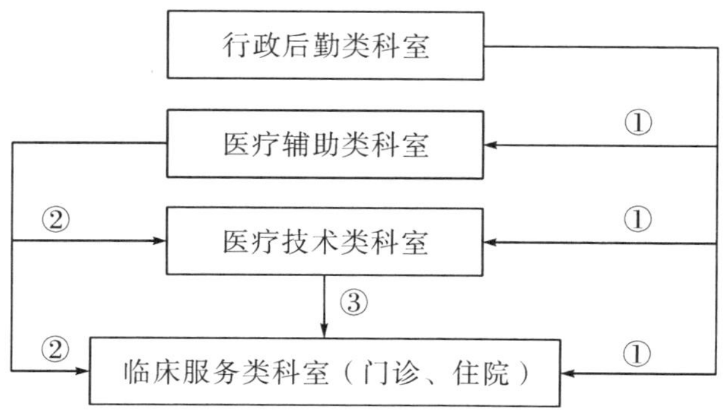

图 12.2　科室成本分摊流程

分摊步骤如下：

（1）一级分摊

一级分摊即行政后勤类科室的费用分摊。将行政后勤类科室的费用按人员比例向临床科室、医技科室和医辅科室分摊，并实行分项结转。

核算科室（临床、医技、医辅科室）分摊的某项行政后勤类科室的费用=该科室职工人数÷除行政后勤类外全院职工人数×当期行政后勤科室各项总费用。

（2）二级分摊

二级分摊是将医辅科室成本向临床科室和医技科室分摊，并实行分项结转。分摊参数可采用收入比重、工作量比重、占用面积比重等。

①收入比重分摊（适用于门诊挂号收费、住院结算室等成本分摊）：

某临床科室（或医技科室）分摊的某医辅科室成本=该科室医疗收入÷全院总医疗收入×当期某医辅科室各项总成本

②按工作量分摊（适用于门诊挂号收费、住院结算、洗衣、消毒、水、电、气，保障部门，病案部门等成本分摊）：

某临床科室（或医技科室）分摊的某医辅科室成本=该科室消耗工作量（或医疗工作量）÷某医辅科室待分摊的工作总量×当期某医辅科室各项总成本

③按占用面积分摊：

某临床科室（或医技科室）分摊的某医辅科室成本=该科室实际占用建筑面积÷全院临床、医技科室建筑总面积×当期某医辅科室各项总成本

（3）三级分摊

三级分摊是将医技科室成本向临床科室分摊。分摊参数采用收入比重或作业成本法分摊，分摊后可以分别计算门诊、住院临床科室的成本。

某临床科室分摊的某医技科室成本=该临床科室确认的某医技科室收入（按开单科室归集）÷某医技科室总收入×当期医技科室各项总成本

全部分摊后，满足如下平衡关系：

医疗成本=临床服务类科室直接成本+医疗技术类科室直接成本+医疗辅助类科室直接成本+行政后勤类科室直接成本=∑临床服务类科室医疗成本

临床服务类科室直接成本=单位管理费用

二、诊次和床日成本

所谓诊次和床日成本核算，是以诊次、床日为核算对象，将科室成本进一步分摊到门急诊人次和住院床日，计算出诊次成本和床日成本的过程。

（一）诊次和床日成本归集分摊

诊次、床日成本的核算方法是将临床科室成本按门急诊人次和住院床日进行分摊。

（二）计算公式

全院平均诊次成本=∑临床科室（门诊）全成本÷全院门急诊总人次

某临床科室诊次成本=某临床科室（门诊）全成本÷该科室门急诊总人次

全院平均实际占用床日成本 = ∑临床科室（住院）全成本÷全院住院病人实际占用总床日数

某临床科室实际占用床日成本 = 某临床科室（住院）总成本÷该科室住院病人实际占用总床日数

其中成本总额可以是：医疗成本总额、住院成本总额、科室成本总额、项目成本总额。

三、医疗服务项目成本核算

医疗服务项目成本核算，是指以临床服务类、医疗技术类科室开展的医疗服务项目为对象，归集、分配和核算各项支出，计算各项目单位成本的过程。核算方法是将临床服务、医疗技术类和医疗辅助类科室的医疗成本向其提供的医疗服务项目归集和分摊，分摊方法可以采用比例系数法和作业成本法等。

医疗服务项目核算就是围绕某一服务项目所发生的总成本进行审核、记录、汇集和分配，并计算实际成本的过程。

医疗服务项目成本核算是以临床服务类科室及医疗技术类科室二次分摊后的科室成本为基础，以各科室开展的医疗服务项目为对象，归集和分配各项支出，计算出各科室所开展医疗服务项目单位成本的过程。

某医疗项目的单位成本 = 直接成本 + ∑成本动因成本

（一）项目直接成本的归集

项目直接成本的归集即收集可直接归集到各医疗服务项目的费用，如人员经费、卫生材料费等。

（二）项目其他成本的分摊

项目其他成本的分摊即将项目开展科室的医疗成本按照一定方法分摊至服务项目。

一般来说，成本分摊系数包括收入分摊系数、工作量分摊系数和操作时间分摊系数、约当量系数。

（1）收入分摊系数

收入分摊系数是指某服务项目年医疗收入占该项目所在科室总医疗收入的百分比。

计算公式如下：

某服务项目成本 =（该服务项目医疗收入÷该科室总医疗收入）×（该科室二次分摊后成本 - 可以单独收费的药品及材料成本）

（2）工作量分摊系数

工作量分摊系数是指某服务项目工作量占该项目所在成本科室总工作量的百分比。

计算公式如下：

某服务项目成本 =（该服务项目工作量÷该科室总工作量）×（该科室二次分摊后成本 - 可以单独收费的药品及材料成本）

（3）操作时间分摊系数

操作时间分摊系数是指某项目的操作时间占该项目所在成本科室总操作时间的百

分比。

计算公式如下：

某服务项目成本=（该服务项目操作时间÷该科室总操作时间）×（该科室二次分摊后成本-可以单独收费的药品及材料成本）

（4）约当量系数

约当量系数是指某服务项目成本占该项目所在成本科室总成本的百分比。

计算公式如下：

约当量系数=该服务项目成本÷该科室总成本

某服务项目成本=约当量系数×该科室全成本

（三）项目成本单位成本计算

项目的单位成本=该项目总成本÷该项目工作量

四、病种成本核算

病种成本核算，是指以病种为核算对象，按照一定流程和方法归集、分配、核算相关费用，计算病种成本的过程。

（一）病种成本核算的路径

按病种核算服务成本，应当包括患者从诊断入院到按治疗标准出院所发生的各项费用支出。病种成本核算办法是将为治疗某一病种所耗费的医疗项目成本、药品成本、单独收费材料成本进行叠加。

（二）病种成本核算的方法

1. 历史成本法，即通过较大样本的病例回顾性调查，以调查资料为依据，计算服务项目成本，同时将间接成本按一定的分摊系数分配到病种医疗成本中，最后归集为病种成本。

其计算公式如下：

某病种总成本=∑（该病种出院病人核算期间内各医疗服务项目工作量×各该项目单位成本+药品成本+单独收费材料成本）

某病种单位成本=该病种总成本÷该病种出院病人总例数

以上医疗服务项目工作量可以从收费系统取得，各项目单位成本可以项目成本核算结果为准。

2. 标准成本法，即对每个病种按病例分型制订规范化的诊疗方案，再根据该病种临床路径所需医疗服务项目的标准成本核算病种成本。

某病种标准成本=∑（临床路径下该病种各医疗服务项目工作量×该项目单位成本）+∑药品成本+∑单独收费材料成本

以上项目工作量可从主管部门确定的病种临床路径所包含的项目计算取得，各项目单位成本可以项目成本核算结果为准。

五、DRG 成本

疾病诊断相关分组（ Diagnosis Related Groups，DRG）成本核算是以 DRG 分组为核算对象，按照一定的流程和方法归集相关费用，计算各分组平均成本的过程。DRG 成本核算方法主要有成本费用率法和医疗服务项目叠加法。

（一）成本费用率法

成本费用率法是指每个医疗服务单元取得的医疗收入所消耗的实际成本。该方法着重体现 DRG 分组成本与对应医疗收入的配比情况。该方法利用医院患者病案首页费用记录明细，将医院为患者 DRG 分组提供的医疗服务划分为若干服务单元和与之对应的医疗服务费用类别，将服务单元取得的医疗收入与形成这些收入的实际成本进行比较，计算出各服务单元的成本费用率，进而计算出医院全部住院患者成本，根据患者 DRG 分组在每个服务单元发生情况计算其平均成本。

（二）医疗服务项目叠加法

医疗服务项目叠加法是在医疗服务项目成本核算基础上，根据出院患者 DRG 分组情况，将同一 DRG 分组患者在院期间所有医疗服务项目成本、药品成本和单收费材料成本进行累加，计算形成某一 DRG 分组总成本，再结合组内患者数量计算出平均成本。

第四节　成本分析和控制推动医院高质量发展

一、医院成本分析

医院成本核算分析是以微观经济原理为理论基础，根据医院内外部经济信息，运用经济分析方法，对医院的成本及效益情况进行深入剖析，达到节约医院成本提高医院收益的目的。医院通过成本分析，可以了解各项财务计划的成本情况，评价财务状况，研究和掌握财务活动规律，发现深层次管理问题，纠正错误，挖掘医院营运潜力，改进财务预测、决策、预算和控制，提高医院管理水平和经济效益。在新医疗改革逐步推进的情况下，医院要在激烈的竞争中寻求发展，不仅要改善医疗环境、提高医疗质量，而且要不断提高医院的经济管理水平，从而提高医院的总体竞争力。成本分析作为新的分析手段，在医院经济管理中的作用日益体现，已逐渐被各医院管理层所采用。

成本分析的目的是为卫生健康主管部门和医院管理者了解成本状况，做出相关决策，提高医院管理水平服务，推动医院高质量发展。成本分析的意义是通过分析成本揭示成本消耗现状，认识成本变动规律，寻求成本控制的途径，努力降低医疗服务成本，提高医院的社会效益和经济效益，促使医院走上优质、高效、低耗的高质量发展之路。

医院可根据自身管理的需要选择不同的分析方法，分析成本计划完成情况，产生差异的原因，并制定降低成本的措施，编制分析报告。

（一）成本分析方法

1. 按照分析的目标和要求分类

按照分析的目的和要求不同，可以分为全面分析、局部分析、专题分析、全面分析与专题分析相结合。

（1）全面分析

全面分析也称综合分析，它是对医院总体的收入、成本及收益情况进行综合、全面、系统的分析。通过分析，考核成本控制管理过程中所取得的主要经验和成绩以及存在的主要问题，以利于评价工作效果和提高工作效率。全面分析一般适用于对季度、年度报表的分析。

（2）局部分析：

即对几个主要问题或主要指标进行扼要的剖析，与往期比较或与预算比较，借以考核管理水平的提高程度，体现近期经济管理情况或某指标变动的基本趋势，局部分析一般适用于单个科室的分析。

（3）专题分析：

即对某些重大的管理措施或重大项目进行分析。它的特点是分析范围单一，研究透彻深入。

（4）全面分析与专题分析相结合：

在单项指标分析的基础上，将各指标形成一套完整体系，强化对医院经济运行的整体性分析，以掌握医院整体成本状况和效益情况。同时要针对医院管理中存在的薄弱环节开展专题分析。如对医院绩效的分析、专项成本效益分析（包括新开展项目成本效益分析、单台大型设备成本效益分析等）、收入增长点分析、设备购置可行性分析、内控制度成本效益分析等。在分析中应注意把握点和面的关系，找出差距、揭示矛盾，避免分析的片面性。

2. 按照指标的比较方法分类

按照指标的比较方法不同，可以分为比较分析法、趋势分析法、比率分析法、因素分析法、收支平衡分析法、量本利分析。

（1）比较分析法

它是将可比较的指标在时间上和空间上进行对比，是分析事物矛盾的一种最基本、最常用的分析方法。比较分析，按指标性质可分为绝对数比较和相对数比较；按比较形式可分为与预算比较，与前期比较，与同类型科室数据比较。①与预算比较：是以实际指标与预算指标相比较，借以考核预算完成程度，找出差异，以便进一步研究措施，保证预算的实现。此方法在控制科室成本中有广泛的应用。②与前期比较：是以本期实际指标与上年同期或上期以及历史上某年同期、历史同期先进水平的实际数比较，借以观察考核有关指标在不同时期的增减升降。这种比较，主要是分析其变动趋势或发展速度，以逐渐探索其发展的规律性。在实际工作中常用的是以本期与上年同期的比较，这些对比，都可以通过列表观察。③与同类型科室比较：是本单位与同类型的先进科室之间进行同类型指标的比较。这种分析有利于取长补短，共同提高，更好地完成各项任务。

运用比较分析法应注意两个问题：第一是对比指标的可比性，只有对比指标具有共同的基础，才能使比较结果有实际意义。第二是比较分析法所获得的结果，只能说明数量的差异，而不能说明差异的原因，为了查明差异形成的原因，还要进行深入的分析研究。

（2）趋势分析法

它是通过连续若干期相同指标的对比，来揭示各期之间的增减变化，据以预测经济发展趋势的一种分析方法。该方法可以通过列表来表示，也可以作图直观展现。

（3）比率分析法

它是指在同一成本报表的不同项目之间，或在不同成本报表有关项目之间进行对比，以计算出的成本分析比率，反映各个项目之间的相互关系，据此评价医院的经营状况。

①相关比率分析：它是以某个指标和其他指标进行对比，求出比率。通过相关比率的分析，以便更深入地了解医院的经营状况。如将医院总成本和总收入相比，反映医院收入和成本的关系，从而分析医院单位收入所要付出的成本情况。

成本收入率＝成本费用÷业务收入×100%

成本收益率＝收支结余÷成本费用×100%

②构成比率分析：它是以某一个经济指标的各个组成部分在总体中所占的比重来分析其构成内容的变化，以便进一步掌握该项经济活动的特点和变化趋势。其计算公式为：结构相对数÷部分总体×100%。构成分析法的特点就是把分析对象的总体作为100，借以分析构成总体的各个部分所占的比重，以认识局部与总体关系的影响。如医院人力成本与总成本相比，据此分析医院人力成本在总成本中所占的比例。

（4）因素分析法

它是在多种因素共同作用于某项指标的情况下，分别确定各个因素的变动对该项指标变动的影响及其影响程度的分析方法。收入、成本增减总是多种因素综合作用的结果，各种因素的影响不同，各种因素之间又存在着某种联系。要揭示出各个因素的影响方向和程度，就要运用因素分析法。其具体方法是：以指标体系为基础，逐次替换每个因素，当某个因素替换时，其他因素不变，由此所产生的差异，就是被替换的因素影响的结果。分析的结果可用绝对值表示，也可以用相对数表示。

（5）收支平衡分析法

通过分析收入与支出配比情况，找出配比不协调的项目，深入分析其中的原因，寻找和制定解决方案。医院的投入与产出是否配比，可以通过收支平衡分析法解决，尤其是使用高值耗材的科室，分析收入与支出配比情况。最后要根据分析指标，发现问题，提出问题，并深入浅出地剖析问题，提出建议和措施。

（6）量本利分析

量本利分析，全称为产量成本利润分析，也叫保本分析或盈亏平衡分析，是通过分析生产成本、销售利润和产品数量这三者的关系，掌握盈亏变化的规律，指导企业选择能够以最小的成本生产最多的产品并可使企业获得最大利润的经营方案，医院在成本管理过程中可借鉴企业的量本利分析方法进行成本分析。

医院成本管理运用量本利分析主要研究如何确定保本点和有关因素变动对保本点的

影响。保本点是指医院收入和成本相等的运营状态。

结余=医院收入-变动成本-固定成本

当结余等于零时，此时的工作量即为保本点的工作量。

保本工作量=固定成本÷（单位收入-单位变动成本）

保本收入=固定成本÷（1-变动成本率）

变动成本率=单位变动成本÷单位收入×100%

医院可以通过对保本点的计算，反映出工作量、成本间的互动关系，用以确定保证医院正常有序发展所达到的保本点工作量和保本收入总额，进一步确定所必需的目标工作量和目标收入总额，同时固定成本和变动成本的改变也会影响医院的运营发展。

例1：医院盈亏平衡理论的运用及分析

（1）门诊诊疗成本盈亏平衡分析。根据四川省某三甲医院20×9年门诊数据，该医院全年门诊收支结余呈现亏损状态。根据盈亏平衡理论进行分析，结合外部经济环境和医院自身发展趋势，可以采取以下经营决策方案使医院扭亏为盈（见表12.1）。

①提高门诊诊疗人次。在其他条件不变的情况下，当门诊诊疗人次达到盈亏临界业务量时，收支结余为0。只要超过盈亏临界业务量，就可以达到盈余。按照盈亏临界业务量的测算，全年保本量=固定成本÷单位边际贡献=18 982 188÷36.17=524 738（人次）。

表12.1　20×9年1—12月门诊诊疗成本数据

月份	门诊量（人次）	平均单价（元）	单位变动成本（元）	固定成本（元）	收支结余（元）	单位边际贡献（元）	保本量（人次）
1	29 181	114.53	81.32	1 581 849	-612 640.02	33.21	47 626
2	40 901	112.91	80.17	1 581 849	-242 590.75	32.74	48 310
3	47 843	119.25	84.67	1 581 849	72 681.55	34.58	45 741
⋮	⋮	⋮	⋮	⋮	⋮	⋮	⋮
全年	511 808	124.74	88.57	18 982 188	-467 738.32	36.17	524 738

②调整门诊诊疗单价。在其他条件不变的情况下，当门诊诊疗单价=固定成本÷业务量+单位变动成本=18 982 188÷511 808+88.57=125.66（元/时），可以使收支结余为0。必须通过向物价部门申报成本，核定的门诊诊疗平均单价达到125.66元/人次，才能保本。

③降低单位变动成本。在其他条件不变的情况下，当单位变动成本=单价-固定成本÷业务量=124.74-18 982 188÷511 808=87.65（元），可以使收支结余为0。只要单位变动成本（卫生消耗材料、药品等）低于87.65元，就能盈利。

④减少门诊固定成本。在其他条件不变的情况下，当固定成本=单位边际贡献×业务量=36.17×511 808=18 512 095（元），可以使收支结余为0。只有减少了不随业务量变化的办公费、宣传费、折旧费等，直到固定成本开始低于18 512 095元，才会产生盈利。

（2）住院床日成本盈亏平衡分析。将四川省某三甲医院20×9年住院信息数据资料作为床日成本调查样本（见表 12.2、表 12.3），可见各临床住院科室的经营状况各有不同。根据盈亏平衡理论进行针对性分析，可以采取科学、适宜的经营决策方案对各临床科室开展工作。

表 12.2　20×9 年各临床科室住院床日成本数据

科室	实际住院床日（床日）	平均每床日收费（元）	每床日变动成本（元）	固定成本（元/年）	收支结余（元/年）	每床日边际贡献（元）	盈亏点住院床日（床日）
神外科	23 005	619.07	433.35	3 987 677	284 834	185.72	21 471
普外科	25 138	705.43	493.80	4 965 260	354 661	211.63	23 462
胸外科	15 764	533.75	400.31	2 355 939	-252 422	133.44	17 656
心内科	26 752	503.85	352.69	3 774 115	269 580	151.15	24 969
消化科	18 678	487.12	340.99	2 547 583	181 970	146.14	17 433
呼吸科	23 765	458.92	344.19	3 053 724	-327 185	114.73	26 617
⋮	⋮	⋮	⋮	⋮	⋮	⋮	⋮
全院	427 282	496.12	347.28	59 355 281	4 239 663	148.84	398 797

表 12.3　20×9 年神外科单病种每床日成本数据　　单位：元

时间	床日收入	床日变动成本	床日边际贡献	床日固定成本	床日盈余
第一天	1 135.70	794.99	340.71	128.28	212.43
第二天	1 198.63	839.04	359.59	128.28	231.31
第三天	996.66	697.66	299.00	128.28	170.72
⋮	⋮	⋮	⋮	⋮	⋮
第七天	456.71	319.70	137.01	128.28	8.74
第八天	191.22	133.85	57.37	128.28	-70.91
第九天	112.57	78.80	33.77	128.28	-94.51
⋮	⋮	⋮	⋮	⋮	⋮

①根据盈亏平衡理论，各临床科室可以结合自身实际情况考虑采取有效的经营策略超越床日盈亏临界点，以改善经营效果。a. 扩大病床数，增收住院病人，提高实际住院床日数。b. 向物价部门申报收不抵支的医疗服务项目，申请调整收费标准，完善补偿机制。c. 节约支出，减少卫生材料采购、运输、储存费用，最大限度降低每床日变动成本。d. 压缩固定费用，控制不随业务量变化而变化的开支。

②将临床住院科室的床日成本精细到单病种可以得到准确的数据变化情况，更有利于盈亏平衡分析。以神外科 20×9 年某单病种床日成本数据资料为例：第一天到第七天，床日边际贡献呈逐渐下降趋势，但均大于床日固定成本，床日盈余为正数。从第八天起，床日边际贡献开始小于床日固定成本，每床日亏损额逐渐增大。说明该病种后期（康复期）床日成本过高，按照区域协同（双向转诊）原则，应该考虑将康复病人转移到相对床日成本较低的其他科室或医院进行恢复治疗，既可以降低医院成本，又可以减少病人费用。

（3）医疗项目成本盈亏平衡分析。医院要发展和进步，必须应用新的技术，提高核心竞争力。根据某三甲医院准备开展的医疗项目成本数据资料（见表12.4），可以按照盈亏平衡理论进行分析，提出经营决策意见。

表12.4　医疗项目成本数据资料比较

医疗项目名称	业务量（人次/月）	单价（元）	单位变动成本（元/人次）	固定成本（元/月）	收支结余（元/月）	单位边际贡献（元/人次）	边际贡献率（%）	保本业务量（人次/月）
甲项目	1 200	280	200.65	83 333	11 889.07	79.35	28.34	1 050
乙项目	586	560	555.86	116 667	-114 238.28	4.14	0.74	—
丙项目	500	180	130.59	41 667	-16 961.67	49.41	27.45	843
丁项目	1 100	200	124.44	25 000	58 116.00	75.56	37.78	331

①甲项目的实际业务量高于保本量，并且单价大于单位变动成本，边际贡献率达到28.34%，其经营风险较小。若进一步扩大业务量，降低变动成本，可以提升边际贡献率，增加收支结余，是一个非常有经济潜力的医疗经营项目。

②乙项目的实际业务量远低于保本量，单价几乎与单位变动成本持平，边际贡献率仅为0.74%，收支结余呈现负数。说明其收入只能弥补变动成本，该项目无法通过增加业务量来扭转亏损。若无必要，暂不用考虑该医疗经营项目的开展。

③丙项目的实际业务量低于保本量，收支结余也呈现负数，有一定的经营风险。但其单价大于单位变动成本，边际贡献率为27.45%。说明只要加强管理和宣传，其业务量超过843人次/月，就能使该项目扭亏为盈。

④丁项目的实际业务量高于保本量，单价也大于单位变动成本。其收支结余为正值，边际贡献率也达到了37.78%。说明该项目的经营风险小，是一个非常值得去经营的医疗项目，应加大力量投入，可以创造更多的收益。

盈亏平衡分析直观地把静态的、表象的数据，从动态的角度揭示了医院“业务量——成本——盈亏”的依存关系，具有计算简便，使用方便的优点。通过运用盈亏平衡分析理论，医院可以确定未来一定期间经营服务产品或项目的最佳项目结构和最低成本发生额，正确进行效益评估，合理比较成本，更好地评价医院经营管理成果。帮助管理者能够从微观上调整经营决策，科学规避经营风险，有利于医院健康、持续、快速的发展。

以上只是列举了一些常用的成本分析方法。在实际工作中，除了这些常用的方法外，还有很多实用的方法。成本核算人员在分析过程中，可以从不同的角度，根据不同的需要，充分运用数据间的逻辑关系对指标进行组合或拆分，为决策者提供有助于决策的分析材料。

（二）基于作业成本信息的成本管理

1. 成本管理策略

对业务复杂、间接费用比重较大的医疗服务项目，传统成本核算方法难以保证成本核算的准确性，进而影响医院成本分析、控制及考核。作业成本法是一种较为先进的成本管理思想与方法，其指导思想是：“成本对象消耗作业，作业消耗资源。”不同的作业可以有不同的成本动因，从而能更准确地分配间接费用。作业成本法把医疗服务看作是一系列作业组成的集合。基于不同的成本动因把资源分配给作业，医疗服务消耗各种不同的作业；作业直接消耗资源。作业成本法能够控制医疗业务，改善医院管理，优化医疗服务流程，让医院的成本管理深入到作业层次，从而实现医院成本管理效益的最大化。

此外，作业成本法能为医院管理和决策服务。首先，作业成本法使得医院成本管理工作有的放矢，它强调分析与控制医疗服务过程中各业务的成本及发生的根本原因，提出成本控制方法；其次，作业成本法能为医院定价及发展新业务决策提供指导，它提供的成本信息、盈利状况等更为准确、详细，适用于各类医疗业务，能评估医疗项目发展方向；最后，作业成本法为评价医疗服务项目业绩提供依据，它将医院成本管理推进到了作业层次，从而将责任明确到医务人员个体。

因此，在准确描述和计量提供医疗服务项目过程中发生的作业和成本动因的基础上，评价增值作业和非增值作业、有效资源耗费和无效资源耗费，通过改进作业、优化成本动因实现提高效率、降低成本、持续改进绩效的目的。这整个过程即是基于作业成本信息的成本管理，其策略可划分为战略成本管理和运营成本管理两个方面（见图 12.3）。

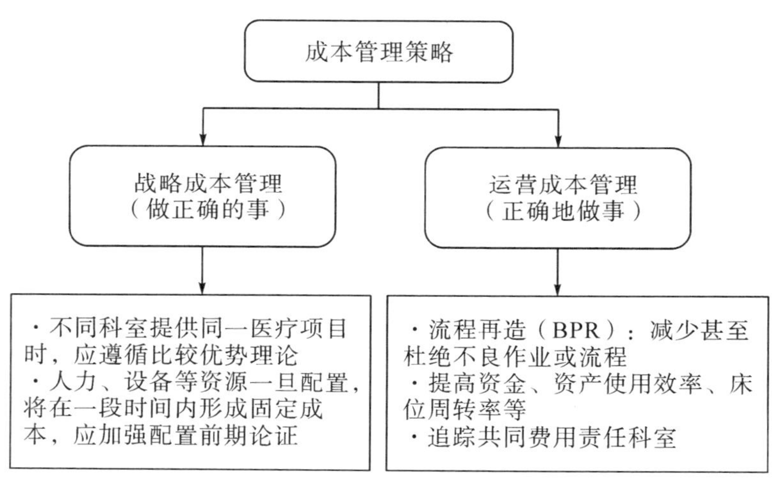

图 12.3　成本管理模型

战略成本管理和运营战略管理互相补充、相辅相成。前者紧密结合医院战略发展目标，从宏观的、长远的角度出发科学选择作业、合理配置资源，后者重点关注作业流程改进，努力提高效率，降低成本、增加收益。

例 2：作业成本法核算老年性白内障病种成本的应用

某三级甲等综合医院结合临床路径，利用作业成本法核算老年性白内障的病种成本，为医院加强成本管理、实施按病种定价等决策提供参考。该医院通过采集 20×7 年眼科业务用房面积、人员情况、工资情况、眼科设备及耗材和药品使用、财务报表等数据，并查阅医院信息系统的老年性白内障患者诊疗情况、费用结构等，得到以下数据资料：

1. 直接人力成本

根据财务部门提供的医师、技术员、护士全年实发工资数（除去长病假及特殊情况），以 20×7 年全年工作日 249 天及按照每日工作 8 小时（480 分钟）标准，计算得出医院 20×7 年医师、技术员、护士每人每分钟的人力成本：医师 3.20 元，技术员 1.99 元，护士 1.86 元。直接人力成本 = 医务人员每分钟人力成本×所需医务人员数×耗费时间（见表 12.5）。

表 12.5　老年性白内障病种耗费的直接人力成本

项目	所需人员	人数	耗费时间/分钟	成本/元
诊断	医师	1	2.0	6.40
普通视力检查	护士	1	4.0	7.44
验光	技术员	1	6.0	11.94
眼压检查	护士	1	3.0	5.58
眼像差检查	技术员	1	5.0	9.95
角膜曲率测量	技术员	1	3.0	5.97
角膜地形图检查	技术员	1	2.5	4.98
角膜内皮镜检查	技术员	1	0.5	1.00
人工晶体度数（含眼轴长）测量	技术员	1	2.0	3.98
前房深度测量	技术员	1	2.0	3.98
眼睛 A 超	技术员	1	5.0	9.95
眼睛 B 超	技术员	1	3.0	5.97
眼底照相				
视网膜厚度检查	技术员	1	12.0	23.88
光学相干断层成相（OTC）				
泪道冲洗	护士	1	4.0	7.44
白内障手术	医师	2	15.0	96.00
白内障手术	护士	1	30.0	55.80
术前护理	护士	1	85.0	158.10
术后康复指导	护士	1	60.0	111.60
术后康复指导	医师	1	10.0	32.00
合计	—	—	—	561.96

2. 直接卫生材料成本

调取医院库房卫生材料进价等数据，通过出库和记账得到各种材料使用数量，计算得到项目可直接记入的卫生材料成本，非一次性消耗材料的成本是以单价除以医院该材料的历史经验平均使用次数得出的。卫生材料成本一次性卫生材料单价×每例手术使用数量+非一次性卫生材料单价÷平均使用次数（见表 12.6）。

表 12.6　老年性白内障病种耗费的直接卫生材料及药品成本

卫生材料及药品	单价/元	单位	使用数量	总成本/元
晶体	1 800.00~ 5 237.00	片	1	1 800.00~ 5 237.00
凝胶	144.00	支	1	144.00

表12.6(续)

卫生材料及药品	单价/元	单位	使用数量	总成本/元
手术薄膜	4.50	张	1	4.50
手套	2.45	副	2	4.90
10ml 注射器	0.41	支	2	0.82
冲洗针	9.00	套	4	36.00
眼罩	1.62	块	1	1.62
灭菌包内指示卡	216.78	盒	共250张，每次1张	0.87
超声眼科乳化治疗仪及附件	600.00	套	共6个，每次1个	100.00
手术衣	14.00	件	2	28.00
口罩、帽子	1.10	套	2	2.20
医用棉球	2.50	包	1	2.50
医用纱布片	0.26	片	1	0.26
医用封包胶带	30.00	卷	1	30.00
穿刺刀	560.00	把	平均使用5次	112.00
裂隙刀	560.00	把	平均使用5次	112.00
撕囊镊	328.50	把	平均使用600次	0.55
开睑器	169.20	只	平均使用2 000次	0.08
晶体定位钩	252.00	把	平均使用2 000次	0.13
劈核刀	90.00	把	平均使用2 000次	0.05
2ml 注射器	0.31	支	1	0.31
妥布霉素/地塞米松	32.00	支	2	64.00
麻醉药	8.00	支	平均使用30次	0.27
左氧氟沙星滴眼液	31.00	支	1	31.00
双氧芬酸钠滴眼液	36.00	支	1	36.00

3. 直接固定资产设备成本

提取医院手术室、检查室及病房资产原值，按照5~6年计提折旧，设定预计净残值率为0，根据使用时长记入折旧。直接固定资产设备成本=设备原值÷（折旧年限×年均工作量）×每例使用时间，其中年均工作量=每日工作时间（480分钟）×全年工作日(249天)(见表12.7)。

表12.7 老年性白内障病种耗费的直接固定资产设备成本

设备	作业	原值/元	折旧年限	每分钟成本/元	每例耗时/分钟	总成本/元
裂隙灯显微镜	诊断、术后指导	13 800.00	6	0.02	2	0.04
间接眼底镜	诊断、术后指导	29 800.00	6	0.04	2	0.08
眼压计	检查检验、术后指导	90 000.00	5	0.15	3	0.45
眼科综合验光仪	检查检验、术后指导	230 000.00	5	0.38	6	2.28

表12.7(续)

设备	作业	原值/元	折旧年限	每分钟成本/元	每例耗时/分钟	总成本/元
眼底断层图像系统	检查检验	612 567.00	6	0.85	6	5.10
眼科 A/B 超探头	检查检验	73 000.00	6	0.1	8	0.80
眼科 A/B 超声诊断仪	检查检验	261 754.20	6	0.37	8	2.96
角膜内皮显微镜	检查检验	218 000.00	6	0.3	0.5	0.15
视觉质量分析仪	检查检验	680 000.00	5	1.14	2.5	2.85
无散瞳眼底相机	检查检验	158 000.00	6	0.22	6	1.32
眼底成像系统	检查检验	346 559.40	5	0.58	6	3.48
手术无影灯	手术	60 000.00	5	0.1	30	3.00
手术显微镜	手术	826 218.50	6	1.15	15	17.25
眼科手术器械	手术	7 218.00	5	0.01	15	0.15
眼科手术台	手术	25 000.00	5	0.04	30	1.2
超声眼科乳化治疗仪	手术	1 280 000.00	5	2.14	15	32.10
合计						73.21

4. 房屋折旧与水、电成本

20×7 年，该院眼科门诊、住院业务用房年末资产原值分别为 925.07 万元、109.33 万元，业务用房面积分别为 1 989 平方米、988.69 平方米，按照 50 年计提折旧，设定预计净残值率为 0。20×7 年电费共 422 939.34 元（门诊 60 580.24 元，住院 362 359.10 元），水费共 78 650.69 元（门诊 11 224.17 元，住院 67 426.52 元）。每床位平均建筑面积 8 平方米，按照面积比计入。水费、电费按照所在房间面积及使用时间计入。房屋折旧与水、电成本如表 12.8 所示。

表 12.8　老年性白内障病种耗费的房屋折旧及水、电成本

房屋	作业	面积/平方米	使用时间/分钟	房屋及水电成本/元
治疗室	检查检验	13	5.5	0.08
诊室	诊断	12	2	0.03
眼前节摄片室	检查检验	10	12	0.13
眼内手术室	手术	53	30	1.72
护士台	检查检验	10	2	0.02
角膜测试检查室	检查检验	12	7.5	0.10
综合验光室	检查检验	12	6	0.08
A/B 超声室	检查检验	12	8	0.10
角膜皮镜室	检查检验	14	4.5	0.07
病房床位	护理、术后指导	8	6 480.00	83.81
合计	—	—	—	86.14

5. 间接费用

20×7 年眼科全年医疗总收入 4 236. 07 万元，被服洗涤费用 26 004. 25 元，设备维修费 112 842. 40 元。白内障手术总收入 984. 67 万元，按照白内障手术收入占比，白内障手术分摊被服洗涤和设备维修费用分别为 6 044. 66 元和 26 230. 10 元，2017 年白内障患者例数为 1 207 例，按照各项作业所占用的时间进行分摊，每例白内障患者分摊被服洗涤和设备维修费用分别为 5. 01 和 21. 72 元。

其他科室检查检验成本 388. 43 元，包括肝、肾功能，凝血功能，血糖，传染性疾病检查等，检查检验项目消耗资源成本由财务部门统计。

6. 作业成本与传统成本比较

该医院 20×7 年老年性白内障患者次均费用 8 158. 00 元，其中次均药费 161. 00 元，次均卫生材料费 3 276. 00 元，扣除卫生材料费之后为 4 882. 00 元。按照该医院传统成本核算的白内障病种毛利率 54. 3%，得出扣除晶体成本后为 2 231. 07 元，略高于作业成本法测算的病种成本 1 848. 53 元（见表 12. 9）。

表 12. 9 作业成本法测算的老年性白内障病种成本 单位：元

作业	人力	卫生材料	资产设备	药品	房屋折旧及水电	间接费用	总计
诊断	6. 40	0	0. 06	0. 00	0. 03	0. 20	6. 69
检查检验	89. 58	0	18. 03	0. 00	0. 58	393. 06	501. 25
护理	158. 10	0	0	32. 00	46. 56	8. 66	245. 32
手术	151. 80	2 380. 79~5 817. 79	53. 70	0. 27	1. 72	6. 11	2 594. 39~6 031. 39
术后指导	156. 08	0	1. 42	99. 00	37. 25	7. 13	300. 88
合计	561. 96	2 380. 79~5 817. 79	73. 21	131. 27	86. 14	415. 16	3 648. 53~7 085. 53

通过比较可以看出，作业成本法以资源动因为基础，结合临床路径明确标准作业时间，规范诊疗行为，将水、电和卫生材料及固定资产等间接成本按资源动因进行分摊，对于直接成本如检查费用、手术费用具化到每一项检查或操作的成本。相比较于传统的成本核算，作业成本可以得到了更真实、准确的病种成本。

2. 医疗项目成本管理实务

（1）医疗项目成本分析

医疗项目成本分析是成本管理的重要环节，是成本控制的前提和基础。

①成本分析的对象：包括成本动因分析、作业分析和项目分析。成本动因是成本产生的驱动源，其分析的理论基础是医院不能控制成本，只能控制成本动因。作业分析和项目分析的核心是准确区分增值与非增值，通过业务流程再造，消除非增值作业及项目、优化低增值作业及项目。对于医院来说，所谓的“增值”不仅包括经济价值，也包括社会价值。我们注意到成本严重偏离收费标准（项目直接成本）的项目较多，而其中不乏部分社会价值较高的项目。

②成本分析的原则：主要包括收支配比、全面性和重要性等。

③成本分析的方法：主要包括比较分析法、结构分析法和模拟杜邦分析法等。

（2）应用于行业主管部门

首先，为政府制定区域医疗收费和定价系统提供重要的基础数据。其次，可以为政府部门在医疗体制改革形势下探索新的财政补偿办法提供重要依据。一方面，虽然有些医疗服务项目需求很少，但医院的公益性质要求必须进行相应的资源配置，因而投入产出率低、存在政策性亏损现象，例如医院感染科的设置；另一方面，医疗服务的不确定性和高度安全性，使得医院必须按照接近或高于患者流量波峰时的需求进行资源配置，从而存在不饱和工作时间、机器闲置工时等现象。在成本结构上，表现为较多的直接成本和支持成本，加大了单个项目的总成本，提高了达到盈亏平衡点的业务量要求，例如急诊科 24 小时提供医疗救助服务。最后，可以为符合 DRGs 分类的病种成本核算以及标准临床路径管理的实现打下基础。

（3）应用于医院内部管理

以某医院数据为例进行验证分析：

①对院级医疗项目成本进行分析。所谓院级医疗项目成本是指当不同科室提供同一项医疗服务项目时，将全部计算出的该项目科室级成本进行加权平均后形成的平均成本。

②对科室级医疗项目进行分析，全面了解各科室的项目成本及盈利状况。

③运用模拟杜邦分析法对单个项目成本数据进行充分挖掘。

④在成本分析的基础上，与相关医疗科室讨论成本控制的渠道和方法。

综上所述，作业成本理论是一个应用性很强的理论，以作业成本法为理论基础的医疗项目成本核算结果可以使医院较清晰地了解各个医疗项目的实际成本及成本构成，通过对不同科室同一医疗项目成本差异的分析帮助医院实现资源配置的优化和业务流程的改进，从而为加强财务管理、提高工作效率、实施成本控制提供有效的方法。

二、医院成本控制

（一）医院成本控制的概念

成本控制是指以成本作为控制的手段，通过制定成本总水平指标值、可比产品成本降低率以及成本中心控制成本的责任等，达到对经济活动实施有效控制的一系列管理活动与过程。成本控制包括三层含义：一是对目标成本本身的控制，这与成本预测、成本决策、成本计划密切相关；二是对目标成本完成的控制和过程的监控，这与成本计算、成本分析密切相关；三是在过程控制的基础上着眼于未来，为今后的成本控制指明方向。根据控制时点的不同，控制可分为三种：反馈控制、过程控制和前馈控制。反馈控制作用在于行动之后，只能改进下一次行动的质量。医院的日常成本控制就是一种反馈控制。它是在医院成本形成过程中，根据事先制定的目标成本，遵循一定的原则，对各科室（部门）实际发生的各项成本进行严格地计量、监督、揭示实际与预算的差异及其成因，并及时采取有效措施纠正不足，以保证原定的目标成本得以实现的活动。过程控制作用在于行动之中，随时将行动中的偏差予以纠正，它是在成本发生过程中进行的一种事中控制。前馈控制作用在于行动之前，在开始时就力争将问题的隐患予以排除。它是在制定目标成本之前，根据以往的实际成本，结合医院目前经济状况和未来的发展趋势，进行成本的规划、决策，选择最佳成本方案，规划未来目标成本，编制成本预算，以利于成本控制的活动。

医院成本控制就是按照既定的成本目标，对成本形成过程的一切消耗进行严格的计算、调节和监督，及时揭示偏差，并采取有效措施纠正不利差异，使成本被限制在预定的目标范围之内，以保证成本目标的实现。

卫生健康主管部门通过在本区域内全面推行成本控制工作，运用成本核算的手段，对本地区成本费用研究分析，进行公示，建立竞争机制，制定相关政策，以达到全面控制成本、优化资源配置、降低医疗费用的目的。

（二）医院成本控制的意义

成本控制是加强成本管理的重要手段和环节。成本管理的目的是为了规范成本行为，降低成本水平，增加结余，维持医院的生存与发展。成本控制过程是发现薄弱环节，挖掘内部潜力，寻找一切可能降低成本途径的过程。

1. 成本控制能合理改善医院的经营管理工作

成本控制是通过制定标准，发现差异并改进未来实现的。实际工作中形成的成本要以标准成本为中心，尽量达到或低于标准成本，成本控制的直接结果是降低成本。当其他因素不变时，降低成本就意味着经营结余的相对增加。在同一领域，谁的经营成本最低，谁抵御经营风险的能力和竞争力就越强。因此，成本控制的好坏直接关系到医院的经济效益，关系到医院的生存与发展。这就促使医院各科室必须加强管理，厉行节约，实现医院的精细化管理，从而改善整个医院的经营管理。

2. 成本控制能有效增强医院成本信息的准确性

成本控制贯穿于成本形成的全过程，主要任务在于监督成本计划的执行情况，消除不利因素。这些工作是以真实准确的原始资料为依据的，所以要求相应的成本数据必须符合实际，原始记录的工作制度必须健全。这样就促进了成本核算工作的及时性、完整性、合理性及科学性。

3. 成本控制是优化服务流程、改善医患关系的迫切需要

当前，医疗费用的逐年增高是世界性难题。一方面，人均医疗费用逐年增高，另一方面，政府对医疗机构的投入不足，补偿不到位。加强医院的成本管理，控制成本费用，促使医院用较少的物资消耗和劳动消耗，取得较大的社会效益和经济效益，不断降低成本费用，为患者提供更优质的服务，不但是提高医院管理水平、保持医院可持续发展的需要，也是构建和谐医患关系的迫切需要。

4. 健全成本控制考评制度，建立适当的激励约束机制

考评制度是医院成本控制发挥作用的主要因素。医院应建立以规章制度、标准成本等为考核依据的成本控制考核体系，确定具体的考核指标，组织有关专业人员定期检查各部门以及各成本中心的成本费用各项指标的完成情况，并将考核情况和结果公布。这样，一方面可以以此为依据，客观评价各部门的成本控制业绩并按规定核定奖罚额度，有效利用激励机制。例如，×市卫健委在对政府补偿进行初步探索时就将成本控制程度作为重要的指标进行衡量。另一方面通过业绩考核可以发现成本控制管理中存在的问题，有利于总结经验，并采取有效措施加以改进，不断提高医院成本控制水平。医院要

将预算执行结果、成本控制目标实现情况和业务工作效率等一并作为内部业务综合考核的重要内容，逐步建立与年终评比、内部收入分配挂钩的机制。

(三) 成本控制的原则

1. 经济性原则

成本控制的代价不应超过成本控制取得的收益，否则成本控制不可能持续。要选择重要领域的关键环节实施成本控制措施，并且措施要具有实用性和灵活性。对正常成本费用开支从简控制，对于例外情况则要重点关注。

2. 因地制宜原则

医院成本控制系统的设计要考虑医院、科室和成本项目的特定情况，针对医院的组织结构、管理模式、发展阶段以及科室、岗位、职务的特点采取相应措施。

3. 全员参与原则

成本控制观念要得到医院全体员工的认可，并且使每位领导和员工负有成本控制的责任。成本控制是全体员工的共同任务，只有通过全体员工的共同努力才能完成。

4. 重要性原则

成本控制过程中要重点关注对医院经营状况和成本状况有较大影响的成本项目，并进行重点的控制和管理。

(四) 成本控制的方法

1. 标准成本法

标准成本法是指通过比较标准成本与实际成本差异并分析原因，从而采取成本控制措施。这种方法将成本计划、控制、核算和分析集合在一起进行成本管理。

2. 定额成本法

定额成本法是指将实际费用划分为定额成本和定额差异，分析差异产生的原因并予以纠正。这种方法在发生费用时，及时揭示实际成本与定额成本的差异，将事后控制发展为事中控制。

三、建立医院成本管理体系

(一) 优化医院成本控制基础

1. 成本核算是成本控制的前提

成本信息是确立合理补偿医疗服务消耗尺度的基础和制定医疗服务价格的重要依据，是科学管理的需要，是建立成本控制系统的基础。通过成本核算能够增强职工的成本意识，不断提高医院社会效益和经济效益。通过健全成本核算软件工具系统，可将医院全部经济活动纳入核算体系，使医院能以此为工具，准确核算、编报、分析、预测和控制成本，真实地反映医院各种医疗活动的实际效能，方便各级管理者及时了解科室医疗收入和消耗性开支，掌握科室乃至整个医院的经济运行情况，为各级领导者提供决策依据。

2. 健全医院成本控制组织，完善运行机制

医院要统一领导，健全组织机构，明确工作职责，合理划分成本核算单元，确定及

规范业务流程，整合医院信息系统，确保以医院成本控制为基础的经济与运营管理控制体系的正常运行。成本控制应实行院长负责制，成立由各级分管部门负责人为成员的成本控制领导小组，建立以财务部门为中心，由成本会计人员具体负责，相关部门分工协作的工作运行机制。此外，财务部门要发挥成本管理的主体作用，临床科室和有关职能部门要切实履行成本控制的职责，按照“全员参与”原则，以成本指标为基础，以实际情况为依据，以增效降耗为目标，以岗位人员责任为根本，将科室成本控制指标分解落实到人，构建全员参与的全成本控制体系。

3. 健全医院成本分析体系，完善基础信息建设

医院应依据成本核算的费用要素和成本项目，健全医院基础信息建设。第一，应建立健全医院成本核算体系，通过明细账真实、及时地反映成本费用发生情况。第二，要完善医院成本分析机制，保证有关数据的真实性和覆盖率，力求能够反映成本管理活动的基本情况，使其作为判断的依据。抓住影响成本控制主要因素的阶段性特点，进行深层次的分析、研究、发现问题，及时修正。第三，要拓宽成本控制分析活动的视野，要对医院内外环境变化进行综合性考虑，不能顾此失彼。第四，要注意分析活动的时效性，根据医院的实际情况合理确定分析周期，避免分析和反馈信息滞后等情况的发生。

（二）健全成本控制系统

医院应建立健全成本定额管理制度、费用审核制度等，采取有效措施纠正、限制不必要的成本费用支出差异，控制成本费用支出。

1. 建立科学的成本控制系统，实行全面成本控制管理

医院成本控制管理是运用成本管理的基本原理与方法体系，依据现代医院成本运动规律，以优化成本投入、改善成本结构、规避成本风险为主要目的，对医院经营管理活动实行成本管理和控制。所以，医院成本管理体系应以成本管理的科学性为依据，建立由全员参与的成本控制与管理体系。全面成本控制管理包括全过程成本控制管理和全员成本控制管理。具体应包含三个层次：

（1）加强成本的事前控制——成本预算、成本决策、成本计划。成本与预算之间是相互依存的关系，成本核算数据为预算提供数据基础，而严格的预算管理制度是成本管理的最重要的工具。编制预算要选择科学的方法，不同成本项目的控制标准和方法应有所区别，如差旅费、办公用品、电话费、交通费等可采用定额控制；与患者的治疗密切相关的材料费等消耗性支出，可以根据不同病种与收入的比例关系来确定控制标准；水电费等则应该根据实际的计量或者根据上年度实际成本状况进行上浮或下调来确定控制指标。预算执行情况是成本控制的最终结果，按照既定的核算单元和成本预算归集，保证实际成本支出记录与预算口径一致。预算执行过程中，实行例外报告制度，对预算中没有规定和超过预算规定的事项，及时向相关管理层报告，以便采取应对措施。欧美国家医院主要依靠预算管理进行成本控制。预算是建立在详细科学的数据调查基础之上，使其具有较强的操作性，每个月对预算执行情况以及出现的差异进行分析并严格监督。

（2）强化成本的过程控制——过程管理。成本的过程控制是在成本形成过程中对成本的日常控制和现场控制。对医院而言，它是在医院各项业务运作过程中，通过对实

际发生的各种成本与费用进行限制、核算和监督，从而保证原定成本目标得以实现的管理活动。在业务运作过程中，实际成本与标准成本总会发生一定的偏差，重点应注意那些不正常因素的关键性偏差，找到原因及其对策。国外医院成本控制最明显的特点就是变成本控制的事后算账为事前、事中的过程控制，加大对可变成本的控制力度，找准成本发生及变化的原因，提高成本的使用效率。如加强材料设备的采购程序控制，制定药品使用剂量、途径、标准，加强后勤服务以及能源消耗的管理，可极大地降低医院的可变成本。将成本控制渗透到日常的工作中，严格执行成本的过程控制。

（3）完善成本的事后控制——成本分析、成本考核。为了有效地控制成本费用，必须了解哪里存在浪费，哪几项成本费用开支可以压缩，效率偏低的原因何在，这就要求医院内部尽可能完善成本的系统性监管。即按照成本发生的地点、环节和费用性质，确定责任部门。在实际工作中，可以把各项成本费用开支与财务部门相联系，财务部门可以根据不同责任部门的成本情况作出分析、进行考核。

2. 采取不同的管控措施，完善成本管理体系

强化医院成本管理，应把全成本控制作为医院管理的重要手段，把人置于成本控制的中心地位，将全体员工作为成本产生的直接因素。同时，建立一个自下而上、相互配合的以财务部门为中心的多层次全成本管理体系。

对于医院日常的成本控制主要有以下措施：

（1）完善资产管理制度，健全原始记录和核算体系，正确区分成本费用和其他费用开支的界限。需要注意的是：①对于不属于成本核算对象耗费的项目，一般不计入成本：成本核算对象为业务活动类型的，与单位开展业务活动耗费无关的费用，如资产处置费用、上缴上级费用、对附属单位补助费用等，一般不计入成本；成本核算对象为单位整体的，单位负有管理维护职责但并非为满足其自身开展业务活动需要所控制资产的折旧（摊销）费用，如公共基础设施折旧（摊销）费、保障性住房折旧费等，一般不计入成本；成本核算对象为公共服务或产品的，不符合有关法律、法规、制度等规定的费用，如超出开支范围和标准的费用等，一般不计入成本。②在核算上要正确划清成本界限：工程成本和期间费用的界限；本期工程成本与下期工程成本的界限；不同成本核算对象之间的成本界限；未完工程成本与已完工程成本的界限等。

（2）因岗聘员、因事用人，降低人员费用，实现减员增效。临床科室人员根据工作量定岗定编，增加编制必须与业务收入同步，与医院进行项目成本及病种成本的人员相匹配。公立医院可以加大对新进员工的控制，做到因岗聘员，施行竞聘上岗，以优化人力资源配置，逐步消除机构臃肿、人浮于事的不合理状况。与此同时，重点减少不必要的管理人员、后勤服务人员，大力推行后勤服务社会化，以减轻医院负担，并制定合理的成本控制指标，彻底消除“大锅饭”现象。

（3）加强采购部门的管理，实行医疗设备和药品公开招标。在确保质量的同时降低采购成本，并预测最佳采购量，降低贮存成本。降低卫生材料成本，加强医疗机构各科室的卫生材料购进、领用等环节的日常管理与控制。通过临床科室制定每床日消耗定额、医技科室制定每百元收入消耗定额等，对材料消耗实行动态定额管理，制定的定耗指标既要满足科室业务需要，又要注重节约，力求指标定得合理。即：当科室医疗服务量增加时，科室的消耗定额相应增加，反之减少。对办公材料等实行定额、定量管理控

制，超支部分可以从效益奖金中直接扣除，节约部分也可按规定比例进行奖励，借此防止卫生材料的流失。合理确定科室物资最佳储备量和消耗定额，借助医院物资管理软件将科室物资消耗同病人医嘱相关联，以每月物资消耗量，作为申领的控制定额指标，在保证医疗质量的前提下尽可能降低库存成本，减少材料物资的积压、浪费和流失，降低科室的运营成本。所有物资的申领都可在医院内部网络上进行，通过药材、物资管理系统可以实现严格的药材、物资采购和支出的数量管理，明确这些物品的领用和使用情况，杜绝资源流失，降低库存，可以大大减少损耗和资金成本，提高运营效率。

制定成本费用控制标准，建立严格的审批制度。对商品和服务支出中的科目实行定耗、定额、定量控制方法，严格成本费用审核和支出，降低运行成本，提高效益。明确审批人员的授权、权限、审批额度及审批程序等，加强不相容职务分离制度，使成本费用审核制度环节程序化、固定化。成本费用支出必须由经手人签字，科室责任人签字，成本控制管理部门负责人签字，主管领导审批，财会部门审核。强化成本之中的程序控制，减少不合理的成本费用支出。如：支出额度在 10 000 元以下时可以由科主任审批，若支出金额大于 10 000 元时必须主管院长签字审批等。

对各科室实行定人员、定任务、定质量、定收入、定消耗。严格按照国家定编人数，合理分科，确定各科室的定员数。在确定人员的基础上，制订各科室年度工作计划。对有收入的科室，要根据历年情况和工作任务，制定合理的收入指标，并按收入核定合理的消耗指标。医疗机构也可以按照编制的支出预算，制定各种消耗定额指标和标准。如：办公费定额的编制，预算中年办公费用为 10 000 元，科室中有 5 位医务人员，则年人均年办公费用不能超过 2 000 元。

（4）建立健全的组织体系，岗位职责，制定定额标准。建立健全成本管理组织，借助医院全成本核算管理系统，对成本费用进行正确的归集与分配，为成本管控提供依据和工具。医疗机构的成本支出控制必须建立在合理的组织结构的基础上，是在各层次和各机构之间建立相互配合、彼此制约的组织体系。通过建立健全成本管理组织，医院的成本管理控制才能够有条不紊地进行，才能取得好的成本控制效果。通过建立单位负责人、主管领导（总会计师）、财会部门、各职能部门、各科室班组和个人的从上到下再由下而上，上下结合的完整组织结构控制系统，层层负责。按照责权利相统一的原则，按照临床服务、医疗技术、医疗辅助、行政后勤等分类，将科室划分为不同种类、不同层次的责任成本中心，实行责任成本控制。将成本管理责任制划分为单位负责人成本管理责任制、主管领导成本管理责任制、财会部门成本管理责任制、各职能部门成本管理责任制、科室或班组成本管理责任制。

财务部门是医疗机构成本核算与管理的具体执行机构，具体制定医疗机构的成本管理制度。参与制定消耗定额及成本开支标准储备定额，制定内部价格，汇总医疗机构的成本计划，编制成本预算，并负责将成本费用指标分解落实到各职能部门和科室。认真履行审查义务，严格审核，控制成本费用开支。完善医疗机构成本管理制度，指导各科室的成本核算与管理工作。监督指导医疗机构各部门、科室成本管理工作的执行情况。汇编成本变动信息，及时反映运营成果。开展成本分析评价，提出改进成本管理的设想和建议。

各职能部门负责有关科室的成本核算、管理、分析和考核工作，对下达的各项成本计划指标全面负责，分解医疗机构成本计划，落实到有关科室、班组或个人实行责任管理。做好本部门内部的成本核算与管理工作。制定、修订各项定额，健全原始记录，搞好计量检查工作，健全各项成本管理制度，对有关科室与本部门的成本控制指标负责。考核评价各科室及本部门成本指标执行情况，分析成本管理中存在的问题，提出改进意见和措施。

各科室班组负责制定与科室成本相关的定额指标及管理方法，组织本科室员工参加核算、管理工作，将下达的各项成本指标，分解落实到科室的每个员工身上。健全原始记录，建立科室各项成本管理制度，考核本科室成本执行情况，分析存在的问题，执行奖惩措施，提出改进意见。

案例：某医院建立了完善的成本管理制度，在成本管理方面的主要做法如下：

（1）明确成本管理的任务。转变公立医院的运行机制，完善成本核算体系，加强医院经济管理，科学、规范地开展医疗成本核算工作，有效地利用人力、物力、财力等资源，提高效率、降低运行成本，促进医疗卫生事业健康发展。

（2）加强组织机构建设。医院成立了由院长为主任的成本管理委员会，成本管理委员会为集团医院成本管理的最高决策机构，领导集团医院的成本管理工作。

成本管理委员会办公室设在财务处，负责集团医院成本管理方面的日常管理和协调工作。

人事处、院办公室、后勤管理处、设备库房、药剂科、供应室、检验科、信息中心等相关部门在做好自身成本管理的同时，按要求报送成本信息。

（3）完善成本管理制度。成本管理制度包括成本管理与核算制度、成本核算实施方案、成本核算岗位职责。

（4）划分成本核算单元。根据医院科室特点，将全院划分为307个成本核算单元，其中，直接医疗157个、医疗技术57个、医疗辅助46个、管理科室47个。

（5）进行成本核算。成本核算以科室为核算单位，实现与HIS软件和财务软件的对接，归集和分配医疗总成本，通过科学、合理的分配方法，对管理、医疗辅助、医技、直接医疗（门诊、临床）各类科室，分项、逐级、分步分配，结转科室成本，实现全院各类科室的全成本核算。

（6）努力进行成本控制。采取的主要方法及内容有：定额成本控制、计划（预算）成本控制、成本开支标准控制、目标成本控制、变动成本控制及绝对成本控制。

对于临床科室，采取的措施有：①大型单台件设备利用情况分析；②人均手术台次增长及手术分级控制；③科室欠费率及变动率控制；④医疗中心运行情况控制；⑤年度绩效考核指标的下达；⑥缩短病员住院天数；⑦合理的科室人员职称结构。

对于职能部门，采取的措施有：①办公用品、电话、用车费用定额控制；②部分医辅科室成本核算情况；③汽车班实行单车核算；④降低库存物资储备天数；⑤职工食堂与营养食堂增大服务量、降低亏损；⑥通用办公设备、试教设备集中管理共同使用；⑦物资采购进一步规范；⑧所属单位库房物资采购、消毒供应及浆洗实行集中统一供应；⑨布类实行分科管理；⑩推进后勤服务社会化（物管），水、电能源消耗定额管理（食堂、营养食堂、供应室、浆洗房等）。

（7）定期进行成本分析。

①定期进行成本分析，分析的主要内容有：

a. 医院总体成本状况分析，包括：医院收入、成本分析，医院药品比例分析，收费水平分析；趋势分析。

b. 医疗及医技科室成本状况分析，包括：医疗科室诊次及床日成本分析，医技科室收入、成本情况分析，科室成本构成分析，科室成本量本利分析，科室成本差异分析，科室成本分摊分析。

c. 成本构成分析，包括：总体成本构成情况，部分医疗成本构成分析，部分医技成本构成分析。

d. 量本利分析。

e. 成本差异分析，包括：科室成本收益率计划完成情况差异分析，住院每病人成本差异分析（与医保结算有关），分析科室本期成本与上期值、计划值、本年平均值的差异与差异率，反映成本变动情况，找到成本控制点。

f. 科室成本分摊分析。提供科室全成本四级分摊结构数据，清楚反映四类科室成本在总成本中的比重。

②建立成本分析报告会制度。在全院范围内召开由中层干部、科室主任、护士长参加的科室成本核算分析报告会，每年 2~4 次。对社会效益及经济效益好、成本管理好的科室进行表扬，对社会效益及经济效益差、亏损严重、成本管理较差的科室要查找原因，限期整改。

③科室认真分析原因，努力内部挖潜，提高管理水平。如：风湿科分析了三个方面的原因，提出控制病房成本、调整收入结构、增加必要的检查；皮肤科分析了原因，提出开展新技术新项目，扩大市场份额，根据工作量合理安排人力资源；康复科提出增加病床周转，增加病人来源，开展治疗新项目，做有指征的检查。

（8）加强资金的筹集投放与使用管理，增加资金的使用效率，保证资源最大化利用。财务部门在筹集和使用资金时应充分考虑资金成本，合理有效地使用自有资金和信贷资金，要善于把资金投入到成本效益较好的项目，对新项目新技术的使用、大型设备购置、基建工程实施等重大项目，必须经过充分的可行性研究论证，综合考虑投资方向、投资规模、资金成本、预计收益率和风险系数等因素，形成可行性研究报告。严格控制高投入低产出的项目或设备购置，尽量避免设备闲置和资源浪费，以全面降低成本。

3. 加强成本核算信息在绩效考核及预算管理中的运用

（1）加强医院成本核算信息在医院绩效考核中的运用。医院开展成本核算的目的，主要是真实完整地反映科室的成本状况，进而为医院成本控制、绩效管理、运营分析提供数据支持。医院在科室成本核算的基础上进行绩效管理，是为了激发全体职工的工作责任心和积极性，促使职工参与医院的经济管理和经济核算，充分体现医护人员的知识价值和风险价值，促使各部门、各科室贯彻落实医院的各项管理制度，以全面提升医院的医疗和服务质量，提高医院的社会效益和经济效益。

医院科室全成本核算与医院的科室绩效管理工作相辅相成，相互促进，共同发展。医院内部科室绩效管理中财务指标的订立与考核需要全成本核算工作的有效配合（如“成本控制率”“可控成本占医疗收入的比率”“科室人均成本”等）。

医院科室全成本核算是正确合理实施分配制度的基础，是分配制度改革的重要组成部分。医院全成本核算的原始数据来源于医院的各科室，通过对数据的归集、分类、分摊，产生准确的成本数据，为科室的绩效管理提供可靠的数据支持。同时，科室的绩效管理不能单纯以全成本核算的数据作为奖金分配依据，而应该在医院各科室全成本核算数据的基础上加入业绩评价指标，对医院的各科室进行科学、系统的绩效管理，其根本目的是降低医疗成本，为患者提供“优质、高效、低耗”的服务，并通过医院科室的绩效管理，进一步促进和激励医院全成本核算工作的开展。

因此成本核算与绩效分配是相互联系的，其目的就是要提高医院的运行效率，降低消耗，实现以较低廉的医疗费用提供较优质的医疗服务。

绩效管理作为一个有效的管理工具与成本控制相结合，有利于加强医院的内部经营管理；有利于优化医院的资源配置，提升医院的经济和社会效益；有利于提高医院的核心竞争力，保持可持续发展的动力，是医院主动适应市场经济并不断发展完善的重要措施。

（2）结合医院成本核算结果，全面开展医院预算管理。

①医院科室成本核算数据为预算编制提供数据基础。医院全面预算管理是以预算项目为载体，以医院、科室为预算对象，在医院经营战略规划的指引下，依据历史的成本数据，科学、精细地编制预算，实现全面预算下的实时控制、目标控制。全成本核算是医院全面预算管理有效开展的基础，如果医院没有实施全成本核算，没有进行科室级全成本核算，很难想象医院全面预算管理能够准确有效。目前很多医院由于成本核算口径过于粗略，只能编制出费用预算而编制不出真正意义的成本预算。因此，开展院级、科级成本核算是提升医院全面预算管理水平的基础平台。

②预算执行期间根据科室成本核算情况对预算进行评价和调整。医院预算在执行过程中，一般不予以调整，但如果由于是客观因素影响，如承担政府下达的突发性大急救任务等，可以按规定的程序报批后，进行预算调整。对预算的执行进行实时监控跟踪，并把预算作为一定期间内控制和考评医院或某个责任科室经营活动的基本依据，以实际执行数与预算数相比较，对差异进行分析，目的是指出预算管理中的经验和问题，以提高管理水平。通过对医院科室成本核算进行分析，能够揭示医院执行预算偏离的原因，为医院管理层决策提供参考依据。科室预算指标是以科室收支预算为基础在每年初制定的，随着医院医疗服务活动的开展，以及国家物价收费政策和医疗卫生服务市场的变化，科室的医疗服务项目有可能增加或者减少。这就要求医院根据各科室所提供的医疗服务的变化，及时对科室预算数据做出调整，才不会影响医院的发展。

③预算管理与成本核算相融合。医院实施全面预算管理和成本核算是规划和控制医院未来运营活动的手段，通过全面预算，把医院的收入、支出、收支结余、项目支出等方面的要求，同有关部门、科室、班组的具体工作任务有机结合。同时，通过成本控制

促使医院成本在预算指导和控制下有计划、有步骤地进行。全面预算管理与全面成本管理作为医院精细化管理的有效工具，在战略上高度统一，与医院战略相结合，与医院长远发展目标趋同，体现战略目标导向，通过全面预算管理的统领作用，使医院全面成本管理在预算框架内有效推行。

总之，通过医院全成本核算与预算管理的应用，可以促使医院各项收支沿着健康的轨道运行，增强医院的市场竞争能力，减轻患者的负担，推动医院的健康发展。

参考文献

[1] 财政部. 政府会计准则——基本准则（中华人民共和国财政部令第 78 号）[Z]. 2015.

[2] 财政部. 政府会计准则第 1 号——存货（财会〔2016〕12 号）[Z]. 2017.

[3] 财政部. 政府会计准则第 3 号——固定资产（财会〔2016〕12 号）[Z]. 2017.

[4] 财政部. 政府会计准则第 3 号——固定资产应用指南（财会〔2017〕4 号）[Z]. 2017.

[5] 财政部. 政府会计准则第 4 号——无形资产（财会〔2016〕12 号）[Z]. 2017.

[6] 财政部. 政府会计准则第 7 号——会计调整（财会〔2018〕28 号）[Z]. 2017.

[7] 财政部. 政府会计准则第 8 号——负债（财会〔2018〕31 号）[Z]. 2017.

[8] 财政部. 政府会计准则第 9 号——财务报表编制和列报（财会〔2018〕37 号）[Z]. 2018.

[9] 财政部. 政府会计准则制度解释第 1 号（财会〔2019〕13 号）[Z]. 2019.

[10] 财政部. 政府会计准则制度解释第 2 号（财会〔2019〕24 号）[Z]. 2019.

[11] 财政部. 政府会计制度——行政事业单位会计科目和报表（财会〔2017〕25 号）[Z]. 2017.

[12] 财政部. 关于印发医院执行《政府会计制度——行政事业单位会计科目和报表》的补充规定和衔接规定的通知（财会〔2018〕24 号）[Z]. 2018.

[13] 关于医院执行《政府会计制度——行政事业单位会计科目和报表》的补充规定（财会〔2018〕24 号）（附件 1）[Z]. 2018.

[14] 关于医院执行《政府会计制度——行政事业单位会计 科目和报表》的衔接规定（财会〔2018〕24 号）（附件 2）[Z]. 2018.

[15] 财政部. 关于进一步做好政府会计准则制度新旧衔接和加强行政事业单位资产核算的通知（财会〔2018〕34 号）[Z]. 2018.

[16] 国家卫生健康委员会. 全国卫生健康财务年报编制说明 [Z]. 2019.

[17] 国务院. 国务院办公厅关于加强三级公立医院绩效考核工作的意见（国办发〔2019〕4 号）[Z]. 2019.

[18] 国家卫生健康委员办公厅. 关于印发国家三级公立医院绩效考核操作手册（2019 版）的通知（国卫办医函〔2019〕492 号）[Z]. 2019.

[19] 四川省财政厅，人社厅，省卫生计生委，省中医药管理局. 关于明确公立医院专用基金计提等管理事项的通知（川财规〔2018〕13 号文）[Z]. 2018.

[20] 国家卫生计划生育委员会. 卫生计生单位接受公益事业捐赠管理办法（试

行）国卫财务发〔2015〕77 号［Z］. 2015.

［21］国家卫生计划生育委员会. 关于印发控制公立医院医疗费用不合理增长的若干意见（国卫体改发〔2015〕89 号）［Z］. 2015.

［22］财政部. 关于修订印发《政府综合财务报告编制操作指南（试行）》的通知（财库〔2019〕58 号）［Z］. 2013.

［23］财政部. 行政事业单位国有资产管理信息系统管理规程（财办〔2013〕52 号）［Z］. 2013.

［24］财政部. 政府部门财务报告编制操作指南（试行）财库〔2019〕57 号［Z］. 2019.

［25］财政部. 行政事业单位资产清查核实管理办法（财资〔2016〕1 号）［Z］. 2016.

［26］财政部. 关于进一步加强和改进行政事业单位国有资产管理工作的通知（财资〔2018〕108 号）［Z］. 2018.

［27］财政部. 关于修改《事业单位国有资产管理暂行办法》的决定（财政部令〔2019〕100 号）［Z］. 2019.

［28］财政部. 医院会计制度（财会〔2010〕27 号）［Z］. 2010.

［29］财政部. 事业单位会计制度（财会字〔2012〕22 号）［Z］. 2012.

［30］财政部. 新旧事业单位会计制度有关衔接问题的处理规定（财会〔2013〕2 号）［Z］. 2013.

［31］财政部. 新旧行政单位会计制度有关衔接问题的处理规定（财库〔2013〕219 号）［Z］. 2013.

［32］国家税务总局. 关于个人从事医疗服务活动征收个人所得税问题的通知（国税发〔1997〕178 号）［《国家税务总局关于修改部分税收规范性文件的公告（国家税务总局公告 2018 年第 31 号）对该文进行了修改］［Z］. 1997.

［33］中共中央办公厅，国务院办公厅. 转发《中央纪委、中央组织部、监察部、财政部、人事部、审计署关于做好清理规范津贴补贴工作的意见》的通知（中办发〔2005〕21 号）［Z］. 2005.

［34］国家税务局. 关于印花税若干具体问题的规定（国税地字〔1988〕第 25 号）（其中有少量条款被废止，可参见相关文件）［Z］. 1988.

［35］中央组织部. 关于中国共产党党费收缴、使用和管理的规定（中组发〔2008〕3 号）［Z］. 2008.

［36］财政部，国家税务总局. 关于非营利组织企业所得税免税收入问题的通知（财税〔2009〕122 号）［Z］. 2009.

［37］财政部. 行政事业单位资金往来结算票据使用管理暂行办法（财综〔2010〕1 号）［Z］. 2010.

［38］财政部. 关于进一步推进地方国库集中收付制度改革的指导意见（财政部财库〔2011〕167 号）［Z］. 2011.

［39］国务院. 征收教育费附加的暂行规定（2011 修订）（中华人民共和国国务院令第 588 号）［Z］. 2011.

[40] 国务院. 中华人民共和国房产税暂行条例（2011年1月8日根据国务院令第588号《国务院关于废止和修改部分行政法规的决定》修订）[Z]. 2011.

[41] 国务院. 中华人民共和国印花税暂行条例（中华人民共和国国务院令第11号令）（2011年1月8日，根据国务院令第588号《国务院关于废止和修改部分行政法规的决定》修订）[Z]. 2011.

[42] 财政部，国家税务总局. 关于增值税税控系统专用设备和技术维护费用抵减增值税税额有关政策的通知（财税〔2012〕15号）[Z]. 2012.

[43] 国务院. 关于加强地方政府性债务管理的意见（国发〔2014〕43号）[Z]. 2014.

[44] 共青团中央. 关于印发《关于中国共产主义青年团团费收缴、使用和管理的规定》的通知（中青发〔2016〕13号）[Z]. 2016.

[45] 国家税务总局. 纳税人提供不动产经营租赁服务增值税征收管理暂行办法（国家税务总局公告2016年第16号）[Z]. 2016.

[46] 财政部，国家税务总局. 政府非税收入管理办法（财税〔2016〕33号）[Z]. 2016.

[47] 财政部，国家税务总局. 关于全面推开营业税改征增值税试点的通知（财税〔2016〕36号）[Z]. 2016.

[48] 财政部. 基本建设项目竣工财务决算管理暂行办法（财建〔2016〕503号）[Z]. 2016.

[49] 财政部，国家税务总局. 关于进一步明确全面推开营改增试点有关再保险不动产租赁和非学历教育等政策的通知（财税〔2016〕68号）[Z]. 2016.

[50] 全国人民代表大会. 中华人民共和国企业所得税法（2018修正）[Z]. 2018.

[51] 国务院. 中华人民共和国企业所得税实施条例（2007年国务院令第512号）[Z]. 2007.

[52] 国务院. 中华人民共和国个人所得税实施条例（2007年国务院令第707号）[Z]. 2007.

[53] 财政部，国家税务总局. 关于《中华人民共和国城市维护建设税法（征求意见稿）》公开征求意见的通知（2018年10月19日发布）[Z]. 2018.

[54] 财政部. 事业单位国有资产管理暂行办法（财政部令第100号）（2019年3月29日修订）[Z]. 2019.

[55] 财政部. 基本建设财务规则（财政部令第81号）[Z]. 2016.

[56] 财政部. 中华人民共和国民法总则（中华人民共和国主席令第66号）[Z]. 2017.

[57] 全国人民代表大会. 中华人民共和国社会保险法（中华人民共和国主席令第35号）[Z]. 2010.

[58] 国务院. 社会保险费征缴暂行条例（国务院令第259号）[Z]. 1999.

[59] 国家监察部，人力资源和社会保障部，财政部，审计署. 违规发放津贴补贴行为处分规定（中华人民共和国监察部、人力资源和社会保障部、财政部、审计署第31号令）[Z]. 2013.